Horst Babinsky

Alles Wissen ist in Dir

Bibliografische Information
Diese Publikation ist in der Deutschen Nationalbibliothek verzeichnet. Detaillierte bibliografische Angaben sind unter https://dnb.de abrufbar.

1. Auflage 2024

Lektorat: Christl Kiener, München; Dr. Petra Zimmermann, Braunschweig
Herstellung: Kadja Gericke, Dürnau
Gestaltung der Titelseite: Team Autorencamp: Ulrike Luckmann, Svenja Quandt; Foto: Wolf Heider-Sawall
Umschlaggestaltung: SpieszDesign, Neu-Ulm
Autorenfoto Umschlagklappe: © Zannantonio, Traunstein
Druck und Bindung: CPI Books GmbH

FSC www.fsc.org MIX Papier | Fördert gute Waldnutzung FSC® C083411

ISBN 978-3-948442-50-7
www.kiener-verlag.de

Horst Babinsky

Alles Wissen ist in Dir

Hinfallen – Verlieren – Aufstehen – Gewinnen

KIENER

Inhalt

Geleitwort

Ein Glückskind, ohne Frage. Horst Babinsky blickt auf ein erfülltes, erfolgreiches, ja glückliches Leben zurück. Für dieses Glück hat er nicht viel, sondern alles getan. Immer wieder aufs Neue nahm er sein Schicksal in die Hand, schmiedete sein eigenes, persönliches Glück. So wurde er zum erfolgreichen Unternehmer, brachte mit seinen Ideen und Erfindungen viele Innovationen auf den Weg. Dabei ging er schon als Kind sprichwörtlich durch ein Fegefeuer.

Er wurde nach einem Bombenangriff verschüttet, aus seiner Heimat vertrieben, verlor jeglichen Besitz und hatte doch damals schon stets ein Ziel fest im Auge: eine bessere Zukunft.

Den Blick nach vorne gerichtet, war und ist Horst Babinsky stets auf der Suche nach Lösungen. Scheitern kommt für ihn nicht infrage. So schaffte er es, mit Produkten, die viele für unmöglich hielten, nicht nur die Welt des Squash-Sports grundlegend zu verändern.

Chancen nicht nur zu sehen, sondern sie zu ergreifen, mutige Entscheidungen zu treffen und dennoch die nötige Balance und Gelassenheit zu wahren, ist eine Fähigkeit, die erfolgreiche Menschen auszeichnet. Und diese Fähigkeit kann jeder erlernen und trainieren. Wir müssen uns nur auf den Weg machen und unsere Komfortzonen verlassen.

Horst Babinsky gibt uns mit diesem Buch einen tiefen Einblick in seine persönliche Reise zum Erfolg. Er zeigt auf, wie man auch in scheinbar ausweglosen Situationen den Blick stets auf die möglichen Chancen richtet.

Viele seiner Anekdoten lassen uns schmunzeln, alle aber geben uns einen Anstoß, darüber nachzudenken, wie wir selbst im Einklang mit unserem Willen in innerer Sicherheit leben können.

Horst, vielen Dank dafür!

Hermann Scherer,
im November 2023

Vorwort

Ich war arm, sehr arm, und ich habe es gewagt. Ich habe an mich geglaubt, und ich habe gewonnen, habe Helfer gefunden, die an mich glaubten, und so habe ich das erreicht, was ich wollte. Ich darf auf ein tolles und erfülltes Leben zurückblicken. Ich konnte und durfte als Unternehmer dreimal die Nummer 1 weltweit mit meinen Produkten werden und bin es immer noch. Heute kann ich Erfolg, und das ist nicht Geld, sondern viel mehr, auf meine Fahne schreiben, und ich habe gelernt, meinen Kopf, meinen Willen durchzusetzen. Und das, obwohl ich mit nichts, mit überhaupt nichts begann. Ich hatte Intuition und Visionen. Ich hatte vor allem Vertrauen in mich selbst. Nie hatte ich Angst vor dem nächsten Schritt. Ich hatte und habe immer noch Mut.

Niemals wären mir so viele Erfindungen und Innovationen möglich gewesen, hätte ich auf die vielen Kommentare der Besserwisser gehört. Ich bin dankbar für die Begeisterung und den Willen zum Erfolg, der mir gegeben wurde – nur so waren die großen Widerstände zu überwinden.

Weshalb schreibe ich dieses Buch? Es soll zum Ausdruck bringen, dass alles möglich ist durch unsere Intuition, denn alles Wissen ist in uns. Nur weil wir einmal oder mehrmals kräftig auf die Nase fallen, ist nicht alles verloren – nein, dann geht es erst richtig los, diese Lektion haben wir schon als kleine Kinder gelernt. Also nicht verzweifeln.

Schon der erste Widerstand ist Ansporn!

Arm oder reich

Die Natur führt uns vor Augen, wie unser Leben verlaufen soll. Aber wir verhalten uns nicht immer so, wie es durch die Gesetze der Natur vorgesehen ist. Wir wissen, alles ist im Überfluss vorhanden. Jedes Jahr aufs Neue beweist uns der Frühling, was wirklich los ist in dieser Welt. Wir sehen: Alles steigert sich zu großer Blüte, zu herrlichem Wuchs und zu reifen Früchten. Wir erleben immer wieder: Nach dieser außerordentlichen Leistung, nach diesem Wunder der Natur, tritt eine neue Phase ein. Die Pflanzen ziehen sich zurück, beenden die für sie bestimmte Zeit und werden im nächsten Frühling ein neues Leben beginnen. Eine Blume wird alles tun, um so wunderschön wie möglich zu sein, um das zu erreichen, wofür sie bestimmt ist. Es ist notwendig für ihre Fortpflanzung, für das Weiterleben ihrer Art. Mehr wird sie niemals wollen.

In der Welt der Menschen ist alles vorhanden, was wir zu unserem Leben brauchen. Wir haben gegenüber der Blume einen enormen Vorteil, denn wir können dorthin gehen, wo wir das finden, was wir wollen und brauchen. So wird es möglich, ein gesundes, harmonisches und erfolgreiches Leben zu führen. Wir haben die Wahl, eine Wahl, die in der Natur nicht immer gegeben ist. Ein junger Baum wächst aus einer Felsspalte heraus der Sonne entgegen. Er verdorrt langsam, aber sicher, da nicht genügend Erdreich, nicht genügend Wasser und nicht genügend Sonne für ihn vorhanden sind. Der Baum hat einen Nachteil, er kann nicht wie wir dorthin gehen, wo all das zu finden ist, was wir zum Leben benötigen. Wir können, wenn wir wollen, wenn wir nachdenken, wenn wir Visionen haben und wenn wir unserer Intuition folgen, dorthin gehen, wo wir unsere Erfüllung finden. Wir tragen alles Wissen in uns, wir brauchen es nur zu nutzen.

Wenn wir von diesem Weg nicht abweichen, werden wir ein glückliches und harmonisches Leben führen können. Viele Denker, Experten, zahlreiche Fachleute aus der Wissenschaft und aus dem praktischen Leben weisen mit ihren Forschungen auf immer wieder neue Wege hin. Dabei widersprechen sie sich häufig. Meine Reisen haben mich einige Male um die Welt in über neunzig Länder geführt. Erlebnisse, Erfolge und auch manche Tiefschläge formten mich, und heute weiß ich, wie der Weg durch ein erfolgreiches, harmonisches, abwechslungsreiches und wunderbares Leben zu finden ist. Es ist meine Erfahrung. Ich erlebte die dunkelsten Tiefen, die schwärzesten Seiten des Lebens, bis hin zum Versagen. Und stand wieder auf, feierte tiefgreifende Erfolge und durfte schlussendlich ein erfülltes Leben in Dankbarkeit für alles bisher Geschehene genießen. Ich weiß, wie der Weg zu finden ist, und ich zeige es mit einfachen und verständlichen Worten – alles ist möglich, alles Wissen ist in uns.

Auf unserer Erde ist alles vorhanden, wir haben genug. Wir können wählen zwischen dem Nichts und absolutem Reichtum. Wenn wir sehr klug sind, wählen wir die Mitte, dann haben wir alles, was wir wirklich brauchen und wirklich wollen. Unser Ziel sollte ein Leben sein, das für uns Freiheit in Glück, Erfüllung und Harmonie bedeutet. Um das zu erreichen, leben wir nach den harmonischen Gesetzen des Universums: nicht zu viel und nicht zu wenig. Wenn wir diesen Gesetzen folgen, werden wir immer das zur Verfügung haben, was wir für unser Leben benötigen. Was wir tun, lieben wir, und wir tun es mit Freude. Natürlich brauchen wir Geld, doch wir arbeiten nicht wegen des Geldes, sondern weil wir das lieben, was wir tun. Wenn das so ist, wird immer genügend Geld vorhanden sein, es wird von ganz allein zu uns kommen. Eine Lohnerhöhung kommt, weil wir das, was wir tun, mit Freude leisten. Aufträge kommen, weil wir das Beste für den Kunden wollen und weil er das spüren wird. Deswegen wird der Kunde uns wollen, er wird uns suchen. Wir werden den Beruf erlernen, der für uns am besten ist, weil wir auf unser Innerstes hören. Die Türen werden sich öffnen, wenn wir uns nach den Gesetzen des Universums richten, danach leben. Wir sollten uns immer fragen, was wir wirklich wollen.

Wollen wir wirklich eine Yacht mit zehn Mann Besatzung? Oder wollen wir lieber die Freiheit, mit unseren Lieben das zu tun, was uns Freude macht, ohne uns ständig um die Leute um uns herum zu kümmern? Was ist Freiheit für uns? Wenn wir zu viel Besitz haben, haben wir keine Freiheit mehr. Der Besitz wird uns gefangen nehmen, wird mehr und mehr von uns verlangen, wird uns die Macht spüren lassen, und die Gier nach mehr wird uns ergreifen. Und damit geben wir anderen die Macht über uns, weil wir erpressbar geworden sind durch unseren Wunsch nach mehr und mehr.

Wie viel Freiheit haben die reichsten Menschen der Erde? Können sie überhaupt glücklich sein? In Harmonie mit sich selbst und ihrem Umfeld leben? Wann sind wir richtig frei? Doch nur dann, wenn wir tun können, was wir uns wünschen, wenn wir uns das leisten können, was uns und unseren Lieben um uns herum guttut. Wir können uns und anderen helfen, wir können uns lieben und andere auch. Doch all das können wir nicht, wenn wir mit unserer Leistung angeben müssen, um anerkannt zu sein. Wenn wir glauben, mehr und mehr tun zu müssen, um den entsprechenden Respekt zu erhalten. Den wir in Wirklichkeit dann doch nicht bekommen. Das alles macht uns manipulierbar. Vor allem, wenn wir uns übernommen haben und unser Besitz verloren ist.

Dagegen steht: Was geschieht, wenn wir nicht genügend Besitz haben, um uns alles leisten zu können, was wir uns wünschen? Dann werden uns die gleichen Untugenden befallen wie die ganz Reichen. Gier, Neid, Angst, das Vergleichen mit anderen werden einkehren. Wir sind wieder erpressbar, manipulierbar und geben damit anderen die Macht über uns.

Es ist für uns vorgesehen, den Weg der Mitte zu gehen. Nur dann sind wir frei. Dann haben wir das, was wir wirklich wollen. Wir sind in uns und mit uns zufrieden, einig mit unserem Geist. Wir haben alles, was wir brauchen. Wir sind mit uns selbst zufrieden. Größtes Leid entsteht durch Neid, Gier und Angst – und das passiert nur, wenn wir den vorgesehenen Korridor der Evolution verlassen, wenn wir zu wenig oder zu viel besitzen.

Der für uns bestimmte Weg ist der glückliche Weg in Erfüllung und Harmonie. Nur sehr wenige Menschen gehen ihn. Viele gehen diesen Weg nicht, weil sie ihn nicht kennen. Sie wissen nicht, wie sie in ihrem Leben Erfüllung, Harmonie und Erfolg erreichen können. Einige denken vielleicht, ich will nicht nur die Mitte, ich will mehr. Sie werden wahrscheinlich erkennen müssen, wie schnell und sensitiv unser Innerstes auf die ersten negativen Abweichungen eines Erfolgspfades reagieren wird.

Erfüllte Menschen sind Menschen, die nicht immer sich selbst und anderen beweisen müssen, wie gut sie sind, wie viel Macht sie haben. Es sind Menschen, die in sich selbst ruhen, zufrieden und glücklich sind. Diese Menschen haben Machtbeweise anderen gegenüber nicht nötig. Und sonderbarerweise ist dieser Weg der leichteste aller Wege in unserem Leben. Er ist von Natur aus vorgesehen, wir müssen ihn nur suchen und ihn auch gehen. Es mag sein, dass wir uns anstrengen müssen – doch der Lohn dafür ist unbezahlbar.

Wesentlich sind die Gesetze der Harmonie: nicht zu wenig, nicht zu viel, ehrlich, korrekt, fair und liebevoll, mit Freude am Leben und am Tun, ohne Kritik und ohne Vorverurteilung. Es kommt alles zu uns zurück. Das Gute und auch das Böse.

Wenn du die Sonne sehen willst, dann geh in die Sonne!

Je tiefer du fällst, umso höher ist dein Aufstieg

Mona, unsere Tochter, kommt von der Schule nach Hause, ein Freund hat sie im Auto mitgenommen. Der erste Schultag in diesem Jahr. Das erste Schulhalbjahr ist erst einmal Ablage, und das neue Jahr zeigt jetzt schon seine Zähne. Der Sprecher des Radiosenders nervt uns mit unangenehmen Neuigkeiten. Schade, wir wollen ein harmonisches Abendessen. Wir genießen es trotzdem, eine fantastische Brotzeit. Ich trinke ein Löwenbräu. Mona will noch ein wenig reden. Sie ist im Abiturjahr, und heute war ihre erste Präsentation. Das Ergebnis mit 12 Punkten zerrt an ihren Nerven. Für mich wäre das ein außerordentliches Resultat, für sie eben nicht. Und da sind noch so viele andere Sorgen, schlimme Dinge, die sie beschäftigen.

Ein Schüler aus der Nachbarschule ist ertrunken, ein Mädchen hat sich vor den Zug geworfen, Andreas weiß mit seinem Leben nichts mehr anzufangen, Georg ist Punk und weiß nicht, ob er nun auf die Demo gehen soll oder nicht. Lisa dreht am Rad, weil es mit den Eltern nicht gut läuft, und Vera hat Angst vor Kontakt mit anderen und so weiter und so weiter. Es scheint, Mona wolle allen mit ihrer sensitiven Begabung helfen. Sie weiß, sie kann das. Manchmal geht es aber doch an ihre Grenzen. »Jeder bei uns in der Schule«, sagt sie, »hat riesige Probleme, jeder hat Angst, fast alle kommen nicht mehr mit sich selbst und der Umwelt zurecht.« Viele gehen auf Demos wie »Fridays for Future« und wissen in Wirklichkeit gar nicht, warum. Gefühlt braucht fast jeder professionelle Hilfe, doch die ist schwer zu bekommen, die Psychologen sind komplett überlastet. Unsere Jugend hat nicht gelernt, den richtigen Weg einzuschlagen. Immer mehr wird verboten, es wird kontrolliert, und es ist niemand da, mit dem man reden kann. In den Schlagzeilen nur Krankheit, Umweltzerstörung, Inflation, und dazu kommt die eigene Negativspirale nach unten. Die Kinder unserer Zeit haben keine Zukunft mehr oder, besser gesagt, sie haben nicht gelernt, die Zukunft zu sehen – der Optimismus wird ihnen täglich mit negativen Nachrichten genommen. Sie wissen gar nicht, dass es ihnen sehr gut geht. Es sagt ihnen keiner. Ein Freund ist Rettungssanitäter und erzählt, heute hätten sie ein Mädchen geholt, sie hatte Rasierklingen verschluckt. Warum? Warum?

An Mona scheinen die negativen Nachrichten abzuprallen. Die Schulergebnisse sind super, ihre Freunde sind dankbar dafür, dass sie da ist. Auf einem Speaker Slam hat sie den Golden Award gewonnen, und in der Schule ist sie beliebt. Petra, meine Frau, hat in den letzten Jahren ein Buch geschrieben, das sich gut verkauft und sehr gerne gelesen wird. Ich selbst bin dankbar für ein sehr erfolgreiches und erfülltes Leben, für große Momente, für unglaubliche Höhen und auch abgrundtiefe Tiefen. Jeder erlebt ausweglose Situationen, jeder geht einmal zu Boden, fällt weich oder ganz, ganz hart. Dann heißt es, wieder aufzustehen, eine Zukunft zu sehen, zu visualisieren, eine Utopie zu denken und anzufangen.

Das ist es. Das ist es, was ich so oft tun musste, was ich immer wieder lernte und dann konnte. Wenn einer glaubt, das Leben sei einfach, dann irrt er sich. Allerdings könnte es dann einfach sein, wenn uns mit einer Vision im Kopf das Aufstehen gelingt, wir die ersten Schritte in die richtige Richtung tun und wenn wir alle Zweifel des inneren Schweinehundes besiegen. Und das geht, wenn man weiß, wie. Es wäre notwendig zu wissen, wo die goldene Mitte liegt, das Leben zwischen großem Reichtum und nicht zu ertragender Armut.

Ich denke nach, bin ganz ruhig, und plötzlich sprudelt es aus mir heraus – meine Familie hört fassungslos zu.

Damals hatten wir alles, aber auch alles verloren, beginne ich. *Mit sechs Jahren saß ich in einem Güterwaggon mitten in einer Menschenmasse. Die Schiebetüren dieser Viehwaggons waren etwa zwei Meter breit. Kein Dach über uns, oben der Himmel, die Wände 2,10 Meter hoch, aus verrostetem Stahl. Irgendetwas war an die Wände geschrieben, ich konnte es nicht lesen. Ein Waggon nach dem anderen wurde stoisch gefüllt, jeweils 40 bis 50 Leute, so viele wie irgendwie möglich, hinein mit dem*

»Menschenvieh«. Eine weiße Binde mit der Aufschrift »N« (für Němec, also Deutsch) wurde jedem Erwachsenen um den Arm gebunden. Damit alle wussten: Freiwild! Gezeichnet! Wir hörten, man hätte den Männern und auch Frauen Halsketten, Armbänder und Uhren heruntergerissen und die Ringe von den Fingern gezerrt. Blutende Ohrläppchen, weil die Ohrringe so schön glänzten, und noch viel Schlimmeres. Einzelfälle vielleicht. Meine Eltern und Großeltern blieben unbeschadet. Wir wurden nur hineingeschubst, stolperten über unsere eigenen Füße. Vielleicht wurde unsere Familie etwas humaner behandelt wegen der beiden kleinen Kinder, die wir waren.

Dieses Horrorszenario spielte sich ab in Aussig-Schreckenstein an der Elbe, am 10. Juli 1945. Die Leiterwagen, auf denen sich das mitgebrachte Hab und Gut befunden hatte, stapelten sich nun achtlos an der Seite der Gleisböschung. Leute zerrten ihre Habseligkeiten zusammen, Soldaten rissen sie wieder auseinander, jeder wurde untersucht, viele misshandelt. Wenn einer nicht sofort reagierte, stießen die Soldaten zu, schubsten die Schwachen und traten sie mit ihren Nagelstiefeln. Geschrei und Gejammer und dann unheimliche Stille und Tränen, wenn wieder ein Mensch für immer aufhörte zu sein. War es die Rache für das, was Deutsche den Tschechen angetan hatten? Ich wusste es damals noch nicht.

An den Wänden im Waggon lehnten oder saßen die Alten, die Kinder und Jüngeren wie ich in der Mitte. Ich war gerade mal sechs Jahre alt und Heidi, meine Schwester, würde morgen ihren dritten Geburtstag haben. Fast allen liefen unaufhaltsam Tränen über die Wangen, Mütter schluchzten hilflos, Kinder schrien, und Väter umarmten schützend ihre Familien. Noch war vollkommen unbegreiflich, was da alles passierte. Der Waggon war knallevoll, über 40 Menschen hineingepresst, hineingepfercht. Wir schauten uns alle an und sahen uns nicht. Die Gesichter waren leer. Draußen nur Schreie, Gebrüll, Befehle und dazwischen bitteres Weinen, das oft zu einem Schreien, ja Kreischen wurde. Es war mehr als Horror, viele würden das nicht überleben. Nach Stunden des Zitterns und Wartens ruckelte der Zug, er dampfte los. War das gut oder war das schlecht? Klack, klack, ratterten die Eisenräder des Waggons über die Schienen. Ein schier endloser Zug mit Hunderten, wenn nicht Tausenden, jetzt plötzlich heimatlosen, hilflosen Menschen verließ langsam den Bahnhof Schreckenstein in Richtung Nirgendwo.

Wir waren bei den ersten Transporten, wir hatten Hilfe von »oben«, und wir erfuhren Freundschaft, wir wurden von tschechischen Freun-

den gewarnt. Unsere Eltern waren hochgeachtet. Den großen fürchterlichen Massakern waren wir entgangen. Von schlimmen und fürchterlichen Untaten flüsterten später die Menschen. Das Blut der Elbe färbte sich rot hinter der großen Steinernen Brücke, von der die Menschen in das Wasser gestoßen wurden. Maschinengewehre erledigten das, was sich in den reißenden Strudeln noch bewegte, egal ob Männer, Frauen, Kinder in Kinderwagen. War es Vergeltung und Rache von denen, die glaubten, sie wären seit 1938 von den Deutschen gedemütigt worden? Hochmut wird irgendwann immer bestraft.

Würden wir jemals wieder hierher in unsere Heimat zurückkommen können? Innerhalb von Minuten war diesen Menschen alles, aber auch alles genommen worden. Eine Villa, eine schöne neue Couch, der traumhafte Garten, die weichen Betten, das gesamte ersparte Geld, der Hund und die Katze, alles, wirklich alles. Es war nichts mehr da, nur der Mantel, der Schal, vielleicht ein bisschen Kleingeld und etwas zum Anziehen. Die zwei Goldmünzen hatte man ihnen noch am Bahnhof abgenommen. Aus!

Der Zug fuhr, wurde allmählich schneller. Die Kinder konnten überhaupt nichts begreifen, wie auch meine Schwester Heidi und ich. Es gab kaum Platz für alle auf dem Boden, manche lehnten an den Stahlwänden. Graue gezeichnete Gesichter, gebeugte Haltung, den Kopf im Ellenbogen verborgen. Es war unvorstellbar, Entsetzen überall – alles war so schnell, so plötzlich gekommen. Kinder machten in die Hosen, die Erwachsenen mussten auch. Zusammenrücken und Platz für eine Ecke schaffen – welch eine Schande. Vor allen Leuten musste in die Ecke gekackt oder uriniert werden – es stank. Streitereien entstanden, und niemand war fähig, das Chaos zu beenden. Verwirrung! Starre! Es war unmöglich und unwirklich. Es konnte gar nicht wahr sein, und doch war es wahr! Niemand würde das jemals vergessen. Es war die Hölle. Keiner wusste, was auf uns zukommen würde, niemand kannte die Zukunft. Allein die Hoffnung blieb – es kommt immer anders, als du denkst.

Mehrere Male stoppte der Zug. Waggons wurden beladen oder angehängt. Nach langen Stunden bitteren Sitzens, des Kauerns, Wartens und Weinens konnte es schlimmer nicht mehr werden. Männer brüllten, schlugen mit blutenden Fäusten an die Waggonwände, heulten in Wut vor sich hin, hielten sich eng umschlungen. Hoffnungslos, leer und ohne irgendeinen möglichen Plan. Vier hohe rostige Wände ohne Fenster, ohne Fluchtmöglichkeit. Keine Idee für Veränderung, kein Weg nach draußen, keine Freiheit. Gefangen auf 25 Quadratmetern. Draußen wartete die Angst, die Furcht, die große Armut. Der Zug ratterte weiter. Es war hoffnungslos! Begann zu diesem Zeitpunkt mein Aufbäumen, mein unbedingter Wille zur absoluten Freiheit? Es musste wohl so sein.

Plötzlich ein Ruf, wie ein Befreiungsschrei in bitterer Not: »Wir überfahren jetzt die frühere Grenze zu Deutschland – Dresden kommt!« Ein Mann riss die weiße Armbinde mit dem großen »N« herunter und warf sie weit über die hohe Bordwand – der erste Held unserer Reise war da. Ein Ruck ging durch die hilflosen und niedergeschlagenen Menschen. Alle sprangen auf, schrien, brüllten, weinten und schleuderten die weißen Vogelfrei-Binden mit dem »N« über Bord. In dieser traurigsten Stimmung begann dieser Mann ein Lied zu singen, leise, dann lauter und immer lauter. Mein Vater war ein großer Sänger und stimmte sofort mit ein. Heute noch läuft es mir kalt den Rücken herunter, wenn ich daran denke. Der Chor der Männer und Frauen schwoll an, wurde lauter und lauter, alle sangen mit: »Kein schöner Land in dieser Zeit, als hier das unsre weit und breit, wo wir uns finden, wohl unter Linden …«

Jeder kannte dieses Lied. »Kein schöner Land« ist ein Lied der Sehnsucht nach einer friedlichen und harmonischen Welt, es ist ein Wanderlied. Das war während der Vertreibung von Haus und Hof schon der erste Funke Freiheit, das erste Anzeichen dafür, dass wir es nicht so einfach hinnehmen würden. Jetzt, hier an dieser Stelle waren wir sehr arm, hilflos, herumirrend – doch wir waren frei. Wir waren wieder Deutsche, und wir waren frei – frei in einem Käfig mit geschlossenen rostigen Wänden. Ein wenig Hoffnung keimte auf. Zumindest waren wir in Deutschland und damit in Sicherheit. Vielleicht hatten wir uns ein wenig zu früh gefreut.

Wenn du die Sonne sehen willst, dann geh in die Sonne – also begannen wir, an die Sonne zu denken und sie zu suchen.

Am Abend erreichten wir Dresden. Alles war zerbombt, überall Rauch und Staub, Trümmer über Trümmer. Wir standen mit dem gesamten Zug irgendwo in diesen Ruinen herum und blieben die ganze Nacht über an dieser Stelle. Es wurde eine schlaflose Nacht, voller Furcht und Ungewissheit. Draußen patrouillierten Soldaten. Gott sei Dank war es nicht zu kalt, heute war der 11. Juli 1945, der dritte Geburtstag meiner Schwester. Am frühen Morgen gab es wieder ein großes Durcheinander und Herumgeschiebe, alles sehr, sehr laut. Wir wussten nicht, was da auf uns zukommen würde. »Dawai, Dawai«, tönte es von allen Seiten. Aha, es waren Russen da. Vielleicht war das gut, vielleicht war das noch schlechter? Sie übernahmen den gesamten Zug. Ungefähr 200 Meter wurde der Zug gefahren, dann blieb er stehen, und wieder wurden die Menschen umgeladen. Es wurde noch schlimmer. Jetzt ging es erst richtig los.

Bei der Erinnerung an diese Zeit hatte ich Tränen in den Augen. Ich hatte das meiner Familie noch nie so erzählt. Diese Zeit war der Anfang eines Lebens über Berg und Tal. Dieser Anfang zeigt mir heute noch: Alles ist möglich, du musst es nur denken, glauben und tun. Es geht mehr, als du denkst. Was du brauchst, ist Geduld, unerschütterlicher Glaube an dich selbst und das Wissen, dass es irgendwie immer weitergeht.

Glaube jede Minute an eine Zeit, die gut sein wird.

Irgendwann musst du beginnen

Wunderbare Erfolge, großartige Leistungen, eine fantastische Karriere und ein Leben in Harmonie und Erfüllung warteten auf mich. Von alldem hatte ich keine Ahnung. Den Wunsch, die Vision hatte ich, doch der Weg sollte erst einmal gefunden und bewältigt werden. Nur deswegen, weil ich damals in meiner Kindheit durch die Hölle gehen musste, konnte ich erfolgreich werden und lernen, was Harmonie bedeutet. Es ist nicht unbedingt so, dass eine schwere Kindheit zu Misserfolg und Abdriften in den Untergrund führen muss.

Meine ersten Lebensjahre hatten es in sich. Dass ich den Weg so gehen konnte, wie ich ihn gegangen bin, grenzt an ein Wunder. Die ersten Jahre waren fast durchgehend durch negative Ereignisse geprägt, durch einen Totalverlust an Besitz, an Freunden und an der eigenen Heimat. Hinzu kam der Tod, der ständig an uns zerrte. Andere um mich und uns herum ergriff er erbarmungslos. Da war eine alles zerstörende Bombe, die genau in die Mitte meines Zimmers donnerte. Eine weitere Bombe verfehlte mich später um 30 bis 40 Meter. Unter Geröll, Sand und Kies begraben, kroch ich nach oben und war mir sicher, jetzt habe ich es ge-

schafft. Dann biss ich mir die Zunge ab. Ich blutete heftig. Meine Tante nahm mich auf den Arm und lief mit mir so schnell sie konnte zwei Kilometer über die Elbe nach Aussig in das Krankenhaus. Nur durch schnelles Handeln und großartiges Geschick konnte die Zunge wieder angenäht werden. Als wir dann später mit dem Leiterwagen, auf dem sich unsere letzten Habseligkeiten befanden, unter der Knute der Besatzungssoldaten zum Bahnhof wankten, war ich mir innerlich sicher, es wird eine bessere Zukunft kommen, mit der Chance, von ganz unten anzufangen. Obwohl der Schrecken noch lange nicht vorbei war, begann damals schon ein Fünkchen Hoffnung in mir zu keimen. Angst und Verzweiflung triggerten mich nicht. Ich wartete auf Besseres.

Die Erfahrungen aus vielen Jahren haben mir neue Wege aufgezeigt, wie wir alle sehr wohl glücklich sein können und werden. Auch wenn der Begründer der Psychoanalyse Sigmund Freud sagt, »die Absicht, dass der Mensch ›glücklich‹ sei, ist im Plan der ›Schöpfung‹ nicht enthalten«, ist das meiner Erfahrung nach nicht zwingend so. Ich glaube nicht daran, dass aufgrund schlimmster Ereignisse das zukünftige Leben unserer Kinder und Jugendlichen zerstört wird, nein, es kann auch in die andere, in eine bessere Richtung wirken. Und ich glaube an eine andere Version der Schöpfung, denn wir wissen, »alles ist im Überfluss vorhanden«. Wichtig ist, das zu sehen, es zu wollen und es zu erstreben. Wir orientieren uns meist nur am Negativen und am Misserfolg und verlieren damit unsere Chance auf Erfolg.

Wir sollten so früh wie möglich erkennen: Es liegt ganz allein an uns, wie wir eine Situation, so schlecht oder gut sie auch sein mag, in unserem Inneren und damit auch für unsere Zukunft annehmen oder bewältigen. Wir alle haben die Möglichkeit, uns selbst für eine positive Zukunft zu entscheiden, wir können uns selbst so beeinflussen, dass eine positive Zukunft möglich wird. Das Ziel ist, unserer eigenen Einstellung zu folgen und diese so zu prägen, dass sie uns auf einen glücklichen und damit harmonischen Weg führt. Das ist sicher nicht ganz einfach. Doch wir sollten wissen: Es ist möglich. Aber wie?

Ich habe für mich herausgefunden, dass es mir in schwierigen, beinahe aussichtslosen Situationen half, eine Lösung zu suchen. Ich habe nicht darüber nachgedacht, wie ausweglos die momentane Situation sein könnte. Ich habe überlegt, wie ich aus dieser Situation herauskäme, wo denn der Weg zum Erfolg sei. Angst ist bei diesen Gedanken lähmend. Angst zu haben ist grundsätzlich verboten, nicht nur für mich. Schon bei meinen ersten Erlebnissen lernte ich, dass Angst mich völlig durcheinanderbringt. Ich habe die Angst tausendfach in Gesichtern gesehen. Ich habe gesehen, was Angst mit den Menschen anstellt, und ich sehe bis zum heutigen Tage, wie Machtmenschen die Angst anderer zur Ausübung ihrer Macht nutzen. Also handelte ich. Ich kann mich nicht mehr erinnern, wer mir das gesagt hat, eigentlich kann es nur mein Vater gewesen sein, der mir schon früh sagte: »Du kannst alles.«

Wenn andere mir erklären, »Das geht nie im Leben, vergiss es«, dann höre ich nicht hin. Die Verlockung »Du kannst alles« stand hinter allen meinen Entscheidungen und half mir über die ersten kleinen Hindernisse hinweg. Meist sind es diese kleinen Anfangshürden, die Menschen scheitern lassen. Sie sehen den Berg und denken, »Da komme ich niemals hinauf«, weshalb sie es dann auch gar nicht erst versuchen. Sie sehen ein tolles Auto und denken, »Das kann ich mir nie leisten«, und damit haben sie sich selbst den Weg verbaut. Es ist schon vorbei, Ende, aus, Amen. Jetzt ist die Anfangshürde bereits so groß, dass viele Menschen den Versuch gar nicht mehr wagen. Das Unterbewusstsein weiß jetzt, das kann ich mir nicht leisten. Klar! Es wird nichts, es kann gar nichts mehr werden.

Positiv an den ersten Jahren meines Lebens war zu lernen, dass es immer wieder weitergeht, dass es immer einen Weg gibt. Und ganz langsam lernte ich auch, dass es an mir selbst liegt, daran, wie ich mit mir und meinen Gefühlen umgehe. Ich lernte Vertrauen zu mir selbst zu haben und ließ Ängste einfach nicht zu. Zweifel waren verboten. Es gab Planung, Vorsicht, Abwägung und genaues Einschätzen der eigenen Fähigkeiten. Aber es gab keine Zweifel. Und es gab keine Angst.

Der Weg von den unangenehmen Nachkriegsjahren über Volksschule, Gymnasium, Lehre und Werbeakademie bis zur Gründung meiner ersten Firma war geprägt von Motivation und natürlich auch Niederlagen, Kreativität und Versagen, Innovation und Mutlosigkeit, rhetorischer Ausstrahlung und Lächerlichkeit. Jede einzelne Etappe forderte immer wieder vollen Einsatz, immer wieder Willen und den Drang zum Lernen und zur Weiterbildung. Die Kapitel in diesem Buch sind ein Leitfaden für fast jede mögliche Situation im Leben eines Menschen und nicht nur eines Unternehmers.

Die ausweglosen Situationen in meinem Leben sind in meiner Erinnerung verblieben. Sehr oft war ich geneigt zu glauben, dieses Schicksal sei eben Schicksal und es sei nicht zu ändern. Und doch lernte ich in den wirklich schweren Zeiten: Ohne Wiederaufstehen, ohne Willen und Zuversicht, ohne irgendwelche Ziele würde ich liegen bleiben, hoffnungslos. Und ich würde ein Nichts bleiben. Das war es nicht, was ich wollte. Deswegen stand ich auf.

Ich stand immer wieder auf.

Begegnung mit einer Vorhangschiene

Meine Zukunft sollte sich in eine niemals geplante Richtung ändern. Heute kann ich nicht mehr nachvollziehen, weshalb ich dazu bereit war, denn mein Beruf war doch Marketing- und Werbefachmann, ich widmete mich der Kreativität und war alles andere als ein Handwerker. Doch anscheinend galt für mich bereits damals die Maxime: Folge deinem Unterbewusstsein, folge deiner Intuition.

Es war wie so oft in meinem Leben ein persönlicher Kontakt, der mich weiterbrachte. Ich erhielt von einem Freund den Auftrag, einen Prospekt für eine Vorhangschiene zu entwerfen. Die Vorhangschiene war eine Erfindung, neu auf dem Markt. Für mich sah das Ganze wie ein recht langweiliges Vorhaben aus. Da waren mir Modeprospekte mit hübschen Models in toller Umgebung und mit engagierten Fotografen schon lieber. Dieser einfache Prospekt für eine Plastik-Vorhangschiene war alles andere als toll. Ratlos saß ich davor – Begeisterung sieht anders aus. So eine lächerliche Vorhangschiene war in meinen Augen ein Nichts, ein No-Go. Wenn ich in Zukunft etwas tun würde, dann sollte es etwas ganz Großes, etwas Besonderes sein. Diese Vorhangschienen waren ein brandneues Produkt, anders als das, was bisher auf dem Markt vorhanden war. Bilder von dieser Schiene gab es keine, nur ein Musterstück. Also zeichnete ich ein wenig herum und befasste mich mit diesem neuen Produkt. Und da machte etwas »klick« in mir.

Die eigene Einstellung ist es. Es fiel mir wie Schuppen von den Augen. Ich erkannte, was mit diesem Produkt, mit dieser Vorhangschiene alles möglich sein könnte. Da war eine Menge drin – Unterputz oder Aufputz, direkt an die Decke. Ich dachte mich in dieses Produkt hinein. Immer mehr begeisterte ich mich für die erste

Vorhangschiene aus Kunststoff auf dieser Welt. Vielen Menschen würde es gehen wie mir, sie würden mit dieser Art einer neuen Vorhangschiene zunächst nichts anfangen können. Fix und fertige Vorhangschienen-Elemente mit Blende und Kasten wurden seit Jahren direkt über das Fenster gehängt, und jedes Mal war es eine Einzelanfertigung, egal ob aus Sperrholz, Schmiedeeisen oder anderem Material. Es war immer Handarbeit, und es wurde höchste Zeit, daran etwas zu ändern. Ich entwarf und präsentierte einen Prospekt, einen besonderen. Mein Entwurf wurde sofort gedruckt, der Auftraggeber war begeistert. Und ich war elektrisiert. Mit dem Erfinder suchte ich das Gespräch und sicherte mir durch meine Ideen sofort den Exklusiv-Vertrieb für ganz Bayern, wir entwarfen den Vertrag und ich unterschrieb. Ich handelte sofort, jetzt.

Was hatte ich mir dabei gedacht? Als Werbemann mit zwei linken handwerklichen Händen wollte ich in den Verkauf und die Montage von Vorhangschienen einsteigen? Ich dachte nicht lange nach und begann. Meine Anzeigen in den Tageszeitungen der größeren Städte in ganz Bayern machten die PK-Vorhangschiene bekannt – ich brauchte und suchte mir Vertriebspartner, am besten Raumausstatter, besuchte jeden Interessenten und war erfolgreich. Einige Architekten in meinem Umfeld konnte ich sofort gewinnen, meine Vorhangschiene bei ihren Projekten einzusetzen, und so stiegen meine Verkaufszahlen Tag für Tag. Es war harte Arbeit, jeden Tag Präsenz und Kontaktfreudigkeit auf allen Vertriebswegen.

Mit diesem neuen Produkt wurde ich nach einem halben Jahr der umsatzstärkste Händler in der Bundesrepublik. Die PK-Vorhangschiene aus Kunststoff war ein Renner. Architekten und Raumausstatter telefonierten miteinander, und die Bestellungen häuften sich. Handwerker zum Montieren der Schiene fand ich schnell. Außerdem montierten die meisten Raumausstatter selbst. Mit einem Ford Kombi fuhr ich meine Pakete aus und mietete mir Flächen bei Händlern zum Abholen der Ware. Das System war einfach und schnell aufgebaut. Es lief richtig gut, ich war erfolgreich.

Vom Werbefachmann zum Handwerker – ich hatte mich nicht selbst begrenzt und konnte so den ersten und einfachsten Weg gehen.

Kalte Dusche

Die Rechnung hatte ich ohne den Wettbewerb, ohne die Konkurrenz gemacht. Diese schläft nie und beobachtet gut. Meine Umsätze machten Furore und die Raumausstatter-Betriebe sehr neugierig. So wurde eine Kunststofffirma, ein großer Lieferant für Handwerksbetriebe, schneller als gedacht auf mein Produkt aufmerksam. Es passierte etwas, womit ich nicht gerechnet hatte, etwas, das ich total übersehen hatte. Die Manager dieser Firma handelten sehr schnell, sie hatten viel Geld und kauften dem Erfinder das Patent der PK-Vorhangschiene, das sie vor mir total abgelehnt hatten, komplett ab. Sie zahlten bereitwillig den gewünschten Preis. Vorbei!

Der Vertrieb erfolgte nun über das Verkaufsnetz dieser Firma bei den Raumausstattern, die von mir außerordentlich gut vorbereitet waren. Ich hatte einen gravierenden Fehler begangen, keine Planung, keine Absicherung, kein Vertrag mit einer Klausel. Blauäugig und dumm – das würde mir nicht mehr passieren! Von heute auf morgen war mein lukrativer Weg beendet, meine erfolgreiche Firma am Boden. Erschwerend kam hinzu – ich hatte gerade geheiratet, mein Sohn Holger war geboren, und ich hatte Frau und Kind zu ernähren. Mein Anspruch war hoch. Und jetzt?

Ich war gescheitert – war das das Ende vom Anfang?

Scheitern

Scheitern ist ein Luxus, den wir uns nicht leisten können. Nein, das stimmt nicht. Scheitern ist ein Luxus, den wir benötigen, um weiterzukommen, um das Leben zu erleben, es zu erlernen. Denn jedes Scheitern trägt einen Aufbruch in sich, ein Nachdenken über das Warum oder Wieso. Zu scheitern heißt noch lange nicht: Es ist aus. Ein Scheitern bringt uns auf neue Wege. Jetzt wissen wir, so wie bisher geht es nicht weiter. Es ändert sich ein wenig, es ändert sich sogar oft alles. Doch eine Basis ist geschaffen – das ist der Punkt, das ist das Fundament, auf dem wir aufbauen können.

Ansonsten versickert alle Energie im schwammigen Untergrund der schwermütigen Gedanken, wie Nebelschwaden zieht sich alle Kraft aus den Muskeln, und die lähmende Müdigkeit ringt mit der Schwere der Augenlider. Es ist aus, alles ist weg. Es gibt keine Gegenwart und keine Zukunft. Das graue Tuch des Nichtverstehens, die unendliche Last des Unbekannten liegt vor uns.

Scheitern zwingt uns in Wirklichkeit, wieder neu anzufangen, neu zu beginnen. Ein Realitätscheck wird notwendig. Jetzt gilt es, sich nicht den schwermütigen Gedanken hinzugeben. Auch wenn es nicht gleich positiv weitergehen sollte, auch wenn die Hilfe von oben und von außen nicht sofort da ist. Es gibt immer einen Weg.

Scheitern ist immer da, und Scheitern gibt uns immer wieder eine Chance. Da müssen wir durch!

Das Scheitern ist die Motivation für die nächsten Schritte – die Motivation ist der Trampelpfad zum Erfolg.

Veränderung ist das ganze Leben

Wer sich nicht verändert, bleibt in der Zeit gefangen. Hilflos wird er denen zusehen, die mit Begeisterung in die Welt hinausziehen. Veränderung ist die Kunst des Sich-lösen-Könnens von dem Althergebrachten, des sich Lösens von den Gewohnheiten, des sich Aufraffens, um die Komfortzone zu verlassen. Die Veränderung ist einer der wichtigsten Bausteine, um einen Weg zum Erfolg zu finden.

Es wurde schlimmer. Vor uns warteten Plattenwaggons. Waggons ohne Wände, Rungenwagen ohne Rungen, zehn Meter lang – nur eine offene Platte. Da mussten wir hinauf. Kinder in die Mitte, Erwachsene außen herum, Füße nach unten hängend. Ich wollte das nicht und schlich mich unter den Leuten hindurch zu einem Platz über den Puffern entgegen der Fahrtrichtung. Dort konnte ich die Füße sicher nach unten hängen lassen. Keine gute Wahl, wie sich herausstellen sollte. Mein Vater sagte zu mir: »Junge, denk daran, die Sonne geht wieder auf. Sie kommt immer wieder.«

So weit ich sehen konnte, wurden die vielen Waggons alle beladen mit Menschen über Menschen. Ihre Habseligkeiten wurden in die Mitte geworfen zu den Kindern, die sich teilweise an irgendetwas anlehnen konnten, und dann ruckte der Zug langsam an und fuhr los. Um uns herum waren nur Trümmer, Trümmer, Trümmer. Dresden war einmal. In der Ferne sah ich Ruinen und kaputte Gleise, teilweise in die Luft ragend, hinaufstechend –wie ein hilfloser Maikäfer mit Beinen nach oben. Es war ein Inferno, eine von Bombenangriffen zerstörte Welt. Die Sonne brannte herunter und stach durch den Staub. Es war Mitte Juli. Und meine Schwester Heidi hatte Geburtstag.

Der Zug ratterte durch das zwischenzeitlich wunderschöne Land nördlich von Dresden. Es war so unwirklich friedlich. Doch vor mir auf den Puffern des Waggons gegenüber, in Fahrtrichtung, saß ein Mann, dunkel in einen Mantel gehüllt, der auf mich starrte, nein, auf eine hinter mir sitzende junge Frau. Er stierte – so erinnere ich mich – immer wieder und guckte und guckte. Es war unmöglich, in sein Gesicht zu sehen. Seine Augen waren schrecklich. Die junge Frau duckte sich immer wieder weg. Sie lehnte sich zu ihren Eltern, presste sich an sie. Der Zug ratterte weiter. Der Unhold stierte unentwegt. Der Zug stoppte wieder und wieder. Ein Halt nach dem anderen, Waggons wurden angehängt, andere wieder verschoben. Der Unheimliche blieb.

Nach einer halben oder einer Stunde ging es jeweils wieder weiter. Wind wirbelte vieles durcheinander und auch von Bord. Bei schönstem Wetter dampften wir durch Hügel, Wälder und an kleinen Seen vorbei. Drei Stunden schob sich der ratternde Zug voller Menschen nun schon über die Gleise. Unruhe machte sich breit – irgendwo drückte und zwackte es jeden. Viele mussten einfach mal, und das wussten auch die Verantwortlichen. Der Zug wurde langsamer, die Räder quietschten, die Menschen reckten und streckten sich. Vorne zeigte sich ein Lager mit russischer Fahne, Rauch zog an Wehrmachtszelten oder Ähnlichem hoch. Man tuschelte, es wäre eine Militärstation der Russen. Was kam nun auf uns zu?

Austreten hieß es. Logisch, fast jeder musste einmal, und so durfte, wer wollte, weit ins Feld hinein. Keine schöne Sache und absolut unwürdig, unmenschlich, unschön. Doch es musste sein, das war Natur. Das Feld sah aus, wie ich mir ein wogendes Meer in gelber Farbe vorstellte. Rechts und links von uns, so weit das Auge reichte, hohe Ähren – Weizen oder Roggen. Männer und Frauen sprangen vom Eisenbahnwaggon oder nahmen die Metallstufen in der Mitte. Mein Vater hob Heidi und mich herunter. Nacheinander verschwanden einzelne in den Kornfeldern, um sich zu erleichtern. Wir durften ein Stück zurückgehen, um dort Kartoffelsuppe entgegenzunehmen. Jeder konnte nur einmal dorthin, die Kartoffelsuppe war ein Traum, wir hatten Hunger. Trotz wirrem Durcheinander fanden alle wieder ihren Waggon.

Die hübsche junge Frau hieß Magda. Sie wurde zu einer tragischen Heldin auf diesem Höllentrip. Magda war 19 Jahre alt und kam wie wir aus Schreckenstein. Auch sie musste einmal, und sie hatte es aus Furcht auf den letzten Moment verschoben. Wir waren kurz vor dem Aufbruch, der Zug sollte eigentlich schon anfahren – da raffte sie sich auf. Es war ihr wahnsinnig unangenehm, in das Ährenfeld zu stolpern vor den vielen, vielen Leuten und dann auch noch vor den schwer bewaffneten Russen. In Wirklichkeit achtete keiner auf sie. Alle hatten andere Sorgen, andere Gedanken, und alle hatten riesengroße Ängste.

Magda war mitten im Feld, wenigstens ein bisschen verdeckt von den goldgelben Ähren, den blauen Kornblumen und dem roten Mohn um sie herum. Langsam raffte sie sich wieder auf, schaute sich hektisch um, wollte sich wieder ganz anziehen, und dann war er da, dieser Mann. Er hatte abgewartet, riss sie zu Boden und fiel über sie her. Gellende Schreie, Entsetzen. Ich sah nur noch seinen Rücken und fühlte in mir ihren Schmerz, ihre Not. Gelähmt mussten wir auf den Waggons zusehen. Schwer bewaffnete Soldaten bewachten Anfang und Ende des Zuges. Sie verhinderten jeden Fluchtversuch – der einzelne Mensch zählte nicht, ein Abzug saß sehr locker. Zwei oder drei Russen sprangen auf, rannten los in Richtung der Schreie. Schon hatten sie den jungen

Mann, zerrten ihn von der Frau hoch, er riss sich los, Hose halb hochgezogen, und rannte und rannte. Einer reichte Magda die Hand. Die beiden anderen liefen dem Flüchtenden hinterher. Einer der Soldaten warf den ersten Stein, dann noch einen und wieder einen. Ein Brocken traf sein Ziel. Der Mann stolperte, strauchelte, flog der Länge nach hin. Sofort waren die beiden Soldaten über ihm. Mit Steinen in den Fäusten schlugen sie auf ihn ein, immer wieder und wieder. Lautes Gebrüll! Bis er sich nicht mehr rührte. Er würde sich nie wieder rühren. Stille!

Behutsam und ruhig brachten sie die noch weinende, zitternde Magda, die völlig außer sich war, zurück zu ihrem Waggon. Sonderbar, wie anders sich jetzt die Soldaten verhielten. Dieser Schock hatte sie verändert. Der Vergewaltiger war der Mann mit den stechenden Augen auf dem Waggon vor mir. Jetzt war er nicht mehr da. Langsam rollte der Zug wieder an, einem unbestimmten Ziel entgegen. Ich war zwar ruhig, doch total durcheinander.

Der Stopp der Kolonne wiederholte sich alle drei Stunden. Eine Nacht parkten wir an einem Bahnhof – ohne Decken, ohne Unterkunft, nur das Sternendach über uns. Die lange Fahrt war unheimlich, kein Lachen, kein Scherzen war zu hören. Nur das Weinen der Kinder und der älteren Leute, beruhigende Worte von Vätern und Müttern. Verzweiflung, Furcht und Schrecken überall.

Viele wuchsen auf unserer Irrfahrt durch den Norden Deutschlands zu Helden heran. Hilfe für den einen, ein Handgriff für den anderen, für Gebrechliche und für Kinder, durch das Umlegen einer Decke oder einer Jacke, durch Worte des Trostes und der Liebe. Tränen wurden getrocknet, Nähe wurde gegeben, und der Arm um die Trauernden gelegt. Es gab Helden, die stark waren und anderen immer wieder die Hand reichten. Sie versuchten, mutig zu sein, und sprachen davon, wie wir alle das doch wieder schaffen würden. Wir waren jetzt scheinbar frei, dem Tod, der Verhaftung, der Folter entronnen. In Wirklichkeit konnten wir kaum eine Zukunft sehen, unbestimmt, aber mit vielen Möglichkeiten. Damals sagte mein Vater in dieser verlorenen Situation: »Das Glück wartet immer auf uns, wir müssen es nur suchen und vor allem sehen!«

Gegen 15 Uhr des nächsten Tages holperte der Güterzug wieder in einen Bahnhof. Die Bremsen der Räder quietschten laut – war das nun die Endstation für uns? Ja, endlich. Schiefe Holzhäuser lehnten an der Straße, Unrat verrottete an den Gleisen, rostige Signalschilder waren zu erkennen, und eine Handvoll Menschen blickte leer und mit gleich-

gültigen Gesichtern zu uns herüber. Auf einem schräg hängenden Schild stand der Name des Bahnhofs: »Zernin«. Diesen Namen hatten wir noch nie gehört. Ich werde ihn nie vergessen. Alles rundherum wirkte trostlos. Der Blick reichte weit über das ebene Land – kein grünes Elbtal, keine sanften Hügel lagen vor uns, nur endlose Flächen mit gelben Getreidehalmen und großflächigen Wiesen. Der Hochsommer färbte das Gras gelb und hellbraun, die Natur wurde trocken. Zweimal schon hatte der Zug vorher angehalten. Vier oder fünf mit Menschen vollgeladene Waggons waren abgehängt und auf ein Nebengleis rangiert worden. Die ersten Gruppen hatten ihr unbekanntes Ziel erreicht – stolpernde und sich abstützende Alte, traurige, verweinte Gesichter, Mütter mit ihren apathischen Kleinkindern in den Armen fielen beinahe von den Plattformwagen herunter – still miterlebt von uns verbliebenen Mitfahrern. Was würde auf sie zukommen, welches Schicksal würde sie und uns erwarten? Fragen, die uns alle umtrieben, die wir nicht beantworten konnten. Es war jetzt klar, wir würden hier in Zernin bleiben. Unser Waggon wurde mit den anderen fünf auf ein Abstellgleis geschoben.

Wieder begann eine Zukunft – wir hatten keine Ahnung, was sie uns bringen würde.

Vergiss die Vorurteile – tue es!

Wenn wir einen Bekannten fragen, ob er denn Vorurteile hätte, wird er ganz klar mit »Nein, ich habe keine Vorurteile« antworten. Nach außen hin wird jeder von sich behaupten, er sei objektiv und völlig unvoreingenommen. Er würde auf keinen Fall jemanden wegen seines Aussehens, seiner Hautfarbe, seiner Tätigkeit oder gar wegen seiner Ansichten verurteilen oder ablehnen. Und doch sind wir alle nicht frei von Vorurteilen. Um diese Einstellung zu ändern, sollten wir uns selbst verändern. Grundsätzlich wissen wir, dass Veränderung nun einmal da ist und dass manche bereit sind, sich schneller zu verändern als andere. Daher haben sie auch schneller eine andere Meinung als alle anderen. Veränderung hat also nicht nur etwas mit Tun, sondern zuerst einmal mit dem Denken zu tun. Somit sollten wir zunächst mit dem Denken beginnen, bevor wir uns über irgendetwas äußern, und vor allen Dingen sollten wir uns bewusst machen, dass wir der Voreingenommenheit sehr oft unterlegen sind. Häufig wird Voreingenommenheit uns auf den falschen Weg führen.

Zurück zu dem Fiasko mit der Vorhangschiene und zu dem Start meiner nächsten Veränderung, die »eigentlich« für mich unmöglich war. Mein Scheitern musste doch auch für etwas gut sein. Was war daraus zu lernen und wie war ein neuer, ein besserer Weg zu finden? Die Auftragslage für Werbung und Grafik in Oberbayern war aktuell schwach, und damit war das finanzielle Auskommen für meine junge Familie richtig knapp. Ich sollte also dringend etwas tun. Für einen Architekten in Freilassing lieferte ich gerade den letzten großen Auftrag mit Vorhangschienen aus. Niedergeschlagen eröffnete ich ihm mein Missgeschick und damit meine Horrorstory: »Das ist jetzt meine letzte Lieferung.«

»Na und?«, sein Kommentar war kurz – er duzte mich schon immer: »Du bist doch jung, hast Begeisterung und normalerweise eine echt positive Einstellung – also mach etwas damit. Ich hätte da auch schon was für dich. Ich plane gerade einen Laden mit 220 Quadratmetern, und da soll eine abgehängte Decke mit Gipskassetten hinein, ganz einfach. Da kannst du dein Können und dein Talent für die Zukunft beweisen.« Das klang für mich völlig undenkbar. (Mein Vorurteil saß mit entsetztem Gesicht auf meiner Schulter.) Ich war irritiert: »Ich habe überhaupt keine Ahnung von so etwas.« Für mich als Marketingmann erschien das total unmöglich.

Der Architekt war spitze und ein Lehrmeister wie aus dem Murphy-Buch »Die Gesetze des Denkens und Glaubens«. »Ach was«, wehrte er mein lautes Denken energisch ab, »da gibt es eine Firma in Bodenwerder, Rigips, da lernst du in drei Tagen alles, was du brauchst. Du musst es nur tun!« Sollte ich oder sollte ich nicht? Mit richtigem Handwerk auf dem Bau hatte ich noch nie zu tun gehabt – das war etwas, was ich niemals wollte und auch nicht konnte. Ich sah mich immer als erfolgreichen Werbemanager in einer großen Werbeagentur oder in einer eigenen Werbefirma. Sollte eine Werbeagentur nicht das Richtige für mich sein? War dieser Markt für Werbung hier in Oberbayern groß genug für ein erfülltes Leben, wie ich es unbedingt wollte? Was wollte ich wirklich? Ich begann nachzudenken.

Nichts ist endgültig. Veränderung ist das ganze Leben. Also, warum nicht?

Leben ist das, was wir daraus machen

Mein Beruf war Public Relations, also Werbung, ich war kein Bauhandwerker. Doch besondere Umstände fordern dich einfach heraus, sie leiten dich. Das wurde mir mehr und mehr klar. Wenn wir es nicht versuchen, wenn wir nichts Neues wagen, werden wir niemals gewinnen. Also beschäftigte ich mich mit einer völlig neuen Situation. Dieses Rigips war ein neues Baumaterial, große und kleinere Platten aus mit Gips gefülltem Karton. Das Material war in Oberbayern noch nicht bekannt und auch mir nicht. Also würde ich mich informieren, und zwar sehr genau.

Die Worte des Architekten Hofmann aus Freilassing habe ich noch gut im Ohr: »Du weißt es nicht, doch in deinem Leben hast du immer alles selbst in der Hand. Wenn du es nicht versuchst, wirst du es auch nicht können.« So ist es, denn kein Risiko einzugehen ist auch ein Risiko.

Eine Woche später war ich in Niedersachsen, lernte in kurzer Zeit, was ich lernen konnte, und orderte dort gleich das notwendige Material für die Hofmann-Decke. Dann ging es ans Montieren. Ich hatte einen Helfer, einen 67-jährigen Rentner. Er kletterte immer wieder klapprig und unsicher auf die Leiter, reichte mir die Gips-Kassetten, und dann befestigten wir die Platten mit einem Klammergerät an der von uns eingebauten Holz-Unterkonstruktion. So »bastelten« wir miteinander diese Decke in Freilassing und benötigten ganze vier Wochen dafür (heute braucht man keine drei Tage). Es waren nicht die besten Voraussetzungen für einen erfolgreichen Anfang. Entmutigend!

Ohne praktische und handwerkliche Ahnung beginnen? Ich habe es gewagt. Leben ist das, was wir daraus machen, und so machte ich. Warum spottete denn jeder Bauunternehmer, Zimmerer oder Schreiner über dieses absolut neue Produkt mit Namen Rigips? Die gestandenen Handwerker nannten mich einen Ahnungslosen, einen Nichtskönner und dummen Laien.

Nächtelanges Grübeln raubte mir den Schlaf, Nachdenken über Plus und Minus lenkte mich ab, logisches Handeln mit emotionalem Einfluss schob meine Entscheidung an. Mir wurde klar, dieses neue Produkt war etwas ganz Besonderes, etwas, das die Zukunft des Bauens beeinflussen konnte. Das erste Mal hörte ich auf meine »innere Stimme« – noch flüsterte sie leise, später würde sie lauter werden. Rigips war ein leicht zu handhabendes Plattenmaterial, bestehend aus Gips, der zwischen zwei 1 Millimeter starken Pappkartons zu 1,25 Meter breiten und raumhohen Platten oder zu Deckenkassetten in allen Größen gewalzt wurde. Für die gestandenen Handwerker waren diese Platten nur minderwertiges Pappmaterial. Ich aber sah, was damit in Zukunft alles möglich sein würde, und dachte weiter um drei Ecken (so sagte ich später immer). Ich sah vor mir fantastische Decken, fugenlose trockene Wände und Dekors, die nur mit diesem Material möglich sein würden. Es war ein neues Baumaterial, und ich glaubte daran. Ich hatte meine Vision und war mir sicher: Ich würde erfolgreich sein. Vielleicht war schon eine Ahnung in mir. Und ich hatte Recht. Es war genauso wie in dem Mahatma Gandhi zugesprochenen Zitat: »Zuerst ignorieren sie dich, dann lachen sie über dich, dann bekämpfen sie dich, und dann gewinnst du.« Ich hatte diese Worte nicht gekannt, doch sie trafen zu, und sie taten das immer wieder in meinem Leben. Neue, andere Wege zu gehen ist ein Risiko. Doch es lohnt sich, Mut zu haben.

Architekt Hofmann hatte noch eine weitere Überraschung für mich. Zwei Mehrfamilienhäuser sollten vor dem Winter fertig werden, und zwar mit Trockenputz, also Gipsplatten, die mit Gipsmasse an die rohen Wände geklebt wurden. Wieder etwas Neues, das mit diesem Material möglich sein sollte. Wieder drei Tage Seminar in Bodenwerder. Mit starkem Willen und dem Rücken an der Wand kam ich zurück. Jetzt wollte ich es wissen.

Warum konnte ich das, warum hatte ich diesen starken Willen? Niemand gab nur einen Pfifferling auf meinen Erfolg. Ich hatte mich entschieden, und im Moment der »echten« Entscheidung hoffte ich auf das Gelingen. Es gab nur noch mein Ziel und meinen Mut – Angst vor einem Fehlschlag hatte ich nicht, nie: Ich wollte meine Aufträge sofort, präzise und termingerecht durchführen und weitere Aufträge bekommen. Dafür wollte ich alles tun.

So fing ich einfach an und gründete meine erste richtige Firma »Trockenausbau Horst Babinsky KG« zum 1. November 1965 mit nur einer Schreibmaschine in meinem Büro als Inventar. Mehr hatte ich nicht. Am 2. November starteten sechs Mitarbeiter bei mir, die ersten Beschäftigten überhaupt in meinem Leben. Das war wirklich mutig. Der

Arbeitsmarkt war leergefegt. In der damaligen Bundesrepublik landeten nur 147.352 Arbeitslose beim Arbeitsamt, das waren 0,7 Prozent. Absolute Vollbeschäftigung. Und meine neuen Leute waren Arbeitslose, die keiner mehr wollte. Somit waren sie nicht unbedingt die Besten. Aber: Sie wurden meine Besten.

Bei Antoine de Saint-Exupéry habe ich gelesen: »Wenn du ein Schiff bauen willst, dann trommle nicht Männer zusammen, um Holz zu beschaffen, Aufgaben zu vergeben und die Arbeit einzuteilen, sondern lehre die Männer die Sehnsucht nach dem weiten, endlosen Meer.« Das tat ich, das konnte ich. In meinen Leuten weckte ich den Wunsch nach Anerkennung, nach besonderer, erfüllender Arbeit, nach Freude am Tun und ganz besonders den Wunsch, anders zu sein als die anderen am Bau. Ich machte wirklich alles anders als andere Unternehmer. Ich war neu, wusste nichts und probierte einfach. Man nannte mich den »roten« Unternehmer, obwohl das nie stimmte.

Schon 1965 führte ich neue Arbeitszeiten für uns ein und beendete als erster Betrieb am Freitagmittag um 12 Uhr die Wochenarbeitszeit (ein Novum). Ich zahlte höhere Löhne als andere und von Anfang an eine Zusatzversorgung für das Alter, sofern der Mitarbeiter drei Jahre im Betrieb bliebe. Es gab noch ein paar zusätzliche Zückerchen. Alles Leistungen, die es noch nie gegeben hatte. Ich war eben anders. Einer der Gründe, warum ich erfolgreich wurde – erst mit der Vorhangschiene, jetzt mit Trockenausbau. Und so mancher sagte, »der lebt über seine Verhältnisse« – doch ich wusste genau, was ich tat und vor allem, was ich wollte.

Meine Leute arbeiteten sehr gerne. Sie fanden ein ausgewogenes Arbeitsumfeld, wir redeten miteinander und besprachen die notwendigen Arbeiten, wir berieten das Wie und Was. Meine Motivation war die Motivation der Mitarbeiter. Um halb sieben Uhr am Morgen waren sie schon im Hof, reinigten die Scheiben der Autos von Frost und Schnee. Zwei Ford Kombis hatte ich gebraucht auf Kredit erworben, und die Monteure sorgten für das Werkzeug und die erforderlichen Materialien. Um kurz vor sieben, nach dem Beladen der Kombis, ging es auf die Baustellen – mit mir. Ich zeigte, was ich gelernt hatte für das Anbringen von Trockenputz und den Einbau von Decken. Allein durch den Vorführeffekt lernte ich selbst mehr und mehr. Es funktionierte alles, und meine Begeisterung, dass ich das tatsächlich konnte, übertrug sich auf meine Mitarbeiter und auch auf die Bauherren. Ich arbeitete mehr als je zuvor, bekam raue, kräftige Hände und auf einmal auch Muskeln. Zu diesem Zeitpunkt war ich gerade einmal 27 Jahre alt. Vielleicht habe ich damals schon Empathie empfunden. Mit dieser besonderen Gabe, sich in andere Menschen hineinzudenken und der Situation entsprechend zu reagieren, zeigt man dem Mitarbeiter oder auch Geschäftsfreund gegenüber Verständnis für seine Situation, seine Lage und seine Vorstellungen. Das schafft Vertrauen und Sympathie. Mögliche Probleme können schon vorzeitig erahnt oder erkannt werden. Das hilft im Verkauf, im Management und damit in jeglicher Zusammenarbeit.

Unter meinen sechs Mitarbeitern waren zwei, die mir von Anfang an auffielen, die einfach anders waren. Sympathie war nicht sofort vorhanden, doch gerade deswegen beobachtete ich beide genauer. Der kleine Hans war ein Wiesel, mit verschlagenem Gesichtsausdruck, klein und flink, immer sofort da, wenn ich etwas brauchte, und in meiner Unerfahrenheit traute ich ihm anfangs nicht über den Weg. Doch gerade er war es, der sich in der Firma wie zu Hause fühlte, immer pünktlich war und alles akkurat mit fast sklavischem Eifer erledigte. Ich brauchte nur einen Wunsch zu äußern und schon wurde er erledigt – es war fast schon unheimlich. Dann war da noch der lange Hans. Zu ihm später mehr.

Meine Ausbildung zum Werbefachmann sorgte für gutes Auftreten und beeindruckende Präsentationen, verhalf mir täglich zu neuen Aufträgen und weiteren Herausforderungen. Verkaufen konnte ich. Die Arbeit wurde mehr. Am Heiligabend, den 24. Dezember, arbeiteten alle Monteure, auch meine Schwester und meine Mutter, an der Fertigstellung einer großen Decke in einer Bank in Traunreut mit. Um 18 Uhr waren wir tatsächlich fertig, und das war für jeden ein Weihnachtsgeschenk – ein Tag, den wir alle, so glaube ich, nie vergessen haben. Unsere gegenseitigen Weihnachtswünsche kamen von Herzen. Zuvor hatte meine Frau Peggy uns eine Brotzeit vorbeigebracht und dann zu Hause für unseren kleinen Holger und mich den Christbaum geschmückt.

Zu jener Zeit fand ich in einer abgegriffenen Broschüre Sätze, die mich sofort faszinierten und die mich bis heute begleiten. Ich übertrage das Blatt seit 55 Jahren in jedes meiner DIN-A4-Bücher, in denen ich Telefonate und Tagesaufgaben notiere. Darauf steht:

Allzu viele nehmen sich vor, etwas Vollendetes zu leisten, mit dem Ergebnis, dass sie gar nichts tun. Um voranzukommen, gibt es nur eines: Sofort beginnen. Während viele, ehe sie anfangen, darauf warten, dass die Vorbedingungen »genau richtig« sind, stolpern andere in glücklicher Unkenntnis der ihnen drohenden Gefahren bereits ihres Weges. Wenn wir, die Neunmalklugen, uns endlich aufgerafft haben, müssen wir feststellen, dass die Dummen trotz aller Unbeholfenheit eine beträchtliche Strecke zurückgelegt haben. Beginnst du jetzt, so wirst du übers Jahr sehr vieles können, was du heute noch nicht kannst – und auch nächstes Jahr nicht können wirst, wenn du weiter wartest.

So war es. Ich startete sofort, unbeholfen und ohne Erfahrung – trotzdem war ich besser als andere, die noch nicht begonnen hatten. Meine sechs Männer und ich, wir waren gut, so gut, dass es sich herumsprach. Zwischen den Feiertagen, also nur zwei Monate nach meinem Start, waren zwei gestandene Männer vom Bau bei mir in meinem kleinen Büro. Beide waren Poliere, Baustellenleiter, sehr erfahren und richtige Könner. Erstaunt schaute ich sie an. Das konnte gar nicht sein, diese Leute vom Bau, die über mich gelacht hatten, würden nie zu mir kommen – doch jetzt waren sie da. Von oben bis unten musterte ich die beiden skeptisch. Der eine groß, kräftig, ein bisschen Bauch und ein leicht spöttischer Gesichtsausdruck, der andere kleiner, doch auch ein wenig überheblich wirkend. Das musste einen Haken haben, wahrscheinlich wollten sie nur lernen und selbst Trockenausbau machen. Keine leichte Entscheidung, doch ich entschied mich für die beiden.

Was diese Entscheidung bedeuten könnte, wusste ich – auf der einen Seite Qualität und Erfahrung, die ich benötigte, und auf der anderen Seite das Ausnutzen meines Unvermögens, meiner Unerfahrenheit und möglicherweise der Verlust meiner jetzigen Alleinstellung im Trockenausbau. War es nicht notwendig, bei dieser Verführung auch einmal Nein zu sagen? Oder sollte ich mit großem Mut das Risiko eingehen und darauf vertrauen, sie würden der Verlockung, etwas Besonderes am Bau zu sein, nicht widerstehen? Tun, einfach tun, sagte mein Unterbewusstsein!

Ich folgte meiner Eingebung, meiner Intuition. Ich weiß nicht, warum, aber ich stellte beide sofort als Vorarbeiter ein, und die Entscheidung stellte sich als goldrichtig heraus. Die Baustellen liefen ab sofort organisiert und präzise ab. So konnte ich mich in Ruhe um Aufträge und Finanzen kümmern. Das war auch dringend notwendig. Einer der beiden, Helmut, wurde tatsächlich nach ein paar Jahren der Leiter meiner Trockenausbau KG, und ich beteiligte ihn mit 30 Prozent.

In der Sparkasse Traunreut hatte ich 20.000 DM Kredit beantragt, die mir der Filialleiter schon locker zugesagt hatte, wie das subalterne Angestellte so tun. Nach Wochen des Nachfragens kam der Direktor in die Filiale und bat mich zu einem Termin – es wurde eine der wichtigsten Erfahrungen in meinem Geschäftsleben, was Finanzen betrifft. »Tja, Herr Babinsky, Sie haben 20.000 DM Außenstände, sehr schön und gut für Sie. Dann treiben Sie mal Ihre Außenstände ein und Sie werden diesen Kredit überhaupt nicht benötigen.« Ich wurde blass. Also hatte ich einiges falsch gemacht. Keine Referenzen, kein tolles Auftreten, nicht seriös genug und nicht so richtig vertrauenerweckend – eher so ein waghalsiger Glücksritter. Klar, der Direktor kannte mich nicht, und er konstruierte sich selbst sein Urteil. Für das richtige Urteil hätte ich sorgen müssen. Ein guter Berater sagte einmal: »Wenn dir etwas geschieht oder missfällt, dann denke bitte daran, dass du es selbst warst, der die Tür zu dieser Situation geöffnet hat.« Klar!

Also, bei wem hatte ich das volle Vertrauen, wo hatte ich jemanden, der mein Image aufpolieren konnte? In meinem Studium hatte ich gelernt, was Image bedeutet. Und was hatte ich bisher getan? Da war dringend Arbeit angesagt. PR war notwendig und alles, was dazugehört. Jeder hat selbst dafür zu sorgen, sein Image zu pflegen, sich entsprechend zu zeigen und darzustellen. Wenn du gut bist, werden es andere sehen und es auch bewundern. Tue Gutes und rede darüber –

das hatten wir in Hamburg an der Werbeakademie gelernt. Für mich ging es dann doch leichter als gedacht.

Mein Mentor und Lehrherr Ramsauer hatte einen Auftrag für mich, und wir vereinbarten einen kurzen Termin. Eine Broschüre für den Bayerischen Müllerbund in München war geplant, und er bat mich um ein paar Vorschläge. Er dachte auch schon an einen Entwurf für einen Messestand, ebenfalls für den Müllerbund. Danach wollte er wissen, wie es mir so ginge und ob ich überhaupt noch grafische Arbeiten erledigen würde. So platzte ich mit meinem Missgeschick heraus, erzählte meine Pleite mit dem Sparkassendirektor. »Was?«, sagte er, »das haben wir gleich«. Und schon saß ich in seinem BMW V8 und wenig später in einem Büro der örtlichen Raiffeisenbank. Ich unterschrieb und erhielt meinen Kredit bei dieser Bank. Herr Ramsauer bürgte für mich. Also hatte ich doch ein Image.

Das erste Jahr verlief gut. Einen der beiden Vorarbeiter konnte ich schon nach einem halben Jahr als Leiter eines Bereiches im Trockenausbau einsetzen. Ich stellte weitere Mitarbeiter ein, wir erhielten größere und anspruchsvollere Aufträge, steigerten unsere Umsätze. Noch heute kann ich es kaum fassen, dass ich als Werbefachmann auf hohen Gerüsten stand und Stuckdecken in schwierigsten Varianten zauberte, die mir später den Titel Stuckateurmeister der Bayerischen Handwerkskammer einbrachten. Es zählten die besonderen Bauvorhaben der Bayerischen Staatsregierung und die Zusammenarbeit mit einem Oberbaudirektor und weiteren hervorragenden Architekten. Wir wurden die Spezialisten, sorgten für eine schmale, exklusive Palette unseres Angebots, und damit hatten wir immer Aufträge. Besondere Leistungen brachten mir auch in Traunstein großes Ansehen. Da waren das Park-Café mit einer riesigen weißen Gips-Stuck-Decke, die für fantastisches Schallklima im Café sorgte, und die großflächige glatte Decke aus Gipsplatten ohne Fugen und mit einer rundumlaufenden Stuckverblendung und indirekter Beleuchtung im Parkhotel, die ich selbst an Ort und Stelle fertigte. Die Firma Trockenausbau KG lief mit großem Erfolg. Den Messestand für den Bayerischen Müllerbund durfte ich entwerfen, und wir bauten ihn auch. Wir wurden von unseren Kunden gesucht, sie wollten uns – Verkaufen wurde einfacher.

Ungeduldig schaute ich in die Zukunft – da sollte doch noch mehr möglich sein.

Die Vision ist ein Wegweiser, damit das Leben weiß, wo es dich hinbringen soll

Zurück zu den Anfängen, zum Transport der Vertriebenen, zurück zu den Heimatlosen und den vielleicht für immer Gebrochenen. Aufzugeben, die Hoffnung zu verlieren, das war nicht denkbar. Das konnte nicht sein, denn die Alternative wäre Verhungern gewesen. Es hätte den totalen Untergang bedeutet. Das kam keinem in den Sinn. Jeder Einzelne kämpfte seinen eigenen Kampf, und viele von ihnen haben ihn sogar gewonnen. Heute wissen wir, nach dem Krieg ging es aufwärts.

Wir waren in Zernin, einer winzigen Ortschaft in Mecklenburg, angekommen. Dort sollten wir unsere Zukunft leben. Die Aussicht war hoffnungslos. Die militärische Dienststelle der Russen, der provisorisch eingesetzte Bürgermeister und ein paar andere Leute um ihn herum kümmerten sich um uns. Alle Vertriebenen, sortiert nach Familien, wurden im Dorf und in der Umgebung in verschiedene Quartiere gebracht. Ich erlebte alles wie in Trance. Zwei gesichtslose Männer führten die Großeltern, Vater und Mutter, meine Schwester und mich zu einem Hof, der mitten im Dorf lag. Es war der größte Bauernhof im Dorf, sein Besitzer erwartete uns schon, er musste uns aufnehmen. Er begrüßte uns. Bauer Runzler hieß der gute Mann, der uns auch im Namen seiner Frau willkommen hieß. Wir waren total überrascht. Vertrauenswürdig lächelte sein rundes Gesicht. Der kurze Bart und die roten Backen, der zerbeulte Hut auf dem Kopf und die übergroße Arbeitsschürze zeigten ein angenehmes Bild von ihm. Er wirkte sympathisch, und er nahm uns mit Wohlwollen auf. In seinem für uns ungewohnten Dialekt vermittelte er uns, wir würden es schon gut bei ihm haben. Was oder wen sah er in uns? Waren wir für ihn nett, freundlich, aufrichtig und unkompliziert oder genau das Gegenteil? Es war sicher eine Herausforderung, sechs fremde, mittellose Menschen auf Befehl sofort bei sich zu beherbergen und sie auch zu akzeptieren. Was kam da wohl auf ihn und auch auf uns zu? Wir waren aus reichem Hause und standen jetzt mittellos auf einem fremden Bauernhof, und nichts gehörte uns. Wir waren dankbar, wenigstens ein Dach über dem Kopf zu haben. Hatten wir nur Glück? War es unsere positive Einstellung?

Die Runzlers waren fleißig, aktiv, und sie waren sehr liebe Leute. Wir hatten tatsächlich großes Glück. Zwei Zimmer reichten als Heim für die Großeltern und unsere Familie. Zur Toilette liefen wir über den Hof – ein »Plumpsklosett«, das kannten wir nicht. Das Abenteuer Zernin konnte beginnen. Die Aussichten waren anfangs recht mager: Wir hatten keine Arbeit, kein Geld – wir hatten nichts.

Doch mit positiven Gedanken ging es schon einmal voran. Jetzt bewies sich unsere Mutter, sie hatte innere Kraft, sie war stark: »Wir haben uns, unsere Familie, wir halten alle zusammen – wir haben gute Gedanken und suchen nach neuen Wegen und Möglichkeiten, und wir werden sie finden«, sagte sie, und schon ging es los. Für die Volksküche wurden Freiwillige gesucht. Mutter meldete sich sofort, und kurz darauf wurde sie bereits zur Küchenchefin gewählt. Mit ihrer perfekten Ausbildung war sie die ideale Organisatorin für die Leitung der »Volksküche«. Das war die beste Lösung für alle. Die Vertriebenen schätzten sehr schnell die Koch- und Organisationstalente unserer Mutter. Zelte der geschlagenen Wehrmacht wurden in der Nähe des Bahnhofs aufgestellt, wo die »Volksküche« unter sehr bescheidenen Verhältnissen einzog. Aber alle waren dankbar. Meine Mutter als Gastwirtin, Köchin und Macherin hatte den Laden im Griff. Sie versorgte mit Freude die Vertriebenen im Dorf und auch die aus dem Umland. Aus dem Geringsten zauberte unsere Mutter das Bestmögliche. Kartoffeln, Rüben, Erbsen, Getreide und Brot mit Fett und Margarine waren die Basis. Ich sehe meine Mutter heute noch als junge Frau mit lockigen langen braunen Haaren, lachendem Gesicht, mit umgebundener Schürze über dem blumigen Kleid – wie ein Wirbelwind. Schon ging es also ein Stückchen aufwärts.

Bauer Runzler trieb die großen Erntemaschinen, wie wir sie gar nicht kannten, über die riesigen Felder. Der Weizen war goldgelb, der Hafer und die Gerste waren schnittreif. Die Ernte wurde eingefahren und zur Tenne gebracht. Eine unheimliche Maschine lärmte und trennte die Spreu vom Weizen. Große Staubwolken, wir sahen die Hand nicht vor den Augen. Natürlich waren wir mit dabei, trugen die heruntergefallenen Halmbüschel zusammen und versuchten, uns nützlich zu machen. Spezialisten waren wir nicht, mit der Zeit lernten wir das Sammeln und Wegnehmen der Bündel. So konnten wir wenigstens ein bisschen von dem zurückgeben, was uns gegeben wurde. Außerdem war es lustig, von Strohballen zu Strohballen zu hüpfen und sich ins Heu purzeln zu lassen. Wir Kinder vergaßen schnell, jubelten, lachten aus vollem Halse und strotzten vor Lebensfreude. Ich glaube, keinen Tag unseres ländlichen Lebens verloren wir in Traurigkeit, und so wurde es eine schöne Zeit in unserer Erinnerung.

Nachdem die Ernte eingebracht, gedroschen und das Gut in Säcke abgefüllt war, durften wir hinaus auf die Felder, um die verbliebenen Ähren aufzusammeln. Bauer Runzler hatte uns das gerne erlaubt. Riesige Stoppelfelder, so weit das Auge reichte. So große Flächen kannten wir im Sudetenland nicht. Wir suchten hauptsächlich Weizenähren und füllten sie in einen Beutel. Jeder hatte einen. Viele, viele Ähren fanden wir auf den Feldern. Die Stoppeln stachen und schnitten uns in die Fußsohlen. Trotzdem liefen wir barfuß, es machte Spaß. Zu Hause im Hof klopften wir die Weizenkörner aus den Ähren, häufelten das Material und füllten die Körner in Jutesäcke. Nach einigen Tagen wurden aus winzigen Anfängen kleine Häufchen und dann zwei gefüllte Säcke. Das war der Lohn für unsere Arbeit. Mein Vater hatte von einer entfernten Mühle gehört und wuchtete die Säcke auf einen eher zu kleinen Leiterwagen. Wir beide zogen los. Wolkenloser Himmel, brennende Sonne, und quer durch das flache Land zogen wir den Holzwagen. Der Weg führte über holprige Feldwege und Stoppelfelder, an Dörfern vorbei. Bis zu der großen Windmühle war es weit, sehr weit.

Endlich tauchten vor uns riesige Flügel aus Holz und Segeltuch auf. Sie drehten sich im Wind, und laut rauschte es in meinen Ohren. Die Mühle war ein Gigant. Mit weit aufgerissenen Augen stand ich staunend vor dem Unbegreiflichen – noch nie vorher war ich einer Mühle so nah gekommen. Damals wusste ich noch nicht, dass ich später auch einmal das Handwerk eines Müllers erlernen würde. Im Vorraum des Gebäudes, unter staubigen Balken, fand mein Vater den Müller. Mehl färbte seinen Bart, und Hemd und Hose waren weiß. Überall staubte es, wenn der Müller auf seine Hose klopfte. Lange musste mein Vater mit Engelszungen reden. Der Müller kannte seine Pappenheimer, die ihm immer wieder irgendetwas erzählten, was dann nicht stimmte. Zu oft hatten ihn irgendwelche Landstreicher ausgetrickst. Endlich, ein Lachen meines Vaters, und wir durften die Säcke mit den Weizenkörnern in die Mühle tragen. Vater hatte ihm hundertmal versichert, wir hätten den Weizen nicht gestohlen. Wir würden bei dem Bauern Runzler in Zernin wohnen, und wir hätten die Ähren selbst ordnungsgemäß gesammelt. Jetzt glaubte ihm der Müller, und wir tauschten glücklich die Weizenkörner gegen Mehl. »Das war gar nicht so einfach«, erzählte mein Vater. »Ich verstand den Müller nicht, und der Müller hatte Probleme mit meinem leichten Dialekt. Aber er kannte unseren Bauern Runzler.« Beschwingt und um zwei Mehlsäcke reicher erschien uns der Weg zurück nach Zernin um einiges kürzer. Es hatte sich gelohnt, etwas zu wagen und zu unternehmen. Andere taten das nicht und warteten auf die Hilfe der Obrigkeit. Diese Hilfe war recht dürftig oder sie kam gar nicht.

Es lohnt sich, aktiv zu werden.

Termin beim Notar

Für meinen Vermieter Lorenz Nanut, Prazzo genannt, hatte ich eine große Garage in Traunreut gebaut, und so war ich für ihn ein absoluter Könner, ein erfolgreicher Newcomer im Bau. Er war für mich ein hervorragender Geschäftsmann und Inhaber von Discos und Clubs. Wir redeten viel, spannen Ideen und hatten verrückte Gedanken, kurzum, ich fand ihn gut. Eine Folge unserer Ideen: Ich baute ihm zwei UFOs mit einem Durchmesser von fünf Metern und einer offenen Schaltzentrale zum Sitzen in der Mitte in eines seiner Lokale. Große Begeisterung bei den Besuchern. Einer seiner Stammgäste war der Direktor einer Bank. Prazzo erzählte ihm irgendwelche Wunderdinge über mich, und so war ich für diesen Bankdirektor immer für ein Gespräch gut. Oft lehnten wir an der Bar und planten vor uns hin. Das Image stimmte.

»Sie müssen für sich selbst etwas bauen. Planen Sie, ich sorge dann für das Geld.« Er war begeistert, glaubte an mich, und ich hatte auch gleich eine Idee. Direkt an der Hauptstraße gab es ein Eckgrundstück, nicht bebaut, seine Entwicklung war verhindert durch Erbstreitigkeiten. Diese Eckbebauung reizte mich. Meine Planung war gut, und die Besitzer des Grundstücks waren durch diese Lösung bereit, ihre Streitigkeiten zu beenden. Also reichte ich meinen Plan ein – ein tolles und großes Projekt mit einer hohen Durchfahrt zum Parkplatz hinter dem großen Eckgebäude, städtebaulich ein großer Wurf. Dachte ich.

Doch in Traunreut dominierte eine Bau- und Siedlungsgesellschaft praktisch alle größeren Projekte. An dieser Baugesellschaft musste ich vorbei, und auch an dem Bürgermeister unserer Stadt. Dieser unterstützte die Gesellschaft wegen der vielen größeren Bauvorhaben in der Stadt. Natürlich, denn die Baugesellschaft sorgte für Arbeit und neue

Objekte in der aufstrebenden, dynamischen Stadt. Mein Plan war sehr ehrgeizig und aus meiner Sicht ein Gewinn für die Stadt. Der Bürgermeister sah das nicht so. Er ließ mich wissen, die Bebauung dieses Geländes würde bereits geplant, eben von dieser sehr erfolgreichen BSG. Mein Vorhaben war somit gescheitert, von heute auf morgen. Da war nichts zu machen.

Ich glaube, das folgende Zitat ist von Richard Bach: »Es gibt kein Problem, das nicht auch ein Geschenk für dich in den Händen trüge. Du suchst Probleme, weil du ihre Geschenke brauchst.« So ist es!

Ein paar Tage später bewunderte ich einen sehr guten Spieler auf dem Tennisplatz. Ich lernte zu jener Zeit mit mäßigem Erfolg Tennis zu spielen. Wir unterhielten uns über den Sport, über unsere Arbeit. Ich wetterte über Bürgermeister und Cliquenwirtschaft. Siegfried fand das gar nicht so intelligent: »Was vorbei ist, ist vorbei. Ich habe etwas Besseres für dich. Ich parzelliere gerade ein Grundstück in St. Georgen, keine drei Kilometer von hier. Schau es dir an, und wir reden wieder.« Ich schaute es mir an, lief um das Grundstück herum, und eine supergute Idee war da, die mich begeisterte. Die Lage war hervorragend, für zwei Grundstücke noch besser, und das südlich gelegene Grundstück mit Blick auf die Chiemgauer Bergkette war ein Zuckerstück.

Mit Siegfried wurde ich handelseinig. Ganz schnell brachte ich meine Idee für zwei versetzte Atriumhäuser mit Walmdach zu Papier. Jedes Haus plante ich mit Innenhof und Swimmingpool. Die quadratischen Häuser plante ich versetzt, und jedes hatte dann diesen wunderbaren Blick. Das Haus auf der hinteren Seite des Grundstückes reservierte ich für meine Familie, und das vordere, am Hang gelegene, wertvollere, wollte ich verkaufen. Mit dem Gewinn daraus würde ich mein eigenes Haus finanzieren. Das musste jetzt nur noch funktionieren.

Das Büro des Notars in der nahe gelegenen Stadt Trostberg reservierte uns sehr schnell einen Verbriefungstermin. Der Notar war ein freundlicher Mann, wir verstanden uns sofort ausgezeichnet. Er hatte schon viel von mir gehört, interessierte sich für meinen Betrieb und meine Pläne. Der Termin dauerte lang und länger, wir überschritten die Zeit, und andere Kunden warteten schon. Als wir die Tür hinter uns zuzogen, war der Notar Besitzer des geplanten Atriumhauses auf dem Berggrundstück, ich hatte es ihm per Handschlag verkauft, er musste nur noch mit seiner Frau reden. Das Grundstück gehörte mir gerade eine halbe Stunde, das Haus war noch nicht gebaut, und ich hatte das zweite Haus schon wieder verkauft. Der Notar hatte Vertrauen zu mir, und das zu Recht, er hatte ein ausgezeichnetes Geschäft gemacht. Ich baute ihm das Haus, und wir wurden gute Nachbarn.

Es ist alles möglich, wenn du es nur glaubst. Besser hätte es nicht laufen können. Das große Eckgrundstück in Traunreut mit dem geplanten Geschäftsblock an der Kreuzung mit der großen Durchfahrt ist übrigens bis heute noch nicht bebaut – es ist und bleibt ein Parkplatz. Mit dem Bau der Atriumhäuser begann ich sofort nach Genehmigung durch die Baubehörde.

Der Trockenausbau lief dank positiver Werbung und bester Mundpropaganda sehr gut. Wir hatten ausreichend Aufträge, und die Umsätze stiegen. Lange schon reichten unsere provisorischen Lagerplätze nicht mehr aus. Wir konnten eine Lagerhalle eines Zimmererbetriebes anmieten. Kurz darauf kam der Besitzer der Halle in Geldschwierigkeiten. Wir kauften die Lagerhalle und das große Grundstück mit einem Zweifamilienhaus. Nun hatten wir genügend Lagerplatz für unseren Betrieb. Das Wohnhaus wurde vermietet und brachte die notwendige monatliche Rate für die Abzahlung bei der Bank.

An unserem Atriumhaus arbeitete ich jedes Wochenende, und Freunde halfen mir dabei. Wir nagelten unsere Nagelbinder für das rundumlaufende Dach selbst zusammen, bauten unsere Zwischenwände aus Rigips und verlegten Decken und Böden. Ein offener Kamin war mein Traum, wir bauten ihn mit Klinkern und großer Holzablage ein. An der Westseite unter dem Dach entstand ein Freisitz an geschützter Stelle und davor der Swimmingpool, beheizt. Schon bald konnten wir – meine Frau, mein Sohn Holger und ich – einziehen und unsere bisherige Mietwohnung verlassen. Mein Büro war nun direkt im Wohnhaus neben dem Eingang. Meine Frau hatte einen BMW 1600 und ich einen neuen Mercedes SL. Das Haus für meinen Notar entstand zur gleichen Zeit, und kurz darauf zog auch er ein.

»Der lebt über seine Verhältnisse«, tuschelten die ewig Gleichen um mich herum. Sie fuhren immer noch Fahrrad oder ihren VW. Meine Ideen waren anderer Art. Später würden sie sagen: »Der hat es ja!« Sonderbar.

Du bist, was du von dir selbst denkst, sagte ich mir immer wieder und suchte nach neuen Herausforderungen. Ich freute mich schon jetzt darauf.

Sei offen für Veränderungen

Der Bauernhof von Alfred Runzler war riesengroß. Ein Vierkanthof mit einem Innenbereich von fast 100 Metern im Quadrat. Er selbst hatte keine Kinder – doch manchmal zeigte uns ein Zwinkern seiner Augen, dass er uns beide, Heidi und mich, mochte. Sein Lächeln, dann sein Streicheln über unsere Köpfe, machte ihn für uns sympathisch. So nach und nach suchten wir seine Nähe und versuchten, ihm bei der Arbeit zu helfen. Er zeigte uns den Gemüsegarten hinter dem langgestreckten Wohnhaus, in dem sich Frau Runzler fast täglich um die Beete kümmerte und Radieschen, Kohlrabi, Salat, Wirsing und Rosenkohl erntete. Manchmal zog er eine Karotte aus dem Boden, wusch sie unter der Wasserpumpe und überreichte sie uns mit den Worten »Da habt ihr was zu knabbern.« Dabei strahlte er über das ganze Gesicht. Zusammen besuchten wir den Schweinestall, in dem es fürchterlich stank – Heidi rannte immer wieder laut »Iihh« schreiend hinaus. Wir erlebten die Geburt nicht nur eines Kälbchens und durften mit dem Bauern die Eier aus den Nestern im Hühnerstall holen. Es wurde zur Gewohnheit, dass wir jeden Morgen und manchmal auch am Nachmittag mit unseren Körbchen die Nester leerten und sie der Bäuerin brachten. Der Bauer zeigte uns die beiden Storchenpaare, die Tage später ihr großes Nest gegenüber der Tenne in Richtung Süden verließen. Wir tobten viel in der Tenne herum, und manchmal kamen auch Kinder aus dem Dorf, die mit den Runzlers verwandt waren. Wir konnten sie kaum verstehen, da sie breites Platt sprachen. Mit der Zeit gewöhnte ich mir jedoch selbst dieses Platt an.

Unser Leben in Mecklenburg war geprägt vom Lernen, vom Zurechtkommen in einer fremden Welt. Sonderbar, die anderen Vertriebenenkinder sah ich kaum. Sie blieben zu Hause bei ihren Eltern und versteckten sich. Ich wollte mich hier zurechtfinden, das Abenteuer lockte mich, und ich war gespannt auf das, was kommen würde. Sieben Jahre alt, wollte ich wissen, was hier los ist, ich wollte etwas erleben und dabei sein. Sonderbarerweise wurde ich von den einheimischen Kindern nicht verprügelt, auch nicht gehänselt. Ich zeigte den anderen, wie ich war, und fragte, wie es hier sei. Es funktionierte. Ich hatte gelernt, mir auch helfen zu lassen. Erstaunlich, wie reibungslos, einfach und ruhig dieses Leben verlief. Für uns Kinder war es fast paradiesisch zu nennen – das Vergangene war irgendwie in Vergessenheit geraten.

Wir Kinder waren hier angekommen. Heidi fühlte sich mit ihren drei Jahren sichtlich wohl und erkundete auf kleinen Füßen den Bauernhof. Gerne hielt sie sich bei den Hühnern und Kälbern auf, fing vorsichtig Küken und ärgerte die Hasen. Eines Tages hörten wir plötzlich fürchterliches Geschrei aus dem Kuhstall, da musste etwas passiert sein. Der Bauer rannte, ich auch. Bauer Runzler war vor mir im Stall. Er krümmte sich vor Lachen und konnte sich nicht einkriegen. Da stand sie, meine Schwester. Oje, ein Opfer ihrer Neugierde. Sie war hinter der Kuh gestanden, den Blick nach oben gerichtet, und hatte lange hinaufgeschaut – zu lange. Die Kuh hatte ihren Schwanz gehoben – und aller Segen kam von oben … Heidi war über und über voll, schrie wie am Spieß. Den Kuhstall besuchte sie sehr lange nicht mehr.

Der Winter 1945 zog früh ins Land, und der Bauer und seine Helfer machten den Hof und das Umfeld winterfest. Der eisige Wind pfiff über die Felder, die Bäume bogen sich und der Regen peitschte waagerecht durch die Luft. Die Angst vor der Kälte trieb uns hinaus zum Sammeln von Holz, Kastanien und Eicheln. Wir wollten gut über die Runden kommen. Das flache Land war unwirtlich und wild. Vielleicht war es doch nichts für uns – die Gedanken an die Heimat im geschützten Elbtal nahmen wieder zu. Mein Vater dachte an Veränderung.

Mutter und Vater saßen auf unserer Couch, Heidi schlief schon, und Vater erzählte: »Wir sind mit dir früher jeden Sommer zur Sommerfrische von Aussig nach Bad Reichenhall gefahren. Da war mein Asthma kaum zu spüren. Die Luft in dem Gradierwerk, in dem Wasser über Fichtennadeln nach unten tropfte, machte mir die Lunge frei. Ich fühlte mich dort so wohl. Eines Tages setzte ich dich auf meine Schultern und bestieg mit dir und einem Bergführer den Watzmann. Zwei Jahre warst du alt, und du wurdest der jüngste Besteiger des Watzmanns und von den Bergsteigern gefeiert. Auf dem Weg zurück von St. Bartholomä auf dem Schiff hast du völlig überdreht, gestrampelt und gestrampelt, bis deine Schuhe im Königssee landeten. Dafür haben wir die Nacht vorher auf dem Watzmann sehr gut überstanden.« Mein Vater sagte: »Da will ich wieder hin. Wir alle sollen und müssen da hin. Es ist eine wunderschöne Gegend. Das ist die Gegend, in der wir in Zukunft leben wollen und werden, und wir werden das schaffen.«

Ein paar Tage später machte er sich zusammen mit seinem Cousin Max auf den Weg Richtung Süden – in die amerikanische Zone. Wir wussten nicht, wie seine Reise verlaufen würde. Sie war damals mehr als gefährlich. Die Kriegswirren waren noch nicht zu Ende – überall gab es Ruinen, Krater von Bombeneinschlägen. Partisanen streunten durch das Land, um Reisende oder auch kleinere Gehöfte auszurauben. Mein Vater musste von der sowjetischen Zone durch die englische in die amerikanische Zone. Natürlich gab es weit und breit kein Telefon, auch keine andere Möglichkeit der Verbindung. Ein halbes Jahr zog an uns vorüber – wir hörten nichts von Vater.

Zernin in Mecklenburg war jetzt endgültig unser Zuhause geworden, nur 100 Kilometer von der Ostseeküste entfernt. Wohlgeborgen zwischen dicken Bauernhauswänden, vermissten wir dennoch unseren Vater sehr. Der Winter war bitterkalt. Im Sudetenland, im Elbtal, waren wir an wärmere Temperaturen gewöhnt gewesen. Nun konnten wir nicht aus dem Haus, Mutter fürchtete Erkältungen und Krankheit. Nach langen kalten, zum Teil eisigen Wochen kam der Frühling heran. Heidi war ein bisschen gewachsen. Im Sommer sollte sie vier Jahre alt werden.

Der Beginn der Schule hier im Norden war eigentlich im April, doch er wurde verschoben, es gab noch keine Schulräume für alle Schüler. Maikäfer fielen plötzlich ein – in Massen. Die Schwärme verdunkelten den Himmel. Das war für uns Kinder ein Erlebnis, eine richtige Plage wurde das. Ich lernte, dass man die »Viecher« in Müller und Bäcker sowie Kaminkehrer und Kaiser unterschied. Während die Bäcker oder Müller genannten Tiere eine starke, weiße Behaarung haben und dadurch heller wirken, sind die unbehaarten Schornsteinfeger etwas dunkler. Und die Käfer, die Kaiser genannt werden und am seltensten vorkommen, haben rötlichere Flügeldecken – was wohl an die purpurfarbenen Umhänge von Kaisern und Königen erinnert. Die Käfer pflückten wir von den Hecken, schüttelten sie aus den Bäumen und sammelten sie in Eimern. Die Knechte verfütterten die Maikäfer an die Hühner. Die Maikäferplage scheuchte das ganze Dorf auf, und die Mädchen kreischten, wenn die Käfer in ihren Haaren landeten. Bei der alten Steinkirche im Ort trafen wir uns mit der Dorfjugend. Wir freundeten uns an, auch weil ich jetzt schon ganz wunderbar das richtige preußische Platt sprechen konnte.

Und dann plötzlich große Aufregung! Post war da – ein Brief von meinem Vater. Er meldete sich aus Traunstein. Dort war er leitender Bäcker bei den Engländern, die sonderbarerweise in der amerikanischen Zone stationiert waren. Es ging ihm sehr gut, er hatte eine Wohnung für uns gefunden und war sicher, unser Leben würde dort ab sofort schöner werden. Ich war hin- und hergerissen. Denn es gefiel mir jetzt schon recht gut hier.

Mal sehen, was uns erwarten würde. Veränderung ist das ganze Leben.

Abschied in ein neues Leben

Wir machten uns auf den Weg – einfach war das nicht. An den Abschied aus Zernin kann ich mich in Einzelheiten nicht mehr erinnern. Vielleicht habe ich das auch verdrängt, aber ich weiß, dass ich mich vor allem auf Vater, auf das neue Zuhause in Traunstein freute. Aus der sowjetischen Zone über die englische in die amerikanische Zone zu reisen, erwies sich damals als fast unlösbares Problem. Ich weiß heute nicht mehr, wie wir es geschafft haben, jedenfalls erreichten wir erst nach Tagen, langen Nächten und ermüdender, eintöniger Fahrt den Bahnhof in Traunstein. Einen langen Aufenthalt in München hatte Großvater vorausschauend genutzt, um im Postamt am Bahnhof einen komplizierten Anruf bei der Garnison in Traunstein zu tätigen. Dort war Vater ja angestellt, und Großvater hoffte, man würde ihn benachrichtigen.

Der Bahnhof in Traunstein war ein Schutthaufen, total zerbombt. Aufgeregt, zitternd und nervös suchten unsere Augen Vater – und fanden ihn. Heidi purzelte der Länge nach hin, raffte sich wieder auf, und dann hingen wir an Vati. Freudentränen, Umarmungen und hektisches Herumgehüpfe von Heidi und mir, welch ein fantastisches, unbeschreibliches Wiedersehen. Nach einem halben Jahr waren wir endlich wieder vereint. Eine ungewisse Zeit, Fragezeichen und Unruhe lagen hinter uns.

Vater war toll – er hatte sich um alles gekümmert. Unsere Wohnung in der Permanederstraße war nur tausend Meter vom Bahnhof entfernt. 18 Stufen, und wir waren im ersten Stock. Türe auf und unsere Reise war zu Ende. Noch einmal fielen wir uns alle in die Arme und konnten es noch nicht fassen, dass wir uns endlich wiederhatten. Nur zwei Zimmer für sechs Personen, doch wir hatten ein Dach über dem Kopf, wir waren im Westen. Die quadratischen Räume waren eingerichtet mit Betten, Tisch und Schrank. Wir waren begeistert.

Vater liebte uns von Herzen, und er hatte schon immer alles getan, um es uns gut gehen zu lassen und uns mit Geschenken zu überraschen. »Achtung!«, rief er nun, bückte sich, schaute uns noch einmal einen Moment an – wir waren ganz still – und zog unter dem Bett den großen Bettkasten hervor. Uns blieb das Herz stehen – der riesige Kasten war gefüllt mit wunderbarem Gebäck aus Blätterteig, Hörnchen, Semmeln und Brot. Das fühlte sich an wie im, nein das war das Schlaraffenland aus dem Märchen, ewig hatten wir so etwas nicht mehr gesehen. Es war ein Wunder. Mitten im Jahr 1946. Wir brachten vor Staunen den Mund nicht mehr zu und konnten gar nichts essen.

Nun saßen wir da, weinten, lachten aufgeregt und scherzten. Durcheinander berichteten wir von den traurigen und von den schönen Erlebnissen der getrennten Zeit, von der riesigen Volksküche, von den erschütternden Schicksalen der Verwandten und Freunde, von den neuen Freundschaften und von der harten Zeit des Überlebens. Auch Vater berichtete von seiner Reise, und sicher verharmloste er an der ein oder anderen Stelle seine gefährlichen Abenteuer in den letzten Monaten ein wenig.

Die wunderbaren Backwaren hatte er aus der englischen Bäckerei, in der er durch die Kolpingfamilie Arbeit gefunden hatte. Der Kommandant der dortigen Kompanie, sein Vorgesetzter in der Bäckerei, hatte von unserer Ankunft erfahren und ihn ebenso wie uns mit dieser Riesengabe überrascht. Mein Vater war beliebt und hatte Gutes geleistet. Monate später verließ die englische Garnison die Stadt Traunstein.

Glaube jede Minute an eine Zeit, die gut sein wird.

Entscheidungen

Eine Entscheidung ist nur dann eine Entscheidung, wenn tatsächlich ein Entschluss gefasst ist, sich für etwas zu entscheiden – für dies und nicht für irgendetwas anderes. Das andere gibt es nicht mehr. Das ist Entschlossenheit. Nichts kann uns beeinflussen, diese Entscheidung infrage zu stellen, sie zu verändern – diese Entscheidung steht. Eine Entscheidung ist, wenn wir entschlossen sind, etwas endgültig und sicher zu tun, etwas einzuhalten, egal was kommen mag.

Entscheidungen sind ein wichtiger, wenn nicht der wichtigste Teil im Leben. Es kommt nicht auf die große Zahl unserer Ideen an, sondern darauf, ob wir uns tatsächlich für eine dieser Ideen entscheiden und diese mit allen unseren Mitteln verwirklichen. Zweifel sind dann nicht mehr erlaubt. Die Entschlossenheit ist es, die uns stark, unabhängig und sicher macht, das Ziel auch zu erreichen. Eine Entscheidung ist ein Dekret, eine Verpflichtung, den gewählten Weg zu gehen.

Ein ganz gewöhnliches Beispiel: Mit 35 Jahren rauchte ich wie ein Schlot, mindestens eine Packung Marlboro am Tag. Zu einer Silvesterparty in einem der schönsten Skigebiete Österreichs hatte ich Freunde geladen. Es wurde ein rauschendes Fest. Gegen 23.30 Uhr wurden die Zigaretten knapp.

Mich traf das Los, also machte ich mich auf den Weg zum 250 Meter entfernten Zigarettenautomaten. Ein Horror, denn in der Zwischenzeit war fast ein Meter Neuschnee gefallen. Da schob ich mich hindurch – Schnee bis zur Hüfte –, das war Arbeit, richtig harte Arbeit. Trotz Schneetreiben tropfte mir der Schweiß von der Stirn, es bildeten sich kleine Eisplättchen über meinen dichten Brauen. Der Kampf mit Schnee und eisigem Wind zerrte an meinen Nerven. Doch ich hatte ein Ziel. Endlich stand ich vor dem Automaten. Der Schlitz für die Münzen war gefroren, also Feuerzeug raus und auftauen. Meine Finger fielen fast ab. Die Münzen taten ihr Werk. Und in diesem Augenblick kam es über mich: Wie konnte ich von der Zigarette so abhängig sein, wie konnte mich irgendetwas so beherrschen? Dieser Canossagang war etwas absolut Sinnloses, das konnte und durfte nicht sein. Nein! Also traf ich meine felsenfeste Entscheidung – sie war endgültig: Das werden meine letzten Zigaretten sein. Und so war es. Keine Zigaretten, ich hatte mich entschieden – keine Versuchung, kein Blick in die andere Richtung –, ich war entschlossen und nichts konnte mich mehr abbringen. Dabei ist es geblieben. Ich lasse mich nicht von irgendetwas beherrschen – aus! Es war eine gute Entscheidung.

Nur etwas zu wollen oder zu sagen, ich hätte gerne, ist nicht der Weg. Wenn wir etwas möchten, es wirklich von innen heraus wollen, dann sollten wir uns im Klaren darüber sein, dass dies nur mit einer exakten Anweisung an uns selbst geht. Der größte Feind sitzt in uns selbst, und dieser verlockt uns immer wieder.

Wir können das alles trainieren. Beginnen wir jeden Tag mit einer einfachen Entscheidung, nehmen wir uns vor, einen bestimmten Rhythmus einzuhalten, z. B. zu einer bestimmten Uhrzeit aufzustehen oder generell bestimmte Dehnübungen durchzuführen oder uns wirklich in Ruhe zu verabschieden. Immer. Sehr schnell werden wir in diesem Tun Gewohnheit finden, nach fünfmaligem Einhalten wird es Routine. Lassen wir die Routine dieses, nur dieses eine Mal, aus, wird uns das verweichlichen, wir werden schwach. Deshalb ganz klar: »Nein« und wieder »Nein«. Bei der kleinsten Ausrede, bei dem kleinsten Anflug des Nachgebens ist es wichtig, ganz klar und konsequent zu bleiben. Das erste Nachgeben verführt uns zu einem zweiten und dann zu einem dritten. Es ist ja nicht so schlimm – nein, so geht das nicht. Sagen Sie laut und deutlich zu sich selbst: »Nein!«

Sobald wir uns entschieden haben, werden wir unbedingt zu unserer Entscheidung stehen. Nur sehr gewichtige Argumente oder andere Lebensumstände können unseren Entschluss noch ändern. Was sind denn nun tatsächlich Situationen, die es wert wären, unseren Entschluss infrage zu stellen? Diese Hürde ist sehr hoch, eine Barriere, und es ist einfach nicht denkbar, unsere Entscheidung innerhalb kürzester Zeit wieder zu verwerfen. Das ist ein Unding. Eine Entscheidung ist eben eine Entscheidung. Unumstößlich, bombensicher. Das Einhalten unseres eigenen Entschlusses ist auch Medizin für uns, es stärkt unser Selbstbewusstsein, unser Auftreten und unsere weiteren Entscheidungen. Ein Nachgeben kommt einfach nicht infrage, die Folge wäre katastrophal. Würden wir uns tatsächlich das Nachgeben erlauben, immer wieder erlauben, würde dies das Gegenteil unserer möglichen Erfolge bedeuten – den Abstieg.

Entscheidungen treffen wir immer selbst und nicht wegen anderen. Wir wissen alles, was für unsere Entscheidung erforderlich ist. Niemand anderes kann das wissen, deshalb lassen wir uns nicht von anderen beeinflussen. Es ist unsere eigene Entscheidung.

Wir nehmen eine Herausforderung an und entscheiden, jetzt und nicht morgen, das Morgen kommt nie. Entscheidungen sind es, die uns in die Sphären eines Unternehmers oder Top-Speakers bringen, hinauf in die unbekannten Höhen des großartigen Erfolges. Diese Vision, dieses wunderbare Ziel, können wir erreichen, wir müssen es nur tun. Es gibt keine Willensschwäche.

Unsere Entscheidungen sind unser Leben, unsere Entscheidungen sind das Lebenselixier in uns, unsere Entscheidungen sind unser Glück, unsere Zukunft. Sie sind das Beste, was wir haben.

Trelement – die Zukunft beginnt

Fast drei Jahre schon bauten wir im Trockenbau in unserer Umgebung Wände und Decken ein. Unsere Mitarbeiter hatten T-Shirts und Jacken mit unserem Firmenaufdruck. Sie waren gut angezogen, arbeiteten zur Zufriedenheit unserer Kunden und waren gern gesehen. Ich war trotzdem nicht so richtig zufrieden. Besonders aufwendig zu bauende Dekor- und Akustikdecken, mein spezielles Ressort, waren relativ selten, und die für den Trockenausbau notwendigen alltäglichen Aufgaben erledigte mein Vorarbeiter Helmut absolut selbstständig. Ich wollte mehr. Ich hielt Augen und Ohren offen für neue Impulse. Ich brauchte Veränderung, neue Aufgaben, ich wollte nicht ständig nur Trockenausbau sein und tun. Ich wollte mehr, einfach mehr – ich wusste aber nicht was.

Mit Vertretern verschiedener Zulieferfirmen unterhielt ich mich oft und lange. Sie kamen viel herum, trafen wichtige Leute und kannten die Branche. So diskutierte ich eines Tages mit einem Außendienstmann für Akustikdecken-Bauteile über Neuigkeiten im Bau. Voller Enthusiasmus beschrieb er während unserer Unterhaltung die Halle 1 auf der internationalen Baumesse, der Bau 68, in München: »Die ganze Halle 1 ist vollgebaut, nur mit einem einzigen System, es sieht verblüffend gut aus, es ist ein ganz neues Aluminiumsystem in Dreieck- bzw. Sechseckbauweise, nur aus Aluminium – das wird Sie voll faszinieren, Herr Babinsky, genau für Sie gemacht! Trelement heißt es.«

Das war etwas, das hörte sich spannend und sehenswert an. Damit hatte er in mir einen Anker gesetzt. Das war ganz nach meiner Vision. Ich spürte einen innerlichen Schub, Energie, die sich allein bei dem Gedanken an diese neue Bauweise freisetzte.

In mir brodelte es, der Wunsch nach Neuem, nach einer Veränderung erfüllte mich immer mehr. Nachts konnte ich kaum ruhig schlafen – alle möglichen Gedanken schossen durch meinen Kopf. Vielleicht waren meine Erlebnisse in der Kindheit und auch in der späteren Jugend mitentscheidend, warum ich ständig nach etwas Neuem suchte. Ich hatte mir anscheinend selbst ein Gen gezüchtet, das immer wieder genährt werden wollte. Das war nicht immer leicht für meine Frau.

Es war in Wirklichkeit ganz einfach. Ich hatte früher gewisse Rhythmen zu lernen. Um sechs Uhr früh weckten mich damals die riesigen Glocken der nahen St.-Oswald-Kirche, danach wurde gleich mit der Familie gefrühstückt. Um fünf vor sieben wanderte ich in die Kirche, keine einhundert Meter entfernt, zur Morgenmesse. So hatte ich mich an einen Ablauf gewöhnt, der meinen Gedanken freien Lauf ließ. Nach dieser angeordneten Anwesenheit erhielten wir ein Fleißbillett als besondere Belohnung. Ich wurde keineswegs streng katholisch erzogen, es war nur seinerzeit so üblich. Für mich war das fast schon eine Pflichtaufgabe, denn ich war Ministrant während der dritten und vierten Klasse. Damals habe ich auch für unseren späteren Papst Benedikt die Primizbildchen vor der Kirche in Traunstein unter den Arkaden verkauft. Nach der Morgenmesse machte ich mich auf den etwa einen Kilometer langen Weg in die Volksschule. Zu dieser Zeit war ich sehr viel allein, ich war ein Flüchtlingskind, nein ein Vertriebenenkind, und träumte vor mich hin, hatte Wünsche und sammelte Ideen. Viele Pläne reiften in meinem Kopf, mit dem Verwirklichen sollte es allerdings noch etwas länger dauern. Kleine Dinge packte ich immer sofort an und erledigte das, was ich vor mir sah. So hatte ich damals schon immer leicht verrückte Ideen, die sich sehr oft als etwas herausstellten, was sich in Zukunft verwirklichen würde. Ich hatte immer ein Gefühl der Verbindung nach oben, zu irgendetwas, das ich nicht beschreiben konnte. Ich wusste nur, so würde es sein. Ich würde diesen Weg gehen und wusste nicht warum. Irgendwie hielt man mich für ein etwas verstocktes, in sich gekehrtes Kind.

So war auch jetzt wieder einmal in mir der Wunsch nach etwas Neuem, nach diesem Trelement, erwacht. Ich hatte lange auf irgendeine Idee gewartet und nie etwas unternommen. Es wurde also Zeit. So schnell wie möglich musste ich nach München, ich musste dieses visionäre Trelement sehen. Ich wollte mit den Verantwortlichen für diese Bauweise sprechen. Ich wollte dieses System.

Zwei Tage später fuhr ich zusammen mit meiner Frau in Richtung München. Begeisterung und Euphorie steuerten alles in mir. Es ging zu neuen Ufern. Und so rasten wir auf der Autobahn dahin. Jubelnd den Takt von Elvis' »Don't Be Cruel« aus dem Lautsprecher nachsingend, überholte ich in einer langgezogenen Rechtskurve einen schwarzen Volvo. Plötzlich brach mein Wagen aus, die linke Fahrbahn war spiegelglatt. Kalter, eisiger Wind hatte ein kurzes Stück auf der Autobahn in eine Rutschbahn verwandelt. Erst links an die Leitplanke, dann quer über die Fahrbahn an die rechte Leitplanke, dann wieder an die linke und abschließend wieder die rechte – mal vorne, mal hinten. Das Cabrio, mein Mercedes, war an allen vier Seiten demoliert, richtig verbeult. Der Fahrer des von mir überholten Volvo konnte geistesgegenwärtig anhalten. Das Blitzeis hatte nur ein Stück der linken Fahrbahn überzogen – keine Massenkarambolage, kein weiterer Schaden mit anderen Autos, ein Riesenglück. Großer Dank nach oben.

Sollte ich etwa nicht nach München? War das eine Vorwarnung? Diese Gedanken wirbelten mir durch den ohnedies verwirrten Kopf. Nein, ich wollte, ich musste. Ich würde mich nicht aufhalten lassen. Zitternd vor Kälte taumelte ich um das wunderbare, geliebte und nun unansehnliche Auto. »Das ist etwas für den Abschleppwagen, vergiss es«, tönte meine Frau resigniert. Nein und wieder nein. Ich gebe nicht auf, dachte ich, Zweifel sind verboten. Nur wer sich aufgibt, hat verloren. Der Fahrer des nachfolgenden Autos hatte mein Warndreieck schon aufgestellt, und ich dankte allen anhaltenden Autofahrern für die angebotene Hilfe. Ich begann alles auszubiegen, was auszubiegen war, arbeitete intensiv, mit aller verfügbaren Kraft im Schweiße meines Angesichts. Kopfschüttelnd, fast schon tobend, lief meine Frau auf und ab: »Der ist verrückt!« Nach weit über einer Stunde war es endlich so weit. Das verbogene Blech, die tiefen Dellen waren provisorisch weggebogen. Meine Hände bluteten, die Glieder schmerzten, und mein Hemd zerrissen, es war hinüber. Rundum überprüfte ich die Abstände zwischen Kotflügel und Reifen – alles okay. Meine Frau war entsetzt:

»Mit dieser Schrottkiste willst du nach München, mitten in die Stadt?« Sie hatte es wirklich nicht leicht mit mir, spontan, aktiv und teils ein wenig verrückt, wie ich war. Mein Ziel war die Messe, und so fuhren wir dorthin, kauften vorher schwitzend ein Hemd und suchten einen möglichst versteckten Parkplatz auf der Theresienwiese in München. Es würde gut werden.

Die Halle 1 war überwältigend. Das war mein System, dieses wunderbare, glänzende Trelement, ein Bausystem aus Aluminium, ich wollte es. Die ganze Halle war ausgebaut mit sternförmigen Aluminiumstützen, im Raster mit Aluminiumträgern verbunden und die Wände mit Elementen ausgefacht, sogar die Decken waren eingelegt. Alles vorgefertigt – das war es. So hatte ich mir das innerlich immer vorgestellt, so musste es sein. Staunend, wirklich staunend, stand ich davor. Ich musste dieses System haben – ich war wie verrückt.

Nach zwei oder drei Stunden wurde ich endlich zum Chef der Firma Junior-Systembau aus Goslar vorgelassen. Vor mir stand Herr Schenning, lässig an eine silberne Aluminiumstütze gelehnt, Nadelstreifenanzug, gepunktete dunkle Krawatte: »Herr Babinsky, das ist wohl eine Nummer zu groß für Sie, vergessen Sie das, das wird nie etwas. Als Firma sind Sie viel zu klein und schon gar nicht als Partner diskutabel.« Das war mehr als deutlich. Mein Mut begann zu sinken. Ich nahm mir einen Stuhl und setzte mich irgendwo abseits hin. Ich wollte allein sein. Meine Frau war sowieso schon total erledigt, für sie war klar: Das wird nichts und das kann auch nichts werden – alles ein Unsinn, nur noch Größenwahn!

Ich glaubte trotzdem nicht an eine Totalabfuhr. Nein, das konnte nicht sein. Ich gab nicht auf. Die kannten mich doch gar nicht, die hatten keine Ahnung, wie gut ich mit diesem System umgehen könnte. Ich war mir ganz sicher. Ich hatte mir alles sehr genau angesehen, die Verbindungen, die Schrauben, die Wände, ich sah die vielen unendlichen Möglichkeiten vor mir. Entwickelte im Kopf traumhafte Gebäude und schon wieder ein neues Haus für uns, obwohl jetzt gerade unser erstes Atriumhaus im Bau und noch lange nicht fertig war. Ich wusste auch schon, wohin ich dieses besondere Trelementhaus für uns bauen würde. Ich war wirklich verrückt. Ich wollte einfach!

Während ich so dasaß und mir der Kopf rauchte, beobachtete ich einen recht aktiven Inder, einen Mitarbeiter der Firma Junior-Systembau. Dieser Mann hatte mit einem Messebesucher lange diskutiert und sich soeben von diesem verabschiedet. Sofort stand ich auf und ging auf ihn zu, las sein Namensschild. »Guten Tag, Herr Gupta«, sagte ich. »Sie sehen so aus, als wären Sie mit diesem wunderbaren System total vertraut. Ich würde gerne mein neues Haus mit Trelement bauen, und das mitten in Bayern.« Meine Frau bekam beinahe einen Ohnmachtsanfall. Herr Gupta hörte mir zu, er hörte mir lange zu. Er lächelte amüsiert vor sich hin. Anscheinend war viel allgemeines Interesse auch aus dem Laufpublikum vorhanden. Sicher sah er so etwas auch in mir. Langsam konnte ich ihn mehr und mehr für mein Vorhaben und für meine Ideen begeistern, naja, eher interessieren. Miteinander redeten wir, setzten uns an einen Besprechungstisch, starteten mit einem Steckkasten und planten auf einer Sperrholzplatte meine neue Hausidee. Die Mini-Stützen, den Trelementstützen nachgebildet, konnten wir in vorgebohrte Löcher stecken – es war einfach, und es begeisterte mich. Ein Kaffee nach dem anderen, und Herr Gupta blieb, wies andere Besucher ab, gab mir Vorschläge. Irgendwie glaubte er aber trotzdem nicht so richtig an meine Ideen. Meinen Gedanken, den Bereich Bayern als Lizenznehmer zu übernehmen, wollte er nicht überdenken und schon gar nicht mit seinem Chef Schenning darüber sprechen. In meinem Elan, in meiner Leidenschaft redete ich auf ihn ein und wir planten weiter und weiter. Er ließ sich von meiner Begeisterung tragen, dachte sich mit mir in mein visionäres Wohnhaus hinein. Als ich ihm versicherte, ich würde der größte und beste Lizenznehmer für Trelement in Deutschland werden, lächelte er wieder sehr ungläubig und eher wissend vor sich hin. Vielleicht sah er in mir einen Verrückten.

Am nächsten Tag fuhr ich wieder nach München und am übernächsten ebenfalls. Das Bausystem Trelement hatte mich gefangen. Ich wurde fast ein wenig lästig. Wahrscheinlich wurden ihm meine Besuche auf der Messe zu viel. Am dritten Tag lud Herr Gupta mich vielleicht deswegen doch in den Firmensitz nach Goslar zu einem intensiveren Gespräch ein. Nach meinem Besuch in Goslar verwandelte er sich zu meinem besten Fürsprecher in dieser aussichtslosen Situation. Er hatte begonnen, an mich zu glauben, er glaubte an einen dynamischen, visionären, erfolgsuchenden jungen Mann.

Und wie es so ist – kaum hatte ich mich für Trelement entschieden, eröffneten sich wie aus heiterem Himmel neue Gelegenheiten, weitere Ideen und Projekte. Bei Gesprächen im Rahmen meiner Trockenausbauprojekte schwärmte ich von diesem wunderbaren Bausystem. Bei Siemens, wir hatten dort durchgehend Arbeit mit Decken, Wänden und anderen Ausbauten, erzählte ich von den fantastischen Möglichkeiten des Sechseckbaus, in der internationalen Firma Brückner in Fridolfing begeisterte ich den Entwicklungsingenieur für das geplante neue Bürogebäude, in unserer Gemeinde in St. Georgen den Bürgermeister, und viele andere mussten sich immer wieder meine neuen Ideen anhören. Meine »Fantastereien« fielen mehr und mehr auf fruchtbaren Boden. So wurden einige Projekte fast schon Aufträge für uns, und jetzt konnte ich in Goslar erreichen, dass man mir wenigstens die Lieferung des Trelement-Materials zusagte. Tatsächlich erreichte ich vorerst eine mündliche Zusage für eine Art Gebietsschutz in den größten Teilen von Bayern. Ich hatte es geschafft. Jetzt erst konnten die richtigen Probleme durch Bauauflagen in den ländlichen Gebieten angegangen werden.

Die Planung meines eigenen Trelement-Wohnhauses nahm Gestalt an, ich reichte den Bauplan ein. Natürlich wurde er nicht genehmigt. Völlig unzumutbar diese sechseckige Bauweise, auch noch mit Flachdach und einer Fassade, die so gar nicht in das oberbayerische Ortsbild passte. Mit dem hatte ich rechnen müssen, und ich hatte auch damit gerechnet. Aber so ganz klar war es mir doch nicht, was ich hier lostreten würde. Ein solches Haus konnte und durfte es nicht geben, nicht hier im tiefsten Oberbayern.

Es ging dann doch, wie konnte es anders sein. Unseren Bürgermeister nannten alle den »Kugelblitz«. Er war klein, etwas rundlich, hatte immer einen Hut mit Gamsbart auf, ein echter Bayer. Und er war einer der lautesten, unternehmerischsten und aktivsten Bürgermeister im gesamten Landkreis. Keine Sekunde konnte er stillstehen, er war immer in Bewegung. Mit ihm sprach ich. Er ließ mich zunächst gar nicht an sich heran. Er mochte mich anfangs gar nicht, ich war eben kein »Hiesiger«. Oje, er rastete richtig aus. Ob ich nicht doch ein bisschen verrückt sei? Ich ließ mich nicht beirren. Wir redeten weiter und weiter. Mit allen mir zur Verfügung stehenden Unterlagen präsentierte ich das Sechsecksystem. Meine verrückten Ideen schaute er sich nun doch noch etwas näher an, runzelte mehrmals die Stirn, wiegte seinen Kopf, dachte nach. Er schaute mich intensiv an und meinte überlegend: »Ein Kindergarten direkt neben deinem Wohnhaus in diesem System wäre doch einfach ideal, und dann würde auch dein Wohnhaus hinpassen.« Jetzt war ich mehr als überrascht. Einen Kindergarten mit Flachdach konnte man bauen, ein Wohnhaus wohl kaum – doch wenn diese nebeneinander stünden … Das war es, zwei Fliegen mit einer Klappe. Er hätte für die Gemeinde einen Kindergarten, ich ein Referenzprojekt direkt neben meinem Haus. Wow, mein eigenes Trelement-Haus könnte jetzt gebaut werden. Und schon hatten wir beide einen Deal. Ich war im Himmel.

Es geht alles, wenn du nur daran glaubst.

Du musst das Unmögliche wollen, damit das Mögliche geschieht

Es war noch nicht geschafft! Die Genehmigung für das Wohnhaus erhielt ich trotzdem nicht. Das war tatsächlich eine unlösbare Situation. Wenn ich meine Idee verwirklichen wollte, dann musste ich irgendwie handeln. Und ich handelte. Was ich vorhatte, war mehr als riskant. Ich ließ die Baugrube ausheben und die Bodenplatte betonieren. Ohne Genehmigung! Der Bürgermeister war von mir informiert, es war mit ihm unter der Hand abgesprochen. Ich glaube fast, das machte ihm Spaß.

Dann der Knall: Mit meinen Mitarbeitern stand ich auf der Betonsohle des künftigen riesigen Kellers. Plötzlich ein Donnerwetter, ein Geschrei, mehr als wütend – der Kreisbaumeister war in voller Fahrt. Jetzt war die Hölle los. Er tobte, raste am Baugrubenrand hin und her, drohte mit dem Schlimmsten. Er war bekannt für seine Ausfälle. So fürchterlich hatte ich mir das nicht vorgestellt. Es schien alles vorbei. Mein Trelement-Haus gestorben? Wie sollte das weitergehen? Das Chaos war perfekt.

Jetzt musste der Landrat her, und bei diesem hatte mein Bürgermeister ein paar Steine im Brett und auch noch so manches Ass im Ärmel. Ein Ortstermin wurde anberaumt: mit dem Kreisbaumeister, zwei Bauinspektoren des Landkreises, einem Naturschützer, unserem Bürgermeister und dem sehr dominanten und allseits anerkannten Landrat. Es wurde schwierig, viele, viele Diskussionen, und dann ein Machtwort unseres außergewöhnlichen Landrats – das Wohnhaus durfte gebaut werden, ohne Abänderung, ohne besondere Auflagen. Das war’s.

Ein Jahr später zog ich mit meiner Familie in die sechseckigen Räume ein. Unser vor Kurzem erst fertiggestelltes konventionell gebautes Wohnhaus verließen wir wieder und verkauften es zu einem sehr guten Preis. Der Käufer stand praktisch schon vor der Tür. Die Lage des Grundstücks in dieser Landschaft war fantastisch, das vereinfachte den Verkauf. Ich verstehe heute, dass es in dieser Zeit eine Herausforderung für meine Frau war, mit so einem »Alpha« zu leben.

Unsere Trockenausbau-Projekte führten mich oft in das Büro der Bauabteilung der Firma Siemens. Mit meinen Sechseck-Ideen begeisterte ich die führenden Architekten aus der Zentrale in Erlangen. Wir hatten Termine, Besprechungen und Ortsbesichtigungen. Und so geschah das Unmögliche: Das Leuchten-Informationszentrum, LIZ, für die Firma Siemens in Traunreut wurde ebenso im Bausystem Trelement gebaut. Wir hatten hervorragende Presseberichte mit bester Werbung. Der namhafte Architekt von Siemens aus Erlangen half mir aus Begeisterung bei der Innengestaltung meines eigenen Sechseckgebäudes, meines Wohnhauses. Beide Gebäude wurden eine Augenweide, ebenso der Kindergarten in St. Georgen.

Trockenbauarbeiten riefen mich zu einer Firma Brückner nach Tittmoning. Mit dem Entwicklungsingenieur entstand durch diese Zusammenarbeit eine tiefe Freundschaft, und beide begeisterten wir uns für Trelement. Ergebnis: Gemeinsam tüftelten, entwarfen und zeichneten wir in seinem Büro in Fridolfing das neue Bürogebäude der Firma Brückner. Es wurde natürlich in Trelement gebaut – ein Wahrzeichen direkt an der Autobahn A 8. Es war mein bisher größtes Projekt. Mehr und mehr Bauvorhaben entstanden im Sechseck – es sprach sich herum, und wir wurden richtig erfolgreich.

Oberbaudirektor Zöschinger vom Staatshochbauamt München besuchte die Baustelle an der Autobahn. Ich sah ihn kommen. Hoch oben auf den Trägern von Trelement saß ich beim Festziehen von Schrauben mit dem Momentenschlüssel. Meine zupackende Mitarbeit auf der Baustelle überraschte ihn. Und traf gleichzeitig seine Vorstellungen vom tatkräftigen jungen Unternehmer. Damit hatte ich sein Wohlwollen. Kurz danach durfte ich durch seine Vermittlung Vorträge an der Uni in München über Leichtbauweisen in Aluminium halten. Unser Betrieb und auch ich selbst wurden bekannt.

Auf eine Empfehlung des Hochbauamtes klingelte das Telefon. Ein

Termin mit zwei der bekanntesten Architekten in München führte zu einer wertvollen Zusammenarbeit. Viel lernte ich von diesen erfahrenen Fachleuten. Die beiden Architekten planten für die Evangelische Kirche verschiedene Projekte in München. Mit einem großen Kindergarten in München-Perlach konnten wir beginnen. Es folgten drei weitere Kindergärten, mit zusätzlichen Pfarrzentren als Anbauten. Gemeinsam wurden wir richtig erfolgreich, die Leitung der Diakonie unterstützte jedes Bauvorhaben. Die beiden Architekten planten ihre Projekte anders als alle bisherigen Bauten. Jetzt wagten wir es sogar, Kirchen zu bauen. Die Elemente der ersten Kirche wurden mit kanadischen Holzschindeln verkleidet. Die zweite Kirche erhielt großformatige weiße Plattenelemente. Die exotisch wirkenden Kirchen fanden hohen Zuspruch und entfalteten als moderne sakrale Bauten ihre Wirkung. Ein Glockenturm wurde wie ein Campanile danebengestellt, ebenfalls aus Trelement in Aluminium. Durch diese aufsehenerregenden Bauten folgten eine weitere Kirche, Bürozentren in Augsburg, Gebäude für DeTeWe in Nürnberg und in Coburg. Ein zweigeschossiger Kindergarten in Landau an der Isar erforderte besondere Baukenntnisse in Architektur, Statik und vor allem Schallübertragung. Das alles lernten wir mit vollem Einsatz. Spektakulär wurde ein Kindergarten für die Stadt Erding. Sieben Pagodendächer und ein zweigeschossiger Bereich machten diesen Komplex zu einem Ausnahmevorhaben. Die Dächer waren eine Herausforderung. Nach oben abgewinkelte Dachumrandungen, wie riesige Hutkrempen, wurden zu einer fast unüberwindlichen Aufgabe. Jeder Dachdecker aus meinem Bekanntenkreis und auch aus der Umgebung lehnte die Übernahme dieser Arbeiten wegen der Schwierigkeiten und der zu erwartenden Reklamationen ab.

Geht nicht, gibt's nicht!

Da stand ich nun. Was tun? Ich wusste, dass es möglich war, doch mir, dem Laien, glaubte niemand. Also setzten mein bester Vorarbeiter und ich uns an einen Tisch und suchten nach einer machbaren Lösung. Wir fanden sie, und nach ersten Tests im Lager verlegten wir beide ganz allein die Dachabdichtung. Bei Wind und Wetter verschweißten wir mit Geduld und Präzision die Dachfolien. Danach beschwerten wir die Dachhaut mit farbigem Riesel und befestigten das Material mit einem geeigneten Kleber. Wir hatten die richtige und praktikable Lösung gefunden.

Nach meinem Wohnhaus in St. Georgen bauten wir auch den Kindergarten und sogar unser eigenes Bürogebäude in unserem Dorf. Es folgten viele kleinere Objekte für Messen und Ausstellungen. Die größten und schönsten Trelement-Gebäude wurden in Bayern errichtet, und ich wurde tatsächlich mit meiner Firma der erfolgreichste Lizenznehmer für dieses Aluminium-Bausystem in der Bundesrepublik – eine Erfolgsstory.

Auch wenn es anfangs unmöglich scheint – ein Wille versetzt Berge.

Dem Tod ins Auge geblickt

Drei Jahre hatte ich nun meine Firma. Wir hatten genügend Aufträge, und endlich konnte ich mir mit meiner Frau und meinem Sohn Holger auch einmal einen Urlaub leisten. Während meiner Abwesenheit lief der junge Betrieb ganz nach meinen Vorstellungen. Wir hatten uns spezialisiert. Unsere Kunden gehörten nun schon zu den »Gehobeneren«. Es kehrte Routine ein, langsam und unbemerkt.

Doch es sollte die Zeit kommen, in der sich das Verhalten meiner ersten Mitarbeiter in unserem Betrieb wieder zu den Anfängen zurückentwickelte. Sicher, ich war auf den Baustellen wegen neuer Ideen nicht immer dabei, und mein Polier hatte die übliche Vorstellung von Arbeitern am Bau. Es braute sich, von mir unbemerkt, etwas zusammen. So war es damals eben.

Einer meiner damals besten Mitarbeiter, der kleine Hans, kam eines Tages nicht wie üblich um halb sieben zur Arbeit. Er kam sonst immer pünktlich wie ein Uhrwerk. Was war da los? Kein Werkzeug vorbereitet, am Firmenauto keine Scheiben geputzt. Das konnte nicht sein, auf ihn war Verlass. Am nächsten Tag wieder. Da stimmte etwas nicht. Die Monteure waren auf dem Weg zu den Baustellen, ich saß im Büro und überlegte. Ich erinnerte mich, der kleine Hans wohnte in einer langen Holzbaracke um die Ecke am St.-Georgs-Platz. Da waren früher Flüchtlinge und Zugewanderte aus den Ostgebieten untergebracht. Es war nicht weit, also machte ich mich auf den Weg. Über die knarrenden Dielen der Holzbaracke den langen Gang entlang fand ich seine Zimmernummer 16. Lautes Klopfen an der Tür, laut und lauter – es half nichts. Von den Nachbarn erhielt ich keine Antwort, nur Schweigen, und das war Antwort genug. Sonderbar, es war klar, da stimmte wirklich etwas nicht. Also raus, ich rannte um die Baracke herum, zählte die Fenster bis zur Nummer 16, kletterte über das aufgeschichtete Holz. Hier würde ich Sicht auf das Innere des Zimmers haben. Das war ein Bild: rechts und links ein Bett, hinten ein Schrank, ein Waschbecken und ein paar Klamotten, düsteres Licht. Jetzt wusste ich, warum Hans nicht kommen konnte. Er lag im linken Bett mit seiner Freundin, eng umschlungen. Im rechten Bett lag sein Freund und lachte. Hans wusste, was passieren würde, wenn er in die Arbeit ging. Er musste sich entscheiden. Seine Entscheidung war die falsche, er verlor seinen Job und zwei Wochen später auch noch seine Freundin. Trotzdem habe ich ihn vermisst.

Viele wissen zwar, was sie nicht wollen, machen es aber trotzdem – schade. Du bist, was du denkst. Er rutschte total ab in Arbeitslosigkeit und Alkohol. Zwei Jahre lang hatte er seinen für ihn vorgezeichneten Leidensweg mit glücklicher Arbeit und einer schönen Zeit in meiner Firma unterbrochen. Er hatte mir das gesagt und sich immer wieder bei mir für vieles bedankt. Nie hatte er vorher so viel Anerkennung bei Kunden, Freunden und auch bei Kollegen bekommen – er unterlag im Endeffekt seinem schwachen Willen, er konnte nicht Nein sagen. Der Alkohol, die Nieren und das Herz – es ging schneller zu Ende als gedacht.

Es wohnte noch ein Zweiter in der Baracke am St.-Georgs-Platz. Es war der lange Hans. Er musste eine sehr schwere Vergangenheit erlebt haben. Sein Gesicht war hager, ausgemergelt, und er wirkte immer etwas unwirsch. Er war als einer der ersten sechs Leute von Anfang an dabei und entwickelte sich zu einem sehr guten Fachmann. Plötzlich konnte man mit ihm reden. Wir kamen sehr gut miteinander aus. Wirklich, ich hätte niemals gedacht, dass ich mich mit ihm richtig gut verstehen würde. Er war so anders, und er wirkte immer so unnahbar, fast schon gefährlich. Vermutlich hatte das mit seinem besonderen Schicksal zu tun, über das er nie reden wollte. Wir sprachen oft miteinander, und manchmal schien es mir, er wolle mir doch etwas von sich und seiner Welt erzählen. Den anderen gegenüber war er schweigsam, sehr schweigsam, ruhig, manchmal auch jähzornig. Doch auch sie mochten ihn. Heute bedauere ich es sehr, dass ich damals noch nicht dasselbe über Menschen wusste wie heute.

Jedes Jahr gab es in der Stadt Traunreut ein Volksfest mit Schaubuden und Bierzelt. Für die Traunreuter ein besonderes Fest. Auf einem großen Platz vor der Gärtnerei direkt am Stadtrand entstanden in kurzer Zeit Schaubuden, Kettenkarussell, Autoscooter und ein riesiges Bierzelt. Am Freitagabend war das Zelt voll, alle kamen zum Tag der Handwerker. Meine Sekretärin hatte für uns alle einen großen Tisch reserviert. Dieses Jahr waren wir erst das zweite Mal geladen. Alle unsere 16 Mitarbeiter freuten sich auf den gemeinsamen Abend, und wir alle waren da.

Sehr zufrieden waren wir, in so kurzer Zeit mit einer so großen Gruppe dabei zu sein. Wir hatten an unserem Image erfolgreich gearbeitet. Unsere beiden Vorarbeiter waren in der Baubranche in der weiteren Umgebung bekannt und auch anerkannt. Jeder Mitarbeiter konnte sich mit Gutscheinen zwei Maß Bier und ein Backhendl bestellen. Es wurde ein lustiger und geselliger Abend mit viel Spaß und gefüllten Bierkrügen.

Es war schon nach 22 Uhr, als ich mich mit meiner Frau nach Hause zu verabschieden begann. Noch ein paar Worte hier und ein paar dort, und so zog es sich hin. Endlich waren wir Teil der Traunreuter Handwerkerschaft geworden, und so waren wir nach dem angenehmen und harmonischen Abend äußerst zufrieden.

Aus heiterem Himmel kam die kalte Dusche. »Hallo, bitte, kommen Sie schnell, sofort, schnell, schnell.« Überstürzt stolperte einer mit beiden Armen winkend quer durch das halbleere Bierzelt auf mich zu. Total aufgeregt und vollkommen außer sich. Er drehte sofort wieder um und winkte mir ständig. Was war da los? Sofort war ich hinter ihm her, quer durch das Zelt, überrannte Tische und Bänke bis zum hinteren Ausgang. Da sah ich vor mir eine Ansammlung von Menschen. Auf einmal wurde es still, ganz still. Ein leises Raunen, und dann hörte ich die Stimme, wie sie zitternd schrie: »Weg da, weg da, keiner rührt mich an, ich erschieße jeden, weg da.«

Um Gottes Willen, es war die Stimme des langen Hans, ich erkannte sie sofort. Langsam öffnete sich der Halbkreis. Die Menge wich zurück. Hilflos standen die Menschen da, sprachlos. Die Stimmung war irgendwie aufgeheizt, unheilbringend, sonderbar und fürchterlich. Viele der Umstehenden kannten mich, drückten die anderen nach hinten und schoben sich gegenseitig hin und her. Und dann sah ich ihn, stand vor ihm. Drei Meter vor dem langen Hans, unserem Monteur.

Mit einer Pistole in der unsicheren Hand. Er schwankte, die Hose viel zu weit, das Hemd hing lose heraus, die Haare total wirr, die Augen glasig, aus seinem Mund tropfte Speichel. Aus den Augenwinkeln sah ich, wie der Halbkreis der Besucher im Abstand größer und größer wurde. In Angst und Schrecken schoben sich viele zurück, und Neugierige drückten dagegen wieder nach vorn.

Der lange Hans wankte, sog laut die Luft ein, schniefte und schrie wieder und wieder: »Weg da, weg da, ich erschieße jeden, weg, weg!«. Die Pistole zitterte immer noch in seiner Hand. Und dann sah er mich: »Sie, Sie auch, nicht, weg, weg, ich schieße, ich schieße, Chef, ich knalle alle ab.« Er stotterte und schrie wieder: »Weg da, weg da, ich schieße.« Seine Stimme wurde schriller und schriller, der Schweiß rann über sein Gesicht, er war leichenblass – er war vollkommen irre.

Da stand ich nun vor ihm, sagte nichts, schaute ihn nur an, und sagte wieder nichts, er starrte zurück, er schwankte immer noch – ich sah seine Tränen, die über seine Wangen liefen. Ich fühlte all sein Leid und spürte seine Angst in mir. Sein Blick wurde starr, ein Ruck ging durch seinen Körper, jetzt sah er mich wirklich. Ich spürte, wie sich seine Gedanken im Kopf entwirrten, er wachte auf, und ich wusste, was nun kommen würde. Ich war mir sicher, ich hatte keine Angst. Ich kannte jetzt schon seine Entscheidung – er würde mir niemals etwas tun. War das wirklich so? Als Mensch war ich ihm viel näher gekommen als jeder andere. »Hans«, sagte ich ruhig, »Hans, gib mir die Pistole, gib sie mir.« Noch einmal sein Aufbäumen: »Nein, ich schieße, ich knalle alle ab, nein.« »Hans, gib mir die Pistole. Ich komme jetzt – gib sie mir!« Hans hatte die Pistole auf mich gerichtet. »Nein, nein!«, schrie er – dann zitterte er, weinte und schluchzte. Endlose Stille, langsam senkte er seine Hand, behutsam konnte ich zu ihm gehen und die Waffe aus seiner Hand nehmen. Er stand da, gebrochen, kaputt und erledigt – einsam. Er war einsam, er fühlte jetzt, es ist aus, er hatte seine Entscheidung getroffen.

Miteinander gingen wir an den gesichtslosen Menschen vorbei zur Hauptstraße. Das Martinshorn hatten wir schon gehört. Ich dankte Gott, dass die Polizei nicht früher vorgefahren war. Das hätte tragisch geendet, sehr tragisch. Handschellen klickten, und mit einem traurigen, ja hoffnungslosen Blick verschwand er in der grünen Minna. Ich war dankbar, sehr erleichtert, die Situation war gelöst, bevor sie eskalierte. Es wäre ein Blutbad geworden.

Den langen Hans sah ich nie wieder. Der Grund für sein Verhalten lag tief und war fürchterlich. Er hatte seinen Vater umgebracht und wurde gesucht. Ich habe niemals erfahren, wie sein Leben weiter verlief. Es soll ein Urteil in Regensburg oder Passau ergangen sein. Ich konnte ihm nicht mehr helfen, bin aber sehr froh, ihm wenigstens ein paar Jahre einen Ausblick in eine bessere Welt gegeben zu haben. In den Baracken am St.-Georgs-Platz in Traunreut wuchsen in jener Zeit viele heran, die den richtigen Weg nicht finden konnten. Es waren überwiegend sehr nette Menschen, die fern ihrer Heimat waren, und es war für alle eine schwierige Zeit. Sie hatten wenig Geld, oft entstanden Abhängigkeiten untereinander, und es fehlten die Familien. Nachdem diesen Menschen kurze Zeit später Wohnungen in neugebauten Häusern angeboten werden konnten, bekamen sie endlich die Möglichkeit, sich ein normales Leben aufzubauen.

Tatsächlich waren der lange und der kleine Hans herzensgute Männer – sie waren lediglich in einem unschönen Milieu versunken und fanden den Weg nicht zurück. Ich erinnere mich an den langen Hans, wie er oft am Abend nach der Arbeit an einem Zaun lehnte wie ein langer, schlaksiger Cowboy. Er rauchte seine Zigarette, war leicht nach vorne gebeugt an das Geländer angelehnt und dachte nach. Manchmal ging ein Ruck durch ihn, so als ob er mit sich selbst kämpfte, dann wurde er wieder gerade. Ein-, zweimal kam er auch zu mir, nachdem er gesehen hatte, wie ich ihn beobachtete. Er meinte, es gefalle ihm bei mir sehr gut, es sei eine wunderbare Zeit, und er hoffe, es bliebe so. »Warum sollte es nicht so bleiben?«, sagte ich. »Wir haben gute Arbeit, wir haben genügend zu tun.« Er antwortete: »Ach ja, Sie wissen nichts, gar nichts.« Darauf meine Antwort: »Doch, doch, ich weiß es schon, irgendwie geht es immer. Wir machen das schon. Hauptsache, es gefällt dir und du kommst mit allem gut zurecht.« Im Zurückgehen sagte er »Ja, ja«, lehnte sich wieder an den Zaun und zündete sich eine neue Zigarette an. Er knickte etwas ein. Zum bayerischen Cowboy fehlte nur noch der Hut.

Die Geschichte mit dem langen Hans hat viel in mir verändert. Mir wurde klar, jeder Mensch benötigt Aufmerksamkeit und vor allem tiefere Beachtung. Ich hatte durch den Aufbau meines Betriebes den Kopf ständig bei Erfolg, Umsatz und auch Überleben. Doch zum Erreichen dieser Punkte gehören die Mitarbeiter, der gute Kontakt und die Liebe zu den Menschen. So bin ich heute dankbar für unser immerwährendes außergewöhnlich gutes Betriebsklima. Es gab praktisch keine Fluktuation, und ich hatte nie Schwierigkeiten, neue Mitarbeiter zu finden. Die niedrige Fluktuation hatte manchmal auch Nachteile, etwa bei Veränderungen im Betrieb und bei einzuführenden Neuerungen, denn die Gewöhnung an »So, wie wir es immer gemacht haben, war es gut und sicher!« verzögerte manches. Doch auch das konnten wir lösen, indem wir tatsächlich von vornherein unsere Mitarbeiter bei unseren Plänen und Entscheidungen miteinbezogen.

Es war damals so einiges los in der »Unterwelt« von Traunreut. Heute noch wundere ich mich, wie ich in diesem Umfeld erfolgreich werden konnte. Ich wurde nie erpresst, nie bedroht. Unbekannte dunkle Kräfte dirigierten im Untergrund. Alles ging an mir vorüber, nicht nur damals, nein bis heute. Ich bin dankbar für alles, was mir geschehen, und für das, was nicht geschehen ist.

Es hat sich gelohnt, mit den Mitarbeitern der ersten Stunde einen für die damalige Zeit sehr modernen und persönlichen Führungsstil zu pflegen. Die Mitarbeiter konnten ihre Arbeit nach erfolgter Einweisung selbstständig und in eigener Einteilung durchführen. Dadurch identifizierten sie sich mit dem, was sie taten. Es waren ihre eigenen Projekte, etwas, wofür sie einstanden. Der lange Hans hat das mit täglicher Freude am Tun praktiziert. Ich führte meine Mitarbeiter so, damit sie ihre Mitarbeiter wiederum ebenso führten. Das schafft Vertrauen und Zusammenhalt. Erfolgreich kann nur werden, wer mit Herz und Verstand führt. Nur so werden die anderen Führungskräfte im Haus die Art der Führung verstehen und selbst anwenden.

Es ist die Einstellung, die zählt: klar, deutlich, fair und zuverlässig. Das Leben ist voller Überfluss. Nimm nicht zu wenig und nimm nicht zu viel. Arbeite dafür und gib immer dein Bestes. Der Lohn kommt dann automatisch.

Ein Traum zerplatzt

1968 hatte ich mit dem Aluminium-Bausystem Trelement begonnen, inzwischen war es Ende 1971. Drei Jahre waren vergangen. Bei der Landesversicherungsanstalt (LVA) in München war ich zur Einweihung geladen. Das Trelement-Gebäude für die LVA war wieder etwas

Besonderes geworden, mit Installationskeller und veredelten Außenwänden. Genau jetzt, im Moment der Freude über unseren spektakulären Erfolg, erhielt ich einen Anruf aus meiner Firma.

Ohne Ankündigung, in der Blüte unserer Verkäufe, kam das Aus: Der große Industriekonzern Hoesch hatte von dem Unternehmer Schenning das wunderbare Aluminiumsystem Trelement mit allen Rechten gekauft. Ein grausamer Schlag, ein Stich ins Herz. Nicht nur für mich, sondern auch für den Erfinder Hardy Rensch. Was hatte ich hier übersehen, was hatte ich wieder falsch gemacht? Einen langfristigen Vertrag konnte ich anfangs nicht erhalten, ich war froh und glücklich, überhaupt Partner werden zu können. Und später, als ich so richtig erfolgreich war, habe ich überhaupt nicht mehr darüber nachgedacht. Ein großer Fehler, wie ich jetzt schmerzlich erfahren musste. Meine Träume von einem großen, bedeutsamen Unternehmen waren geplatzt. Was war zu tun?

Der Firmenbereich Trockenausbau KG lief mit sehr guten Mitarbeitern selbstständig, doch meine ideelle und eigentliche Existenz als Unternehmer waren Bauvorhaben, Projekte, die mich forderten, Projekte, die von Innovationen und neuen Entwicklungen lebten. Das war mein Leben, meine Vision. Und nun war es vorbei. Der Hoesch-Konzern wollte ab sofort »sein« System selbst vertreiben und gründete mit Junior-Systembau Firmen in allen Bundesländern und damit auch in Bayern. Kurz vor dieser Firmengründung erhielt ich das Angebot zur »freundlichen« Übernahme meiner Firma mit 51 Prozent – 49 Prozent könne ich behalten. Ich lehnte ab, das traf nicht die Vorstellung meiner Zukunft. Ich liebte die Freiheit als Mensch und als Unternehmer, deswegen war ich selbstständig geworden. Ich wollte selbstständiger Unternehmer sein und bleiben. Nach meiner Absage wurde ich konsequenterweise von Hoesch nicht mehr beliefert. Jetzt würde sich beweisen, musste sich beweisen, wie gut ich als Unternehmer sein würde.

Ich musste lernen, mit Fehlschlägen umzugehen.

Der verfehlte Sieg

Die begonnenen Trelement-Objekte konnte ich fertigstellen – doch zukünftige Sechseckbauten würde es für mich in Deutschland nicht mehr geben. Aber es gab ja noch das Ausland, so meine Hoffnung.

Genau zu diesem Zeitpunkt flatterte mir eine Ausschreibung für 25 Schulen in Saudi-Arabien ins Haus. Diese würde ich noch, da außerhalb Deutschlands, mit dem Trelement-System verwirklichen können. Eine große Herausforderung, genau das Richtige für meine Mitarbeiter und mich und ein Hoffnungsschimmer nach dem erlebten K.-o.-Schlag. Ich bewarb mich mit allen Unterlagen im dafür zuständigen Ministerium in Berlin für dieses Projekt und bekam einen Entscheidungstermin in Berlin – zusammen mit dem Architekten, seinerzeit ein in ganz Deutschland renommierter Stararchitekt.

In bester Laune kam ich in Berlin an. Ich hatte meine ersten Gespräche mit dem Architekten, mit den Technikern, alles lief wunderbar. Ich hatte ein prima Gefühl und dachte, ich hätte gute Chancen, diesen wichtigen Auftrag zu erhalten. Er würde mir über die nächsten zwei Jahre hinweghelfen. Die Entscheidung rückte näher. Noch schnell vor der Vergabe auf die Toilette. Ich stand am Pissoir – zwei hochgewachsene Männer kamen herein, standen vor den Waschbecken. Sie waren guter Dinge und unterhielten sich lautstark: »Heute haben wir wieder einen aus Bayern hier, der wird auch abserviert. Es ist vorbei, die obere Abteilung hat ja bereits entschieden, dass ein anderer das Projekt bekommt. Alles ein abgekartetes Spiel.«

Schockmoment. Das war's. Da halfen auch keine anschließende Einladung durch den Stararchitekten und ideeller Trost mit Aussicht auf mögliche andere Aufträge. Dieses Projekt schien meine letzte Chance zu weiteren Ufern gewesen zu sein. Nun war es damit vorbei. Die anderen hatten ihre Hausaufgaben gemacht, sie hatten bessere Beziehungen. Was würde aus all meinen Mitarbeitern, meiner Familie, meinen Visionen und meinem Betrieb werden? Ich war am Boden, niedergeschmettert und hilflos. Wo waren meine Träume, meine Ideen, meine verrückten Aktionen, wo war die mich tragende Begeisterung meiner Leute? Nach dem Verlust von Trelement nun auch noch das. Schlimmer konnte es nicht werden.

Ich weiß nicht mehr, wie meine Reise nach Hause verlief. An meinen damaligen Zustand erinnert mich ein Film, den ich erst vor Kurzem gesehen habe. Er heißt »Der Buchladen der Florence Green«. Besagte Florence Green eröffnet in ihrem Dorf an der englischen Küste von Suffolk in einem wunderbaren alten Gebäude eine Buchhandlung. Es ist ihr Lebenstraum. Sie renoviert mit all ihren Ersparnissen das heruntergekommene Haus, richtet ihre Buchhandlung mit Liebe und Gespür ein, sucht die besten Werke, die sie finden kann, liest alles, was ihr in die Hände fällt, und kennt so jedes ihrer Bücher. Ein Handgriff, und sie hat das, was ihre Kunden suchen.

Gemütliche Sessel, angenehme Tische zum Ablegen, gutes Licht zum Lesen und Blumen fürs Ambiente. Sie freut sich über jeden Besucher und zeigt es auch. So kommen mehr und mehr – die Buchhändlerin wird immer beliebter und gerne aufgesucht. Besonders die Schulkinder und die heranwachsenden jungen Mädchen und Frauen bleiben oft lange auf einen kleinen Plausch bei ihr. Durch die Buchhändlerin finden sie Freude an Büchern und entwickeln die Lust am Lernen.

Doch in dem Dorf regt sich Widerstand. Die Bürgermeisterin hat ein Auge auf das Gebäude geworfen, um es als Sitzungs- und Veranstaltungsort zu nutzen, sie will es haben. Zunächst sind all ihre Versuche, eine Kündigung gegen die Buchhändlerin durchzusetzen, zum Scheitern verurteilt. Einige Bürger der Stadt unterstützen Green mit ihrem neuen Buchladen sehr und helfen, wo es geht.

Die Bürgermeisterin aber hat Macht und setzt weiterhin alle Hebel in Bewegung, um den Buchladen schließen zu lassen. Nach einiger Zeit finden ihre Anwälte doch noch einen Paragrafen, mit dem sie die Räumung der Villa erzwingen können. Von einem Tag zum anderen ist es mit der wunderbaren Buchhandlung aus – es gibt kein Mittel dagegen, keine Hilfe. Auch Greens Kunden müssen der Schließung tatenlos zusehen. Die wunderschönen Bücher, die fantastischen Räume, das liebevolle Ambiente und die erträumte Zukunft – alles vorbei.

Es ist ein grauer, nasskalter Tag – die Buchhändlerin steht am Heck der Fähre zum Festland, der Regen peitscht ihr ins Gesicht, und ihre Tränen reißt der Wind mit all ihren Hoffnungen und Träumen mit sich. Es ist aus, kein Ausweg mehr zu sehen, bitter ist das Wissen um eine unbestimmte Zukunft. Die Fähre legt ab, das Ende ist da, ohne Happy End, ohne Rettung. Sie sieht noch, wie das Gebäude, das ihr Buchladen war, vom Feuer zerstört wird. Nichts bleibt mehr. Das ist das Ende des Films.

Diese innere Verlorenheit, diese Ausweglosigkeit, dieses Nichts hatte ich in mir, als ich damals von Berlin nach Hause fuhr. Wie in Trance erreichte ich unser Haus.

Der nächste Tag kroch über den Horizont, ich konnte es immer noch nicht glauben. Okay, ich war gefallen, aber würde es besser werden, wenn ich in dieser Haltung bliebe? Nein, mit Sicherheit nicht. Ich redete mit mir selbst, schimpfte und tobte. Dann Ruhe, Besinnung. Ich dachte an meine gewünschte Zukunft. So erlangte ich meine Willenskraft wieder. Mein Kampfgeist war zurück. Nein, so nicht, sagte ich mir. Ich schüttelte mich und wusste plötzlich, dass ich es schaffen würde. Es würde einen neuen Weg geben.

Doch zurück zu den 25 Schulen in Saudi-Arabien. Alles hat seinen Grund im Leben, wir verstehen und erkennen es nur oft nicht. Die Unternehmen, die mit diesem Riesenprojekt beauftragt wurden, unterschätzten die Probleme mit der Infrastruktur vor Ort und die Transportrisiken und scheiterten mit der strategischen Planung. Sie konnten es einfach nicht. Die Unternehmensgruppe wurde nicht nur insolvent. Verluste entstanden auch an Material, schlimmer waren Naturgewalten und die Heimtücke der Wüste in Saudi-Arabien. Krankheit und sogar Tod waren über Nacht eingekehrt. Der Weg zurück, zurück in die Sicherheit und in die Heimat wurde zur Tortur. So war ich im Nachhinein dankbar für diese sehr dunkle Erfahrung – der Kelch war an mir vorübergegangen.

Vor zwei Jahren hatte ich eine Operation im Krankenhaus Großhadern, München. Kurz vor meiner Entlassung sprach ich mit meinem gerade hinzugekommenen Zimmernachbarn. Er erzählte mir von einem riesigen Projekt mit 25 Schulen in Saudi-Arabien, das er geleitet hatte. Sie hatten die Ausschreibung mit großen Beziehungen etwas hinten herum gewonnen. Das Projekt endete im Chaos. Organisation, Transportwege, Arbeitsbedingungen und vieles mehr waren nicht zu bewältigen, Menschen starben an den Begrenzungen ihrer eigenen Möglichkeiten, sie konnten ihre Mission nicht erfüllen. Er, also seine Firma, war damals mein Wettbewerber. Es wurde für ihn ein Supergau. Ich habe ihm nicht gesagt, wer ich bin. Die Welt ist klein und: Es kommt alles immer wieder zurück.

Vielleicht war das sogar meine Rettung auf dem Weg in meine damalige Zukunft.

Der Überfall der Partisanen

Dieser große Rückschlag erinnerte mich an ein Ereignis in meiner Kindheit, das lebensgefährlich war und Auswirkungen auf meine innere Einstellung für mein späteres Leben hatte.

Trotz aller Kriegswirren hatte ich bis zum sechsten Lebensjahr eine normale Kindheit. Ich fühlte mich sicher, lernte damals schon ein dankbares Leben zu führen, und mein Vater nahm mir jede Angst vor Krieg und Menschen. Er wurde nicht zum Militär eingezogen. Starkes Asthma und Kurzsichtigkeit hatten seine Rekrutierung verhindert. Seine Brillenstärke war auf 12,5 Dioptrien angestiegen, die Gläser waren dadurch sehr dick und schwer. Trotz dieser Einschränkung handelte er immer schnell und selbstbewusst. Er zeigte mir in vielen Situationen, wie wichtig es ist, sofort zu handeln und nicht lange zu überlegen. Und vor allem brachte er mir bei, dankbar für alles zu sein. Meine Eltern besaßen, wovon man nur träumen konnte. Und dann, auf einmal, war nichts mehr da. Nichts.

Ein paar Tage nach dem Fall der Bombe auf unseren Besitz war der Krieg zu Ende. Das war am 8. Mai 1945. War es für die Deutschen im Lande bisher ein Leben wie im Paradies, so sollte sich das nun ändern. Jetzt bewährte sich die Art und Weise, wie meine Eltern und Großeltern mit den tschechischen Landsleuten in den letzten Jahren umgegangen waren. In unserer Gastwirtschaft hatte mein Vater dafür gesorgt, dass Tschechen und Deutsche gleichberechtigt behandelt wurden. »Im Herzen steckt der Mensch, nicht im Kopf«, sagte mein Vater immer. Manchmal waren ein paar Leute schon recht hochmütig, und das war nicht gut. Jetzt bekamen wir Tipps und Hilfen unter der Hand. Man warnte uns vor bestimmten Menschen und half uns allein schon damit, über uns angenehm und gut zu sprechen.

Großvater und Großmutter ahnten, was auf uns zukommen würde. Wir wohnten nach dem Totalverlust durch Bombeneinschlag bei ihnen im »Waldschlösschen«, am Ende einer Zugangsstraße, weit außerhalb von Schreckenstein. Einerseits war unser Standort ein Vorteil, andererseits barg die einsame Lage auch eine gewisse Gefahr. Mein Großvater war Jäger, hatte Waffen und fühlte sich dadurch sicherer. Er kannte sein Gebiet, seine Jagd, die ganze Umgebung wie seine Westentasche. Sein Jagdhund, Harras, meldete frühzeitig, wenn sich Fremde näher-

ten. Harras war mein Ein und Alles. Anfangs war ich kleiner als er, dann holte ich auf, schlief angelehnt an ihn in der Sonne, und wir waren die besten Freunde.

In weiser Voraussicht baute Großvater mit uns und unserem Nachbarn in aller Eile den Dachboden aus. Es wurde eine Verkleidung gezimmert und so gestaltet, dass die beiden dahinterliegenden Räume nicht mehr zu erkennen und zu finden waren. Das sollte sich recht bald bewähren. Partisanen machten das ganze Land unsicher, sie waren gefährlich. Sie lebten von Raub und Mord, zogen durch das Land und hinterließen Vernichtung und Chaos. Frauen und Mädchen waren ihre Beute, wer nicht mitging, wurde später tot aufgefunden. Sie würden auch vor uns und unserem »Waldschlösschen« nicht Halt machen. Wir hatten zwei junge Frauen, meine Mutter und ihre Schwester, in unserem Haus.

Es war ein Mittwochabend. Gerade noch war es hell draußen und warm, nun wurde es halbdunkel. Ein Radfahrer kam vorbei, rief: »Passt auf!«, und weg war er. Um Gottes Willen – was war da los? In der Ferne knallten schon Schüsse. Das waren sicher die gefürchteten Partisanen, sie kamen näher, von irgendwoher. Sie verbreiteten Schrecken, überall Panik und großes Zittern, Lähmung in den Knochen.

Mein Vater: »Los, los! Alles stehen und liegen lassen! Hinauf, hinauf! Lasst alle Türen sperrangelweit auf, dann meinen sie, wir sind auf und davon.« Wir rannten und stolperten in unsere Festung, verrammelten die Tür. Wir wussten und hofften natürlich, sie könnten uns hier nicht finden. Schwesterchen Heidi und ich kamen in die Ecke. Heidi war noch keine drei Jahre alt – wie sollte das gehen?

Und dann kamen sie, die Partisanen. Auf einmal waren sie da. Gelächter, Gebrüll und Johlen – sie stürmten in die Gastwirtschaft, Flaschen mit Bier und Slibowitz wurden entdeckt, Fenster eingeschlagen, Türen eingetreten und Regale umgeworfen. Wir hörten dieses Chaos, unsere Herzen standen still, die Küche, die Möbel, die Fenster, es war nicht auszuhalten. Heidi wurde mit einem Kissen über dem Kopf ruhig gehalten. Gebeugt und zitternd vor Furcht klebten wir in unseren Ecken, lagen auf den Matratzen und wagten keinen Ton von uns zu geben. Sorge stand allen in das Gesicht geschrieben. Mein Hund Harras war draußen in seiner Hütte, er bellte und bellte. Harras war angebunden, er musste angebunden sein, er hätte uns ganz sicher gesucht und hätte uns gefunden – die Partisanen auch. Plötzlich wurde sein Bellen lauter, er schien sich losgerissen zu haben. Dann ein Schuss. Stille. Mein Harras bellte nicht mehr. Meine Mutter hielt mich fest umschlungen, drückte mich an sich. Ich konnte nicht mehr, ich war außer mir. Harras war nicht mehr. Ich weiß, warum ich heute keinen Hund mehr haben will.

Gott sei Dank waren die Gauner so laut. Sie wurden immer besoffener, brüllten und johlten herum, zerdepperten Gläser und Flaschen, warfen Tische und Stühle um. Wir hörten nur das Chaos, und sie hörten uns nicht. Stunden um Stunden vergingen. Eine endlose Nacht. Zwischen vier und fünf Uhr, bevor es hell wurde, verschwanden sie, diese Unmenschen. Angst vor der oft, aber nicht immer wegschauenden Obrigkeit trieb sie im Morgengrauen aus dem Haus, und so verzogen sie sich irgendwohin in die Wälder, bereit zum nächsten Raubzug einige Kilometer entfernt.

Wir waren wieder einmal davongekommen. Wie oft noch? Dankbar schauten wir in die aufgehende Sonne. Es kam so, wie es kommen musste, und trotz des Chaos war es gut.

Wir lebten, und wir waren unversehrt. Danke.

Der Glaube an Großes

Eine große Aufgabe, eine Bestimmung, ein geplantes Lebenswerk war zerplatzt wie eine Seifenblase. Wofür lohnte es sich eigentlich für mich noch weiterzumachen? Mein Ursprungsbetrieb Trockenausbau erfüllte mich nicht so, wie ich mir das vorstellte. Mein Vater hatte immer gesagt: »Ein erfolgreiches, erfülltes und harmonisches Leben ist grundsätzlich für jeden möglich. Doch hüten wir uns vor falschen Freunden und Bekannten. Umstände, unser Umfeld, in dem wir aufwachsen, und Unglücksfälle können Harmonie und Erfüllung aus der Bahn werfen. Ursachen wird es immer geben, und zu gerne klammern wir uns daran. Das sind die Hürden auf dem Weg zur Erfüllung, die zu überwinden sind. Prüfungen auf dem Weg bringen Wachstum, Erfahrung und Selbstsicherheit.«

Erst vor Kurzem hatte ich gelernt: Jede bewältigte Krise ist eine Stufe auf dem Weg des Lebens. Jede dieser Stufen ist der Ausgangspunkt für den weiteren Weg. Sich für diese Sichtweise zu entscheiden, erleichtert das Überwinden der nächsten Hürden, sie werden niedriger.

Verhinderer sind oft die vielen »Aber«, mit denen wir uns selbst erklären, warum wir nicht erfolgreich, harmonisch, gesund und erfüllt leben können. Sehr oft glauben wir das auch. Doch das ist Selbstbetrug. Wir hindern uns mit unserer eigenen Überzeugung an unserem Erfolg, an unserer Erfüllung.

Also: Dream big – denke größer, denke weiter – folge deiner eigenen Vorstellung und halte durch. Hürden sind dazu da, um sie zu überwinden, Wege zu finden und mit allen Ideen auf dem Boden der Tatsachen zu bleiben. Finde heraus, was die Menschen brauchen, und gib ihnen das, was sie wollen. Vor allem finde heraus, ob es etwas gibt, was die Menschen wollen und noch gar nicht haben – ja, das war es. »Glaube an Großes!«

Das Leben ging weiter, und ich suchte nach neuen Wegen. Ich glaubte und glaube immer noch daran: Es gibt immer einen Weg, und es gibt immer Hinweise darauf. Es ist nicht nur Meditation oder Hoffen, es ist das Tun, es ist das Ergreifen der Initiative, wenn sich eine Tür, und mag sie noch so klein sein, öffnet! Jede Chance ist zu prüfen – sie kommt immer.

Der innere Glaube an Großes ist unerschütterlich. Die Zukunft ist Veränderung!

Die Geburt von ASB

Was nun? Eine wirklich schwierige Situation verlangt Handeln. Das ist eigentlich ein Geschenk des Himmels. Eine Aufforderung, ausgetretene Pfade zu verlassen.

Wieder zurück aus Berlin konzentrierte ich mich im Betrieb auf die verbleibenden Projekte, die wir noch abwickeln konnten. Neues Trelement-Material wurde nicht mehr geliefert. Es musste dennoch irgendwie weitergehen.

Meine Sekretärin stellte einen Anruf durch – es bewarb sich ein Bauzeichner für eine leitende Position. Wir hatten keine Aufträge. Es ist mir heute noch ein Rätsel, weshalb ich dennoch mit ihm einen Arbeitsvertrag vereinbarte. Er hatte gute Erfahrungen in einer Firma gesammelt, die bis vor Kurzem in Hessen auch mit Trelement gebaut hatte und jetzt das gleiche Schicksal erlitt wie wir. Bei einer Besprechung mit ihm erfuhr ich so nebenbei von einer Ausschreibung der Erzdiözese München-Freising für Kindergärten. Seine Firma musste ablehnen, sie konnte nur Trelement-Bauweise. Wieder einmal traf mich mein Unterbewusstsein mit Macht. Ich kann nicht sagen, warum ich plötzlich hellwach war. Ausschreibungen waren wirklich nicht mein Ding, doch von innen getrieben rief ich im Bauamt der Erzdiözese München-Freising an und erhielt tatsächlich bei einem Bausachbearbeiter sofort einen Termin.

Der Aufzug brachte mich in der Erzdiözese in München in den vierten Stock. Etwas hilflos wanderte mein Blick nach rechts und links den langen Gang hinunter, ich suchte die Anmeldung zur Bauabteilung. Ein freundlicher Herr stand plötzlich vor mir und wollte mir helfen. Während wir so auf dem Gang plauderten, wollte er wissen, warum ich denn hier sei. Ich nannte den Namen der zuständigen Bauabteilung. Ich erinnere mich genau, er stockte etwas, schaute mich genauer an und fasste mich am Oberarm: »Na, kommen Sie doch gleich mal mit mir in mein Büro. Dieses Kindergartenprojekt ist mein Projekt, und es liegt mir selbst sehr am Herzen.«

Das war Sympathie auf den ersten Blick. Er war der Chef der Bauabteilung, der Leiter des gesamten Baureferates der Erzdiözese. Das konnte ich gar nicht fassen. Ich sah die ersten Entwürfe, hörte die Bedingungen, sah die Möglichkeiten, und mehr und mehr faszinierte mich die Aufgabe, vom ersten Spatenstich bis zum kleinsten Kinderspielzeug und letzten Bäumchen alles zu planen und abzuwickeln. Wir hatten ein begeisterndes Gespräch. Viel später, nach Jahren, wurden wir gute Freunde. Mit dem Kopf voller Ideen war ich auf dem Heimweg. Die Welt war wieder hell, leuchtend und positiv geworden. Mir war klar, wir würden bei der Ausschreibung dabei sein. Ich war mir, warum auch immer, sicher.

Viel später, nachdem ich alle Mitarbeiter der verschiedenen Bauabteilungen kennengelernt hatte, erfuhr ich, dass ich nie über einen Termin bei einem der Sachbearbeiter der Bauabteilung hinausgekommen wäre. Hätte es nicht durch Fügung diese erste Begegnung mit dem weltlichen Chef des Bauamtes der Erzdiözese gegeben und hätten wir nicht vom ersten Augenblick an eine intuitive Wertschätzung füreinander empfunden, wäre alles anders verlaufen. Alle Bauingenieure der Erzdiözese waren gegen dieses Projekt. Sie würden durch die schlüsselfertige Vergabe ihre Bauleitung bei diesen geplanten Kindergärten in ganz Oberbayern verlieren. Gott sei Dank wusste ich das nicht.

Vertraue deinem Bauchgefühl – es trägt dich dorthin, wo du sein solltest. Doch so einfach wurde es dann doch nicht. Trelement konnten wir nicht mehr verwenden, und die neuen Kindergärten waren nicht im Dreiecksraster, sondern quadratisch geplant. Damit hatte ich keine Erfahrung. Wieder einmal wagte ich mich hinaus in das Unbekannte. Wieder einmal wusste ich noch nicht, wie diese Aufgabe zu lösen war. Ein neues System musste her. Wie denn nun?

Nichts ist unmöglich! Jede Entscheidung, die wir treffen, schärft unsere Intuition und unser Können, das Nächste, das Richtige zu tun. Innerlich wusste ich, es musste eine Lösung geben. Was hatte ich in den vergangenen Jahren aus den vielen Herausforderungen gelernt? Wie hatte ich Krisen überwunden? Und was war nun zu tun? Geht nicht, gibt's nicht – also griff ich zum Telefon.

Der Erfinder von Trelement, Hardy Rensch, war durch die vielen bisherigen Projekte ein guter Freund geworden. Ihn rief ich an. Ich hatte eine erste Idee: Eine Aluminiumbauweise wäre für diese Kindergärten genau das Richtige, der Werkstoff wäre leicht und millimetergenau zu verbauen. Es wäre doch eine großartige Idee, wenn er aus dem von ihm bereits entwickelten Trelement mit mir ein neues Aluminiumsystem entwerfen würde. Er wollte darüber nachdenken. Geduld war nicht meine Stärke, und ich plante schon weiter. Doch nur mit seiner Hilfe konnte ich eine Änderung des Systems erreichen.

Mir blieb keine Zeit zu warten. Mit dem Mut der Verzweiflung nahm ich an der Ausschreibung teil. Die Bedingungen waren so extrem, dass nur drei Firmen auf diese eingehen wollten. Die weiteren Firmen sagten aufgrund der Auflagen ab. Das war ein enormes Risiko. Trotzdem wagte ich die Teilnahme. Die Zukunft ist keine Verlängerung oder Erweiterung der Vergangenheit, die Zukunft ist Mut für Neues, Mut für ein Verlassen der bisher gegangenen Wege.

Nach dem Ergebnis der Submission, also der Auswertung der Ausschreibung, traf der Auftraggeber ein salomonisches Urteil. Jede der drei teilnehmenden Firmen erhielt den Auftrag für den Bau eines Kindergartens als Musterobjekt, danach sollte eine Serie vergeben werden. Als kleinste Firma erhielten wir auch das kleinste Objekt, einen Zweigruppen-Kindergarten. Jetzt wurde es dringend Zeit zu handeln. Mit diesem Tempo hatte ich nicht gerechnet, so schnell in der Endauswahl und gleich einen ersten Auftrag. Mein Unterbewusstsein forderte mich außerordentlich, es zwang mich förmlich, jetzt etwas zu tun. Im Hinterkopf hatte ich eine neu zu entwickelnde Stahlbauweise, doch in der Erzdiözese hatte ich von Aluminium gesprochen. Wieder einmal war es eigentlich unmöglich. Ich war und blieb in Zugzwang.

Wieder kontaktierte ich Hardy Rensch. Wie so oft bewährte sich unsere gute und vertrauensvolle Zusammenarbeit. Hardy setzte sich ins Flugzeug, ich holte ihn am Flughafen ab, und wir planten gemeinsam. Unsere Gedanken waren bisher sechseckig, jetzt planten wir quadratisch, im 90-Grad-Raster. Es war neues Terrain. Nichts hatten wir in den Händen, nur die Zuversicht und den Glauben an uns. Hardy Rensch würde es können. Er sollte mit seinem Wissen, seiner Klarheit und vor allem seiner Art zu leben ein großer Mentor für mich werden.

Die ersten Entwürfe eines neuen Systems nahmen Gestalt an. Zwei außerordentlich exakt denkende Genies, nämlich der Erfinder des Systems und der herausragende Architekt der Erzdiözese, lehrten mich, was Qualität und gute Architektur ausmachen. Es war eine harte Zeit und eine prägende Herausforderung. Wir sollten später ein sehr gutes Team werden. Die erste Version des neuen Systems war nicht die beste, zu sehr angelehnt an das frühere Trelement, »Grove« nannten wir es. Mit dem zweiten Bau änderten wir das System und drehten die Stützen von außen nach innen. Damit war das Bausystem ASB (Aluminium Struktur Bau) geboren. Hardy Rensch sorgte immer für die klare Einhaltung aller Grundlagen dieses Systems, sorgte für die Einhaltung der Raster und vor allem der sehr hohen Qualität.

Mutig startete unsere kleine Firma gegen die großen Bauunternehmen in das Rennen um die Zeit. Zwei Monate Bauzeit waren vorgegeben. Nach Erhalt der offiziellen Baugenehmigung sollte es sofort losgehen. Es wurde mehr verlangt als nur ein Bauwerk. Im Auftrag für diesen Kindergarten war alles enthalten, Fundamente, Elektro-, Wasser- und Abwasseranschlüsse, die Anbindung an das Straßennetz mit allen Plänen. Mit der Landvermessung, den Bodengutachten und den Detailplänen begannen wir sofort. Die Erzdiözese hatte das in oberster Instanz so entschieden, denn man wusste, mit der eingefahrenen Bürokratie im Hause würde das umfangreiche Kindergartenprogramm, auferlegt durch einen noch nie dagewesenen »Babyboom« und das neue Kindergartengesetz, niemals zu bewältigen sein. Deswegen wurde die

Vergabe mit allem Zubehör durchgeführt – ein Verfahren, das es bisher noch nicht gegeben hatte.

Wir bauten den Kindergarten inklusive der Außenanlagen, die wir mit Spielgeräten, Sandkästen und schattenspendenden Bäumen ausstatteten. Die Inneneinrichtung hatte nicht nur Toiletten und Waschräume für die Kinder und das Personal. Wir planten und lieferten auch die Möbel, etwa ausgesuchte Tische, Stühle und Schränke, die Beleuchtung aus runden weißen Ballons sowie speziellen Leuchten. An das umfangreiche Spiel- und Bastelmaterial sowie die Schlafbetten mit allen Zudecken für die Kinder und die Vorhänge in den Schlafräumen musste ebenfalls gedacht werden. Es war viel mehr als geahnt. All das sollten wir in zwei Monaten fertigstellen. Und wir schafften es tatsächlich.

Pünktlich am 31. August 1972 wurde der erste Kindergarten an den örtlichen Pfarrer übergeben. Mit großer innerer Ruhe nahm ich an der Einweihungsfeier mit dem Prälaten der katholischen Kirche und dem Ordinariatsrat der Erzdiözese teil.

Meine Mitbewerber waren nicht so erfolgreich. Der erste benötigte für die Fertigstellung seines Kindergartens fast ein Jahr, und der zweite warf kurz nach Auftragserteilung wegen Undurchführbarkeit das Handtuch. Beide Unternehmen hatten nicht die begeisterten Mitarbeiter, sie hatten nicht das innovative Bausystem, sie hatten keine innovativen Planer und vor allem hatten sie nicht die Liebe aller Beteiligten zu diesen Kindergärten. Die Mitbewerber bauten schon lange für die Erzdiözese und waren der Meinung, eine Monopolstellung zu haben.

Mit der Fertigstellung des ersten Zweigruppen-Kindergartens hatte ich schon den nächsten Kindergarten in der Tasche. Und in den folgenden Jahren bauten wir für die Erzdiözese München-Freising insgesamt über 70 Kindergärten in Oberbayern. Jeder einzelne Kindergarten hat seine Geschichte. Zwei, drei oder vier Gruppen, ebenerdig oder zweigeschossig, Flachdach oder Satteldach, immer gab es Eigenheiten, die zu berücksichtigen waren, und wir lösten sie. Um schneller zu sein, verlängerten wir die Aluminiumstützen um 1,40 Meter und versenkten den Kindergarten im Boden, bauten eine Zwischendecke ein und konnten so den größten Teil der Installationen unter dem Gebäude verlegen. Der Installationskeller war geboren. Das sparte uns einen Monat Arbeitszeit, weil die Monteure der Sanitärinstallationen die Einrichtungsarbeiten nicht mehr behinderten. Der Auftraggeber hatte mit unserer Firma eine sehr kostengünstige Lösung für den Bau von Kindergärten gefunden, und wir hatten eine grandiose Aufgabe.

Ohne die harmonische Zusammenarbeit aller unserer Mitarbeiter wären diese großartigen Projekte nie möglich gewesen. Auf den Sonntagsfahrten zeigten die Mitarbeiter ihren Familien »ihren« Kindergarten. Sie identifizierten sich mit allen ihren Bauten. Wenn ich heute durch die Dörfer fahre, finde ich in fast jedem Ort in Oberbayern einen ASB-Kindergarten. Und so geht es allen Mitarbeitern heute noch. Der Erfolg aus dem Nichts entstand durch Vertrauen in unsere Mitarbeiter und durch meinen damaligen Mut zusammen mit Hardy Rensch, ein großes Wagnis einzugehen. Das ist 45 Jahre her. Die Mitarbeiterzahl stieg in dieser Zeit auf über 110 Personen. Nicht selten saßen Büromitarbeiter und Monteure bis spät in die Nacht beisammen, diskutierten, tranken ein oder zwei Bierchen, fanden Lösungen und wurden Freunde fürs Leben. Die Welt war bunt und vielseitig geworden.

Wir hatten die Kraft, scheinbar Aussichtsloses zu wagen und dann auch zu gewinnen. Angst und Zweifel hatte ich nicht – ich war mir sicher, es würde funktionieren. Darum waren wir erfolgreich. Das Glück und der Erfolg im Leben hängen von den Gedanken, der Einstellung und den ethischen Zielen ab. Sie sind entscheidend für jeden, der es wagt, Großes zu leisten.

Neue Wege entstehen nur, wenn wir beginnen, sie zu gehen.

Gelassenheit und Intuition

Mit Ruhe kommst du schneller an dein Ziel. Wenn du jemand zur Eile antreibst, verführst du ihn und auch dich selbst zu Fehlern. Gelassenheit und Achtsamkeit lehren uns, etwas mehr auf unser Umfeld, auf unsere Umwelt zu achten. Wir sehen im Frühling, wie die Natur erwacht, jedes Jahr, immer, immer wieder. Durch die Wucht der Ereignisse werden wir direkt darauf gestoßen zu sehen, was da alles passiert, wie diese unzähligen Zusammenhänge wie Rädchen ineinandergreifen. Wir ahnen, welch großer Plan da ganz gelassen vor uns abläuft.

Da kommt eine Bank gerade recht, kurze Zeit innezuhalten, sich zu entspannen und automatisch achtsam zu werden. Das sind die Momente, in denen wir den Weg zu unserer eigenen Intuition finden. Überwältigt von den wundervollen Ereignissen der Natur spüren wir eine Macht in uns, ein aufkeimendes Wissen über alle Zusammenhänge. Und vor allem spüren wir in uns selbst hinein. Wenn wir jetzt wirklich innehalten, uns nicht ablenken lassen und alles um uns herum vergessen, werden wir einen ersten Hauch von Glück spüren, werden weiter nach innen gehen, und wir werden die Kraft in uns finden. Vielleicht spüren wir in diesem Moment gerade das Glück dieses Tages, an dem wir achtlos vorübergegangen wären. Wir hätten uns mit ganz anderen Dingen beschäftigt und nichts, aber auch gar nichts mitbekommen. Wir sollten diese Zeit ausdehnen und dieses wunderbare Gefühl auf uns und in uns wirken lassen. Der Weg zur Intuition ist da, wir können ihn gehen. Gelassenheit und Achtsamkeit sind ein sehr guter Wegweiser. Sie ermöglichen uns die Aufmerksamkeit für den richtigen Moment, der, wenn er vorbei ist, niemals wiederkommen wird.

Die Intuition bewahrt uns vor Fehlern, die Intuition zeigt uns Wege, die wir noch nicht kennen, die Intuition hilft uns bei unserer immer wieder notwendigen Veränderung.

Warte auf den richtigen Moment, auf den Moment der Eingebung. Aber gehe immer den ersten Schritt.

Sonderbare Begebenheiten und wunderbare Erfahrungen

Viele Erlebnisse, positive und negative, prägen uns Menschen. Sie werden bestimmt durch unser Verhalten, unser Denken und unsere Einstellung. Alle Einflüsse, unsere Verhaltensmuster und unser tägliches Training prägen und schulen unsere Intuition. Es ist Grundlage eines erfolgreichen Lebens, auf die eigene Intuition zu hören. Die Intuition ruft nicht, macht sich nicht bemerkbar, und nur im äußersten Notfall wird sie erkennbar. Intuition ist einfach da, vielleicht bei einem entspannenden Sonnenbad, bei einem Lauf durch den Wald oder auf dem Gipfel eines Berges. Wenn dieser besondere Moment dich überkommt, wenn du auf einmal etwas weißt, was du nie wusstest, wenn es dir wie Schuppen von den Augen fällt, wenn du von einer Sekunde zur nächsten voller Energie bist, dann ist der Moment gekommen zu handeln, dann musst du etwas tun. Das ist der Moment, in dem du die Welt verändern kannst, wenn du Bahnbrechendes in dir siehst, vielleicht auch nur eine Lösung findest, die du vorher gar nicht kanntest, wenn du dein eigenes Leben rettest und dich nur noch wundern kannst. Intuition kann so wahnsinnig viel bewirken, und »die Welt verändern« ist nicht zu hoch gegriffen. Allein dieser Punkt ist es wert zu lernen, auf die eigene Intuition zu hören. Es beginnt mit Kreativität und dem Wissen: Alles ist möglich dem, der da glaubt, oder dem, der da auf seine Intuition hört. Es ist so.

Meine Intuition hat mir mehrmals das Leben gerettet. Ich war auf dem Weg zu einem Seminar über »Kommunikation und Rhetorik« und hatte eine Stunde Fahrzeit vor mir. Entspannt war ich in mein Cabrio gestiegen, losgefahren, gedankenverloren sann ich über die Themen und die Teilnehmer des Seminars nach. Noch war ich in der Stadt und fuhr in die Außenbezirke, entspannt. Da – ein harter Griff, ein starker Ruck an meiner linken Schulter – Vollbremsung. Vor mir ein schreiender Schaffner, wütend gestikulierend, aus einer Straßenbahn heraushängend. Alles quietschte, die Räder der Bahn rutschten, Sand wurde auf die Schienen ausgeblasen, und die schrille Glocke habe ich immer noch in meinen Ohren. Bis zum Zug war es nur noch ein knapper Meter. Die Zeit stand still. Auf dem nächsten Parkplatz holte mich mein Bewusstsein wieder ein. Es war ein Wunder. Allein im Auto fahrend, hatte mich irgendetwas an der linken Schulter dermaßen fest im Griff, dass ich sofort stoppte. Ich weiß nicht, wie das zuging. Ähnliches war mir schon einmal passiert, als ich gerade meinen Führerschein erhalten hatte und vor einer Dampflokomotive zum Stehen kam. Damals benötigte ich lange Zeit, um das zu begreifen.

Und Jahre später saß ich wieder im Auto: Eine weite Fahrt lag hinter uns. Meine Sekretärin und ich fuhren von einem Kongress zurück nach Hause. Beim Fahren hatten wir uns abgewechselt. Nach der anstrengenden Rede wollte ich noch etwas entspannen und vielleicht auch ein wenig schlafen. So steuerte sie das Auto. München hatten wir schon passiert, Holzkirchen lag hinter uns. Urplötzlich setzte ein überstarker Sturzregen, ein Wolkenbruch, ein. Beim Überholen eines Lastwagens auf der zweigeschossigen Mangfallbrücke donnerte ein Schwall Wasser rechts gegen unser Auto und brachte es zum Schleudern. Der Donner riss mich hoch. Augen auf – das Auto schlitterte direkt auf das Geländer der fast 70 Meter hohen Mangfallbrücke zu. Meine Sekretärin war in Schockstarre. Absolut unterbewusst, noch im Halbschlaf, reagierte ich, fiel ihr in das Lenkrad, das Auto drehte sich um seine Achse, stoppte in dieser dynamischen Drehung und schoss dann gerade, um 180 Grad gedreht, auf die Mittelleitplanke zu. Nur Blechschaden und keine Verletzungen. Der Wolkenbruch war zu Ende. Alle Autos konnten ausweichen. Der Verkehr floss wieder normal.

Meine Intuition ließ mich auch in anderen Situationen nicht im Stich. Wir hatten ein Segelboot, das war eine Caprice, neun Meter lang, schmal, schnittig und mit einer Kajüte. Es war ein wunderbarer Tag, und die Sonne machte sich daran, hinter der Fraueninsel auf dem Chiemsee zu verschwinden. Wunderschön hing der Feuerball über dem spiegelnden Wasser, wir fuhren der Sonne entgegen – rumms, und wir standen. Was war da los? Die Caprice hat ein riesengroßes Vorsegel, sodass die Sicht nach vorne nicht möglich ist. Meine Frau Angelika war deshalb am Bug. Aber sie hatte die im seichten Wasser vom Fischer ausgelegte Fischreuse nicht gesehen. Der 1,70 Meter tief reichende Kiel hing nun an dieser Reuse fest. Ich wütete. Ich musste also hinein in das Wasser, Angelika war jetzt am Motor. Der Rückwärtsgang war eingelegt. Barfuß tauchte ich in die Tiefe und sah mir die Bescherung an. Es war soweit alles in Ordnung, kein Schaden am Netz der Reuse. Nur der torpedoförmige Kiel musste aus dem Netz entwirrt werden. Mit bloßen Füßen stand ich auf der Reuse auf zappelnden Fischen – grausig, sehr grausig und ekelhaft – und es dauerte lange, bis es geschafft war. Es war ziemlich blamabel, weil die Segler am Steg, dort, wohin wir wollten, mit dem Sonnenlicht im Rücken alle unsere Versuche bestens beobachten konnten. Und Segler sind ein eigenes Völkchen.

Endlich waren wir frei und segelten zum Steg. Wir wollten anlegen. Kein Platz mehr frei an der Ostseite. Ich zögerte nicht lange und, ich weiß auch nicht, warum, zurrte mein Boot mit innerer Sicherheit an der verpönten Westseite fest, dem spöttischen Gelächter der erfahrenen Segler zum Trotz. Sturm würde aufziehen, und erfahrungsgemäß kommt dieser aus dem Westen, aber bei Langzeit-Schönwetterperioden, und eine solche hatten wir, manchmal auch aus dem Osten. Damit bei einem Sturm ja alles passt, warf ich meinen Anker weit in Richtung Westen, sicherte und spannte das Tau. Dann sperrten wir das Boot ab und gingen in die »Linde«. Ich freute mich, den Inhaber dieser Inselgaststätte wieder zu treffen, wir kannten uns schon aus Traunstein. Kaum hatten wir gespeist, kam Wirt Obermeier, ein sehr erfahrener Segler: »Pass auf, es geht los, der Wind kommt, und der dreht!« Aha. Es wurde dunkel. Am Boot angekommen, frischte der Wind stark auf, und dann sah ich, wie positiv sich unsere durch die Reuse verursachte Verspätung auswirkte. War das Vorsehung?

Der Wind drehte nach Osten und blies und blies. Der Chiemsee hat hier seine breiteste Stelle, die Wellen bauten sich auf, höher und höher. Die vorher lachenden Segler wurden immer nervöser. Sie warteten immer noch – die Boote knallten bereits aneinander, die ach so versierten und pimperlgenauen Segler brüllten sich an, schrien und gaben sich gegenseitig die Schuld. Ich half jetzt beim Umhängen der Boote von der Ost- auf die Westseite. Wir hatten alle Hände voll zu tun, die Boote taumelten hoch und nieder, die Wellen spritzten, und die Boote entwickelten eine kaum zu bändigende Kraft. Das erste Boot hatten wir vorne am Außensteg angehängt, und der Wind trieb es blitzschnell auf die Westseite hinüber. Dann von einem Pfosten zum anderen, bis es nahe an meinem Boot war. Ich sprang auf mein Boot hinüber, einen Tampen in der Hand, rutschte aus, und meine Brille flog in hohem Bogen in die aufbrausenden Wellen. Meine Augen hatten minus 8,5 Dioptrien, also sah ich ab jetzt nur noch verschwommen. Die Brille würde warten müssen. Das zweite Boot war dran. In hohem Bogen flog der Besitzer durch die Wucht einer Welle in die Finsternis. Zu zweit sprangen wir ihm nach in das Wasser und fanden ihn im Wasser herumschlagend und schreiend. Er musste sich verletzt haben. Eine Laterne tauchte auf. Mein Partner zog ihn am Kragen und ich schob, so schafften wir es gemeinsam ins zugehörige Boot. Langsam und mit größter Vorsicht kamen wir zum Steg. Es herrschte pures Chaos.

Die anderen Boote prallten immer wieder aufeinander und sollten auf die andere Seite, zunächst aber musste der Mann gerettet werden, sein Arm war ausgekugelt. Ich war wegen meiner verlorenen Brille halbblind, konnte ihn aber doch ein wenig beruhigen. Unter dem Steg brodelte es, trotzdem versuchten wir in stockdunkler Nacht in Richtung Ufer zu kommen. Es dauerte und dauerte, es wurde kalt, und wir bibberten. Plötzlich wurde es hell, das große Motorboot der Wasserwacht schwebte auf den riesigen Wellen hell erleuchtet direkt auf uns zu. Unser Gastwirt hatte als erfahrener Segler gehandelt, er hatte vorhergesehen, was kommen würde. Vorsichtig holten sie den Verletzten aus dem Boot und nahmen noch einen zweiten Mann mit einem Bruch, ebenfalls am Arm, auf. Die restlichen Boote wurden fest vertäut und sicher befestigt. Am nächsten Morgen strahlte wieder die Sonne, blauer Himmel, glatte See, als ob nichts geschehen wäre. Mit etwas Scham in den Augen bedankten sich die Segler. Wir würden uns in Zukunft anders begegnen.

Mit meinem Boot blieb ich am Steg. Ich konnte nicht segeln, dazu waren meine Augen ohne Brille zu schlecht. Also riefen wir eine Freundin an. Gegen Mittag kam sie mit ihrem Mann, einem hervorragenden Sportler. Alle tauchten nach meiner Brille, wieder und immer wieder. Nichts zu sehen. Nach vielen Versuchen gaben wir auf. Als wir uns anzogen, hatte ich ein Gefühl, ich musste es einfach noch ein letztes Mal versuchen. Meine Freunde lachten, denn ich war ja viel zu »blind«, um irgendetwas zu finden. Bis zum Boden trug mich mein Hechtsprung, mit den Händen weit ausgestreckt nach vorne, und dann greife ich – und habe meine Brille in den Händen. Unglaublich.

Intuition kommt, wenn du am wenigsten daran denkst. Dennoch kannst du deine Intuition trainieren. Du musst dir nur klarmachen: Intuition ist immer da, und sie ist in dir. Vertrauen ist alles.

Abenteuerliche Aufträge

Neben den Kindergärten verwirklichten wir viele weitere Projekte. Herausragend waren die Projekte durch Kontakte von Hardy Rensch zu dem Stararchitekten Albert Speer junior. Ein Tennishaus in Frankfurt am Main in bester Wohngegend war der erste Streich. Das zum damaligen Zeitpunkt vielleicht teuerste und architektonisch genial beeindruckende Fertighaus und Musterhaus der Firma Streif in Mainz wurde ein großes Schauobjekt und erhielt mehrere Auszeichnungen. Es war ein tolles Haus.

In Saudi-Arabien wurde ein außergewöhnliches Gebäude als Gästehaus für König Faisal gebaut. Es entstand mitten in der Wüste in einer Oase zwischen Palmen und kleinen Wasserflächen. Unsere Planung sah vor, alle bestehenden Palmen zu berücksichtigen und zu erhalten. Mit anderen Worten, wir planten um jede Palme, um jedes einzelne Gewächs herum – es war eine handwerkliche Herausforderung, die wir meisterten. Unsere Monteure nannten es immer »den Harem«.

Das Projekt war nicht einfach und sollte nur knapp an einer Katastrophe vorbeischrammen. Der Auftrag für das schlüsselfertige Objekt mit schöner Architektur, wetterharten Außenwänden, zweigeschossig, mit Flach- und Schrägdach, gekonnt versetzt, typisch für das Architekturbüro Speer, lag auf meinem Schreibtisch. Das war eine Herausforderung, wie wir sie alle liebten, ich ein wenig mehr als meine Mitarbeiter. Meine Spezialisten planten alles akribisch, jede Schraube, jedes Verfugungsmaterial, die gesamte Einrichtung mit Beleuchtung und die Betonplatte mit allen Aussparungen und Leitungen. Ein Herkulesjob, doch wir schafften es. Die wichtigsten Teile wurden auf dem Firmenhof zusammengebaut und dann wieder zerlegt. Wir hatten die gesamten Checklisten mehrfach überprüft, wussten wir doch, es konnte vor Ort in der weit abgelegenen Oase nichts besorgt werden. Es musste auch alles mit, was unsere Monteure täglich brauchten. So wurden allein 1000 Liter Mineralwasser eingepackt. Die Checklisten wurden lang und länger. Am Ende wurden es acht 40-Fuß-Container! Nachdem alles verladen war, fuhren die Lastwagen mit den Containern nach Genua. Dort wurden diese auf das vorgesehene Schiff verladen.

Sechs Wochen später holte mich ein Telefonanruf aus all meinen positiven Zukunftsträumen. Die gesamte Ware, alle acht Container, waren im Hafen von Jeddah in Saudi-Arabien angekommen und sofort beschlagnahmt worden. Eine Horrornachricht: Der Inhalt wird vernichtet, die Kosten dafür sind von uns zu tragen. Chaos pur. Ein unbezahlbarer Schaden und für uns der sichere Ruin.

Was war geschehen? Mit großer Freude, mit Stolz im Herzen hatten wir vor der Verschiffung alle acht Container auf unserem Hof versiegelt. Das musste gefeiert werden. Jeder hatte alles gegeben, um diese wahrhaft herausfordernde Aufgabe zu bewältigen. Ein großartiger Umtrunk mit dem Ausbringen mehrerer Toasts und einigen anderen Späßen beendete unsere Tätigkeit. Unser Lagermeister sah, wie die 1000 Liter Mineralwasser für unsere Monteure eingeladen wurden. Das Mitleid überwältigte ihn. Noch schnell rein mit einer Kiste Steiner Bier – wenigstens ein bisschen Freude sollten die Freunde in der Wüste haben. Er dachte nicht an das absolute Alkoholverbot in Saudi-Arabien. Eine Katastrophe!

Der erste Container im Hafen von Jeddah war schon leer, das Material lieblos herausgerissen, viele Glaselemente zerbrochen, Teile verbogen. Der dortige Zoll hatte den Kasten Bier gefunden!

Mit dem zweiten Container machte man weiter. Die wertvollen Bauteile flogen einfach auf die Seite, das interessierte niemanden. Ein Kasten Bier, das war ein Verbrechen, und die dortigen Beamten hatten fast Freude daran, die Dinge lieblos zu behandeln. Der Zoll suchte in allen Containern nach weiteren Flaschen und Dosen. Alkohol war bei drakonischer Strafe verboten, Steinigung drohte. Die Telefonleitungen liefen heiß. Architekt Speer hatte einen Mitarbeiter vor Ort. Als Erstes verhinderte er die weitere Entladung, stoppte den Wahnsinn. Dann aktivierte er alle Kontakte zum Königshaus, der Architekt plante dort noch weitere Bauwerke und hatte daher einen direkten Draht. Unsere Rettung war König Faisal – nur weil die Container für die königliche Familie bestimmt waren und das Material aus diesem Grund »besonders wichtig« war, wurde es nicht weiter vernichtet. Schließlich konnten wir zwei Montageleiter nach Saudi-Arabien schicken. Es dauerte einige Zeit bis zur schriftlichen Zusicherung, sie würden nicht auf die schwarze Liste gesetzt werden. Beide Montageleiter überprüften akribisch alle Materialien auf Schäden und Vollständigkeit. Zwei Wochen später schickten wir zwei Container mit Ersatz-Materialien im Wert von 250.000 DM auf den Weg in die Wüste.

Zwei weitere Monteure folgten und bildeten das ASB-Team mit vier

Mann, verstärkt durch zehn Helfer aus Pakistan, Korea und Indien. Mit den Vermessungsarbeiten begannen sie vor Ort und setzten die ersten Bauteile der Aluminiumkonstruktion auf die vorgerichteten Betonfundamente. Das Team unter Montageleiter Hans Frisch leistete Großartiges unter schwierigsten Bedingungen. Prinz Faisal, einer der vielen Söhne von König Faisal, war oft vor Ort. Sein anfängliches Misstrauen wich allmählich einem erleichterten Lächeln. Unfallfrei vergingen die zehn Wochen fernab von zu Hause inmitten der heißen Wüste. Die Monteure vollbrachten förmliche Wunder. Der Montageleiter schrieb ein bemerkenswertes Tagebuch. Zusammengefasst: Erlebnisse, Wunder und 1001 Nacht.

Das zweigeschossige Gästehaus enthielt einen Trakt für die verschleierten Frauen im Obergeschoss mit acht Zimmern und den dazugehörigen Nassräumen. Für den Prinzen und die männlichen Gäste waren die Räume im Erdgeschoss mit großem Rauchsalon und einer Galerie vorgesehen. Von der Galerie im Obergeschoss konnten die verschleierten Frauen ihren Blick auf die Gäste werfen. Der Salon wurde ein Prunkstück. Bis heute habe ich unser traumhaftes Gästehaus im Orient aus 1001 Nacht nicht gesehen. Als Inhaber der Firma war und blieb ich auf der schwarzen Liste, da war nichts zu machen.

Erst viele Jahre später, als meine Firma bereits Weltmarktführer im Squashcourt-Bau war, lernte ich Ziad al-Turki, Sohn eines der reichsten Saudis, kennen. Er war und ist Chairman der Professional Squash Association und ist mir mittlerweile zum Freund geworden. Wir entwarfen für ihn einen speziellen wunderschönen GlassCourt in der Farbe Lila und lieferten ihn auch.

Große Rückschläge verhindern nicht einen Start in eine erfolgreiche Zukunft.

Schatt al-Arab

Den Architekten Albert Speer junior und seine Frau Ingmar Zeisberg – sie war schon damals ein bekannter Filmstar und später in insgesamt sieben Tatort-Folgen zu sehen – hatte ich auf einer hochgradig besetzten Geburtstagsfeier in Frankfurt, am Lerchesbergring beim Trelement-Erfinder Hardy Rensch, kennengelernt. Zu der damaligen Zeit sehr bekannte Größen aus Wirtschaft und Politik, der Bürgermeister von Frankfurt und unter anderen Werner Zahn, noch mit der Eiskunstläuferin Marika Kilius verheiratet, trafen sich an diesem Abend. Ich kann mich sehr gut erinnern, wie ich mich vor allen blamierte, indem ich ein von ihm gezeigtes Feuerzeug als für mich nicht wichtig bezeichnete. Das Feuerzeug war mehrere Tausend D-Mark wert. Dennoch war dieser Abend äußerst positiv, denn gute Unterhaltungen mit Albert Speer ergaben später tatsächlich Projekte, die wirklich außergewöhnlich waren. Unter anderem plante das Büro von Albert Speer ein Krankenhaus im Irak, und zwar in Basra, südlich von Bagdad.

Albert Speer organisierte einen Termin für mich beim Stadtkommandanten von Basra, denn man hatte sich bei diesem Projekt für unser ASB-System entschieden. Saddam Hussein war zu dieser Zeit Vizepräsident im Irak. Der damalige Präsident General Ahmed Hassan al-Bakr war stark angeschlagen – große Unruhen brodelten im ganzen Land. Also nicht gerade die beste Zeit, um in den Irak zu reisen.

Allein wollte ich in dieses mir noch absolut unbekannte Land nicht fliegen, daher nahm ich einen Geschäftspartner für spezielle Fragen bei diesem Projekt mit. Gemeinsam flogen wir mit einer Tupolew Tu-124 von Frankfurt nach Bagdad, die Hauptstadt des Irak. Wir nahmen ein Taxi am Flughafenausgang, das uns in die Innenstadt zu unserem Hotel brachte. Da wir ausreichend Zeit hatten, machten wir uns am frühen Abend noch auf den Weg zum sagenumwobenen Fluss Tigris. Trotz der sprudelnden Öleinnahmen war von Reichtum auf den Straßen nicht viel zu merken. Wir stolperten über schräge Bodenplatten und riesige Löcher in den Gehwegen. Überall spürten wir die Blicke der Menschen – teils freundlich, neugierig und manchmal auch etwas scheu.

Auf dem Damm in der abfallenden Schräge zum Tigris lungerten viele Händler und andere dubiose Gestalten herum. Wir sahen einen Trampelpfad zu ein paar Hütten und dort möglicherweise auch zwei oder drei »Europäer«. Zwischen großen Steinen und Betonplatten stolperten wir hinunter. Ein sonderbares Wagnis, eigentlich ein wenig zu wagemutig. Plötzlich waren wir umringt von fünf, sechs Arabern, die mit irgendwelchen Päckchen vor unseren Augen herumwedelten. Vermutlich wollten sie uns etwas verkaufen. Nein, nicht nur vermutlich, sondern ganz sicher. Langsam wurde es unheimlich. In Wirklichkeit gab es kaum etwas zu kaufen. Einer der Händler kannte sich aus und wusste, wie mit Europäern umzugehen ist. »Germany«, sagte er.

Tatsächlich bekamen wir nach umständlichem Palaver hier am Ufer des Tigris ein warmes Bier. Angeblich braute ein deutscher Braumeister das recht gute irakische Bier. Wir fühlten, eigentlich wollten alle ein wenig reden, mit Ausländern sprechen und ihr Englisch versuchen. Trotzdem verschwanden wir recht schnell, die Gegend war uns wirklich nicht geheuer, und die Sonne war bereits untergegangen. Der Weg zurück zum Hotel war ohne ausreichende Beleuchtung ein Stolper-Abenteuer. Hier und da knallte es irgendwo, und der Strom war weg, alles dunkel. Dann hörte man verborgene Stromaggregate anlaufen, und langsam flackernd wurde es wieder heller. Kerzen standen sicherheitshalber an vielen Stellen und spendeten spärliches Licht. Autos fuhren kaum – leise Stimmen waren in der Ferne zu hören, manchmal Gelächter, schreiende oder rufende Kinder und dann Gesang an vielen Ecken. Das war etwas, mit dem wir so nicht gerechnet hatten. Wir ließen uns kurz locken, spähten in die eine oder andere Toreinfahrt, wagten uns aber nicht weiter. In diesen Innenhöfen zeigte sich Leben und auch gefühlte Behaglichkeit. Froh waren wir dann aber doch, als wir die Tür in unserem Hotel hinter uns schlossen. Alles um uns herum war grau und öde, anders, als wir es gewohnt waren.

Am nächsten Morgen flogen wir knapp eine Stunde von Bagdad nach Basra, unter uns die Flüsse Euphrat und Tigris, die sich nordwestlich von Basra zum Schatt al-Arab vereinigen, und auf der anderen Seite Kuwait. Landung in Basra – wir wohnten im Hotel Schatt al-Arab direkt am Flughafen. Unsere Zimmer waren mit knapp zwei auf vier Metern wirklich spartanisch. An der Rezeption erhielten wir eine Nachricht mit dem Vermerk, wir würden erst morgen abgeholt. Also hatten wir heute noch Zeit.

Vom Flughafen fuhr ein Bus direkt in die Innenstadt. Basra würde sicher eine total interessante Stadt sein, richtiger Orient. Wir freuten uns auf den Rest des freien Tages und stiegen ein. Es wurde in der Tat ein bemerkenswerter Tag: Nach zehn Minuten rumpelnder Fahrt blieb der Bus abrupt stehen, dann fuhr er an die Seite, und schon ging es los. Eine wuchtige Faust rüttelte und schüttelte den Bus, die Scheiben klirrten, Gepäckstücke fielen aus den Netzen. Entsetzen, Unbehagen und Grauen breiteten sich aus. Der Himmel hatte sich verdunkelt. Erst gelb, richtig gelb, dann grau. Wind peitschte Sand und Staub mit übermächtiger Wucht auf und in den Bus. Die Welt schien unterzugehen – es war stockfinster, und zitternd hofften wir, dass die Scheiben diese Wucht aushalten würden. Im Bus wirbelten Sand und Staub umher. Die Araber pressten ihre Tücher oder ihren Kaftan vor Mund, Augen und Nase. Ich hatte lediglich ein Taschentuch – und zog die Jacke über den Kopf, sodass ich wieder atmen konnte. Jede Sekunde andere Pfeiftöne und ein schauriges Brüllen der Natur. Müllbrocken, Wellblechteile und anderes krachten gegen den Bus. Es war fürchterlich. Das Poltern übertönte die Schreie kleiner Kinder. Ich hörte es erst jetzt – sie waren in Tücher eingewickelt. Der Sturm schien endlos. Ich wusste, es würde alles wieder gut werden – doch jetzt zeigte sich unser aller Ohnmacht gegenüber der übermächtigen Naturgewalt. Mir schoss durch den Kopf: Jetzt weiß ich, warum die Araber einen Turban tragen.

Nach zwei oder drei Stunden war es vorbei – wir kletterten aus dem Bus, schüttelten uns und kratzten den Sand aus Nase und Ohren. Die Stadt Basra würden wir heute nicht mehr sehen.

Zurück im Hotel erhielten wir an der Rezeption die erwartete Nachricht. Wir würden morgen um neun Uhr abgeholt werden – der Stadtkommandant würde uns erwarten. In der Mitte der 70er-Jahre erlebte der Irak einen richtigen Wirtschaftsboom mit einem Wachstum von jährlich ca. 10 Prozent. In dessen Zuge sollte das Krankenhaus in Basra errichtet werden. Unser Ansprechpartner lud uns zu einem ersten Gespräch in seinen Amtssitz ein – eine militärische Hochburg.

Der Fahrer trudelte um viertel nach neun ein. Eine halbe Stunde später erreichten wir das Eingangstor. Wir stiegen aus, wurden an der riesigen Umfassungsmauer überprüft und abgetastet. Zwei bewaffnete Militärs führten uns zum ersten Gebäude. Wir zeigten unser Empfehlungsschreiben, natürlich unsere Pässe, und warteten in einem Nebenraum. Alles war sehr militärisch, sonderbar ruppig, und so wurden wir auch von zwei Militärs eskortiert, während wir durch hohe herrliche Räume mit Skulpturen, Goldverzierungen und wunderschönen Kuppeln in allen Farben marschierten. In einem großen Raum bewirteten uns zwei junge Helfer mit Tee. Wir saßen in Stühlen wie aus der Biedermeierzeit und beschäftigten uns mit unserem Tee. Ich zählte die Teeblättchen und bewunderte den braunen Zucker. Uns blieb nichts anderes übrig als zu warten. Alle zehn Minuten marschierten Soldaten, die irgendwelche Besucher eskortierten, durch unseren Raum. Über eine Stunde später ging es weiter. Wir waren fast am Ziel – im Vorzimmer des Stadtkommandanten.

Ich versank in mattglänzenden, weißen, riesengroßen Ledersesseln. Schöne Bänke, Marmortische und traumhafte arabische Verzierungen an den Wänden beherrschten diesen Raum. Ich fürchtete, hier würden wir lange sitzen. Dreimal hatten wir unser Anliegen schon vorgebracht. Tee, noch einmal Tee und wieder Tee. Auf den Tischen standen russische Samowars und Shishas mit Schlauch, die aber keiner rauchte. Wunderbar anzuschauen. Richtige Schmuckstücke. Ich zählte die Säulen, plante zum fünften Mal das Krankenhaus in Gedanken um, und auch uns beiden ging der Gesprächsstoff langsam aus. In der Zwischenzeit wusste ich, dass 36 Bilder hier hängen, wie die Lüftungsanlage funktioniert und welch teure Teppiche herumliegen. Der Kommandant hatte immer wieder Besprechungen und gerade keine Zeit. Um vier Uhr war klar, heute würde gar nichts mehr gehen. Also brachte man uns zurück zum Hotel.

Am nächsten Tag das gleiche Spiel. Tee trinken, Tee trinken und abwarten. Zwei deutsche Ärzte setzten sich zu uns. Wir besprachen das Projekt, soweit das möglich war. Wir verstanden uns auf Anhieb, und die Ärzte luden uns in den internationalen Club in Basra ein. Nach endlosem und erfolglosem Warten fuhren wir schließlich begeistert mit und landeten vor einem großen breiten Tor mitten im staubigen Gelände, wieder bewacht von Militärs. Durch die kleinere Tür wurden wir von den beiden Ärzten geführt, und mein Mund öffnete sich vor Staunen. Wir standen vor einem leuchtenden, blühenden Paradies hinter grauen Mauern. Ich sah das Clubhaus mit einem großen Swimmingpool, Palmen und blühende Sträucher, Tennis- und Badmintonplätze, Boule-Flächen und einen riesigen Fitnessbereich. Unvorstellbar. Wir hörten das Lachen der Kinder und die Stimmen angeregter Unterhaltungen. Wir ließen uns treiben, vorbei an all dem wundervollen Grün und der Blütenpracht zu dem offenen Clubhaus mit bequemen Sesseln, in die wir uns hineinfallen ließen. Die Bewirtung war traumhaft, und unsere Gastgeber waren klasse. Die meisten Mitglieder des Clubs waren ausländische Beschäftigte bei Ämtern, Behörden oder Krankenhäusern hier in Basra und hatten Zugang zu diesem elitären Erholungsbereich. Es stellte sich heraus, was unsere beiden Ärzte wollten: Wir sollten ihnen einen oder mehrere Mercedes vermitteln, am besten geliefert mit dem Material in den Containern für das neue Krankenhaus. Der Zoll für deutsche Autos wäre auf normalem Weg zu hoch. Wir würden tun, was wir könnten, zumal durch diese Situation der Auftrag schon wieder ein wenig näher rückte.

Der Tag darauf – wir drangen wieder vor bis zum Vorzimmer. Nach der gefühlt zehnten Tasse Tee und dem wiederholten Zählen der 48 Säulen im Gebäude reichte es mir, und ich beschloss zu gehen. Mein Geschäftspartner hatte mehr Nerven, er meinte, einer von uns sollte bleiben.

Ich äußerte meinen Wunsch, in das Hotel zurückgebracht zu werden, was sofort in die Realität umgesetzt wurde. Ein Militär mit höherem Rang, voll bewaffnet, schleuste mich durch den Palast über den riesigen Hof zu einem vergitterten und bewachten Nebenausgang direkt an einer Hauptstraße. Er sprach kein Englisch, und ich sagte ihm trotzdem, wohin ich wollte: Hotel Schatt al-Arab. Und schon ging es los.

Mit einem großen Schritt auf die Straße stoppte er das erstbeste Auto. Der Fahrer kam nicht dazu auszusteigen. Mein Offizier riss die Beifahrertür auf, brüllte etwas, vor Schreck antwortete der Fahrer nicht. Im Irak herrschte ein ungeheuerlicher Respekt vor dem Militär. Der Offizier aber hatte keine Geduld. Ohne Hemmungen und mit innerer Sicherheit packte er den ahnungslosen Beifahrer, offensichtlich ein wohldotierter Geschäftsmann, am Kragen, riss ihn aus dem Wagen und warf ihn vor sich auf die Straße. Der Mann im Anzug blieb liegen. Zwei weitere Soldaten standen regungslos hinter mir neben der Tür und entsicherten ihre Gewehre. Ich war erschüttert und völlig fertig. Das, was hier geschah, konnte ich nicht verstehen. Der Offizier drückte mich »höflich«, aber bestimmt auf den nun leeren Platz im Wagen – er schrie dem Fahrer Befehle zu. Dieser rappelte sich auf, er zitterte am ganzen Leib, nickte, und stumm fuhr er los.

Kein Englisch oder irgendeine andere Sprache, keine Kommunikation. Ich redete ständig von meinem Ziel, nichts zu machen, er fuhr und fuhr, er hatte seinen Befehl. Wir kamen durch mehrere Stadtviertel, vorbei an Geschäftsgebäuden, Wohnblocks, verfallenen Häusern, Hütten und Slums. All meine Fragen, alle meine lauten und leisen Versuche der Verständigung wurden ignoriert. Er hatte zu gehorchen. Er schwitzte. Da half gar nichts. Die halbe Stunde Fahrzeit war längst vorbei, die Umgebung sah anders aus als gewohnt. Jetzt wurde mir etwas unwohl. Was konnte oder sollte ich tun? Über zwei Stunden Fahrt – um Gottes Willen. War das eine Entführung, ein Raub oder war ich ein Erpressungsopfer? Ich ging alle möglichen und unmöglichen Strategien durch, zermarterte mir den Kopf, wie ich mich wehren könnte und wohin ich laufen würde. Das Auto konnte ich nicht verlassen. Nachdenken war sinnlos – was würde da auf mich zukommen? Es würde etwas passieren. Um mich herum zunächst blühende Landschaft, dann Halbwüste, weit und breit nichts. Was sollte das werden? Es ratterte und staubte, mir wurde heiß und heißer – kein Wasser, kein Nichts. Immer wieder einmal eine Hütte oder ein kleines Dorf, keine Bewohner, überhaupt nichts. Vor uns eine Anhöhe. Der Wagen kroch hinauf – der Fahrer blieb stehen. Ich öffnete die Tür. Nach dieser langen, unheimlichen Fahrt war ich erschöpft, ich wollte nur noch raus aus diesem stickigen und feuchten Toyota oder was es war. Ich rieb mir die Augen und sah außer einer riesigen Staubwolke vorerst nichts.

Der Fahrer strahlte erlöst über das ganze Gesicht, deutete nach vorn: Schatt al-Arab. Mir fiel das Herz in die Hose – die Bilderbuchlandschaft nahm ich gar nicht wahr, auch nicht das Meer, die Schiffe, den wunderbaren azurblauen Himmel. Ich war blockiert. Jetzt schaute ich um mich. Eigentlich eine tolle Aussicht. Doch das interessierte mich nicht. Ich war am völlig falschen Ort. Wie sollte ich dem Fahrer klarmachen, dass er mich wieder fahren müsste. Er würde mich nicht verstehen. Dieses Ziel hatte ihm der Offizier zugebrüllt, es war falsch, und ich wollte nicht zurück zum Palast, ich wollte zum Hotel. Wie würde er reagieren – würde er wieder vor Angst zittern? Ich sah, wie sein Gesicht zusammenfiel, Angst stieg in ihm hoch, Schweiß lief über sein blasses Gesicht.

Geht nicht, gibt's nicht. Es gibt immer eine Lösung – ich wusste es und breitete meine Arme aus, lief im Kreis und ruderte mit den Armen – ich flog. Nach meinem lauten Gebrumm hellte sich die Miene meines Fahrers auf, und er nickte: »Oh!« Er hatte verstanden. Erst lachte er, dann sah ich, wie wieder die Angst in ihm hochstieg. Er brauchte ein paar Minuten, und wir stiegen in den Wagen. Wir fuhren wieder. Durch die Wüste, vorbei an Palmen, einer Oase, an Hütten und Müll. Endlich in der Ferne vermutete ich die ersten Häuser von Basra.

Plötzlich bremste er, er bog ab. Irgendetwas stimmte wieder nicht. Mir wurde sonderbar zumute. Was sollte das? Der Weg wurde immer schlechter, rechts und links stiegen Müllberge auf. Sie wurden höher und höher, zwei, drei Meter hoch. Die hohen Müllwände verdunkelten die Sicht, der Weg war keine drei Meter breit, wir ratterten durch tiefe Wasserpfützen, Schlamm und Dreck spritzten meterhoch. Ich hatte keine Ahnung, wo wir waren und wo es hinging. Durch Lücken im Unrat sah ich Frauen, die auf ihrem Rücken Kinder und Feuerholz trugen, und immer öfter leuchteten Lagerfeuer auf. Der starke Rauch zog durch den Unrat bis zu mir in das Auto. Mein Gott – wo war ich da hingeraten. Plötzlich stoppten wir vor einer verfallenen Hütte zwischen mehreren Wellblechbuden. Der Fahrer sprang aus dem Auto. Kein Wort. Allein, hilflos, wehrlos, irritiert und misstrauisch erwartete ich, was da kommen würde. Davonlaufen war zwecklos – ich wusste nicht einmal, wo ich war. Lange Minuten saß ich in dieser alten Kiste, dachte im Kreis, dachte über Lösungen nach. Es konnte und durfte nicht sein, hier hilflos in der Falle zu sitzen – es musste eine Möglichkeit geben.

Jetzt kam er wieder. Hinter ihm eine Frau und drei kleine Kinder – die sahen mit ihren großen Augen eher neugierig als gefährlich aus. Mir ging es besser. Also, diese Menschen waren harmlos. Doch der Fahrer schrie mir etwas zu, sprang ins Auto, wendete und gab Gas – er schien in Eile, irgendwie gehetzt. Zurück ging es durch die riesigen Müllberge, den Schlamm und den Unrat auf die große breite Straße. In der Ferne sah ich wieder die Türme von Basra. Nach ein paar Kilometern stoppten wir wieder, wie Schuppen fiel es mir von den Augen. Wir tankten – nun war klar, was er in dem verlassenen Dorf wollte – er brauchte Geld. Ein Stein, nein ein Steinblock fiel mir vom Herzen. Nach fast fünf Achterbahn-Stunden erreichten wir tatsächlich und endlich das Hotel Schatt al-Arab.

Wir waren angekommen, ich stieg aus und wollte zahlen. Er verweigerte erschöpft und energisch mein Geld. Der Fahrer blieb in seinem Auto, die Reifen quietschten, Sand spritzte auf, er wendete, gab Gas und war verschwunden. Er musste jetzt sicher zum Rapport zurück zur Ausgangsstelle, und ich wusste nicht, was ihn erwarten würde. Ich wünschte ihm alles Gute, er würde es brauchen.

Übrigens, das Krankenhaus wurde nie gebaut – der Erste Golfkrieg hat es verhindert.

Auf manche Dinge und Ereignisse hat man keinen Einfluss.

Fontainebleau

Planungen für Großprojekte beschäftigten unsere technische Abteilung von früh bis spät. System und immer wieder System in allen Bereichen der Bauprojekte. So versuchten die Techniker Wege zu finden, wie denn nun Fensterelemente so geplant werden konnten, dass eine Massenfertigung möglich wurde. Alle Abmessungen sollten standardisiert und idealerweise gleich sein. Der Verkäufer einer französischen Firma nahe Paris hatte Ideen, die sich einfach, machbar und gut geeignet für die industrielle Fertigung anhörten. Auch wenn Paris nicht gerade vor unserer Haustür lag, wollte ich mir eine so interessante Möglichkeit doch einmal näher ansehen. Die Einladung zu einem Besuch nahm ich daher gerne an und traf pünktlich mit der Lufthansa im Flughafen Charles de Gaulle ein. Mein Kontaktmann, Charles Bernet, holte mich ab. Mit einer schwarzen Limousine kämpften wir uns durch den fast stehenden Verkehr, stop and go in Richtung der zu besuchenden Fabrik.

»Ich habe eine Überraschung für Sie vorbereitet«, verkündete Charles. »Damit Sie unsere Bedeutung und Achtung hier im Lande richtig kennen lernen, habe ich den Bürgermeister von Fontainebleau zu einem gemeinsamen Mittagessen eingeladen. Die Wahl des Restaurants habe ich ihm überlassen.« Fontainebleau ist ein Vorort, 60 Kilometer entfernt von Paris, und unweit davon war die große Fensterfabrik angesiedelt. Der Name dieses Ortes klingt schon außergewöhnlich, hier befand sich einst ein ausgedehntes Waldgebiet und damit ein geschätztes Jagdrevier für Könige und andere Adelige. Das besondere Schloss, das sich hier befindet, ist umgeben von einem gewaltigen Kanal. Vor allem ist Fontainebleau die Wiege der französischen Lebenskunst und ihrer raffinierten Gastronomie. Das war es auch, was ich erleben sollte und durfte.

Charles Bernet schwärmte von der traumhaften Natur in dieser Landschaft, von den hervorragenden und bekannten Handwerkern, dem dort gefertigten eleganten Geschirr und erzählte, dass sich hier die Wiege des Impressionismus befand und Fontainebleau der bevorzugte Ort berühmter Schriftsteller, Regisseure und Musiker war. Im Nu war die Entfernung zu unserem Ziel überbrückt, und wir standen in einem der fantastischen Restaurants mit Terrasse. Überraschung pur: Blaue, rote und gelbe Blumen wechselten ab mit niedrigen Buchsbaumhecken, rosa Rhododendron, Flieder und dazu duftende Rosen – das Bild einer perfekten Idylle. Ein äußerst einladender Platz zum Verweilen.

Eine wirklich süße, quirlige blonde Mademoiselle begrüßte uns mit herzlichem Lachen, natürlich auf Französisch, und zeigte uns einen Tisch in einer kuscheligen Ecke der überdachten Terrasse. Rundum Blumen und Weinranken – herrlich. Ich erfuhr, dass Charlène die Tochter des Hauses sei und sie uns jeden Wunsch von den Augen ablesen würde.

Das erzählte mir Charles, und es dauerte nicht lange, bis ich wusste, warum er Recht hatte. Der Bürgermeister kam, bester Laune, über das ganze Gesicht lachend und sprühend vor Lebensfreude. Er erinnerte mich sofort an den Bürgermeister bei uns zu Hause, ebenso klein, etwas rundlich und richtig lebendig. Ich wurde vorgestellt, doch zuerst nahm er die hübsche Blondine in den Arm und gab ihr drei Wangenküsse, wie es in Frankreich üblich ist. Dann reichten wir uns die Hand, und Charles umarmte ihn ebenfalls. Jetzt sah ich auch, weshalb wir sicher den besten Service erhalten würden. Unser Bürgermeister hatte ein Auge auf Charlène geworfen und flirtete schon jetzt auf Teufel komm raus. Blitze flogen hin und her.

Ein Glas Champagner zur Begrüßung, völlig klar, und Charlène wurde mit liebevollem Charme genötigt, mit uns anzustoßen. Die Flasche blieb der Einfachheit halber gleich auf dem Tisch in einer passenden Silberschale. Das war der Auftakt zu einem Mittagsschmaus, nein, zu einem Gourmetwunder, einem Ereignis, wie man es so nur in Frankreich erleben kann.

Wir starteten mit köstlichen kleinen Besonderheiten, wie L'oeuf parfait, Lauch, Balsamico-Creme und kleinen Gürkchen. Zwischendurch brachte Charlène mit bezauberndem Lächeln immer wieder kleine zusätzliche Delikatessen. Der Weißwein Chablis Premier Cru passte hervorragend zu dem auf der Platte säuberlich aufgelegten Graved Lachs mit dreierlei Sesam, Humus und Ingweressig. Charlène hatte jetzt schon des Öfteren den Arm des äußerst lustigen und gut aufgelegten Bürgermeisters um ihre Hüfte, fast schon ein wenig tief. Unser aller Stimmung stieg. Charlène brachte La tête de veau servie froide (kalten Kalbskopf) mit einer besonderen Soße. Dazwischen servierte sie uns ein Zitronensorbet mit einem von ihr ausgesuchten Weißwein in einem kleineren Glas.

Die zweite Flasche Weißwein war geleert, und die Stimmung wurde besser und besser. Unser Bürgermeister brachte das erste Küsschen an, und es folgte gleich ein zweites. Charlène hatte aber noch jede Menge zu tun. Das Filet de boeuf, butterweich, bei 54 °C medium rare gebraten, wurde mit einer wunderbaren Flasche Châteauneuf-du-Pape von ihr und einem Garçon aufgetischt. Obwohl schon richtig gesättigt, folgte nun Grenadins vom Kalb, bei niedriger Temperatur gekocht und in Haselnussbutter gebraten, mit einer gerösteten Erdnusssauce. Mehr, glaubte ich, ging nicht mehr.

Fehler! Charlène setzte sich bereits auf den Schoß des Bürgermeisters, und wir amüsierten und fühlten uns bestens. Der Châteauneuf-du-Pape lief mit zarter Hand durch einen silbernen Ausgießer in unsere Gläser, immer wieder und wieder prosteten wir uns zu, die benachbarten Gäste ebenfalls. Jetzt musste es noch ein Gläschen feinherber Bordeaux sein, nicht zu intensiv, gerade richtig. Den hatte Charlène schon vor einer Stunde dekantiert.

Die wunderbaren Steinbuttfilets mit Ananas-Kaffir-Limetten-Sauce und Pastinaken musste ich ablehnen, den köstlichen fruchtigen Sancerre nicht, ich liebe Sauvignon Blanc. Platz war in meinem Magen nicht mehr vorhanden. Wir fanden alles um uns herum wunderbar, eindrucksvoll und brillant – es konnte sich nicht mehr steigern. Weit gefehlt! Wir freuten uns über die nun präsentierte örtliche Köstlichkeit »Fontainebleau«, eine Mischung aus Schlagsahne und Quark, sowie die Macarons von Pâtissier Frédéric Cassel. Hmmmh. Der fantastische Dessertwein Château Filhot Sauternes brachte mich und auch Charles mit einem Paukenschlag in die Wirklichkeit zurück. Die Stunden waren wie Minuten vergangen, nun blieben nur noch zwei Stunden bis zu meinem Rückflug. Wir hatten einen ganzen Nachmittag in einem Wunderland verbracht, wir hatten geschlemmt und gelebt, wie das nur in Frankreich möglich ist. Ich war immer noch versunken in mir selbst. Das Taxi kam Gott sei Dank sofort, riss mich aus allen Träumen und Gefühlen und brachte mich trotz dichtem Verkehr in letzter Minute zum Flughafen Charles de Gaulle. Während der Fahrt ließ ich ungläubig Revue passieren, was ich in diesen Stunden alles erlebt hatte. War der Bürgermeister wirklich der Bürgermeister von Fontainebleau? Hatten wir wirklich so viel geschlemmt, genossen und es uns wie Fürsten ergehen lassen? Hatten wir so viel köstlichen Champagner getrunken, von den besten Weinen ganz zu schweigen? Irgendwie hörte ich die Engel aus dem Paradies singen. Die Produktionsfabrik, die Referenzgebäude und vor allem die Fensterelemente, die der Grund meines Besuches waren, hatte ich jedenfalls nicht gesehen, und ich sollte sie auch später nie zu Gesicht bekommen. Trotzdem war ich im siebten Himmel. Der Flug nach München verging wie in Trance. In der Firma berichtete ich lediglich von einem sehr erfolgreichen Besuch in Fontainebleau. Trotz dieser allerbesten kulinarischen Erfahrungen wurden Charles und ich mit den Fensterelementen niemals handelseinig. Warum auch immer, ich weiß es nicht mehr. Irgendwie sind in meiner Erinnerung nur noch diese unbeschreiblichen Köstlichkeiten, die wunderbaren Weine und der traumhafte Champagner. Charlène wurde, wie ich hörte, später die Bürgermeisterin. Nein, das stimmte gar nicht, denn er war, als sie heirateten, schon lange nicht mehr Bürgermeister. Trotzdem – ich werde diese Reise nie vergessen. Es war wunderschön.

Das Leben ist wirklich viel zu kurz, um immer normal zu sein.

Eine Kuh auf dem Dach

Jede Firma hat einen Mitarbeiter, der anders ist, ganz anders. In unserer Firma war das Simon. Er war nicht groß, 1,65 Meter. Sein Schnurrbart stand immer strubbelig in seinem Gesicht, seine wirren, aschblonden Haare wechselten bereits in leichtes Grau. In seinen zu großen Schlappen, Hausschuhen aus Filz, spazierte er durch das Büro. Dann schlurfte er mit seiner großen Tasse Tee von einem Schreibtisch zum anderen, fragte dies und jenes oder erzählte etwas. Seine Hose, sein Hemd und sein Pullover hingen etwas ungeordnet an ihm. Fast alles war graubeige und handgestrickt, der Pullover war es in jedem Fall. Er erinnerte ein wenig an das Darmol-Männchen aus der Werbung für ein Abführmittel, das Männlein im Nachthemd mit der brennenden Tellerkerze in der Hand, nur dass sein Teehaferl übergroß geraten war.

Simon war supergescheit, clever und ein fantastischer Einkäufer, trotz seiner nuscheligen Stimme. Kein Mensch wusste, wie er das mit seinen Telefonaten täglich hinbekam. Im Office leise belächelt, war er doch sehr beliebt. Ja, alle mochten ihn. Er hatte auch ständig irgendeine Anekdote auf Lager. Stets lächelte er verträumt in sich hinein, als ob er sich schon wieder etwas Erheiterndes ausdächte. Um es auf den Punkt zu bringen: Simon war ein Kauz, ein sehr liebenswerter.

Und so ist es nicht verwunderlich, dass die folgende Geschichte ausgerechnet ihm passierte. Simon wohnte auf dem Land, und er liebte es, stets neue Abkürzungen über Feldwege nach Hause zu suchen. Sein grasgrüner Citroën DS3 sah wie ein langgezogener Frosch aus. Der Wagen hatte eine flache, schräg nach vorn abfallende Kühlerhaube mit Scheinwerfern wie Augen. Es war nach Feierabend, und Simon hatte sich mit seinem Citroën bereits auf den Heimweg gemacht. In unserer Firma hatten wir zu dieser Zeit CB-Funk für den Kontakt zu unseren jeweiligen Baustellen. Auch Simon war mit einem Funkgerät ausgestattet. An diesem Abend diktierte ich noch ein paar Briefe auf Band und erledigte letzte Telefonate. In dieser ungestörten Zeit hatte ich die nötige Ruhe dafür. Dachte ich. Kratzend und laut meldete sich unsere CB-Funk-Zentrale. Die Stimme erkannte ich sofort, obwohl: Simon klang aufgeregt, sehr aufgeregt, ja direkt weinerlich. So hatte ich ihn noch nie gehört.

»Hilfe, Hilfe, ich brauche Hilfe! Ja, hört mich denn niemand?« Wo war denn das Sprechgerät und wo war der richtige Knopf? Er jammerte wirklich erbärmlich und schrie weiter, er, den normalerweise nichts aus der Ruhe bringen konnte. »Hilfe, Hilfe, ich brauche Hilfe!« Endlich, da war es, das Mikrofon, und ich fand die Sprechtaste: »Was ist denn? Hallo, hallo!« »Hilfe! Ich habe einen Unfall. Nein, mir ist nichts passiert, oder doch.« Jetzt hörte ich die Stimme durch das Rauschen verständlicher. »Ich bin eingesperrt, ich komme nicht mehr heraus, keiner hört mich.« »Was ist denn nun los, wo sind Sie denn? Wer hat Sie eingesperrt?« »Nein, nicht eingesperrt, oder doch. Ich bin auf dem Weg nach Hause kurz vor dem Wald zwischen Büschen. Ich komme nicht aus dem Auto. Ich bin im Auto eingesperrt«. Was war denn das? »Ganz ruhig. Hallo, sagen Sie doch, wo Sie sind und was wirklich los ist.«

Großes Drama: »Ich habe eine Kuh angefahren.« Aha, nun hörte ich auch das Blöken, laut und jämmerlich. »Wie geht es Ihnen? Geht es Ihnen gut? Ist die Kuh schwer verletzt?« »Nein, nein, oh Gott, oh Gott.« Das war richtig unklar! »Ist das Auto kaputt, können Sie noch fahren?« »Ja, schon, aber das geht nicht, überhaupt nicht!« Jetzt verstand ich gar nichts mehr: »Also, Sie sind nicht verletzt, das Auto ist in Ordnung, die Kuh ist auch noch ganz, was ist nun wirklich los?« »Helfen Sie mir, ich kann nicht aus dem Auto!« Er war total fertig, zunehmend aufgeregt, seine Stimme kippte. Da musste mehr sein, da stimmte irgendetwas ganz und gar nicht. »Ich komme, ich bin gleich da!« Ich ortete ihn und fand ihn schnell.

Da stand der grüne Citroën, zwischen den Büschen neben einer großen Wiese auf dem Feldweg. Das Bild war göttlich. Das war einfach unmöglich! Ich klopfte mir auf die Schenkel, rief: »Mein Gott!« und »Oje, oje!« und bog mich vor Lachen.

Simon war mit seinem Citroën schwungvoll und gut gelaunt über den holprigen Feldweg gefahren. Plötzlich war eine Kuh zwischen den Büschen auf den Weg gesprungen. Mit vollem Schwung war Simon auf die Kuh zugerast, zwischen Vorder- und Hinterbeine, mitten hinein: Die Kuh war durch die Gewalt des Aufpralls über die flache Citroën-Kühlerhaube gerutscht und über die Frontscheibe. Auf dem Dach war sie schließlich hängengeblieben. Vorderbeine über der rechten Seitentür, Hinterbeine über der linken. Das Fenster war offen gestanden und das Euter (und mehr) war direkt vor Simons Gesicht gewesen, weshalb er sich flüchtend halb auf den Beifahrersitz geschoben hatte. Es stank, klar. Simon hatte keine der beiden Türen öffnen können und das Fenster hatte sich nicht mehr schließen lassen. Die Kuh brüllte und brüllte, weit und breit war keine Hilfe in Sicht gewesen.

Es war nicht leicht, Simon zu beruhigen. Dem zu Hilfe eilenden Bauern machte es viel Spaß, mit der »Bergung« zu beginnen. Nach Stunden waren Simon und die Kuh mit viel Mühe aus ihrer misslichen Lage befreit. Der Bauer hatte diese Arbeit mit seinem Mobilkran und breiten Tragriemen um den Bauch des Tieres erledigt. Sonderbarerweise war die Kuh kaum verletzt. Simon stieg aus, käseweiß, schwindelig, völlig fertig und nach frischer Luft schnappend. Als Erstes warf er sich in das frische, saubere grüne Gras. Eine Dusche und ein Weißbier waren fällig. Ich versprach, unseren Mitarbeitern nichts von der Sache zu erzählen.

Die Geschichte blieb unter uns – keine Witze auf Kosten anderer.

Weichen stellen für das Leben

Gern blicke ich zurück auf meine Kindheit, die uns durch den Beruf unserer Eltern enorm viel Freiheit und Ungebundenheit erlaubte. So waren wir in unseren Gedanken und Spielen immer auf uns selbst angewiesen. Ebenso gern haben wir unseren Eltern auch bei ihrer Arbeit geholfen.

Meine Eltern pachteten relativ schnell eine Gastwirtschaft – »Zum weißen Rössl« in der Maxstraße in Traunstein. Ein sehr gut laufender Betrieb. Meine Mutter kochte sudetendeutsche Spezialitäten. Die bereits vor uns nach Traunstein gekommenen Landsleute kamen gerne zum Essen, unser Restaurant war fast immer voll. Im Hinterhof befand sich eine Metzgerei mit einem Laden neben unserer Wirtschaft. Meine Mutter organisierte mit dem Metzger zweimal im Jahr einen Tag des Schweineschlachtens mit anschließendem Schlachtfest. Ich war ganz nah dabei und durfte oder musste Därme spülen und auswaschen und nach der Schlachtung den Boden sauber abspritzen. Immer wenn eines der Tiere durch einen Schussapparat sterben musste, verschwand ich hinter der nächsten Ecke, und es dauerte mindestens eine Stunde, bis es mein Vater schaffte, mich hervorzuholen. Ich ertrug es nicht.

Das dreitägige Schlachtfest kam hier in Traunstein sehr gut an, es war eine Erinnerung an unsere Heimat, das Sudetenland. Ein Brauch, den wir schon zu Hause in den »Studenys Ball- und Festsälen« meiner Eltern hatten. Unsere Gastwirtschaft war an diesen Tagen immer gerammelt voll. Am Nachmittag, wenn alle Gäste auf einmal Kaffee und Kuchen wollten, musste ich ran. Mutter machte hervorragende Obstkuchen mit Sahne. Die Sahne war mein Problem. Stundenlang schlug ich die flüssige Sahne mit dem Schneebesen zu steifer Schlagsahne. Es war niemals genug, der Schweiß rann mir von der Stirn. Auch andere Aufgaben waren zu dieser Zeit gar nicht so einfach. Wenn ein Gast einen Brotzeitteller wollte, wurde die Wurst gehäutet und von Hand in dünne Scheiben vorsichtig geschnitten. Ständig war wahnsinnig viel zu tun, und wir Kinder mussten eben mit anpacken.

Die Einnahmen aus der Gastwirtschaft stiegen, somit konnten wir uns endlich eine neue Wohnung in der Schaumburger Straße mitten in der Stadt leisten, ganz nah bei der Kirche. Eine ganze Etage, mit aus-

reichend Platz für Großeltern, Eltern und Kinder. Es war herrlich. Gegenüber, im Poschinger Haus, hatte einmal der großartige Schriftsteller Thomas Bernhard im zweiten Stock gewohnt, das war noch vor meiner Zeit. Er hat es sich ein wenig mit den Traunsteinern verdorben, weil er bei der Beschreibung seiner Kindheit in dem Buch »Ein Kind« auf seine unnachahmliche Art mit viel Grant und deftigen Worten die Stadt in einem eher unschönen Licht erscheinen ließ. Trotzdem hat die Stadt Thomas Bernhard mit dem Thomas-Bernhard-Weg geehrt, und zwar am Ende der Schaumburger Straße.

Ich kann allerdings nur das Beste über meine Traunsteiner Zeit, meine neue Heimat, sagen. Die Schaumburger Straße und der Taubenmarkt, beides zusammen die Schrödlgasse genannt, waren die reinste Idylle in einer Kleinstadt wie Traunstein. Dort stand immer noch der allerletzte Holzvergaser. Ein Lastwagen von Luggi Stöttner. Direkt hinter dem Führerhaus auf der Beifahrerseite war der Kessel für die Holzvergasung eingebaut. Säcke mit kleingemachtem Holz, 3 x 5 cm, waren immer für den Antrieb daneben gelagert. Ein für uns faszinierendes Fahrzeug. Das größte war es, als der Beifahrer im Auto schlief und der Holzvergaser hell zu brennen begann. Hinter diesem Lastwagen stand oft ein Anhänger, auf den immer durch eine Rutsche in der Wand der gelblich aussehende Treber geladen wurde. Treber sind die Rückstände des Braumalzes (Gerste und Weizen) bei der Bierherstellung und war für uns eine fantastische Spielwiese. Wir trampelten mit unseren Füßen barfuß darin herum und mussten sehr schnell sein, denn der Treber war noch brennend heiß. Eine überaus tolle Gaudi. Der Treber wurde dann als Futtermittel mit diesem Holzvergaser zu den Bauern gefahren. Es wohnte am Taubenmarkt-Eck der Radlmacher Mayer, der uns Kinder liebte und dort seine Werkstatt hatte. Die Gebrüder Binder, die ebenfalls in der Schrödlgasse wohnten, hatten immer volles Verständnis für uns, und wenn wieder einmal eine Fensterscheibe durch uns demoliert wurde, ersetzten sie sie großmütig. Später wurde Max Binder der Chef des Sanitär- und Baufachhändlers Kreiller, und sein Bruder Sepp wurde ein hervorragender Kunstmaler. Dann waren da noch Toni und Ernst Fellner, die besten Installateure der Stadt. Auch der Weilharter Karl, Weilharterkari genannt, Gründer und Macher in allen Bereichen und der »Bürgermeister« des legendären Schrödlgassler-Balls im Fasching, wohnte in der Schrödlgasse. Er war beliebt und weithin bekannt. Der Maler Solinger fertigte hervorragende Frescos und Sgraffitos an. Dann war da noch

Helmut Höninger mit seinem Elektrogeschäft. Spannend waren die Berichte von seinen Reisen nach Papua-Neuguinea zu den Kannibalen und Kopfjägern. Immer wieder zog es ihn in unentdeckte Gebiete, etwa zu den Kukukukus, wo er viele Rituale mit Trommeln und Tänzen erlebte. Er war ein Forscher und oft in Lebensgefahr geraten. Auch wird heute noch bewundernd über die beiden Luggis gelacht, die mit einem Sautrog die steile 66er Stiege, wahrscheinlich im »Suff«, hinunterbretterten und sogar noch unverletzt am Mühlbach vorbeisausten.

Ja, die Schrödlgasse hatte viele interessante Leute hervorgebracht und hat damit auch heute noch eine außergewöhnliche Bedeutung für die Stadt Traunstein.

Das Leben in der Schaumburger Straße entwickelte sich zur schönsten Zeit meines Kinder- und Jugendlebens. Bis zu meinem einundzwanzigsten Lebensjahr war die Schaumburger Straße meine Heimat und ist es bis heute noch. Denn für mich ist sie immer noch am Samstagmorgen ein von vielen geliebter Treffpunkt nach oder vor dem Marktbesuch, etwa beim CaMaLo oder im Pasta Arte.

Ungefähr zwanzig Meter von unserem Hauseingang entfernt befand sich der Taubenmarkt. Dort war praktisch kein Verkehr vorhanden. Der ehemalige Markt war etwa einhundert Meter lang, nur teilweise mit Teer bedeckt und dadurch an vielen Stellen sandig. Oft wurden die 100 Meter unsere Wettlaufstrecke für ausgedachte Spiele. Auf dem bis zu zwanzig Meter breiten »Markt« zogen wir auch Striche in den Sand für Volleyball, Völkerball und andere Sportarten, spannten Netze auf und spielten mit Schwung, Temperament und Ausgelassenheit. Jeden Nachmittag und auch am Abend organisierten wir meistens Völkerball. Ludwig, Rüdiger, Sigi, Hansi, Walter, Annemirl, Marlies, Helga, Heidi und noch mehr Kinder trafen sich gegen vier oder fünf zur großen Runde.

Viele Spiele testeten wir aus, auch Fußball. Es war eine lustige Zeit. Hin und wieder, eigentlich oft, gab es Ärger mit dem Ladenbesitzer einer Seilerei, manchmal wurden Ohrfeigen angedroht (er hieß passenderweise auch noch Schlager), und so provozierten wir auch Ärger mit dem Besitzer des Lederwarengeschäftes Winter. Unsere scharf geschossenen Bälle brachten des Öfteren die beiden einzigen Scheiben auf dem Taubenmarkt zum starken Vibrieren oder sogar zum Bruch. Irgendwie hatten wir meist Glück, aber manchmal entstanden dann doch Spannungen und starkes Missfallen. Die Achtung der Ladenbesitzer und Anwohner – wenn auch nicht aller, so doch vieler – erhielt ich, weil ich damals schon die Verantwortung für unsere Taten übernahm. Das war schon zu dieser Zeit ein Lernprozess für später.

Die Installateure am Taubenmarkt nahmen uns oft auf ihrem offenen kleinen Anhänger mit nach Traunreut, damals nach der ehemaligen Heeresmunitionsanstalt »Muna« genannt. Dort wurden tiefe Gräben für Leitungen gezogen, neue Straßen gebaut und große Flächen nach aus dem Weltkrieg stammender Munition abgesucht. Rund um uns herum sahen wir nur Erde, Gräben, Schutt und steinige Stolperwege. Die Zeit in der Muna wurde uns nie zu lang. Nach Hause, zurück nach Traunstein, wollten wir fast nie. Vor dem Haus der Installateure stand eine richtig ölige, schmutzige Werkbank. Diese verschmierte Bank, oder war es ein Tisch, war unser Lieblingsplatz am Taubenmarkt. Auf dieser hockten wir alle zusammen und rissen über alles und nichts unsere Witze. Wir halfen auch des Öfteren mit kleinen Diensten und machten gerne Botengänge. Das verhinderte zwar nicht, dass wir weiter Bälle durch die Gegend schossen, aber sie wussten immerhin, wer ihr Ansprechpartner war. Später wurden die Geschäftsleute und wir dann doch gute Freunde. Herr Mayer, der Inhaber des Lederwarengeschäftes Winter, freute sich immer, wenn wir uns sahen. Oft war ich später als Erwachsener mit meinen Kindern in seinem Geschäft, um seine wunderschönen Ledersachen einzukaufen und später die Schulranzen für die Kinder. Heute führt es sein Sohn Klaus mit seiner Frau in der Bahnhofstraße. Wir plauderten viel über die alten Zeiten und über unsere Jugendstreiche. Das Verständnis füreinander war ein anderes geworden.

Damals hatten wir alles Mögliche im Kopf. Eines Tages machten wir uns auf den Weg zum Viadukt, um Pfeil- und Bogenschießen zu üben. Über der steilen Straße am Klosterberg führte ein kleiner Pfad entlang. An einer Balustrade mit Treppe nach unten blieben wir stehen. Auf einmal kam uns die Idee, ob wir nicht hier schon beginnen konnten und die Pfeile über die Straße am Klosterberg und über das Haus auf der anderen Seite schießen könnten. Ich wollte es den anderen einmal vormachen, setzte den Pfeil auf, zog kraftvoll die Sehne bis zum Anschlag durch und ließ los. Der Pfeil zischte ab, hoch in die Luft, wunderbar der Flug, doch plötzlich drückte eine Windböe wie mit starker Hand den Pfeil nach unten, mitten in ein Fenster der Schreinerei Kreipl. »Um Gottes willen!«. Wir rannten und rannten, schnell und schneller und sofort nach Hause. Tür zu, kauerten wir uns dahinter, völlig außer Atem, und versteckten uns.

Nach fünf Minuten meldete sich mein Gewissen. Ganz ruhig sagte ich: »Ich geh da wieder hin, ich muss es sagen, ich sage, ich habe den Pfeil geschossen und das Fenster kaputtgemacht.« Die anderen waren entsetzt: »Das kannst du nicht tun, der verprügelt dich!« »Doch, ich gehe«, stampfte ich mit dem Fuß. Und ich ging. Bei der Schreinerei angekommen, zitterte ich vor Angst am ganzen Leib. Mit gesenktem Kopf fragte ich nach dem Chef. Er kam, und stotternd erzählte ich ihm, was ich getan hatte. Was nun passierte, lehrte mich viel für mein ganzes Leben. Der Schreinermeister war ein sehr mürrischer Mann, wir alle hatten Angst vor ihm. Er legte seine Hand auf meinen Kopf und meinte: »Solche Jungs wünsche ich mir. Schön, dass du gekommen bist, so etwas mag ich, das gefällt mir. Die Scheibe brauchst du nicht zu bezahlen. Mach weiter so.« Das war eine Überraschung.

Viel habe ich aus diesem Bubenstreich für mein Leben gelernt: Stehe zu deiner Verantwortung, das wird dir immer helfen.

Das Boot

Traue dir selbst zu, was andere dir nicht zutrauen. Tatsächlich zeigt sich oft schon in der Kindheit, wohin oder zumindest in welche Richtung dich das Leben führt. Träume in der Jugend zeigen dir den Weg, wie es gehen kann. Die Sehnsucht nach der Ferne schien mich schon früh im Griff zu haben.

Oft saß ich in unserer Wohnung auf dem mindestens 80 Zentimeter breiten Fensterbrett im ersten Stock mit Blick auf die Straße und die vierstöckigen Häuser gegenüber. Unter den Erwachsenen machte ich mir nicht unbedingt Freunde, wenn ich am Sonntagvormittag meinen kleinen tragbaren Plattenspieler neben mir auf dem »Bankerl« hatte und den Lautsprecher mit Bill Haley und Elvis so richtig aufdrehte. Damals war rundherum immer alles ruhig. Nur die Kirchenglocken unterbrachen im Viertelstundentakt sehr angenehm das geruhsame Dasein.

In unserem Haus befand sich im ersten Stock, direkt neben meinem Zimmer, der große Wohnraum. Ideal für das, was ich vorhatte, ideal für meine Ideen. Es dauerte einige Zeit, bis ich meine Eltern so weit hatte, mir zu erlauben, in diesem großen Zimmer ein Boot zu planen und zu bauen. Meine Mutter war strikt dagegen, doch mein Vater unterstützte mein Vorhaben schließlich.

Und dann bauten wir in unserem Wohnzimmer das riesige Boot mit vier Metern Länge oder ein bisschen mehr. Dass es so groß geriet, wussten wir vorher nicht, obwohl wir Pläne entworfen und zu Papier gebracht hatten. Es waren fantastische Jungs, die mit mir zusammen an dem gemeinsamen großen Projekt Tag für Tag mit Bienenfleiß, Hingabe und Energie arbeiteten. Felgen von alten Rädern besorgten wir uns beim Fahrradhändler Radlmacher-Maier, in den Traunauen schnitten wir Weidengerten, lang und dünn, genau so, wie wir sie brauchten. An die Felgen wurden die biegsamen Weidengerten mit Bast gebunden. Diesen hatten wir uns beim »Unterforsthuber«, dem Kaufhaus am Stadtplatz, gekauft. Auch suchten wir nach Planen zur Verkleidung des sich jetzt schon abzeichnenden Bootskörpers. Mancher fand irgendwo zu Hause alte Wehrmachtszelte oder anderes passendes Material. Zusammengenäht spannten wir alles auf den Korpus und strichen das Boot von außen und innen mit heißem Wachs und Pech ein, denn es sollte und musste ja dicht werden. Unser Bootskörper wuchs und wuchs. Wir fühlten uns wie Wikinger, und in der Straße gab es kein anderes Gesprächsthema mehr – unsere Begeisterung war nicht zu bremsen. Ich glaube, bei den Eltern steigerten sich von Tag zu Tag sowohl die Sorge als auch die Skepsis. Das Boot nahm langsam Form an. Innen verkleideten wir es und bauten niedrige Bretter zum Sitzen ein. Ein Kiel wurde noch ausgerichtet und angeschraubt. Wow – auf dem flachen Gestell sah das Boot fantastisch aus – wir waren richtige Könner.

Mein Freund Bojo allerdings war Realist und weckte uns aus unseren Träumen. »Unser Boot ist zu groß! Es ist über vier Meter lang und fast einen Meter breit geworden. Das wird nichts.« Er hatte recht. Über unsere Treppe war ein Transport unmöglich. Wir konnten nicht einmal durch die Tür aus dem Zimmer. Das hätte uns »Spezialisten« nicht passieren dürfen. Nun hatten wir ein echtes Problem, das wir in unserer Euphorie nicht bedacht hatten.

Wieder einmal half mir eine Situation, in der ich in der Vergangenheit korrekt und richtig gehandelt hatte. Ausgerechnet der Schreinermeister, bei dem ich einmal das Fenster eingeschossen hatte, war unsere Rettung. Zu ihm hatte ich mich gewagt und ihm unser Leid geschildert. Lachend half er sofort. Die Fenster unseres Wohnzimmers zeigten in die Schaumburgerstraße. Er baute den Fensterrahmen in dem uralten Haus aus, das zwei Stadtbrände überdauert hatte und deswegen so breite Fenster hatte. So konnten wir dann mit acht »Mann« das Ungetüm zum Fenster hinaushieven, vier Meter hinunter auf die Straße. Dieses Boot war wahrlich ein Monster. Die vorher vielleicht noch zuversichtlichen Mienen der Mütter verwandelten sich in Sorgenfalten. Schnell luden wir das Boot auf einen Leiterwagen und verschwanden. Der Kleinste von uns legte sich flach auf den Wagen und lenkte mit den Händen die Deichsel – wir anderen schoben das Boot in Richtung Traun. Die ersten Meter waren auf dem uralten Kopfsteinpflaster der Schaumburgerstraße nicht ganz so einfach, später ging es über den Stadtplatz, die Höllgasse, den Auberg hinunter zur Traun und am Fluss entlang stromaufwärts.

Mein Lieblingsonkel Otto war von mir informiert. Mit einer gewissen Nervosität zeigte er uns eine Stelle oberhalb des Schwimmbades, an der wir unseren ersten Versuch starten konnten. Hier war die Traun flach und breit, also nicht gefährlich. Dann erfolgte unser Stapellauf. Eifrig und nervös stolperten wir in unser Boot auf die vorbereiteten Sitzbretter. Vier Freunde hielten das Boot fest. Eins, zwei, drei und los – es war fürchterlich: Das Boot kenterte sofort, und wir lagen alle im Wasser. Die Strömung des Wassers packte das Boot, und wir rannten hinterher. Jetzt zeigte sich die Voraussicht meines Onkels. Das Wasser war seicht, und so holten wir es an der nächsten Biegung wieder ein. Onkel Otto war wütend und verlangte eine entsprechende Verbesserung und auf jeden Fall vorher eine Probefahrt in ruhigem Wasser.

Was war geschehen? Wir waren eben keine Argonauten. Das Boot hatte keine Ausleger. Ein Fachmann zeigte uns, was zu tun war. An den Seiten rechts und links befestigten wir fünfzehn Zentimeter breite Ausleger, und darunter klemmten wir nach langer Überlegung aus Sicherheitsgründen mit Luft gefüllte Fahrradschläuche. Eine Woche später gingen wir auf große Fahrt, nachdem wir es, wie versprochen, im Binderweiher getestet hatten. Der Binderweiher war früher für die Brauereien der Eislieferant. Im Winter wurden transportfähige Eisblöcke aus dem gefrorenen Eis geschnitten und in kühlen Berghöhlen oder tiefen Räumen der Brauerei bis weit in den Sommer hinein gelagert.

An der steinernen Brücke an der Scheibenstraße, dort wo es auf der anderen Seite nach Sparz und nach Knappenfeld geht, stiegen wir zur ersten richtigen Jungfernfahrt ein. Sigi hielt das Tau und wickelte es um einen Baumstumpf. Wir waren bereits im Boot, und Sigi sprang nach. Er landete aber nicht im Boot, sondern im eiskalten Wasser, das über seinem Kopf zusammenschlug. Es war April, brrr. Gott sei Dank hingen wir noch mit unserem Seil am Baum, und einer von den Kleineren hatte das Ende des Seils in den Händen. Sigi krabbelte aus dem Wasser und sprang pudelnass ins Boot – er wollte natürlich unbedingt mit. Wie ein Pfeil schoss das Boot nun vom reißenden Strudel gezogen los. Es funktionierte, und wir jubelten und kreischten vor Freude. Wir waren jetzt richtige Seefahrer.

Das Boot war wunderbar, es war stabil, es war einmalig. Wir trieben und paddelten die Traun hinunter. Ein wahnsinniges Erlebnis. Das Wasser schäumte und spritzte über uns hinweg. Kreuz und quer machten die wilden Strudel mit uns, was sie wollten, bis wir lernten, das Boot zu steuern. So bewältigten wir alle Stromschnellen, Engpässe und auch ganz flache Stellen, kamen sicher an den engen Strudeln am hohen Viadukt vorbei, an den Tiefen des wuchtigen Klobensteins und am »Eiskalten Bründl« bis hinunter nach Weiderting zum Wehr des Sägewerkes. Wir jubelten die ganze Fahrt. An einer flachen Stelle vor dem großen Wehr legten wir an. Da war eine kleine Insel in der Traun, ideal für uns. Die Sonne schien warm und gütig, Sigi konnte sich endlich trocknen. Bis jetzt hatte er die Nässe gar nicht gespürt.

Die Kleinen rannten während unseres Trips mit dem Leiterwagen auf dem Uferweg nebenher bis zu unserer Endstation. Das war immerhin eine Strecke von über fünf Kilometern. Nach einer kurzen Pause luden wir das Boot wieder auf den Leiterwagen, den wir bis nach Traunstein zurückzogen, und noch einmal ging es die reißende Traun hinunter – Jubel über Jubel. Wir würden dieses Abenteuer nie vergessen. Es kam, wie es kommen musste. Die Kleineren berichteten ihren Eltern von unserem turbulenten Wasserritt, und bald sollte Schluss sein. Die Angst der Eltern um ihre Kinder beendete unsere Rafting-Touren – vielleicht zu Recht. Nur noch ein Tag blieb uns für eine weitere Fahrt die wilde Traun hinunter. Aus der Traum! Nun mussten wir stillere Wasser aufsuchen.

Zehn Kilometer auf der Teerstraße schoben wir am nächsten Tag das Boot auf dem Leiterwagen nach Chieming zum großen Chiemsee. Das war anstrengend, doch wir schafften es. Der Verkehr behinderte uns kaum. Am See angekommen, brachten wir das Boot zu Wasser. Neben dem Schwimmbad hatten wir an einem Sandstrand einen Platz gefunden. Bei bedecktem Himmel, einigen Regentropfen und kaltem Wind paddelten wir weit hinaus auf den See. Trotz der relativ hohen Wellen erkannten wir, wie ideal das Boot für den See geeignet war. Am Abend wussten wir nicht, wohin mit dem Boot. Wir stellten es provisorisch an ein Bootshaus und schoben unseren Leiterwagen wieder nach Hause.

Es war sehr spät geworden. Wir waren viel zu lange unterwegs gewesen, und zu Hause erwartete uns erst einmal Ärger. Die nächsten Tage durften wir nicht zu unserem heißgeliebten Boot. Unter Begleitung eines Elternteils fuhren wir danach mit Rädern an den Chiemsee.

Das Boot war weg, unser Seefahrertraum war beendet, aus, vorbei.

Bis zum heutigen Tag ist die Erinnerung an dieses Abenteuer lebendig. Wir wissen: Wenn wir wollen, können wir alles, auch das Verrückteste.

Mut zur Entscheidung

Es war ein heißer Sommertag, soeben hatte ein kurzer Schauer die Hitze ein klein wenig abgekühlt. Der Weg zum Mühlbach in der Au dauerte für uns Jungs maximal sieben Minuten. Kurz vor dem Elektrizitätswerk und der angeschlossenen Mühle spielten wir zu viert, wir waren temperamentvoll, unternehmenslustig und bestens gelaunt. Quer über den Mühlbach waren sieben runde Baumstämme im Abstand von ca. einem Meter als Behelfsbrücke gelegt. Diese Brücke diente den Sägearbeitern dazu, die Baumstämme, die die Waldbauern zur Lohnschneiderei in die Säge gebracht hatten, auf die andere Seite des Mühlbachs zu rollen.

Die über den Bach gelegten Stämme waren Verlockung pur. Und schon balancierten wir auf die andere Seite und wieder zurück. Mutig waren wir, und wir wurden immer besser und vor allem schneller. Das war ein Spaß! Die Stämme glitzerten noch vom Platzregen. Doch davon ließen wir zehnjährigen Draufgänger uns nicht stören. Jeder hatte es nun schon einige Mal über den Bach geschafft.

Irgendwie hatte ich auf einmal ein sehr sonderbares Gefühl, ich blieb am Ufer stehen. Da passierte es – ein Schrei, ein Platsch. Sigi war ausgerutscht. Er wollte sich noch am glitschigen Stamm festhalten, kurz schaffte er es, dann schluckte ihn der reißende Bach. Sigi ging unter und tauchte gegen die Strömung, er schwamm und schwamm, unter Wasser. Ich wusste genau, er konnte nur tauchen, er konnte noch nicht richtig schwimmen, und so tauchte er gegen den Strom. Mir war vollkommen klar, er hat keine Chance. Also traf ich eine Entscheidung: Ich rannte am Ufer zum letzten einsamen Balken vor dem »Rechen« der Turbine, kroch auf dem Baumstamm in die Mitte des Baches und wartete. Wartete, bis der wild um sich schlagende Taucher kam. Der Balken war glatt, rutschig, ich umklammerte ihn, krallte mich an den Rindenresten fest. Liegend konnte ich Sigi an den Lederhosenträgern und am Hemd packen, ihn ein Stück hochziehen, er schnappte nach Luft, schlug um sich. Doch jetzt begriff er, dass er gerettet wurde.

Langsam und ganz vorsichtig schob ich mich zitternd und bebend mit ihm im Schlepptau zum Ufer zurück. Dort hoben und zogen die anderen Sigi aus dem Wasser. Keine Sekunde dachte er daran, wie lebensgefährlich diese Situation gewesen war. Das Wichtigste für ihn war, dass seine Mutter nichts davon erfuhr und die Eltern der anderen auch nicht. Zu Hause war meine Mutter die Retterin dieser Situation. Sie trocknete ihm die Kleider, wärmte ihn mit einem heißen Tee und versorgte alle mit einem Stück Guglhupf, der in unserem Haus stets vorrätig war. Weil Sigi es so wollte, hat nie niemand je von diesem nassen Abenteuer erfahren.

Ich hatte eine Entscheidung getroffen. Es war eine Entscheidung, die ein Leben rettete, für mich das erste Mal in meinem Leben. Entscheidungen werden aus der Not heraus sehr schnell getroffen. Wir sollten diese Kunst lernen und immer wieder trainieren. Jeden Tag können wir es uns zur Gewohnheit machen, alltägliche Dinge innerhalb einer Minute, einer Sekunde zu entscheiden – immer wieder.

Es lohnt sich, den Alltag zu durchbrechen und auch einmal anders zu entscheiden als zuvor. Wen rufe ich heute einmal an, wovor scheue ich mich oft und was kann ich jetzt und hier Besonderes tun?

Jeder hat die Entscheidung selbst in der Hand – doch er muss sie treffen

Nach der Volksschule, vierte Klasse, ging es für mich in der Rosenheimer Straße ein Haus weiter in das Humanistische Gymnasium. Ich musste! Für meinen Großvater war völlig klar: »Der geht in dieses Gymnasium. Horst wird einmal ein hervorragender Chirurg, der hat das Zeug dazu.«

Meine Begeisterung für das Gymnasium hielt sich in Grenzen, und das hatte nicht nur einen handfesten Grund.

In Traunstein gab es ein Priesterseminar, und alle Seminaristen besuchten auch das Gymnasium. So waren von uns 35 Schülern 32 Priesterseminaristen. Es verblieben drei »weltliche« Schüler. Einer meiner Schülerkollegen kam aus Aschau im Chiemgau, der andere aus Fridolfing. Alle beide nahmen nach Schulende den Bus oder Zug nach Hause. Wir hatten also nur in der Schule Kontakt, nie außerhalb dieser Zeit. Die Seminaristen kamen »dressiert« in Reih und Glied zur Schule. Und genauso ging es nach Beendigung des Unterrichts zurück ins Priesterseminar. Dort lernten sie nach der Schule gemeinsam, und am nächsten Tag bestimmten sie schon allein durch ihr Vorwissen den Unterricht. Damit wurde die Gymnasialzeit recht einsam für mich, und dementsprechend fielen meine Leistungen ab. Im ersten Halbjahr glänzte ich mit einer Eins in Latein, im zweiten mit einer Zwei und im dritten gab es eine Drei – so ging es weiter. Mathe und Deutsch lagen mir sehr gut. Im dritten Jahr kam Altgriechisch statt Französisch hinzu. Englisch lernte ich damals noch nicht, es war kein Schulfach für das Humanistische Gymnasium.

Mein Großvater war ein großer, stattlicher Mann. Er hatte einen starken Willen, und er bestimmte praktisch alles in unserer Familie. So war es! Nicht einmal mein Vater hatte da viele Möglichkeiten. Er war schlau genug, sich nicht mit ihm anzulegen. Er hielt sich raus und erledigte seine eigenen Dinge. Ich glaube, niemand erkannte meine Unlust am Besuch des Gymnasiums. Es gab überhaupt keine Frage, ob ich das Gymnasium schaffen würde oder nicht. Es war klar, der schafft das. Ich selbst hatte auch keine Bedenken, nur Freude daran hatte ich nicht. Ich war allein und hatte niemanden, mit dem ich mich über den Unterricht und unsere Themen hätte unterhalten können. Dankbar war ich für meine Freunde in der Schrödlgasse, die immer da waren – wir waren eine eingeschworene Gemeinschaft. Alle Schrödlgassler gingen in die Volksschule. Fast alle wollten Handwerker werden. So war ich eine Ausnahme und nahm als braver Sohn gelassen hin, was da kommen würde.

Der Inhaber des Gebäudekomplexes, zu dem die von meinen Eltern gepachtete Gastwirtschaft »Zum weißen Rössl« gehörte, gab seine Metzgerei auf und damit auch die Gastwirtschaft. Das gesamte Gebäude wurde an einen Investor verkauft, der darin eine Apotheke, Verkaufsräume und anderes errichtete. Von einer Brauerei kam sofort ein Angebot für eine neu gebaute Gastwirtschaft, ebenfalls in Traunstein. Dieses Angebot nah-

men meine Eltern an, und übergangslos wurde das »Schnepfenluck« eröffnet und entwickelte sich zu einer gut besuchten Ausflugswirtschaft.

War vorher der Weg zur Gastwirtschaft nur etwa 500 Meter, so waren es nun drei Kilometer bis an den Rand in einem Neubauviertel. Dort fand ich schnell Freunde, die ebenfalls ins Gymnasium gingen, zwei Jahrgangsstufen über mir. Elvis Presley und Bill Haley mit »Rock around the clock« begeisterten uns täglich. Die tragbaren Radiorecorder begannen den Markt zu erobern. Meine Freunde in der Schaumburgerstraße vermisste ich sehr, wir sahen uns nun immer seltener.

Im Januar 1951 starb mein Großvater plötzlich und unerwartet an einem Gehirnschlag. Das traf uns alle sehr hart. Etwas Sonderbares passierte an diesem Tag. Die Uhr blieb genau zu seinem Todeszeitpunkt um 19.13 Uhr stehen. Wir bemerkten das erst am nächsten Morgen. Außerdem stand im Regal in fast zwei Metern Höhe der Stil eines Sektkelches, und auf dem Betonestrich lag das Oberteil des Sektkelches, unzerbrochen. Das beschäftigte uns sehr. Nur die Hektik und Betriebsamkeit zur Vorbereitung der Beerdigung ließen diese beiden sonderbaren Vorkommnisse in den Hintergrund treten.

Das Leben ging weiter, es musste. Ich nutzte die Situation aus, um meine Schulverhältnisse in meinem Sinne zu ordnen. Es war klar, meine Eltern würden nicht genügend Geld haben, um mir ein umfangreiches Studium zu finanzieren. Das, was sich mein Großvater gewünscht hatte, konnte gar nicht möglich werden. Ich war jetzt 15 Jahre alt und wollte so schnell wie möglich selbstständig sein. Ich wollte für mich Geld verdienen und erfolgreich werden. Mein Ziel war klar. Als Erstes wollte ich in eine Schule, die mir liegen würde. Der kaufmännische Bereich war das, was ich wollte. Ich informierte mich in meiner freien Zeit. Zwei Jahre »Kaufmännische Handelsschule Dr. Kalscheuer« sind genau das Richtige, dachte ich. Bei der ersten Gelegenheit sprach ich im Sekretariat der Schule vor. Meine Bewerbung wurde akzeptiert, auch von meinen Eltern, die das Schulgeld für mich bezahlten – wofür ich ihnen heute noch dankbar bin.

Das neue Schuljahr in der Handelsschule begann ich mit Begeisterung. Die Integration war einfach, und schnell freundete ich mich mit meinen Mitschülerinnen und Mitschülern an. Wir hatten viel Spaß und lernten viel. Es war so, wie ich mir Schule vorstellte. Eine glasharte, korrekte Klassenleiterin mit weißen Haaren, Frau Weinreich, hielt strenges Regiment. Respekt war großgeschrieben. Ich war nicht der

Bravste, aber Frau Weinreich mochte mich. Zweimal drohte mir der Rauswurf wegen meiner Streiche. Doch das verhinderte die strenge und akkurate Lehrerin. Vielleicht war ich gerade wegen meiner ständigen Späße so glücklich während dieser Schulzeit und auch bei allen im Großen und Ganzen beliebt.

Die Handelsschule schloss ich mit einem Notendurchschnitt von 1,8 ab. Ich hatte achtmal eine Zwei und viermal eine Eins. Kurz vor Ende des Schuljahres wollten mich Schulfreunde überreden, doch noch um ein Jahr zu verlängern, um später in den gehobenen Beamtendienst zu wechseln. Da würde ich dann gleich recht gut verdienen. Doch etwas kam dazwischen.

Wir haben ständig Wahlmöglichkeiten, haben Entscheidungen zu treffen – entweder tun wir das oder wir lassen das. Dann brauchen wir uns aber nicht zu beschweren, dass uns das Leben dahin treibt, wohin wir gar nicht wollen.

Alles, was wir tun, ist das Ergebnis unserer Entscheidungen – entweder positiv oder negativ.

Handeln und Herausforderungen

Für die Erfindung des Rades brauchten die Menschen Ewigkeiten. Unbegreiflich! Im Laufe der Jahrtausende hat der Mensch es geschafft, ein umfassendes und breites Grundwissen anzusammeln. Ideen, Erfindungen und Weiterentwicklungen prägen unseren Alltag. Wir haben also viel zu tun, viel zu erfinden, mehr als jemals zuvor. An jeder Ecke wartet etwas, das verbessert, erneuert oder völlig verändert werden kann. Neue Technologien fordern uns heraus. Wir sollten sie sehen, suchen und aufmerksam sein. Wir sollten uns auf ein anderes Denken konzentrieren.

Ich konnte und durfte Dinge und Systeme entwickeln, von denen fast alle gesagt haben: »Unmöglich, Unsinn, vergiss es!« Mein erstes Buch habe ich mit folgenden Worten begonnen:

»Niemals wären mir so viele Erfindungen und Innovationen möglich gewesen, hätte ich auf alle Kommentare gehört. Ich bin dankbar für die Begeisterung, die mir gegeben wurde – nur so waren die Widerstände zu überwinden.«

In den Anfängen meines Berufslebens habe ich oft Kreativitätsseminare besucht. Wir lernten, bestimmte Aufgaben und deren Lösung im Brainstorming oder mit anderen Betrachtungsweisen zu finden. Wir lernten, Ideen ohne Widerspruch aufzuschreiben und anschließend zu untersuchen und eventuell daraus eine außergewöhnliche Idee zu verwirklichen. Kreativität wurde im Laufe der Zeit ein Teil meines Ichs. Jedes Jahr besuchte ich ein oder auch zwei Trainings – ohne Training keine Leistungssteigerung.

Wichtig ist es, den Mut zur Kreativität zu suchen und dann auch zu haben, sich zu trauen, anders zu denken als alle anderen, den Mut zu haben, eine Aufgabe von mehreren, von anderen Seiten zu sehen, den Mut zu haben, an sich selbst zu glauben und daran, wie gut wir selbst wirklich sind. Wenn wir an uns selbst glauben, werden wir auch einmal etwas tun, was uns über andere hinaushebt. Die Idee kommt so sicher wie das Amen im Gebet. Und wenn diese Idee dann da ist, wird sie meist von einem missgünstigen Umfeld vernichtet. Daher gehört auch Mut dazu, eine Idee zu vertreten, an sie zu glauben, für sie zu »brennen« und sich intensiv mit ihr zu beschäftigen. Nur mit einer einzigen. Und nicht mit so vielen anderen.

Für eine eigene, felsenfeste Idee begeistern wir uns bis zur Selbstaufgabe. Andere zu fragen, ob unsere Idee wohl möglich wäre, ist hirnrissig. Die Antwort wird nie richtig sein. Entweder hat er diese Idee selbst oder er findet zu großen Gefallen daran oder er wird, wie fast immer, diese Idee niemals verstehen und wird sie niedermachen, kleinreden. Klar. Die eigene Idee ist wichtig, sie entsteht in einem selbst, sie wächst, und nur das Unterbewusstsein kennt die Entstehung. Niemand anderer weiß es. Vertrauen zu sich selbst ist angesagt. Zweifel sind nicht erlaubt, sie sind verboten. Der Weg ist vorbestimmt, also ist er auch zu gehen.

Unsere Zeit mit neuen Ideen werden wir einmal Aufbruch nennen. Es ist die Zeit für Ideen, für Gedanken zum Beschreiten neuer Wege. Es ist die Zeit für Neu- und Andersdenker. Die Ideen wachsen, sie entstehen einfach von allein. Sie sind geboren aus der Notwendigkeit. Jetzt sollten wir handeln. Jetzt sollten wir uns bücken, um aufzuheben, was aufzuheben ist, um zu verändern, was zu verändern ist. Jetzt sollten wir das tun, wofür wir da sind. Lassen wir unseren Ideen freien Lauf – es geht! Lasst es uns wagen!

Wir tun, was getan werden soll. Wenn wir wollen, dann wollen wir, und wir tun es aus unserem Innersten heraus, mit unserem Herzblut. Wir wollen es einfach so. Und dann tun wir es. Es wird so sein.

Auf den Erfolg zu warten, ist wie die berühmte Sache mit dem Ofen, der uns Wärme geben soll. Gib mir Wärme, dann bekommst du Holz. Ohne Input geht gar nichts. Unsere Aufgabe ist es, etwas dafür zu tun, nicht nur, damit es uns gut geht. Nein, es ist gut für unsere Initiative und Begeisterung, einfach für unser Leben. Nicht erfolglos auf den Erfolg warten, so geht das nicht. Es ist ganz anders: Der Erfolg wartet auf uns, wir müssen nur etwas dafür tun, mit Schweiß auf der Stirn, wenn wir auf den Berggipfel wollen, mit Aufmerksamkeit und Achtsamkeit, wenn wir Harmonie wollen, mit unserem Besten, wenn wir weiterkommen wollen. Wie das Holz im Ofen sollten wir unser Flämmchen entzünden und zu großartiger Begeisterung entfachen. Du sagst, du hast kein Holz? Dann such es – bei Gott.

Mein Freund Norman sagt: Der Erfolg im Leben besteht aus drei Buchstaben: Tun.

Der Pillenknick

Plötzlich und unvorbereitet traf uns 1976 der Pillenknick. Die Antibabypille war Jahre zuvor erfunden worden, und das wirkte sich jetzt verheerend aus – es wurden viel weniger Kinder geboren. Der Bau der ASB-Kindergärten wurde von der Erzdiözese sofort abgebrochen – der Umsatz in unserem Hause fiel von 28 auf sechs Millionen DM, und von 80 Mitarbeitern musste ich mich in den Jahren 1976 und 1977 auf gutem Wege trennen. Meine Firma hatte vor dem Pillenknick 120 Mitarbeiter beschäftigt, und ich denke heute noch mit Dankbarkeit daran, dass es gelang, ohne Streit und ohne Prozesse die Mitarbeiterzahl so drastisch zu reduzieren. Für mich schien es wie Hilfe »von oben«. Meine Mitarbeiter erkannten selbst, dass die Firma in einer höchst schwierigen Lage war, in einer Lage, die keiner von uns verschuldet hatte.

Ein paar Bauten mit dem ASB-System hielten uns noch einigermaßen über Wasser. Die Erzdiözese half uns mit Renovierungsaufträgen für Kindergärten, und damit waren auch unsere Monteure beschäftigt – doch das war bei Weitem nicht ausreichend für den Fortbestand der Firma.

Ich erkannte nun, dass ich einen Fehler gemacht hatte. Einen groben Fehler in meiner Vorausplanung. Die Umsätze mit der Erzdiözese mit über 70 Kindergärten und zehn Pfarrheimen ließen mich in einer angenehmen Komfortzone verharren. Die verpflichtende Realität eines Unternehmers hatte ich vergessen. Es ging alles zu leicht und zu einfach. Und jetzt merkte ich: Wir waren nicht mehr konkurrenzfähig. Der Markt hatte sich weiterentwickelt, hatte sich verändert. Die Bauweise hatte sich gewandelt. Die Konkurrenten im Kindergartenbau hatten die Zeit genutzt und nicht vergessen, welch großes Umsatzvolumen ich ihnen weggenommen hatte. Außerdem traten die neuen Brandschutzbestimmungen in Kraft, und den Anforderungen der Brandschutzklasse F 30 konnte Aluminium nicht gerecht werden. Bei mehrgeschossigen Bauten musste die Konstruktion nun mindestens 30 Minuten dem Feuer standhalten – Aluminium konnte das nicht. Wieder einmal war es vorbei, wieder einmal musste ich mir etwas Neues einfallen lassen. Wir würden ab sofort wieder ein Produkt benötigen, das eine besondere Nische abdeckte.

Ich hatte einmal gelesen: »Du musst immer wieder Fehler machen, sonst lernst du nichts.« Oder anders: »Aus Fehlern wird man klug.« Also sagte ich mir, diese Schmerzen, die einzelnen Schicksale meiner Leute, die vielen schlaflosen Nächte, die Gespräche mit den Banken dürfen nicht umsonst gewesen sein. Welche Wege würde es geben? Was hätte ich zu lernen? Woran müsste ich denken? Jetzt lag es nur an mir. Ich würde einen Weg aus dieser Krise finden. Der Weg, den ich bisher gegangen war, war zu Ende. Ich hatte das Gefühl, gescheitert, erledigt zu sein. Aber nein: Bis hierher war ich sehr erfolgreich gewesen, ich kannte also den Weg bis zu diesem Punkt. Ich erkannte, dass ich diese Basis nutzen könnte. Das war die Basis, das war das Fundament für unseren Neuaufbau. Wir hatten immer noch ein paar Projekte, noch hatten wir zu tun.

Wenn ich es genau analysierte, stellte ich ganz klar fest – es war alles weg. Entschlossen wandte ich mich der Zukunft zu, nahm symbolisch einen Schlüssel in die Hand und sperrte die Tür in die Vergangenheit unwiederbringlich ab.

Ich würde einen Weg finden.

Nigeria-Eintopf für die Presse

Mit Eifer suchten wir nach neuen Wegen, um unsere Umsätze anzukurbeln. Unsere Techniker überraschten mit einer sehr guten Idee. Ein Haus, ein Tropenhaus, sollte für tropische Verhältnisse geplant werden, mit folgenden Voraussetzungen: Größe ca. 100 Quadratmeter, alle Bauteile wie Konstruktion, Wände, Dach und Fensterelemente weitgehend aus Aluminium. Küche, Bad und WC sollten ein großer Block werden, der fix und fertig eingebaut würde. Die Bauteile sollten so leicht sein, dass sie ohne Kran, also per Hand, montiert werden konnten. Dabei sollten Unwegbarkeiten in unbekanntem Gelände beachtet oder berücksichtigt werden. Die wesentliche Idee und Voraussetzung für die Planung waren: Das Tropenhaus musste in einem Tag an fast allen Stellen der Welt aufzubauen sein. Die einzige Bedingung dafür war, dass der Kunde uns eine ebene Betonbodenplatte zur Verfügung stellen sollte. Das Okay für die Planung hatte ich gegeben. Unsere Ideen häuften sich, sie wurden geprüft und waren für die damalige Zeit fantastisch. Ein tolles Haus entstand auf dem Papier. Nun fehlte nur noch die Praxis.

Damit dieses Haus besonders gut gezeigt werden konnte, mieteten wir in Traunreut eine Lagerhalle im nahegelegenen ehemaligen Herstellungszentrum für das früher berühmte Kleinauto »Spatz« an. Harald Friedrich, Geschäftsführer der Alzmetall Altenmarkt, hatte damals die Lizenz zum Bau dieses Fahrzeugs. Der »Spatz« war ein verrücktes Auto mit einer aus Glasfasern geformten Karosserie, verstärkt mit Polyesterharz. Das Auto war ein Roadster, ohne Türen, und bot auf der Sitzbank vorne Platz für drei Personen. Schon damals gab es ein Faltverdeck aus Stoff oder ein Hardtop mit Flügeltüren. Seit 1958 standen die Hallen wegen Verlegung der Produktion leer. Dort würden wir nun das neu entwickelte Tropenhaus präsentieren.

Das Tropenhaus für die Presse stellten wir in dieser Halle auf. In diesem Haus hatten wir alles berücksichtigt, was für das Wohnen notwendig war, mit der gesamten Einrichtung. Es hatte ein Flachdach, war ganz aus Aluminium, und die Nasszelle (mit Dusche, WC und Küche auf der Rückseite) war als Element aus einem Stück gegossen. Nur drei Tage benötigten unsere Monteure für das Wunderstück, dann glänzte das Tropenhaus schillernd in der Halle. Die geladenen Pressevertreter konnten kommen.

Zur Präsentation erschien nicht nur die regionale, sondern auch die überregionale Presse. Gelockt hatten wir die Journalisten nicht nur mit gut gestalteten Flyern und Prospekten. Wir hatten uns etwas Besonderes ausgedacht und montierten einen großen, runden Kessel an Ketten und hängten ihn von der Decke ab. Darunter entzündeten wir ein sicheres Feuer. In diesem Kessel wurde ein nigerianischer Eintopf gekocht und serviert. Wir reichten den dampfenden Eintopf unseren Gästen mit passenden Getränken zur Auswahl. Es wurde ein besonderes Ereignis. Eine ausgezeichnete Presse für unser Tropenhaus war die Folge.

Das Tropenhaus hatten wir schon vor dem Aufbau in der Halle nach Nigeria verkauft und nach der Presse-Information abgebaut. Von unserem Bürofenster konnten wir sehen, wie gegenüber unser Tropenhaus, in einem 20-Fuß-Container, auf Schienen der Bundesbahn die Stadt Traunreut in Richtung Afrika verließ.

Das Aluminiumhaus wurde ein großartiger Erfolg. Wieder hatte keiner auf uns gewettet, für viele war dieses Projekt eine Marotte gewesen. Nach dem ersten Haus wurden in Nigeria weitere 33 Tropenhäuser in Auftrag gegeben. Einen weiteren Großauftrag mit 44 Wohnhäusern für Beschäftigte einer späteren Großbaustelle erhielten wir in Abu Dhabi. Weit draußen in der endlosen, weiten Wüste schraubten unsere Monteure die Aluminiumbauteile zusammen und befestigten unsere mobilen Einheiten auf 44 Bodenplatten aus dickem Beton.

Die Sonne brannte erbarmungslos auf die schwitzenden Monteure. Wegen der aufgeheizten Aluminiumteile arbeiteten sie mit Handschuhen. Das Projekt war der Beginn eines neuen Stadtteils, und unsere Häuser boten in der Bauphase eine Unterbringungsmöglichkeit für die leitenden Bauingenieure. Über die Gerüste aus Ölfässern und Brettern staunen wir heute noch, wenn wir die Bilder sehen. Es war einfach nichts Besseres vorhanden. Unsere Monteure leisteten Großartiges. In den mitgelieferten Containern richteten sie sich wohnlich ein und bauten nach und nach die Häuser auf. Wieder musste alles Notwendige und auch das nicht Notwendige im Firmenlager vorher festgelegt und mitgeliefert werden. Die gesamte Mannschaft leistete Unmögliches.

Trotz aller Unkenrufe der »Gehtnichtsager« wurden die Tropenhäuser in der geplanten Zeit erstellt und einwandfrei abgenommen. Die Leistungen unserer Monteure förderten unser internationales Image und auch unseren Bekanntheitsgrad am Markt. Wir wurden erfolgreich, weil wir es gewagt hatten, anders als andere zu sein. Innovationen, Neuentwicklungen und Visionen führten uns auf Wege, die uns veränderten und uns immer mehr von unseren üblichen Wettbewerbern entfernten.

Das Tropenhaus war ein Lückenfüller, notwendig geworden durch den Rückgang unserer Aufträge wegen des Pillenknicks und der Brandschutzauflagen in Deutschland. Wir ließen uns eben etwas einfallen. Das zeigt uns: Die Not kann auch ein Antreiber sein. Die Grundidee für diese Schnellbauhäuser hatte ein Freund von mir aus der Nähe von Düsseldorf, und wir haben diese Idee sofort umgesetzt. Vielleicht hätten wir noch viel mehr als die 77 Tropenhäuser gebaut, wäre nicht eine neue Idee vielversprechender gewesen.

Entscheide dich, sofort etwas zu unternehmen – auch wenn es eine Kleinigkeit ist (es könnte etwas ganz Großes daraus werden).

Lösungssuche im Schneesturm

In der Nähe des Ammersees in Unteralting hatten wir einen zweigeschossigen Kindergarten gebaut. Die Kindergartenleiterin wollte im Haus einige kleine Veränderungen vornehmen. Deshalb hatte ich sie besucht. Sie war eine junge, liebenswerte und sehr aufgeweckte Frau, hatte viele Ideen und suchte meinen Rat. Beschwingt stieg ich in mein Auto, die Unterhaltung mit ihr war motivierend gewesen und hatte mich für die zukünftigen Aufgaben positiv nachdenklich gemacht. Auf dem Rückweg begann es leicht zu schneien. Ganz in Gedanken ließ ich mich vom Verkehr treiben und merkte gar nicht, wie es langsamer und langsamer wurde. Stillstand – mehrere Verkehrspolizisten winkten mit ihren roten Stopptafeln und leiteten den Verkehr über einen etwas erhöhten Parkplatz um. Unfall – Stau – und schon stand ich zwischen Hunderten anderer Autos auf einem Parkplatz – nichts ging mehr. Immer noch in Gedanken wanderte die Zeit an mir vorüber, Nacht und Finsternis um mich herum. Die anderen Fahrer hatten ihre Lichter schon abgedreht. Ich sollte das auch tun.

Ich lehnte mich in meinem Sitz zurück, entspannte mich und verfolgte die schillernden Schneeflocken. Meine Gedanken kreisten um meine Mitarbeiter. Ich wusste, durch den Pillenknick würden wir kaum noch Aufträge bekommen. Meine Familie wäre wahrscheinlich fürchterlich enttäuscht von mir, auch unsere beiden Kinder. Holger war jetzt elf und Sandra fünf Jahre alt. Sie waren einen fröhlichen, positiven und unternehmungslustigen Papa gewohnt. Jetzt begann ich hier traurigen Gedanken nachzuhängen, geißelte mich selbst in Gedanken und wurde höchst unzufrieden mit mir selbst. Warum hatte ich mir keine Ersatzstrategie zurechtgelegt, warum war ich so leichtsinnig gewesen? War es Bequemlichkeit, purer Leichtsinn oder die übliche, sich immer langsam einschleichende Komfortzone? Warum war ich so untätig geblieben?

Die Herausforderung war jetzt da. Die Unterhaltung mit der Kindergärtnerin ging mir durch den Kopf. Diese Veränderung konnte auch Positives mit sich bringen, ich sollte sie annehmen und die Gelegenheit nutzen, Neues anzugehen. Doch das sagte sich so leicht. Die Frage »Aber wie?« stand im Raum. Mir ging es schlecht, wirklich schlecht. Ich sollte etwas tun. Doch jetzt hing ich hier erst einmal im Schneetreiben fest. Da war eine Idee und da die andere, ich verwarf alles wieder und drehte mich im Kreis, es war endlos, ja sinnlos. Endlich entstand Bewegung, einige Autos vor mir fuhren an. Der Zündschlüssel drehte sich leicht, und der Motor sprang an – es ging wieder nach Hause, mitten in der Nacht.

Am nächsten Tag suchte ich mir ein paar ruhige Minuten, es wurden Stunden. Ich zog mich zurück und nahm mich heraus aus dem täglichen Getriebe. In solchen Momenten suchte ich manchmal die Stille des Waldes, manchmal das Rauschen des Chiemsees auf meinem Boot oder ich lag auf dem Rücken in der Nacht im Bett hellwach, und dann bat ich um Hilfe von oben, immer wieder. Ich suchte mich selbst. Helfen konnte mir hier keiner, ich fühlte mich sehr verlassen. In diesen Stunden war ich allein. Ich kämpfte fortan um jeden Auftrag. Doch eine weitreichende Entscheidung stand an.

Geduld und Eingebung sind das, was wir brauchen – beides wird uns finden, wenn wir aufmerksam sind.

Mut

Wenn alles, aber auch alles verloren ist, wenn es keine Hoffnung mehr gibt und wenn uns das Leid rundherum niederwirft, wenn wir nur noch sehen, was Schlimmes auf uns zukommen könnte, wenn wir lediglich das wahrnehmen, was nicht passt – dann kann Mut zu einer unerkannten Größe anwachsen. Und wir brauchen Mut.

Mut ist nicht nur ein Wort. Mut ist mehr, als nur einmal die Stärke zu zeigen, die in uns stecken würde, oder nur einmal, ein einziges Mal, zu glänzen. Mut ist tatsächlich in allen von uns vorhanden. Mut lebt aus den Erfahrungen der vergangenen Zeit. Wer wirklich Mut hat, zeigt das unbewusst jeden Tag, jede Stunde, immer wieder, er strahlt es aus.

Mut heißt nicht, sinnlos Stärke und Tollkühnheit zu zeigen. Wer Mut hat, wird in schwierigen Situationen Vorsicht walten lassen, Vorsorge treffen, gesunden Argwohn haben, Besorgnis und Misstrauen. Dieses Vorgehen verhindert von vornherein das Entstehen von Angst. Wer Mut hat, vermeidet Angst.

Angst lähmt. Sie verunsichert und verhindert Aktionen. Jeder Ansatz für Mut stirbt mit der Angst. Angst ist der hinterlistigste Feind des Menschen und seiner Fähigkeiten. Angst ist die Unterdrückung des Menschen, daher muss er sie auf jeden Fall meiden. Angst ist oft die Waffe von Herrschern, Machthabern und Peinigern.

Sicherheit, Furchtlosigkeit, Wagemut, Draufgängertum und damit Mut werden nur entstehen durch langfristige Arbeit an sich selbst, durch echtes Vertrauen zum eigenen Ich, zum Umfeld, zur Umwelt. Mut ist absolute Selbstsicherheit, Liebe zu sich selbst und Liebe zu den Mitmenschen. Mut zu erlernen, ist Arbeit an sich selbst.

Mut bedeutet, das Leben so zu leben, wie wir uns das vorstellen. Es gehört Mut dazu, sich anders zu entscheiden als andere, als die meisten. Mut bedeutet auch, Dinge zu tun, bei denen wir scheitern könnten. Mut bedeutet, Vertrauen in seine eigene Intuition, in seine Entscheidungen zu haben. Mut bedeutet, etwas zu versuchen, was erfolgversprechend sein könnte, aber es nicht unbedingt sein muss (um später von den Ewiggleichen zu hören: »Ich habe es ja gleich gesagt …«). Mut bedeutet, eine eigene Meinung zu haben und nicht die der anderen.

Mut bedeutet, selbstständige Entscheidungen zu treffen – nicht wegen der anderen oder weil es der Mainstream so will. Mut bedeutet, Ideen zu verwirklichen, die noch keiner hatte, Wege zu gehen, die noch nicht ausgetreten sind.

Wir sollten den Mut haben, alles für unsere Familie zu tun, offen vor anderen seine Familie zu bewundern, sofort jede Kritik an Teilen der Familie oder an Freunden zu unterbinden. Mut bedeutet, zu seinen Freunden zu stehen. Mut bedeutet, sich Ziele zu setzen und sie dann auch in einzelnen Schritten zu verwirklichen. Mut bedeutet, einfach Dinge zu leben, die bisher keiner erleben konnte, und Mut bedeutet, anders zu sein. Vielleicht konservativ, vielleicht progressiv, vielleicht visionär?

Das alles bedeutet Mut, und das bedeutet absolute Freiheit.

Mut ist angstfrei.
Und Mut ist vielleicht auch der Trampelpfad zum Erfolg.
Es gibt immer einen Weg.

Lehrzeit

Ohne über die erste Treppenstufe zu steigen, wirst du nie oben ankommen.

Die Zeugnisverteilung in der Handelsschule am letzten Tag unseres Schuljahres war ein Highlight. Wir waren in Hochstimmung und verabredeten uns zu einer Abschiedsfeier im Parkcafé in Traunstein. Mein Weg führte mich noch einmal in das Sekretariat, ich verabschiedete mich von Frau Weinreich und den anderen Lehrkräften nur kurz, ich würde ja in sechs Wochen wiederkommen. Schon machte ich mich auf den Weg zu den anderen. Statt rechts aus der Sekretariatstüre ging ich nach links. Da blieb mein Blick an einem Schreiben am Schwarzen Brett hängen. Ein Ferienjob wurde angeboten. Sofort ging ich zurück ins Sekretariat, wo ich gleich die angegebene Nummer anrufen durfte.

Mein Anruf war erfolgreich. Sekretariatsarbeit, Schreibmaschine schreiben und einiges mehr für vier Wochen, das war's. Ich bekam den Ferienjob. Schon am folgenden Montag fuhr ich mit dem Fahrrad in die Talmühle nach Traunwalchen. Ich war motiviert und freute mich auf jeden Tag. Eine uralte Schreibmaschine mit verklebten Tasten war mein erstes Arbeitsgerät. Meine Arbeit bereitete mir Freude, ich schrieb Briefe, lernte Schecks und Wechsel auszustellen, machte Botengänge zur Post und zur Bank. Jetzt schon begann ich meine Arbeit anders zu gestalten. Meinen Briefen gab ich durch eine andere Aufteilung eine besondere Note, meine Telefonate waren höflich und meine Journalbögen korrekt ausgerechnet. Die Mitarbeiter lernte ich in der Kantine beim Mittagessen näher kennen. Bekocht wurden wir von der Seniorchefin persönlich.

Schon nach einer Woche nahm mich mein Chef, Herr Ramsauer, zur Seite und bot mir an, doch bei ihm die kaufmännische Lehre zu machen. Denn meine Kenntnisse in Steno und Schreibmaschine waren sehr gut. In beiden Fächern hatte ich mit einer glatten Eins abgeschnitten. Die alte schwarze Schreibmaschine war eine richtige Hackmaschine – ich musste die Anschläge immer wieder von den Resten des Farbbandes befreien. Die Buchstaben a, e, s und b waren die meistbenutzten und füllten sich schnell. Schon in der ersten Woche lernte ich auf Wachsmatrizen zu schreiben und die Texte zu vervielfältigen. Das war nicht so einfach, die Wachsmatrizen waren sehr leicht verletzbar. Die zu druckenden Stellen wurden sozusagen durch die Schreibmaschine ausgestanzt und ließen die Farbe beim Kopieren auf das zu bedruckende Blatt durch. Mit etwas Übung lernte ich dann auch kleine Zeichnungen auf dem Wachs einzuritzen und auf das zu bedruckende Papier zu übertragen. Hierfür wurde das Papier auf eine Trommel gespannt und diese mit der Hand gedreht, was mitunter zu unleserlichen und verschmierten Ergebnissen führte. Zudem war die Anzahl der Abzüge durch die Qualität der Wachsmatrizen begrenzt. Diese Technik hatte ich vorher nicht gekannt und das Ganze auch noch nie gemacht. Aber alles ist lernbar.

Herr Ramsauer war mit mir zufrieden, und ich würde sehr gut in das kleine Büro passen. Vor allem wäre meine Arbeit eine sehr gute Ergänzung zu dem schon seit langer Zeit beschäftigten und auch überlasteten Buchhalter. Mein Aufgabenbereich gefiel mir, aber ich wollte ja noch ein Jahr weiter in die Schule gehen, um gleich danach in den gehobenen Dienst übernommen zu werden.

Es zählt nicht nur der Moment, sondern die Einstellung und der Wille, immer das Beste zu geben. Nach drei Wochen bat mich mein Chef wieder zu einem Gespräch. Dieses Mal setzten wir uns in sein Wohnzimmer. Ich erzählte ihm, warum ich nicht bleiben wollte: Bei der Bundes-

post oder Bundesbahn würde ich nächstes Jahr in der gehobenen Beamtenlaufbahn 200 DM im Monat verdienen. Das sei dringend notwendig, weil ich Geld verdienen müsse. Herr Ramsauer meinte zu mir: »Zum Beamten bist du nicht geeignet, da wirst du nur alt, egal wie gut du bist. Mit zunehmendem Alter wirst du dann auch einmal befördert, das passt doch gar nicht zu dir.« Wir unterhielten uns noch länger, und nun dachte ich sehr intensiv nach. Mein Chef merkte das, er sah meine aufkommenden Zweifel an meinem geplanten Vorhaben. Und dann überraschte er mich: »Du hast uns gezeigt, was du kannst und wie du dich einbringst. Wenn du dich entscheidest, kannst du bei mir jetzt schon 200 DM im Monat verdienen.«

Das war Wahnsinn. Der Lohn für Lehrlinge lag damals bei 20 DM, und ein Arbeiter verdiente in der Stunde 99 Pfennige. Ich traf die Entscheidung, die mein Leben ab dieser Sekunde veränderte. Ich sagte zu, nahm das großartige Angebot an und begann meine Lehre als Industriekaufmann, außerdem noch eine Lehre als Müller und als Holzfachmann. Finanzamt und AOK riefen an, ob sich die Buchhaltung nicht um eine Null vertan hätte. Ich war mit meiner Entscheidung mehr als glücklich und fuhr mit Schwung jeden Tag mit dem Fahrrad die zehn Kilometer von Traunstein nach Traunwalchen. Bei schlechtem Wetter, oder später im Winter, fuhr ich mit der Bahn.

Ich begann also meine Lehre mit drei Berufen. In die Berufsschule musste ich nicht gehen, trotzdem schloss ich die Kaufmannsgehilfenprüfung erfolgreich ab. Für die anderen Berufe beantragte ich aus Zeitgründen keine Prüfung. Ich hatte in der Zwischenzeit schon vieles erreicht, war nicht nur Müller, sondern erfolgreicher Verkäufer und Assistent des Chefs. Ich beantragte den Führerschein Klasse 1 und 2, also für alle Klassen, da ich auch mit dem Lastwagen Mehl und Futtermittel lieferte. Die Zeit war voller Chancen, ich nutzte sie sinnvoll und wirklich effektiv.

Meine tollsten Erlebnisse hatten mit meinem erlernten Beruf nichts, aber auch gar nichts zu tun. Wenn Not am Mann war, und im Winter war das immer, mussten alle ran. Es war eisig kalt, und da waren wir gefordert, Nachtschicht war angesagt. Der Mühlbach, Energiespender für Elektrizitätswerk, Mühle und Sägewerk, drohte überzulaufen. Kurz vor der Mühle war eine Sicherheitsmauer eingebaut, die bei zu hohem Wasserstand das überschüssige Wasser ableitete. Bei bis zu dreißig Grad minus in der Nacht bildete sich im fließenden Wasser unter der Oberfläche Grundeis, zäh wie Fäden, das sich wie eine dickflüssige Masse an den Stäben des Rechens vor den Turbinen anlegte. Dieser Rechen diente dazu, größere Teile aufzuhalten, um die Turbinen zu schonen. Das Eis an den Stäben behinderte nun den Durchfluss des Wassers. Wir waren mit langen, eisenbesetzten Stangen schwer damit beschäftigt, die Vereisung zu lösen. Rauf und runter. Es war so kalt, dass die Schweißtropfen an meiner Stirn kleine, dünne Eisplatten bildeten.

Wenn ich nicht die ganze Nacht durchschaben musste, konnte ich auch früher aufstehen. Für mich das Beste, was mir passieren konnte. Denn dann durfte ich mit dem Unimog und dem davor angebrachten Schneepflug weit hinaus in das Land fahren und die Feldwege freischieben. Jubelnd jagte ich den grünen Unimog über die durch die Schneestangen noch sichtbare Strecke. Der Schnee flog und staubte weit in die Luft. Die Bauern und Häusler sahen mich schon von Weitem und lachten über den verrückten, quirligen Jungen. So viel konnte ich gar nicht essen und trinken, wie ich von vielen in die Hand gedrückt bekam. Es ging mir außerordentlich gut. Verdienst und Trinkgelder füllten meine Kasse. Meiner Schwester konnte ich zu Weihnachten ein Fahrrad für 300 DM schenken – meine Mutter schlug die Hände über dem Kopf zusammen. Das konnten wir uns bisher nicht leisten.

Schwer wurde vom Frühjahr bis zum Herbst auf den Feldern gearbeitet. Bei den Bauern im Umkreis herrschte 1958 Hochbetrieb, dank der großen und überaus ertragreichen Ernte. Der goldene Weizen war trotz des Regens wunderschön, der Roggen bedurfte wieder einmal einiger Feuchtigkeitsprüfungen. Die Landwirte lieferten in der Talmühle große Wagenladungen Getreide an – die Prüfungen mochten sie ganz und gar nicht. Es wurde heftig diskutiert, auch gestritten, man ging aber immer im Guten auseinander. Trotz des fantastischen Weizens in diesem Jahr kauften wir Manitoba-Weizen aus Kanada zu. Manitoba-Weizen hatte höheren Klebergehalt und war beste Wahl für ein supergutes glutenreiches Mehl.

Für mich eine tolle Sache – ich durfte die richtige Sorte Weizen aus den USA in bester Qualität aussuchen, ganze Bahnwaggonladungen bestellen, Frachtbriefe ausstellen und einen echten Wechsel mit mehr als 40.000 DM ausfüllen und für die Unterschrift fertigmachen. Einen Wechsel gab es nicht so oft, doch für solche Geschäfte über die Seehäfen Hamburg oder Bremen war er damals das ideale Zahlungsmittel. Es war ein offizielles Zahlungsversprechen, das eingelöst wurde, wenn die Ware zur Verfügung stand. Bis die drei erforderlichen Exemplare unterzeichnet waren und der Wechsel giriert war, dauerte es immer ein wenig – es musste am Ende ja alles stimmen.

Der Manitoba-Weizen hatte es in sich – kleine Körner, aber ordentlich Kleber unter der Kleie. Das Mehl aus Manitoba vermischte sich mit dem Wasser richtig intensiv – an ein Kneten mit den Händen war nicht mehr zu denken. Also veredelten wir unser Mehl mit zehn bis 15 Prozent Manitoba, und schon war es das Beste, was wir den Hausfrauen bieten konnten. Natürlich lieferten wir auch für den Handel. Die Lastwagenfahrer waren gefordert, die Jutesäcke waren damals noch mit 100 Kilogramm Mehl gefüllt und mussten meist in die Bäckereien getragen werden, und zwar in den ersten Stock hoch. Von dort aus wurde das Mehl in verzinkten Blechrinnen in die Backstube geleitet. Endlich wurden die ersten 50-Kilogramm-Papiersäcke, weiß mit Talmühle-Logo und Bildchen, eingeführt. Für die Lastwagenfahrer wurde es leichter. Sie sollten ja auch das Mehl wie beim Bäcker Ilsanker in der Ramsau die schmale Treppe in den zweiten Stock hinauftragen. Der schwerste Mehlsack, den ich je trug, wog 135 Kilogramm. Wegen einer Wette schleppte ich diesen Sack quer auf dem Rücken geschultert über den Mühlenhof – ich denke, das war der Ursprung meiner Rückenschmerzen. Mein Chef sagte immer, ein Müller müsse mit einem 100-Kilogramm-Sack auf dem Rücken Walzer tanzen können. Mein »Tanzpartner« blieb dabei auf der Strecke – also nichts für mich.

Herr Ramsauer war ein sehr erfolgreicher Kaufmann und pflegte viele gute Verbindungen. Ich hatte das Gefühl, er fand sich nicht so leicht in der bayerischen Dorfgemeinschaft zurecht. Er war in vielen Gremien, und im Bayerischen Müllerbund in München spielte er eine führende Rolle. Seine Kinder kamen zur Welt, als ich meine Lehre begann. Sein Sohn Peter wurde später einmal Bau- und Verkehrsminister in Deutschland. seine Tochter Anneliese und ihr Mann gehören heute noch zu meinen besten Freunden. Die Zeit bei Herrn Ramsauer war entscheidend für meine Zukunft, für meinen Willen, mein Streben und vor allem für das Finden meiner eigenen Ziele. Er war und ist für mich mein Mentor, der Mann, der mich für die Zukunft geprägt hat. An manchem Samstagnachmittag holte mich Herr Ramsauer auf seinen Balkon im zweiten Stock. Von dort aus hatten wir einen wunderbaren Überblick über den Mühlenhof, das gegenüberliegende Kraftfutterwerk und in der Ferne auf die imposanten Berge der Alpen. In diesem Umfeld studierten und diskutierten wir über Oscar Schellbach (»Mein Erfolgssystem«), Frank Bettger

(»Lebe begeistert und gewinne«) und außerdem immer wieder über Dale Carnegie (»Wie man Freunde gewinnt«). Ich vermute, Herr Ramsauer mochte mich deswegen, weil ich mich in meinem Wesen und meinen Zielen von allen anderen unterschied. Er brauchte jemanden zum Reden, er brauchte jemanden, dem er sein Wissen weitergeben konnte und der ihn verstand. Er war ein Mann, der weit mehr wusste und konnte, als er den Menschen um sich herum zeigte. Für mich war es der Auftakt zu einem verständnisvollen und erfolgreichen Leben.

Einen Tag vor seinem Tod, ich hatte gerade mein Studium an der Werbefach-Akademie beendet und mich selbstständig gemacht, holte er mich per Anruf an sein Bett in einem Krankenhaus in Salzburg. Mein Mentor war gezeichnet von der Last der Krankheit und von der Verantwortung für seine Familie und seine Firma. Allein schon diese Situation traf mich schwer. Wir beide führten eine persönliche und tiefgehende Unterhaltung, wir redeten lange miteinander. Er wusste schon vorher, was ich ihm antworten würde. Die Antwort war für uns beide hart und auch deprimierend. Er hatte mich entscheidend, sogar für mein Leben, geprägt. Aber ich konnte seinen Betrieb nicht bis zum Einsatz seines Sohnes übernehmen. Sein Sohn Peter war erst acht Jahre alt. Meine Pläne mussten anders sein, sie waren so, wie ich es von ihm gelernt hatte. Und er wusste das selbstverständlich. Natürlich hatte er volles Verständnis, er wäre nicht Benjamin Ramsauer gewesen, hätte er das nicht gehabt. Er sagte nur noch mehrmals zum Abschied: »Es fehlt der Kopf – der Kopf fehlt.« Ich kann und werde das nie vergessen. Niemals. Zu schwer war zu diesem Zeitpunkt die auf mir liegende Last. Am nächsten Tag war mein Mentor, der große Benjamin Ramsauer, in eine andere Zeit gegangen.

Ich habe gelernt, wenn du wirklich gut bist, brauchst du nicht zu fordern, es kommt von allein.

Ab zur Bundeswehr

Völlig überraschend schneite ein Brief vom Kreiswehrersatzamt Traunstein herein – Musterungsbefehl. Damit hatte ich gar nicht gerechnet. Anfang Dezember 1958 stellte ich mich im Kreiswehrersatzamt, sinnigerweise neben dem Gefängnis in Traunstein, vor. Termin: 11.00 Uhr im ersten Stock. Das Vorzimmer war schon voll mit vielen weiteren, etwas unruhigen jungen Aspiranten. Alle tuschelten, wie sie denn nun um die Wehrpflicht herumkommen könnten. Ich würde sowieso ausgemustert werden – ich hatte minus 4,5 Dioptrien, also eine dicke Brille. Sollte ich aber doch genommen werden, würde es sicher auch eine Chance für etwas Besseres geben – Angst wie alle anderen hatte ich nicht. Ich hatte klare Vorstellungen. Die Bundeswehr war zu dieser Zeit etwas ganz Neues und vielleicht das Tor in eine andere Welt, in eine neue Zukunft.

Ich wurde aufgerufen, nach kurzem Gespräch untersucht, getestet und über alles Mögliche und Unmögliche befragt – das also war der »Barras«, wie mein Großvater zu dieser Soldatenwirtschaft, jetzt Bundeswehr, immer sagte. Bevor ich mein Musterungsergebnis erhielt, platzte ich heraus: »Wenn ich schon muss, dann erstens so schnell wie möglich, zweitens so weit weg wie möglich, und drittens unbedingt zur Luftwaffe.« Ein Blick des Chefs, erstaunt und überrascht. Ich hatte es gesagt, und so kam es dann auch. Meinen Einberufungsbefehl erhielt ich tatsächlich noch vor Weihnachten: 5. Januar 1959 nach Ahlhorn im Landkreis Oldenburg, Luftwaffengeschwader. Also: Sofort, weit weg und Luftwaffe – es hatte funktioniert.

Zugticket, Marschbefehl, und los ging es am 4. Januar über Nacht nach Ahlhorn, ein winziges Nest in der Heide. Sechs Wochen richtiger Drill und Nachtübungen bei minus 20 Grad im Schnee, hoch im Norden. Ich hatte, was ich wollte – Luftwaffengeschwader, »Jagdgeschwader 71 Richthofen« bei Oberst Erich Hartmann, dem erfolgreichsten Jagdflieger in der Geschichte des Luftkrieges mit 352 Abschüssen. Er war eine Legende und ein Rebell mit vielen, vielen Geschichten, die uns junge Männer damals begeisterten, auch wenn ich vom Grundsatz her jede Kriegshandlung ablehnte und ein Pazifist war und bin. Aber ich war eben auch ein junger Bursche, der den Mut dieses Menschen bewunderte. Es gab nie wieder einen Jagdflieger wie ihn. Er hatte über zehn Bruchlandungen und überlebte sie alle. Einmal wurde er von russischen Soldaten gefangen genommen und sollte auf dem Armeelastwagen der Russen zum nächsten Gefechtsstand gebracht werden. Er gab vor, stark verwundet zu sein, sprang von der Lastwagenpritsche und flüchtete in Richtung Westen. Nach langen Stunden erreichte er unerkannt die eigenen Linien. Wieder hatte er scheinbar Unmögliches geschafft.

Diese Geschichten erzählte man sich in Ahlhorn. Hartmann war für viele ein Held, auch wenn seine Taten aus einer Zeit stammten, für die wir uns schämen mussten. Aber nicht nur der Pilot Hartmann faszi-

nierte uns, auch sein Charakter. Zur Auszeichnung und Verleihung des absolut seltenen Flugzeugführerabzeichens in Gold mit Brillanten wurde er zu Adolf Hitler beordert. Im Vorzimmer wollte ihn die Ordonnanz mit den Wachen zwingen, seine Dienstpistole abzulegen – er weigerte sich mit diesen Worten: »Sagen Sie dem Führer, ich will die Brillanten nicht haben, wenn er kein Vertrauen zu seinen Frontoffizieren hat.« Er wurde mit seiner Waffe vorgelassen. Solche Geschichten beeindruckten damals junge Männer. Die Gräueltaten des Krieges, die sinnlosen Flüge, um Menschen zu töten, dass all die tapferen Soldaten Teil eines mörderischen Regimes waren, das verflüchtigte sich hinter der Romantik von heroischen Soldatengeschichten. Aber auch dahingehend wird man reifer und erwachsener. Alles braucht seine Zeit.

Ich war sechs Wochen in Ahlhorn und kam nur einmal mit eben jenem Oberst Hartmann in Kontakt. Ich war zur Wache eingeteilt und salutierte, als er kam – doch Major Hartmann war anders als alle, er begrüßte mich mit Handschlag. Ich war mehr als überrascht, denn das war absolut unüblich in der Bundeswehr. Meine Begeisterung für ihn hatte sich noch gesteigert.

Ich war nie ein guter Soldat – ein Mitläufer eben. »Du stehst da, wie ein Bulle pisst«, hörte ich oft beim Appell oder beim »Maskenball«. Das war: Puh – antreten, Appell – ab in den 3. Stock und Kampfanzug, wieder runter, antreten und Appell – ab in den 3. Stock, Ausgehanzug und runter zum Appell – ab in den 3. Stock, Trainingsanzug und Appell im Hof – ab in den usw. Alle unsere Klamotten flogen in der totalen Hektik durch die Gegend, der Boden sah aus, als hätte der Blitz eingeschlagen. Doch dann hieß es: Kleidungsstücke sauber mittels Papierdeckel zusammenlegen, millimetergenau stapeln und anschließend Spindkontrolle. Mit viel Glück brauchtest du nur noch einmal einzuräumen, nachdem alles rausgeflogen war.

Ende Februar wurde ich von Ahlhorn nach Delmenhorst abkommandiert, die Grundwehrausbildung war beendet. Abgesehen von Briefen hatte ich bis dahin keinen Kontakt nach Hause gehabt. Nun ging es also auf in eine neue Welt, und darauf freute ich mich. Die Schreibstube der 4. Kompanie Luftwaffenregiment empfing mich mit sehr gemischten Gefühlen wie einen tapsigen Lehrling mit weniger als null Ahnung.

Hauptmann Berger und Oberfeldwebel Sandtner nahmen meine »zackige« Meldung in perfekter Haltung (so meinte ich zumindest) entgegen. Zuständig für mich: die »eineiigen« Zwillinge Unteroffizier Vitzthum und Obergefreiter Deimel sowie meine zukünftige Schreibmaschine. Das oberste Bestreben der beiden war die Gemütlichkeit in der Schreibstube und das Vermeiden möglichst aller Arbeiten, die unsere Kompanie treffen konnten. Das hatte ich mir anders vorgestellt – mein Ziel war eine erfolgreiche Zeit in der Schreibstube und bei der Bundeswehr.

Die Situation änderte sich dann tatsächlich von einem Tag auf den anderen. Am 1. April begann der nächste Offiziersanwärterlehrgang, der sechs Wochen dauern sollte. Für diese Zeit wurden die 120 Soldaten und Offiziersanwärter in unserem Gebäude einquartiert. Ein Horrortag für unsere Schreibstube und für Anton Marker, den Nachschuboffizier, der zuständig für die Einkleidung der oft recht hochnäsigen Auszubildenden war. So wurde dieser Tag von allen mit Bangen und großer Aufregung erwartet – es sollten sofort die Listen der gesamten 4. Kompanie mit allen Daten der Anwärter geschrieben werden.

Auf meiner neuen Schreibmaschine, die besser war als die, die ich zu Hause hatte, konnte ich loslegen. Unteroffizier Vitzthum stellte völlig überrascht fest, dass ich sehr schnell Schreibmaschine tippen konnte und noch dazu recht fehlerfrei. Das hatte er schnell heraus, und so diktierte er alle Namen und Daten, und ich schrieb. Das erste Mal in der Geschichte der 4. Kompanie lieferten wir als Erste ab, und die Liste war fehlerlos. Meine beiden Vorgesetzten konnten das nicht glauben. Doch mit der Schreibmaschine hatte ich schon in der Schule und später in meiner Lehre mit Abstand als Schnellster meine Diktate geschrieben.

Wieder hatte ich Glück. Die 4. Kompanie war bisher die schlechteste in der bürokratischen Abwicklung gewesen. Innerhalb eines Monats waren wir auf Platz eins aufgestiegen, und das war auf einmal das Verdienst meiner Vorgesetzten. Klar, dass es mir ab sofort sehr gut ging. Heimfahrten mit freien Zugtickets und zusätzlichen Wochenenden gab es öfter als erlaubt, wohl auch dank des 80-prozentigen Stroh-Rums, den ich in Salzburg für meinen »Spieß« besorgen konnte.

Nach Delmenhorst war ich nicht zufällig abkommandiert worden. Aufgrund meiner Mittleren Reife war ich für die Offizierslaufbahn vorgesehen. Mein militärischer Weg war also vorgezeichnet. Im Sommer sollte ich auf die Offiziersschule, weg von meinen Freunden in der Schreibstube. Mein Oberfeldwebel sah seine Rumlieferung gefährdet, meine beiden Chefs im Büro ihre Spitzenstellung im Bataillon, und Hauptmann Berger fürchtete um das tolle Klima in der Kompanie. In der Zwischenzeit tauchte alles, was Rang und Namen hatte, bei uns in der Schreib-

stube auf. Wir wurden zum Mittelpunkt der ganzen Kompanie und des Bataillons. Reden konnten meine beiden Freunde und angeben auch.

Im Zimmer des Oberfeldwebels wurden nun mehr und mehr Besprechungen abgehalten, Alkohol floss, und es braute sich irgendetwas zusammen. Viele Telefonate wurden geführt, während derer ich immer etwas anderes zu tun haben sollte. Dann war es so weit. Unser Kompaniechef, Hauptmann Berger, bat mich zusammen mit dem »Spieß« und meinen beiden Vorgesetzten in sein Büro. Das war noch nie vorgekommen: Anscheinend war mein Marschbefehl zur Offiziersschule da oder er sollte kommen. »Mein Lieber, dann bist du weg für immer«, platzte Vitzthum heraus. »Das geht gar nicht.« »Hmm, da wäre noch eine Möglichkeit, in unserer Kompanie zu bleiben«, meinte einer. Natürlich könnte ich meinen Dienstgrad als Fähnrich vergessen. Aber wir würden alle weiterhin eine tolle Zeit zusammen haben. Der »Spieß« hatte Folgendes ausgeheckt: »Du wirst Unteroffizier, der erste und einzige, der es jemals in der Wehrpflichtzeit geschafft hat. Dazu gehst du sechs Wochen auf den Unteroffizierslehrgang nach Stade, danach kommst du wieder zurück und bleibst in unserer Kompanie. Wir haben alles schon mit den vorgesetzten Dienststellen geregelt.« Das war ein Plan, den es bisher noch nie gegeben hatte. Ich sagte Ja, ich war eben kein richtiger Soldat, und tatsächlich lief alles so ab. Und es sollte noch besser kommen – gespannt wartete ich auf das, was werden sollte.

Mein Unteroffizierslehrgang begann im August in Stade an der Unterelbe. 56 Kilometer Fußmarsch durch die Heide und Nachtübungen im Gelände schärften unser aller Sinne. Das Heidekraut färbte alle Kampfhosen lila und schweißte uns auch so zusammen. Gemeinsame außerdienstliche Streifzüge nach Feierabend wurden üblich und machten uns übermütig. Nach hartem Drill am Abend und genügend Lütt'n Lütt stieg unsere Stimmung. Einer hatte von etwas Besonderem gehört – Einnorden. Also legten wir einen Kompass auf die Theke, hoben diese aus allen Angeln und Leitungen und »nordeten« diese Theke ein. Der Wirt schrie und zeterte, es half nichts. Das gab eine »Sauerei«, Strafzeiten und Karzer, auch für mich, obwohl ich relativ unbeteiligt war – doch mitgefangen, mitgehangen.

Er war lang, drahtig und richtig groß, unser Obermacher in der neuen Kompanie, ein echter Ostfriese und ein richtiger Haudegen. Ich war naturgemäß nicht sofort sein Fall. Klein, unscheinbar und ein Bayer, auch das noch, ein gutes Zielobjekt also. Nach dem langen

Fußmarsch durch die Heide waren wir fertig, die Hosen lilafarben von dem wuchernden Heidekraut auf dem unebenen Heideboden. Halb tot fielen wir ins Bett, und früh am nächsten Tag schrie der Lautsprecher im Flur: »Antreten!« Und los ging's. Befehl: Kompasswanderung in unbekanntem Gelände. Im Lastwagen mit den seitlichen Sitzbänken erhielten wir die vorgeschriebenen Meldepunkte und die dazugehörigen entsprechenden Koordinaten. Das Papier kam auch zu mir, und nun sollte meine Sternstunde kommen. Unser Zug, das waren immer 10 bis 11 Mann, müsste natürlich der beste und schnellste sein, sagte ich zu unserem Obermacher, dem Sven. Unsere Truppe war skeptisch und beratschlagte, wie wir das machen könnten. Ich wusste sofort ganz klar, wie das funktionieren würde. Es war eine reine Rechenaufgabe, anders denken war meine Spezialität: Man müsste die vorgeschriebenen Wege verlassen und direkt zu den Meldepunkten gehen. Ich rechnete Winkel, Entfernungen und Schritte aus, zeichnete alles auf ein Stück Papier und überzeugte meine Mannen. Mahnende Worte und Drohungen kamen von Sven, doch er glaubte mir, dem Bayern. Es musste funktionieren, ich wusste es, und es funktionierte – wir erreichten alle Kontrollpunkte in Bestzeit und wurden mit unserem Zug die Ersten. Ab sofort hatte ich den Schutz unseres Haudegens für die gesamte Ausbildungszeit. Mir ging es gut. Irgendetwas geht immer, auch wenn es unmöglich erscheint.

Die ganze Zeit bei der Bundeswehr war lebenswert, es war nicht nur eine Zeit der Erfahrung, sondern es entwickelten sich auch gute Freundschaften, und ich hatte eine ausgezeichnete Lehrzeit für meine zukünftigen Tage. Diese von allen so geschmähte Bundeswehrpflicht gehörte zu den schönsten Zeiten meiner Jugend. Nur 60 DM Wehrsold im Monat halfen mir nachzudenken, wie ich mich finanziell absichern könnte. Ich hatte immer Geld. Im Endeffekt war ich so etwas wie eine Minibank. Gerne half ich aus Geldnöten, und von ganz allein versprach man mir oft bis zum Doppelten bei Rückzahlung. Mein Geld habe ich immer ohne Nachfragen bekommen. In meiner Freizeit widmete ich mich wieder meinem Hobby, kaufte mir Ölfarben, malte und spachtelte viele Ölbilder. Diese wurden ein Renner – Matterhorn, König Laurins Rosengarten und meine Lieblingsgruppe »Die drei Zinnen« waren meine Spezialität, es folgten die wunderschönen Erika-Heide-Bilder und kämpfende Windjammer in aufgewühlter See. Brauchten doch viele ein Mitbringsel für ihren Heimaturlaub. Ich wurde tatsächlich ein recht guter Künstler.

Mir ging es gut, finanziell und auch sonst. Die richtige Einstellung ist es, die den Unterschied macht.

Meine Gitarre hatte ich von zu Hause mitgenommen, und so saß ich oft am Wochenende am Nordausgang außerhalb unserer Kaserne in einem kleinen Häuschen bei zwei alten Leuten auf der kleinen Treppe und spielte das Lied »Wenn es Nacht wird in Montana«, damals gesungen von Bruce Low. Bei mir hörte es sich nicht ganz so gut an. Wenn mich Freunde aus der Heimat besuchten, dann wohnten sie bei diesen wirklich netten Leuten. Franz und Hedwig, so hießen die beiden, freuten sich stets auf meine Besucher, denn sie brachten etwas Leben in die »Bude«, und dabei waren meine Freunde »handsam«, wie man so zu sagen pflegte.

Es wurde April und Mai 1960. Eine Beförderung war nicht in Sicht, sie war mir auch nicht wichtig – ich war zufrieden. Dann kam sie doch, meine Beförderung zum Unteroffizier, sehr überraschend im Mai. Ich war völlig ahnungslos.

An einem Freitagnachmittag wollte ich über das Wochenende meinen guten Freund Bojo besuchen. Ich freute mich sehr auf dieses Treffen, für das ich mir ein Auto besorgt hatte. Er war mir nach Norddeutschland nachgereist und hatte einen Job als Elektriker in Wildeshausen angenommen. Das war 50 Kilometer von Delmenhorst entfernt. Meine Reisetasche war gepackt. Ich war reisefertig in Khakianzug und mit Schiffchenmütze auf dem Kopf – das war damals mein Freizeit-Outfit. Meine Füße steckten in Jesus-Latschen. Ein Anruf in meinem Zimmer – Vitzthum ist am Apparat: »Komm ganz schnell runter ins Büro, es ist einiges schiefgelaufen.« Auf meine Widerrede, dass dies nicht sein könne, wurde nicht geachtet. Also erschien ich in meinem Aufzug im Sekretariat. Oberfeldwebel Sandtner und meine beiden Vorgesetzten waren da. »S 1«, das war unsere vorgesetzte Dienststelle im Bataillon beim Kommandeur, habe angerufen, die abgegebene Liste von Kompanie 4 sei total falsch, so ginge das nicht. Ich war mir sicher: Das ist unmöglich, ich weiß das. »Am Montag gehe ich hin und regele das, jetzt bin ich weg«, sagte ich und wollte los. Vitzthum, in der Zwischenzeit schon ein Freund geworden, bat mich vehement: »Geh doch ins Bataillon, du sollst zum Rapport.« Ich war allerdings stur und ging nicht. Mit der Reisetasche unter dem Arm lief ich mit einem Umweg in die Kantine. Ich brauchte noch ein wenig Wegzehrung für meine Fahrt.

Oje – auf einmal stand in der Kantine der Bataillons-Kommandeur, Major Adler, vor mir: »Babinsky – sollten Sie nicht zu mir ins Quar-

tier kommen? Wird's bald!« So, jetzt war es ernst, sehr ernst – aber das konnte doch gar nicht sein. Ich war mir ganz sicher. Befehlsverweigerung war nicht möglich, also ging ich. Im Bataillonsgebäude angekommen, stand schon der S 1, Leutnant Slomka, an der Tür: »Babinsky – los, machen Sie, schauen Sie bloß, dass Sie reinkommen.« Zwei weitere aus dem S 1-Office standen in den Türen und trieben mich fast mit den Händen voran.

Im Laufschritt ging es in das Büro des Kommandeurs. »Babinsky!« Oje, ohne Dienstgrad – um Gottes Willen! »Sie sind wohl wahnsinnig geworden! So geht das nicht! Das ist unmöglich!« Ich stand da in meinem Khakianzug und meinen Jesus-Latschen zum Rapport. Was war da los? Ich war ein einfacher Gefreiter – das würde Folgen haben. Das grimmige Gesicht des Kommandeurs drohte über mir, und nun zitterte ich doch – »Stehen Sie stramm und salutieren Sie endlich!« Ich versank im Boden, blass ohne Ende, versuchte einen Gruß. Ein Jammerlappen.

Plötzlich veränderte sich sein Gesicht – unheimliche Stille – er konnte nicht mehr an sich halten, das Gesicht verzog sich zu lauter Falten, es wurde ihm selbst zu viel, er lachte laut auf und platzte heraus: »Hiermit befördere ich Sie zum Unteroffizier!« Das waren seine Worte. Richtiger Jubel hinter mir, alle waren da, meine Vorgesetzten, meine Freunde und Kollegen – es war alles inszeniert. Ich war fix und fertig. Wieder einmal etwas, was es nicht gab, und doch ist es geschehen.

Nie wieder, so glaube ich, ist ein Wehrpflichtiger nach 16 Monaten so zu einem Unteroffizier geworden, in Jesus-Latschen und Khakianzug ohne Helm, Kampfanzug, Koppel und Knobelbecher. Das war einzigartig. Das war einfach unmöglich, doch es war so. Meine Fahrt nach Wildeshausen fiel aus – wir haben gefeiert. Der zur gleichen Zeit mit mir zum Unteroffizier beförderte Jürgen Stolpmann wurde einer meiner besten Freunde – die Nacht dauerte noch lang.

Ich hatte mich dazu entschieden, eine wunderschöne und erlebnisreiche Zeit bei der Bundeswehr zu haben. Es wurde so, obwohl ich Soldat sein musste, es nie sein wollte und es auch nie richtig war. Es geht eben doch anders, es war eine der schönsten Zeiten meines Lebens.

Habe keine Vorurteile – es ist sehr oft ganz anders, als du denkst.

Die Werbefachliche Akademie ruft

Worte in einem Brief können Leben verändern. Oft lohnt es sich, das Geschriebene noch einmal durchzulesen und nicht nur den Sinn, sondern auch die Stellung und Wahl der verschiedenen Worte zu prüfen. Ich habe gelernt, auf jedes Wort und vor allem die Wortfolge in einem Brief zu achten. Durch eine gut gewählte Wortfolge können Türen zum Herzen geöffnet werden. Es wird oft erreicht, was sonst nicht möglich wäre.

Nach der Bundeswehr kehrte ich wieder zu meiner Firma Ramsauer zurück und freute mich schon wieder auf die schöne Sommerzeit in Bayern. Die im Betrieb neu aufgebaute Futtermittelbranche sollte aktiviert und ein komplettes Werbekonzept ausgearbeitet werden. Der Alltag passte sich irgendwie meinen Gedanken und Wünschen an. Ich tippte auf der alten Olympia meine Tabellen, als mein Chef mich kurz unterbrach. Er hatte auf einem karierten Block per Hand etwas aufgesetzt. »Schreib doch mal diesen Brief. Wir werden ein neues Werberundschreiben versenden.« Nachdem ich ihn geschrieben und dann für mich noch einmal durchgelesen hatte, überlegte ich lange, kämpfte mit mir selbst. Gar nicht so einfach – ich würde diesen Werbebrief ganz anders schreiben. Was war zu tun? »Entscheide dich, sofort etwas zu unternehmen – auch wenn es nur eine Kleinigkeit ist«, das sagte ich zu mir selbst.

Am Abend, es war bereits Feierabend, ging ich zu meinem Chef. »Herr Ramsauer, ich habe nachgedacht, und ich würde diesen Brief verändern, wenn ich dürfte. Wir wollen doch erfolgreich verkaufen.« Erstaunt schaute er mich an, zweifelte an meinen Worten, wunderte sich wahrscheinlich am allermeisten über meinen Mut. Er las seinen Brief noch einmal durch und meinte schließlich, dieser sei doch in Ordnung.

Ich sah das nicht so und sagte es auch. Anders sollte er sein, der Brief, die Abfolge, die Wahl der Worte und auch der Beginn und überhaupt, die gesamte Idee. Es schien nichts zu bringen, unsere Meinungen waren unterschiedlich. Doch dann zeigte Herr Ramsauer seine wahre Größe. Er hob seinen Kopf, schaute mich an, rang mit sich und sagte: »In Ordnung, wir machen das so: Du schreibst drei neutrale und ich schreibe drei neutrale Werbebriefe. Diese senden wir dem ›Papst‹ der Werbebranche, Herrn Professor Dr. Lückert, und lassen von ihm diese Briefe bewerten. Dann sehen wir weiter.«

Wir schrieben tatsächlich die drei Briefe auf neutralem Papier, packten sie ein und sandten sie mit einem Begleitschreiben an den Professor. Mein Chef war mit ihm befreundet. Nach drei Wochen lud er uns zu einem Termin in sein Büro nach München.

Ich war beeindruckt, eine neue Welt, Werbeplakate, Flächen mit Ideen, munteres Treiben in einem für mich neuen Büro. Nun saßen wir also bei dem großen Meister. »Ja, Herr Ramsauer, es ist anders, als Sie vermuten. Die drei Werbebriefe von Herrn Babinsky sind wirkliche Werbebriefe, werbewirksam und gut – so werden in Zukunft Werbebriefe geschrieben.« Das hatte ich nicht erwartet, ich war fertig, restlos fertig. Ich staunte nur noch.

Aber es ging noch weiter. »Herr Ramsauer, ich kann an Sie nur appellieren: So ein Talent kann nicht nur in der Provinz leben, es muss gefordert und gefördert werden. Lassen Sie diesen jungen Mann studieren – er muss auf eine der besten Werbefachschulen.« Ich war mehr als sprachlos. Was würde mein Lehrmeister und Chef tun? Er übertraf wieder alle meine Erwartungen. Tatsächlich war ich ein halbes Jahr später auf Initiative von Professor Dr. Lückert und dank meines erfahrenen Lehrherrn auf der Werbefachlichen Akademie in Hamburg, direkt an der Alster. Über 350 Bewerber kämpften um einen Platz unter 62 späteren Studenten, und ich erhielt ihn sofort.

Und noch etwas ist mir bis heute tief im Gedächtnis. Von einer Verkaufstour fuhr ich bei einem dichten Schneetreiben mit dem firmeneigenen VW von Ostermünchen nach Hause. Schnell wollte ich ankommen. Da passierte es: Der Schneematsch in der Kurve hielt meine Geschwindigkeit nicht aus – der Wagen kam ins Schleudern – am Straßenrand bremste der Kiesstreifen die Räder, und das Auto überschlug sich, rollte wieder auf die Räder, und ich stand mitten im Acker. Verrückt, wie ich war, drehte ich den Anlasser, der Motor lief, und ich fuhr mit richtigem Schwung aus dem Acker auf die Straße, sofort. Um Himmels Willen – die Karosserie war rundum eingebeult, verbogen. Nach einigem Ausbiegen der Kotflügel fuhr ich tatsächlich in die Firma. Jetzt war es aus mit meinem Traum von der Werbeakademie – ich musste ja irgendwie die Kosten der Reparatur abarbeiten. Herr Ramsauer ging stirnrunzelnd um das demolierte Auto – schwieg und schwieg. Dann sagte er auf Bairisch: »Weilst immer so rennst!« Die Reparatur brauchte ich nicht zu bezahlen – die Werbeakademie rief also doch.

Ein einziger Brief hat mein Leben verändert. Es würde noch weitere Briefe geben.

Ohne Geld in Hamburg

Einen Tag vor Studienbeginn in der Werbefachlichen Akademie, am 1. April 1961, traf ich mit dem Zug in Hamburg ein. Meine Bleibe hatte ich mit einem Freund durch eine Anzeige im Hamburger Abendblatt gefunden. Ein Dreieckzimmer im vierten Stock. Ein echtes Studentenzimmer. Meine Matratze bestand aus sieben Keilkissen, und so hatte ich das Gefühl, in oder auf Wellen zu schlafen. »Das passt zu Hamburg«, meinte mein Freund. Am nächsten Tag nahm ich die Straßenbahn von Hoheluftchaussee zum Dammtor. Von dort war ich zu Fuß schnell in der Magdalenenstraße 13, wo sich die Werbefachliche Akademie befand, meine Lernwerkstatt für die Zukunft. Dieser Jahrgang sollte ein bedeutender werden. Für mich eher ernüchternd: Söhne und Töchter aus bekannten und berühmten Familien wie Flick, Sachs, Krupp und Otto-Versand waren meine Kommilitonen. Aus diesem Jahrgang ging später die Elite der Werbefachleute jener Zeit hervor. Allein 17 meiner Mitstudenten erhielten im Laufe der Jahre das Bundesverdienstkreuz. Mit den Nachkommen der Reichen, der Reedereien, Kaffeeimporteure und auch der Versandhäuser konnte ich bei Partys und Treffen nicht mithalten. Wir sind aber trotzdem bis heute noch eine Gemeinschaft und auch befreundet. Heute bin ich ein anerkanntes Mitglied dieser Elite. Die 13er, das ist die verbliebene Elite, treffen sich jedes Jahr irgendwo in der Mitte Deutschlands, meist für drei Tage.

Durch eine besondere Fügung, die wahrscheinlich meinem Ehrgeiz zu verdanken ist, wurde ich in diesen elitären Kreis hineinkatapultiert. Zu dieser Zeit hatte ich jedoch als Landei kein Geld, und so tat ich alles, um etwas nebenher zu verdienen. Mein Vater sandte mir jeden Monat 50 DM. Dazu kamen noch 150 DM Studienbeihilfe, die ich beantragt hatte. Das war knapp.

Vielleicht sollte ich an dieser Stelle erwähnen, dass mein Vater inzwischen durch sein chronisches Asthma sehr schwer krank geworden war.

Damit er mir in meiner Studienzeit helfen konnte, verdingte er, der ehemalige Großgastronom, sich als Nachtwächter in einem Einkaufszentrum. Erst im Nachhinein habe ich erkannt, wie sehr mein Vater seine Kinder liebte und wie oft er sein Leben aufs Spiel setzte. Ich konnte nichts gegen seinen Willen tun. Das war für ihn jetzt die einzige Möglichkeit, noch für mich da zu sein. Sogar seine besondere Begabung und hohe Perfektion im geliebten Schach gab er auf, weil er es sich nicht mehr leisten konnte. Er gehörte zu den allerbesten Schachspielern im Landkreis, doch sein Asthma hielt ihn oft nicht mehr sehr lange auf seinem Stuhl. In Mathematik war er ein Ass. So konnte er zum Beispiel dreistellige Zahlen mit dreistelligen Zahlen problemlos im Kopf multiplizieren. Von diesem Können habe ich nicht sehr viel geerbt. Manchmal denke ich, meine Kinder schon. Seine Liebe zu seinen beiden Kindern, Heidi und mir, war seine Lebensleitlinie.

Zurück nach Hamburg. Mein Freund Günther hatte die verrückte Idee, Lose auf der Reeperbahn zu verkaufen. Also bewarben wir uns, und kurz darauf drehten wir auf der Reeperbahn eine durchsichtige achteckige Lostrommel mit sichtbaren Geldscheinen und Losen. Unseren kleinen Wagen schoben wir wie die Bordsteinschwalben auf den breiten Trottoirs hin und her. Jeden Tag hofften wir auf gutes Wetter. Kleine Gewinne konnten wir sofort auszahlen, große Gewinne zahlte die Zentrale, aber es gab dergleichen Gewinne kaum. Silvie, eine Bewohnerin der Herbertstraße, war unser Dauergast. Sie war ein richtiges Unikum, und wir mochten sie. Zusammen mit ein paar anderen schaffte sie es, unseren Job zu einem recht abenteuerlichen, lustigen, abwechslungsreichen und vor allem lehrreichen zu machen. Wir waren echte Greenhorns und erlebten ständig anstößige, zweideutige, schamlose und manchmal vulgäre Andeutungen. So lernten wir eine ganz andere Welt kennen. Die Worte und Sätze der dortigen Frauen trieben uns die Röte ins Gesicht. Sie machten sich einen großen Spaß daraus. Doch im Laufe der Zeit erkannten wir, dass sie uns mit einer ganz anderen Art der Zuneigung besonders mochten. Manchmal schienen auch Sorge und Beschützerinstinkt in den für uns etwas groben und einfachen Worten mitzuschwingen. Vielleicht waren wir auch deshalb niemals gefährlichen Situationen ausgesetzt. Oft denke ich heute noch an diese sonderbare Zeit, ich werde davon vieles nicht vergessen.

Die Umsätze auf der Reeperbahn hielten sich trotz des Angebotes an Amüsement in Grenzen und lohnten den Aufwand nicht. Spannend und interessant war es schon, doch wir brauchten ganz einfach Geld. Also suchten wir nach anderen Wegen. Wir verließen St. Pauli nicht gerne. Doch wir suchten uns etwas völlig anderes. Ganz klassisch traten wir als Zeitungsverkäufer auf der Mönckebergstraße in der Mitte von Hamburg auf und riefen, ja schrien die Neuigkeiten in die Welt. Ich erinnere mich sehr gut an die noch sehr leeren und nassen Straßen am frühen Morgen, wenn wir die Zeitungsbündel frierend an der Übergabestelle abholten. Langsam füllten sich die Plätze, und später wurden daraus drängende Massen. Dann trieben wir in Richtung Rathaus ab, dort war mehr Platz, die Leute verteilten sich. Später landeten wir am Jungfernstieg, und manchmal reichte es sogar für einen Kaffee bei der krummen Anna.

Es gab allerdings bessere Verkäufer als uns beide, und so ließen wir auch das. Mehr Geld verdiente ich dann nach einer Anzeige in Hamburg Altona. Ich hatte eine Kleinanzeige für 6,50 DM aufgegeben, um mich als Grafiker anzubieten, und erhielt gleich drei Anfragen zum Beschriften und Renovieren von Grabsteinen mit Blattgold auf dem Friedhof in Altona. Auf zwei Hohlblocksteinen und einem darübergelegten Brett saß ich an den Wochenenden bis in die finstere Nacht über vertrockneten Blumen oder polierten Grabplatten bei meiner neuen Arbeit. Schriften uralter Namen aus dem letzten Jahrhundert konnte ich wieder zum Glänzen und damit zur berechtigten Geltung bringen. Graue, verwitterte Blöcke aus grobem Gestein, dann wieder schwarze, geschliffene Steine, wahrscheinlich Granit, und Kreuze aus Metall mit großen Stahl- oder Messingplatten waren mein Untergrund. Letztere waren am leichtesten zu beschriften. Mein Verdienst war mager, und so suchte ich weiter nach Möglichkeiten.

Um meine Situation zu verbessern, gab ich wieder eine Anzeige im Hamburger Abendblatt auf, diesmal mit besserem Inhalt und Hintergrund. Das hätte ich gleich tun sollen! Erfolg: Termin am darauffolgenden Wochenende im Hamburger Flughafen Fuhlsbüttel. Gespannt traf ich im Flughafengebäude Familie Reinhard aus Travemünde, soeben aus Paris zurückgekommen. Es wurde ein angenehmes und verheißungsvolles Treffen, wir einigten uns. Die Chemie stimmte. Ab sofort konnte ich jedes Wochenende von Freitagmittag bis Sonntagabend in Travemünde in ihrem Verlag und Rationalisierungsinstitut in der Kurgartenstraße mit abwechslungsreichen Themen und interessanten Aufgaben mein Geld verdienen. Mein Arbeitsbereich waren Broschüren für Mode und Strick-

waren mit dazugehörigen entsprechenden Zeichnungen. Da konnte ich mich verwirklichen, ich entwarf und zeichnete sehr gern. Das war meine psychische und finanzielle Rettung. Ersparnisse hatte ich praktisch keine mehr, aber nun kam ich hervorragend über die Runden.

Ich erinnere mich sehr gut an den 13. August 1961. Mit dem Zug in Travemünde von Lübeck aus angekommen, lief ich bei blauem Himmel auf dem Kai von Travemünde zu unserem Büro. Trotz des frühen Morgens standen die Menschengruppen wild diskutierend zusammen. Mein Chef war auch dabei, und sofort war ich bei ihm. »Die bauen eine Mauer im Osten!«, rief er aus. Er war völlig aus dem Häuschen. Tränen liefen ihm über die Wangen. Er, den so leicht nichts erschütterte, war entsetzt und tief bestürzt, wie die Umstehenden auch. Eine Welt brach zusammen. Herr Reinhard kam aus der DDR und war wirklich am Boden zerstört. Diese Nachricht erschütterte nicht nur Travemünde, sondern die ganze Welt. Der DDR-Staatsratsvorsitzende Walter Ulbricht hatte doch vor Kurzem noch gesagt: »Niemand hat die Absicht, eine Mauer zu errichten!« Im Nachhinein wurde klar, dass vorher noch nie von einer Mauer gesprochen worden war. Da hätte man aufmerksam werden müssen.

Meine Wohnung in Hamburg-Hoheluft hatte ich aufgegeben und wohnte nun zur Untermiete in Lübeck bei einer lieben alten Dame in der Virchowstraße. Wie wurde ich doch umsorgt. Ich sollte endlich einmal etwas auf die Rippen kriegen, und dafür sorgte meine Vermieterin! Grobe Mettwurst sollte auf das Brot und nicht wie gewohnt Marmelade. Ich wohnte gerne bei dieser alten Dame. Als sie ihre Enkelin aufnehmen musste, zog ich auch wegen der Nähe zu meiner Arbeitsstelle in eine nette Wohnung in Travemünde.

Nach dem Studium blieb ich zwei weitere Jahre beim bEfka-Institut Reinhard in Travemünde. Es wurde eine wunderschöne Zeit. Die kleine Fähre auf den Priwall war ständig in Betrieb, und so setzte ich im Sommer oft über auf diese Landzunge, die an ihrer schmalsten Stelle die Grenze zur DDR bildete, aber noch zu Westdeutschland gehörte. Der Priwall war einmal ein Flughafen, dessen Rollbahn nach Kriegsende von den Briten zerstört worden war. Interessant ist, dass der Priwall nur mit der Fähre zu erreichen war. Die Ostsee säumte ein wunderbarer Sandstrand, den ich bei schönem Wetter in der Zeit von 12 bis 16 Uhr nutzte. Meine Arbeitszeit konnte ich mir selbst einteilen, und so blieb ich dann oft bis nach 20 Uhr im Büro. Von Zeit zu Zeit war Auf-

ruhr auf dem Priwall, wenn, meist nachts, Flüchtlinge aus der DDR den Nordstrand erreichten. Wenn ich manchmal zusammen mit Herrn Reinhard am Stammtisch in der Alten Kate saß, wurden von den bärbeißigen Fischern Geschichten erzählt über DDR-Flüchtlinge, die es wagten, in den Westen zu schwimmen, über Flüchtlinge in Ruderbooten und sogar in einem Ballon ... Nicht so viel geredet wurde, wenn die Fischer Leute aus dem Meer holten und sie in ihren Booten in den goldenen Westen brachten. Schließlich sollten die ständig an der Grenze am Sandstrand patrouillierenden DDR-Grenzpolizisten nicht aufmerksam gemacht werden. Es gab damals noch den Schießbefehl.

Die Zeit in Travemünde war eine Zeit, wie ich sie nie wieder erleben durfte. Ich war zwar allein, lachte in mich selbst hinein oder auch die Menschen an. Eine junge Frau, die in der Nähe des Büros arbeitete, sagte einmal zu mir: »Du bist immer gut gelaunt, wie machst du das – du bist wie die Sonne, sie ist auch allein und strahlt dennoch immer wieder – wie machst du das?« »Mir geht es gut, sehr gut«, antwortete ich. Heute würde ich sagen:

Auf mich wartet eine schöne Zeit, wichtig ist nur, diese auch zu sehen, und das jeden Tag.

Sturmkatastrophe in Hamburg

Bei einer schweren Sturmflut in der Nacht vom 16. auf den 17. Februar 1962 wurden 340 Menschen getötet, davon 315 in Hamburg.

Davon ahnte ich an diesem Vormittag noch nichts. Ich hatte endlich einmal frei. Nach dem Unterricht in der Werbeakademie war ich kurz in Travemünde. Herr Reinhardt, mein damaliger Chef, hatte mir noch schnell ein paar wichtige Sachen übergeben, da er wieder einmal nach Paris musste und 14 Tage bleiben würde. Meine Bearbeitung der Zeitschrift M&M hatte noch Zeit, und kurz entschlossen rief ich meinen Freund Jürgen in Delmenhorst an und vereinbarte einen Besuch. Übernachten würde ich bei Bekannten von uns. Wir hatten oft miteinander gefeiert, und so freute ich mich sehr auf das Wiedersehen.

Um 18.20 Uhr saß ich im Zug von Travemünde nach Lübeck. Nach einem kurzen Zwischenstopp, um dort meine Übernachtungsklamotten zu holen, erwischte ich um 20.30 Uhr einen Direktzug nach Bremen.

Ganz allein saß ich in einem Zugabteil, tief versunken in einen geplanten Artikel für die Zeitschrift M&M. Änderungen fielen mir ein, und Randnotizen füllten die Seiten.

Im Hauptbahnhof Hamburg zog sich die Abfahrt sonderbarerweise hin. Es verging eine halbe Stunde, dann eine ganze Stunde. Es hätte mir auffallen sollen, dass überhaupt niemand einstieg – mein Abteil blieb leer. Endlich ruckelten die Waggons und los ging's. Vertieft in meinen Artikel wunderte ich mich doch sehr über das etwas sonderbare Wackeln des Waggons, die damit verbundenen Naturgewalten zeichneten sich für mich überhaupt noch nicht ab. Der Zug ruckelte langsam an den riesigen Lagerhäusern, Schuppen und Deichtorhallen vorüber. Der Wind aus nordwestlicher Richtung schien zu Orkanstärke anzuwachsen, mein Waggon und die ganze Zugreihe begannen mehr und mehr unruhig zu rütteln und zu wackeln. Es war äußerst sonderbar!

Kurze Zeit später schob sich der Zug in Richtung Westen über die ersten Brücken der Elbnebenkanäle und dann etwas schräg aufwärts über die große Elbbrücke, ein langer Weg. Zu sehen war jetzt überhaupt nichts mehr. Draußen war es dunkel. Wir wurden langsamer, stoppten kurz, fuhren wieder an und stoppten wieder. Jetzt befanden wir uns mitten über der Elbe, unten leuchteten die Hafenlichter immer schwächer, draußen wütete es immer mehr, mein Waggon wurde immer stärker durchgerüttelt, mir wurde unheimlich zumute. Das Licht fiel aus, die Notbeleuchtung, sehr schwach, leuchtete auf. Naja, wird schon gehen, schoss es mir durch den Kopf. Doch mehr und mehr schlich sich in mir ein Unbehagen ein. Kein Mensch weit und breit, nur das Heulen und Rattern des Sturmes und wolkenbruchartigen Regens. Blitze sausten über den Himmel, das Donnern hallte in den Ohren – und ich saß ganz allein in meinem Abteil, kein Mensch in der Nähe – nichts. Mir wurde übel, mir wurde schlecht und irgendwie wusste ich gar nichts mehr. Ich war mutterseelenallein in einem gespenstisch leeren Zug. Der Waggon würde schon weiterfahren, gleich, ja gleich. Doch nichts geschah. Endlich, eine Tür schlug, irgendjemand kam. Gott sei Dank, ein Schaffner mit einer Taschenlampe, einer Funzel, in der Hand. Er sah mich und rief: »Ruhig bleiben, wir dürfen wegen des Orkans nicht fahren, bald geht es weiter!«

Es ging nicht weiter. Es wurde schlimmer, das Rütteln stärker. Unten sah ich Wasser, viel, viel Wasser. Was war da los? Ich lief im Waggon hin und her, musste mich immer wieder festhalten, alles wackelte.

Das Wasser stieg fast bis zu den Schienen. Der Schaffner kämpfte sich wieder durch den Gang. »Bleiben Sie unbedingt im Abteil! Verlassen Sie auf keinen Fall den Waggon, öffnen Sie keine Türen und Fenster! Der Orkan reißt Sie hinunter und fort. Bleiben Sie im Waggon!« Mir wurde kalt und kälter. Keine Heizung. Ich rannte hin und her. In einem anderen Waggon waren mehr Menschen, doch die waren richtig in Panik. Ich verschwand wieder.

Durch das Wasserrauschen, den dröhnenden Wind hörte ich Sirenen, immer wieder aus dem Nirgendwo, sah überall Blaulichter und orangefarbene Lichter blinken. Da war was los, und ich saß hier fest auf einer Brücke über der Elbe. Wir würden mitsamt dem Waggon hinunterkrachen. Kein Mensch half mir. Die anderen waren noch verrückter. Einer riss die Waggontür auf – er verschwand auf Nimmerwiedersehen. Großes Geschrei, noch mehr Panik – ich verzog mich wieder – lieber war ich allein mit mir selbst. Dann kam der Schaffner wieder, zusammen mit einer weiteren Person, wahrscheinlich dem Lokführer. »Wir dürfen nicht weiterfahren, der Sturm ist zu stark. Die Brücke darf nicht erschüttert werden, das Wasser und die Wogen steigen und steigen. Bleiben Sie ruhig – es ist eine Katastrophe, die Elbe läuft aus dem Ruder.«

Erst um acht Uhr früh, bei Tageslicht, schob sich der Zug ganz langsam, Zentimeter um Zentimeter weiter. Wir konnten die riesige Brücke verlassen und das Festland erreichen. Überall Wellen, weit und breit. Das Wasser schwappte bis an die Schienen und darüber hinweg. Bis nach Hamburg-Harburg Stop and Go – die trostlose Fahrt dauerte ewig. Überall nur düstere Wolken, rauer Wind. Auf einem Nebengleis in Harburg blieben wir stehen. Rundherum nur Gleise, Wasser und Trümmer. Wir durften kurz aussteigen, um uns auf unserem Bahnsteig die Füße zu vertreten. Es würde weitergehen, sagte man uns. Wir mussten weiter, weg von hier, kein Platz für all die Züge und Waggons, die noch kommen würden. Abfahrt, immer wieder Halt auf leerer Strecke, ständig neue Pausen. Es wurde Nachmittag. Dann war der Spuk endlich vorbei, wir waren unterwegs.

Was war geschehen? Die größte Flutkatastrophe in Hamburg seit 1855 und die bis zu diesem Zeitpunkt schlimmste Naturkatastrophe der Bundesrepublik Deutschland hatte 340 Menschen das Leben gekostet. Wahrscheinlich auch einem aus unserem Zug, dem, der die Tür aufriss. Die Hamburger Deiche brachen an 60 Stellen und waren an 45 weiteren Stellen schwer beschädigt. 20 Prozent des Stadtgebietes von Ham-

burg standen unter Wasser. Helmut Schmidt als Präses der Behörde für Inneres übernahm die Leitung der Rettungsarbeiten, an denen sich neben Militär und Hilfsorganisationen auch über 25.000 zivile Helfer beteiligten, darunter die berühmten 13er, das waren meine Klassenkameraden aus der Werbeakademie Hamburg. Ich wusste es noch nicht, sie hatten versucht, mich zu erreichen. 1962 hatte noch keiner ein Mobiltelefon – ich saß einsam im Zug.

Am späten Nachmittag erreichte ich nach einem Aufenthalt in Bremen meinen früheren Bundeswehr-Standort Delmenhorst. Mit der Straßenbahn war ich schnell in der Kaserne und erzählte meinem Freund Jürgen von diesem Horrortrip. Jürgen war S 1, eine besondere Position im Vorzimmer des Bataillons-Kommandeurs eines Luftwaffenregiments.

Er erzählte mir sofort von dem Großeinsatz aller vier Kompanien im Überflutungsgebiet Bereich Hamburg, Ober- und Unterelbe. Die meisten meiner Freunde waren daher gar nicht da. Wir hatten also den Abend überraschenderweise für uns ganz allein. Bei einer sehr guten Freundin hatte er eine Übernachtung eingeplant. Vor unserem Abendessen fuhren wir bei ihr vorbei, um den Schlüssel für meine spätere Heimkehr nach unserer Kneipenrunde abzuholen. Ich kannte Marianne schon sehr gut, wir hatten oft gemeinsam mit Freunden gefeiert und viele Abende miteinander verbracht. Marianne hatte vor etwas über zwei Jahren ihren Mann verloren und lebte nun mit ihrem acht Jahre alten Sohn in einer Bundeswehrwohnung. Sie war eine dunkelhaarige Schwäbin, 28 oder 29 Jahre alt, besonders hübsch, richtig lebendig und ein toller und guter Kumpel. Sie war nicht da, und ihr Sohn übergab uns in ihrem Auftrag den Schlüssel. Wir beide, Jürgen und ich, hatten uns sehr viel zu erzählen. Wir waren vor einem Jahr gemeinsam unter dubiosen Umständen zum Unteroffizier befördert worden, und das hatte uns zu Freunden werden lassen. Ich würde in einem halben Jahr sein Trauzeuge sein. An diesem Abend tourten wir durch verschiedene beliebte Kneipen, die ich noch aus meiner Zeit in Delmenhorst bei der Bundeswehr kannte. Es wurde ein unvergesslicher Abend. Jürgen brachte mich dann nach Mitternacht zu dem Reihenhaus, in dem Marianne mit ihrem Sohn wohnte.

»Na«, meinte Jürgen, als er mich vor der dunkelblauen Tür ablieferte, »eine so hübsche wunderbare Frau und du, na, ob das nicht gefährlich ist!« Lachend und schon ein wenig beschwipst, kein Wunder nach dem langen Abend und der durchwachten Nacht, entgegnete ich: »Das ist

ein Traum, der sich nicht erfüllen wird. Es ist schon sehr spät, und ich falle halbtot auf die Liege.« Sprach es und schloss auf. Marianne und ich mochten uns sehr, mehr aber auch nicht.

Im Wohnzimmer schimmerte eine kleine Lampe, und ich freute mich über diese Aufmerksamkeit. Sie hatte mir bestimmt auch noch eine Scheibe Brot zubereitet. Meine Sachen stellte ich im Flur ab, hing meine Jacke an den Haken und öffnete die Tür zum Wohnzimmer. Auf die Bank neben dem Kamin ließ ich mich fast schon fallen, streckte mich lang aus, dehnte mich lang, und fühlte mich jetzt erst einmal so richtig wohl. Ich war angekommen. Plötzlich ein Huschen, Marianne war neben mir, in einem zauberhaften Überhang. Mir wurde heiß. Ich fühlte die wohlige, hauchdünne Seide. Meine Stimme zitterte: »Was machst du denn noch hier mitten in der Nacht?« »Ich habe auf dich gewartet«.

Nach der schlimmsten Nacht meines Lebens über der stürmischen Elbe folgte die bisher schönste.

Durch Intuition die Rettung

Niemals hätte ich gedacht, welch entscheidende Rolle ein Telefonanruf haben kann. Wir spürten, der Pillenknick und die neue Brandschutzordnung waren jetzt unumkehrbar, die Auslastungszeiten wurden kürzer, und ich musste nach neuen Zielen suchen. Das Tropenhaus war eben nur eine Übergangslösung. Ich bemühte mich wirklich sehr, meine Gedanken auf positiver Ebene zu halten.

Der Anrufer namens Kohlschreiber war Berater bei der Weltbank und bereitete seine Rückkehr von Bangkok nach Deutschland vor. Ich glaube, er rief mich fast zehnmal an, erst aus dem Ausland, dann aus München. Er suchte nach Möglichkeiten, mit verschiedenen Produkten im deutschen Markt Fuß zu fassen.

Da er begeisterter Squashspieler war und er vom Chef der Metallgesellschaft von unseren Entwicklungen gehört hatte, meinte er, wir könnten doch einfach neben den Kindergärten auch Squashcourts bauen. Aber er war Banker und kein Mann fürs Bauen. Er war umtriebig und sah für sich ein Geschäftsmodell, das er mir schmackhaft machen wollte. Daher ließ er nicht locker. Es ging um Squash. Er schwärmte förmlich von diesem Sport, der zu jener Zeit zwar ein wenig mehr an

Popularität gewann, aber immer noch weit entfernt davon war, eine Bewegung auszulösen. In ganz Deutschland gab es 1975 etwa 20 Plätze. Ich hatte mit Squash bis dahin kaum Kontakt gehabt. Ich wusste, zwei Spieler knallten einen kleinen, knautschigen Ball gegen weiße Wände. Zukunftschancen räumte ich dieser Randsportart keine ein. Wie ich später lernte, hatte Ernst von Siemens, Industrieller und Enkel des großen Erfinders Werner von Siemens, diesen Sport in England kennengelernt und 1930 in Berlin die ersten vier Plätze in Deutschland gebaut. Später kamen mit der englischen Armee weitere Courts hinzu, damit die in Deutschland stationierten Soldaten diesem Sport nachgehen konnten. Dennoch: Mitte der 70er-Jahre war Squash nur etwas für Sportexoten und Insider.

Doch Kohlschreiber meinte, dieser Sport sei genau das Richtige für unsere Firma und unsere Fähigkeiten. Er hatte sich unsere Kindergärten angesehen und konnte sich vorstellen, die Kindergartenwände seien perfekt für einen Squashcourt. Der gute Mann ließ nicht locker, erzählte mir, Squash sei kein Tennis, sondern etwas ganz anderes. Squash werde in einem Raum gespielt, der sechs Meter hoch und breit ist, sowie etwa zehn Meter lang. Unsere Wände wären also bestens geeignet. Die Information über unsere Firma hatte er von einem unserer Lieferanten, dem größten Aluminiumhersteller Deutschlands. Kohlschreiber war dort selbst Gesellschafter. Immer wieder betonte ich, mit dem ASB-System für Kindergärten funktioniere ein Bau von Squashcourts nicht, das sei zu teuer, die Wände seien für diesen Sport nicht geeignet.

Ich blieb beim »Nein« und suchte nach Erklärungen, um dies zu untermauern. Kohlschreiber hingegen wusste nichts von der Zusammensetzung unserer Wände, einer Holzkonstruktion mit vielen Hohlräumen, sondern schwärmte von der Geschwindigkeit von bis zu 180 km/h, die dieser kleine Ball beim Aufprall auf einer der Wände erreichte. Genau dafür war aber unser Wandaufbau nicht geeignet. Meine Einwände waren das unweigerliche Dröhnen der Wände, der unterschiedliche Ballrücksprung und die unvermeidliche Beschädigung der Oberfläche der Wände. Diese Punkte waren eine klare Ansage. Es würde nicht funktionieren und wäre außerdem auch noch viel zu teuer.

Bei unseren Telefongesprächen legte ich ihm diese Tatsachen immer wieder dar. Währenddessen rutschten die Geschäftszahlen in unserer Firma immer weiter in den Keller.

Doch dann passierte etwas, was ich mir bis heute nicht richtig erklären kann. Bei einem der vielen Telefonate schoss mir auf einmal mein Motto durch den Kopf: »*Geht nicht, gibt's nicht!*«

Dieser Satz verließ mich nicht mehr. Plötzlich sah ich während des Telefonats mit meinem Anrufer alles komplett anders. Wo ich vorher Hürden sah, erblickte ich Auswege, aus Risiken wurden Chancen. Ideen und Visionen überkamen mich. Wir müssten an den Wänden einiges ändern, die Platten verbessern und vergrößern, andere Elemente wären nötig, aber das Wichtigste war, dass ich alles plötzlich klar vor Augen hatte. Ich wusste jetzt auf einmal, wie die Wände eines Squashcourts gebaut werden konnten und was getan werden musste. Das Innenleben der Wände musste einfach ganz anders sein, und ich wusste jetzt wie. Das war die Eingebung, das war eine Offenbarung, für die ich heute noch dankbar bin. Zu diesem Zeitpunkt wusste ich noch nicht, dass ich gerade den erfolgreichsten Squashcourt der Welt erfunden hatte. Und schon gar nicht, dass meine Erfindung mit dafür verantwortlich wurde, dass dieser Sport Squash 2028 würde olympisch werden können.

Hier erinnere ich mich an eine Episode aus »Alice im Wunderland«. Das Mädchen Alice kommt an eine Weggabelung und ist sich unschlüssig, welchen der beiden Wege es gehen soll. Verunsichert fragt sie die verrückte Grinsekatze im Baum: »Welchen Weg soll ich denn gehen?« »Tja«, sagt die Katze, »es kommt darauf an, wohin du willst.« Daraufhin Alice: »Das weiß ich nicht.« Prompt kommt die Antwort der Katze: »Na ja, wenn du nicht weißt, wohin du gehen willst, dann ist es auch egal, welchen Weg du gehst.« Und so ist es.

Es ist notwendig zu wissen, was genau unser Wunsch und was unsere Vision ist. Nur so wird sich Erfolg einstellen. Das Unterbewusstsein löst die Situation, es sollte jedoch schon wissen, was wir überhaupt wollen. Wir tun viele Dinge aus dem Bauchgefühl heraus, ohne uns dessen bewusst zu werden. Wir müssen die Intuition nicht rufen, doch in dem Moment, in dem wir sie brauchen, wird sie da sein. Wenn wir unser Unterbewusstsein täglich immer wieder, und zwar positiv, trainieren, wird es uns einen richtigen Weg zeigen, den wir noch gar nicht kennen. Das Training des Unterbewusstseins ist unser Ein und Alles für unsere unbewussten Entscheidungen.

Alles ist möglich, wenn die Verbindung zu dir selbst intakt ist und steht. Alles Wissen ist in dir.

Start mit völlig Unbekanntem

Die Intuition, wie ein Squashcourt, der ASB-SquashCourt, gebaut werden kann, kam wie ein Blitz von oben, innerhalb von Sekunden. Das war tatsächlich Intuition aus innerer Kraft, denn die ASB-Squashwände werden heute noch nach dieser Sekundenplanung der ersten Idee gebaut. Ohne eine Ahnung, ohne Wissen und nur mit Eingebung bauten und bauen wir immer noch den nachweislich besten Squashcourt der Welt, bis zum heutigen Tage.

Am Ende dieses denkwürdigen Telefongesprächs brach es mit Begeisterung aus mir heraus: »Und morgen bauen wir auf dem Grundstück gegenüber einen Squashcourt, und auf die Außenwand schreiben wir riesengroß SQUASH«. Das war eine Entscheidung, ohne den Weg wirklich genau zu kennen. Das war mutig, das war Intuition und das war Weitsicht. Wir legten los.

Wenn Du Dir von innen heraus sicher bist, dann »mache«, dann beginne sofort!

Das Ergebnis kann sich nach all den Jahren, die inzwischen vergangen sind, sehen lassen: Über 9.000 ASB-SquashCourts wurden mittlerweile rund um den Erdball in mehr als 80 Ländern aufgebaut – eine beispiellose Erfolgsgeschichte.

Das Ganze lief folgendermaßen an: Wir begannen tatsächlich am nächsten Tag mit einem Fundament auf dem gemieteten Grundstück und bestellten das notwendige Material. In der Zwischenzeit planten meine Techniker nach meinen Gedanken und Ideen. Anfangs hielten sie mich für total überdreht. Das war etwas völlig anderes als das, was wir bisher gemacht hatten. Meine Leute würden sich noch wundern, denn dieser ersten Neuentwicklung sollten später viele weitere Innovationen folgen. Ganze Wände würden elektrisch zu verschieben sein, die Rückwände aus Glas, Seitenwände, ja alle Wände des Courts aus Glas, und vieles mehr. Es würde immer weiter gehen, eine Innovation nach der anderen. Ich fühlte in mir eine Kraft, die es mir erlaubte, Neues zu sehen, Neues zu entdecken. Die Neugierde auf eine andere Welt war in mir wach geworden. Die alten Strukturen im Squash waren ein wunderbarer Nährboden für Neues. Ich konnte das Produkt immer wieder neu erfinden. Mein Kopf war voller Ideen.

Das ist einer der Gründe, warum ich erfolgreich wurde. Ich hatte viele, viele Ideen. Doch wir konzentrierten uns immer nur auf eine Idee, und dann auf die nächste. Dabei blieb ich und änderte meine Einstellung nie. Zweifel am Weg waren verboten, also gab es sie nicht.

Wir begannen mit dem Aufbau des ersten Squashcourts auf unserem gemieteten Grundstück. Der Court war mit seinen 15 Metern Länge und über sechs Metern Höhe ein größerer Block, als ich gedacht hatte. Jetzt war er fertig, hatte eine Galerie hinter dem eigentlichen Court mit einer Treppe hinauf, für Zuschauer und Schiedsrichter. Auf der zur Straße hin sichtbaren Längsseite des Baus schrieben wir tatsächlich SQUASH in über drei Meter hohen Buchstaben an die Wand. Der nächste Schritt: Publicity. Ich brauchte eine Verbindung zum Weltverband. Nach vielen Telefonaten erreichte ich irgendwann die richtige Stelle beim Squash-Weltverband und wenig später auch einen der damals besten Squashspieler der Welt. Wir konnten ihn tatsächlich für ein Testspiel gewinnen. Der pakistanische Weltklassespieler Hiddy Jahan kam nach Deutschland und war von unseren Wänden sofort begeistert. Für unsere Firma wurde er ein hervorragender Multiplikator. Zu dieser Zeit wusste ich noch nicht, welch bedeutende Rolle viele Spieler aus Pakistan für ASB und auch für mich spielen sollten. Wir beide verstanden uns sehr gut, und das war für mich alles okay. Es war aber viel mehr als okay, und das gilt bis heute.

Hiddy Jahan fand also den ASB-Court fantastisch, und er hatte nur einen einzigen Einwand: »My friend, the floor is incorrect, it must be lengthwise, it has to be turned 90 degrees.« Oje! Unser Parkettboden war quer statt längs verlegt – blamabel. Ich hatte es nicht besser gewusst! Einer der Beweise dafür, wie wenig Ahnung ich damals von Squash hatte. Wir änderten den Boden natürlich sofort. Zu diesem Zeitpunkt wusste ich immer noch nicht, warum unser ASB-Court der beste Squashcourt der Welt werden sollte. Vorerst war mir nur klar, dass wir auf dem richtigen Weg waren – wir hatten wieder einmal richtig entschieden. Vor allem hatten wir an der richtigen Stelle angesetzt, ja, an der höchsten, beim Weltverband und bei dem damals besten Spieler. Für große Ziele braucht es große Maßnahmen. Wenn schon, denn schon!

Die ersten Schritte waren also getan. Wie sollten wir nun weiter vorgehen? Der Court stand, und nun mussten Verbindungen zu Sportzentren in Deutschland und in der Welt aufgebaut werden. Hatte ich den zweiten Schritt vor dem ersten getan? Da war noch ein hartes Stück

Arbeit zu tun. Hätte ich gewusst, dass alle Courts der Welt bis dahin gemauert und verputzt waren, hätte ich niemals den besten Squashcourt der Welt erfunden und gebaut. Der ASB-SquashCourt begeisterte Spieler, den Weltverband und Betreiber von Sportzentren gleichermaßen. Auch Zuschauer konnten nun gewonnen werden, konnten sie doch jetzt das Spiel bequem von einer Tribüne oder hinter Glasrückwänden verfolgen. Mit anderen Worten: Es konnten nun Meisterschaften vor viel mehr Zuschauern ausgetragen werden. Von den vielen weiteren Innovationen, die bis heute die Squashwelt inspirieren, wird später noch die Rede sein.

Es könnte notwendig sein, sofort zu beginnen, wenn es auch nicht die richtige Reihenfolge sein wird – du weißt das nie, wenn du etwas gänzlich Neues versuchst – glaube daran!

Wenn du etwas entwickelst, wenn du etwas tust, dann mache es richtig. Wähle die besten Materialien, suche die besten Leute und hole dir die besten Sparringspartner.

Das Aktuelle Sportstudio

Ich war gerade auf dem Weg nach Hause und hatte in Konstanz am Bodensee einen Stopp eingelegt, als mein Autotelefon klingelte. Am Apparat war ein Mitarbeiter des ZDF: »Herr Babinsky, Ihre Telefonnummer haben wir von Ihrem Büro. Nach unserer Information können Sie Squashcourts auch demontierbar bauen. In vier Wochen benötigen wir einen demontablen Squashcourt im ›Aktuellen Sportstudio‹ bei Hanns Joachim Friedrichs. Können Sie das?« Und wie ich das konnte – die Entscheidung erfolgte sofort mit einem Ja, ohne zu überlegen, ohne zu zögern. Wieder eine Entscheidung, wieder reine Intuition, noch war nicht klar, wohin unser Weg mit Squash gehen würde. Trotzdem folgte ich meinem Bauchgefühl.

Das Aktuelle Sportstudio am Samstagabend war und ist die wichtigste und meistgesehene Sportsendung in Deutschland mit den höchsten Einschaltquoten. Ich konnte es überhaupt nicht fassen, ich war absolut sprachlos. Da mussten wir hin. Doch es gab ein Problem, das nur ich kannte. Wir hatten noch gar keinen demontierbaren Court, ja, wir hatten überhaupt noch keinen Court. Nur unser Versuchscourt stand fest verankert auf dem Gelände gegenüber, Outdoor, und dennoch sagte ich spontan Ja.

Das war Mut! Der Erfolg wartet nicht – also hieß es handeln. Mein Telefon lief heiß, und sofort machte ich mich auf den Weg nach Traunreut. Jetzt hatte ich erst einmal ein riesiges Problem. Die für den Bau eines freistehenden Squashcourts notwendigen riesigen Elemente mussten in einer Halle gefertigt und zusammengebaut werden. Nach einigen Absagen, es war Hochkonjunktur, hatte ich meinen Freund Fritz Bantscheff angerufen und um Hilfe gebeten. Fritz war sofort dabei und von dem Vorhaben begeistert. Er hatte eine Halle, in der wir diesen Court für das ZDF zusammenbauen konnten. Der Termin war unverrückbar, alles musste funktionieren. Mit einer sehr guten Mannschaft geht das auch. Eine Firma aus der Schweiz bot uns die Platten in der erforderlichen Größe an. Der Truck kam pünktlich, und wir luden die Platten in der gemieteten Riesenhalle ab. Das heißt, wir wollten sie abladen. Doch die Platten brachen beim Herunterziehen an ihren Nahtstellen – aus der Traum … Es war eine Katastrophe. Die Chance, den neuen ASB-Court im ZDF einem breiten Publikum vorzustellen, durfte doch so nicht enden! Es gibt immer einen Weg! Es musste einen geben!

Was tun? Der Termin stand fest, und wir hatten keine Chance mehr. Oder doch? Meine Mitarbeiter telefonierten mit allen Spanplatten-Herstellern in der Umgebung und in ganz Deutschland. Tatsächlich fanden wir ein Werk in Penzberg, im oberbayerischen Landkreis Weilheim-Schongau. Dort stellten sie Platten in größerem Format her. Ein Anruf, und ich saß mit einem Techniker im Wagen. Zwei Stunden später standen wir in der Fertigungshalle der Firma Pfleiderer. Die Plattenpresse lief auf Hochtouren. Wer konnte das ahnen? Die Größe der Spanplatten in der Produktion belief sich auf 2,20 Meter mal 6,50 Meter, und die Platten hatten die Stärke von 19 Millimetern, dazu noch das beste harte Fabrikat ohne Formaldehyd! Genau das, was wir brauchten.

Ein Schaden hat immer einen Nutzen in sich. Du musst nur auf deinem Weg bleiben. Auch hier zeigte es sich wieder: Positive Gedanken und ein positiver Wille und eine zielgerichtete Aktion öffnen viele Türen. Wir hatten gar nicht gewusst, dass es dieses Format gibt. Dann geschah etwas Außergewöhnliches, wir erhielten nämlich die für uns erforderlichen 30 Platten und ein paar mehr aus der laufenden Produktion! Der Lademeister organisierte einen Lastzug, und bereits am

Abend war der Truck unterwegs zu uns. Unsere Zusage an das Werk Pfleiderer: Wir würden in Zukunft unseren Bedarf an diesen Platten nur bei ihnen kaufen. Dieses Versprechen haben wir gehalten.

Der LKW traf ein. Am nächsten Morgen luden wir die Platten ab und stapelten sie ganz ohne Bruch. Die Fertigung in der Halle konnte weitergehen. Die Herstellung der Elemente lief dank der akribisch vorbereiteten Zeichnungen einwandfrei. Der Court wurde rechtzeitig fertig, die transportfähigen Teile wurden aufgeladen und später in Mainz angeliefert. 24 Stunden Aufbau über Nacht in der Halle des ZDF-Sportstudios, eine Mammutleistung unserer Spezialisten. Diese erbrachten euphorisch eine Spitzenleistung, waren in ihrem Eifer nicht zu bremsen und hatten kaum Zeit, die von uns bereitgestellte Brotzeit zu vertilgen. Das war absoluter Aufbau-Rekord, wie wir später herausfanden. Kraftlos und todmüde fielen die Helden in ihr Hotelbett. Die Sendung »Das Aktuelle Sportstudio« verschliefen die Monteure tatsächlich aus Erschöpfung.

Lediglich der Fertigungsleiter Hartmut war bei der Aufzeichnung dabei. Hanns Joachim Friedrichs kam vor der Aufzeichnung im Studio gleich auf mich zu. Er begrüßte mich mit Handschlag, wir machen das schon, und wollte noch die wichtigsten Dinge über Squash und diesen Supercourt wissen. Für HaJo war ich der Squash-Experte überhaupt. Ich schlug mich supernervös, aber tapfer. Denn ich konnte ihm ja wohl schlecht sagen, dass ich das »Squash-Embryo« überhaupt war. Immer wieder nahm ich einen der anwesenden Squashspieler zu Hilfe, rettete mich durch Querfragen, und so konnte dann HaJo mit seiner bekannten Routine die Show »Das Aktuelle Sportstudio« in über drei Stunden mit Bravour abwickeln. Hartmut und ich saßen ganz nah vor dem Court im kleinen Zuschauerraum und zitterten bei jeder Frage, bei jedem Ballwechsel und bei jeder Veränderung durch die Regie. Wir lauschten allen Antworten und hofften auf einen reibungslosen Ablauf.

Alles funktionierte, und wir beide, Hartmut und ich, spielten sogar total befreit im Abspann Squash – das war ein Erlebnis und unser allererster Auftritt im Fernsehen. Heute noch sehe ich mir das in Beta-Version an. Mein Squashspiel war laienhaft, Hartmut war Tennisclubmeister und viel, viel besser. Wir und auch die Regie waren total begeistert. Vorher hatte die Deutsche Meisterin mit perfektem Squash geglänzt.

An diesem Abend waren wir alle nicht nur glücklich und begeistert, wir waren wie in Trance. Die Euphorie trug uns in besondere Höhen, es klappte einfach alles. Während des Aktuellen Sportstudios hatte auch der Deutsche Skibob-Meister im ASB-Court seinen Auftritt. Seinen Skibob hatte er durch die schmale Tür der Squash-Glasrückwand nach innen geschleppt und präsentiert. Die Filmleute drehten aufgeregt mit ihren Riesenkameras in und vor dem Court. Übrigens hielt auch diese erste Glasrückwand aus 12 mm Sicherheitsglas bei ihrer Deutschland-Premiere allen Anforderungen stand.

Angeregt unterhielten wir uns mit unserem Mitstreiter, dem Deutschen Skibobmeister, nach der Sendung. Er war begeistert von diesem ASB-Court und wollte gleich mit der deutschen Spielerin trainieren. Seine ersten Squashschläge verübte er unmittelbar nach der Sendung. Wir wurden tatsächlich handelseinig. Er kaufte diesen und drei weitere Courts für ein neues Squash-Center in Lohmar im Rheinland. Ich war im Flow – carpe diem. Was ich damals noch nicht ahnte: Der ASB SquashCourt wurde der weltbeste Squashcourt. Und das Ergebnis – heute ist Squash als Olympische Sportart in Los Angeles 2028 fest eingeplant. Mit 8–9.000 ASB SquashCourts leisten wir einen großen Beitrag für Squash weltweit.

Ein Freund sagte mir einmal:

Auf Veränderung zu hoffen, ohne selbst etwas dafür zu tun, ist wie am Bahnhof zu stehen und auf ein Schiff zu warten.

Alles kann zur gleichen Zeit passieren

In dieser ohnehin aufregenden Zeit hatte meine Mutter einen schweren Unfall auf der Autobahn in der Nähe von Regensburg. Sanitäter brachten sie in das dortige Krankenhaus. Sofort machte ich mich gemeinsam mit meiner Frau auf den Weg. Es stellte sich heraus, dass die Verletzungen nur mittelschwer waren, und so fuhren wir nach unserem Besuch halbwegs beruhigt wieder nach Hause. Da die Strecke sehr lang ist, wählten wir wegen des geringeren Verkehrs den etwas kürzeren, doch kurvenreicheren Weg über die Landstraßen. Wir hatten Neumond, die Nacht war dunkel und gespenstisch. Da, links, kaum 500 Meter von der Straße entfernt, brannte ein Bauernhof lichterloh, Blaulichter von Feuerwehr und Polizei schwirrten durch die Nacht. Nach zehn Kilometern eine ähnliche Szene, jetzt rechts. Wieder Blaulichter und gedämpfte Sirenen. Dann eine Straßensperre und ein Umweg – noch ein Brand auf dieser Strecke. Sonderbar und unwirklich, immer wieder leuchtende Brandpunkte im Dunkeln am Horizont. Unheimlich. Da klingelte mein Telefon. »Herr Babinsky, wir suchen Sie überall, wo sind Sie? Kommen Sie so schnell wie möglich. Wir brauchen Sie! Unsere Lagerhalle brennt, alles explodiert. Kommen Sie schnell.« Die Verbindung wurde unterbrochen. Der Schreck fuhr mir in die Glieder. Noch eine halbe Stunde Geisterfahrt, und wir waren da. Die Zufahrtsstraßen waren durch Feuerwehrautos und Menschen versperrt. Die Feuerwehrleute zielten mit ihren Spritzen auf den riesigen Brandherd. Das Feuer loderte immer noch, und auf der rechten Seite des ehemaligen Gebäudes explodierten und verpufften immer wieder gestapelte Materialien. Dort war unser Farb- und Lackierlager. Während unserer Abwesenheit war die große Halle aus Holz bis auf die Grundmauern niedergebrannt und damit auch unser kompletter Lagerbestand. Eine neue Halle war bereits im Bau, doch deren Fertigstellung würde noch dauern.

Was war passiert? Ein Feuerteufel machte seit Monaten die Gegend unsicher. Mehrere Bauernhöfe waren ihm schon zum Opfer gefallen. Jetzt hatte er uns gewählt. Ich stand vor den Flammen und hörte kaum, was die Leute um mich herum schrien. Alles verbrannt, alles weg, einfach weg – wie würde ich meine Verpflichtungen einhalten können, wie würde ich mit diesem Verlust fertig werden? Gerade jetzt, da wir ohnehin nur sehr wenige Aufträge hatten?

Der Feuerteufel wurde bei dem nächsten Brand, einen Kilometer entfernt, vier Wochen später überführt. Er fiel auf, weil er als Feuerwehrmann immer schon vor den Einsatztruppen vor Ort war.

Tage später konnte die Brandstelle endlich betreten werden. Alle Schuttteile und Brandrückstände wurden entsorgt. Im Bereich der früheren Lagerung unserer Farb- und Spachtelmaterialien und der Nitroverdünnung wurde wegen des kontaminierten Bodens ein umfangreicher Erdaustausch notwendig. Der Bagger arbeitete sich tiefer und tiefer – da ließ ich ihn stoppen. Auf dem Bagger stehend schaute ich über die Fichten hinweg hinunter zu dem Fluss. Die Traun machte vor unserem Gelände einen großen Bogen. Sonderbarerweise führte der Uferweg von der Traun weg und direkt an meinem Hanggrundstück vorbei. Der Weg und die Traunauen lagen etwa fünf Meter tiefer. Die Fläche bis zur Traun war Privatgelände und gehörte zum großen Sägewerk an der Bundesstraße. Am Ende des Grundstückes schlängelte sich der Weg wieder zur Traun. Erst durch den Brand wurde sichtbar, welche Unmengen von Unrat die Menschen in diesem dichten Waldgelände hinterlassen hatten. Es war ein fürchterlicher Schandfleck.

Als ich all das registrierte, blitzte in mir eine wahnwitzige Idee auf. Wieder eine Vision, eine Innovation für eine mögliche andere Zukunft. Darauf wäre ich vor dem Brand nie gekommen. Meine Intuition meldete sich wieder einmal. Alles hat seine zwei Seiten. Wenn so eine »Hilfe von oben« angeboten wird, dann ist sofortiges Handeln notwendig, sonst sind die Eingebung und der Schwung wieder weg. Ohne Tun kein Erfolg, keine Innovation. Wieder einmal die Situation: Eine schlechte Seite hat immer auch etwas Gutes zu bieten – du solltest es nur sehen.

»Grab tiefer, bis hinunter auf die Ebene des Schotterweges.« »Warum?«, fragte der Baggerfahrer. Ich sagte: »Egal«. Ich wollte meine Idee nicht offenbaren, bevor ich Fakten schaffen konnte. Die Idee war, diese Abfallfläche zwischen Hang und Traun als Grundstück für den Bau von Häusern zu verändern. Die späteren Häuser würden sich nicht zur Straße, sondern zur Traun, dem wunderbaren Fluss, und zum gegenüberliegenden Hügel orientieren. Eine wunderbare Gartenlandschaft zwischen Häusern und Traun entstand schon jetzt vor meinen Augen.

Dann rannte ich nach Hause und telefonierte – der Besitzer des Waldstückes zwischen meinem Grund und der Traun war mir gut bekannt. »Kannst du mir das Gelände bei der Traun unter der abgebrannten Lagerhalle verkaufen?« »Waaas, das will doch keiner, nur Bäume und Abfall!« »Ich habe ein Angebot für dich: Fünf Mark pro Quadratmeter, du schneidest alle Bäume um und bringst sie in dein Sägewerk, sie gehören dir – aber nur, wenn du das gleich machst.« Natürlich war er zunächst skeptisch, wahrscheinlich dachte er, ich würde die Fläche als Zufahrt zum Abräumen des Abraumes benötigen. Wir wurden trotzdem sehr schnell handelseinig. Das war für ihn ein gutes Geschäft, denn die Fläche hatte für ihn praktisch keinen Wert und brachte ihm nur Unterhaltskosten und ständigen Ärger mit dem Wasserwirtschaftsamt. Durch meinen Plan, den keiner kannte, würde das Gelände allerdings ein Mehrfaches an Wert erhalten.

Am Montag kaufte ich das Grundstück, und er rodete den Wald. Dann machte ich gleich Nägel mit Köpfen. Mittels einer Schubraupe ließ ich den bestehenden Waldweg direkt an die Traun verlegen, sauber und ordentlich mit Kies verdichten und für Fahrzeuge des Wasserwirtschaftsamtes befahrbar machen. Ich war mir sicher, die Mitarbeiter des Wasserwirtschaftsamtes und des Naturschutzes würden hinter vorgehaltener Hand sehr zufrieden sein, die großen Abfallmengen waren weg, und die Arbeit für die Leute vom Wasserwirtschaftsamt viel einfacher, da der Weg nun direkt am Fluss entlangführte. Trotzdem, ich hatte die geltenden Regeln missachtet, weil ich zu tief hatte graben lassen. Allerdings habe ich tatsächlich nie etwas wegen der Verlegung des Weges gehört. Anscheinend war man sehr zufrieden. Der Sägewerksbesitzer wusste, er würde eine Strafe bekommen, aber er nahm das in Kauf. Ich könnte vielleicht ohne Strafe und mit einer besonderen Belohnung davonkommen. Also galt es, aktiv zu werden. Nachdem die Fakten geschaffen waren, rief ich den Landrat und den Kreisbaumeister an und bat um einen Ortstermin. Der kam zustande, weil mein Bürgermeister, der Kugelblitz von St. Georgen, die Fäden knüpfte. Jetzt war erst einmal der Teufel los. Denn das, was ich hier getan hatte, hätte mehrerer behördlicher Genehmigungen bedurft. Ich hatte voreilig gehandelt. Doch wie hätte ich sonst handeln können? Innovation ist eine Frage der Erfahrung, das war und ist mein Leitspruch in allen meinen Broschüren. Ohne den Mut, auch einmal Regeln zu brechen, wäre ich niemals dorthin gekommen, wohin ich wollte – für die Umwelt, für eine innovative Zukunft und zum Wohl der späteren Bewohner.

Der Vorteil, den ich mit meiner Aktion bieten konnte, war nicht nur städtebaulich, sondern auch landschaftlich wertvoll. Doch darüber hatten andere zu entscheiden, nämlich die behördlichen Gremien. Allerdings wäre es ohne mein Handeln niemals zu einer solchen Entscheidung gekommen, weil sich die Behörden von Anfang an gar nicht auf meine Ideen eingelassen hätten.

Landrat Schmucker war ein hochgeachteter Mann von großer und eindrucksvoller Statur. Wegen einer Kriegsverletzung am Bein benutzte er einen Gehstock. Und er kam tatsächlich auf die Baustelle. Dieser Landrat war ein hervorragender Vermittler und Macher. Er kam in Begleitung des Kreisbaumeisters und der Vertreter aus allen wichtigen Ämtern, wie Landschaftsschutz, Wasserwirtschaftsamt, Naturschutz, und natürlich durften auch die sehr misstrauischen Bauamtsmitarbeiter nicht fehlen.

Für diese wichtige Besprechung war ich gut vorbereitet und hatte eine große Zeichnung mit Bildern aufgehängt. Der Bürgermeister berichtete von dem Unrat, dem Schandfleck, der Lagerung von giftigen Materialien und zeigte die Möglichkeit eines Paradieses zwischen der Traun und den geplanten fünf Gebäuden mit vorgesehenem Hochwasserschutz auf. Zugang zu den Häusern von der Straßenseite mit großem Vorplatz, Hangbebauung für die zweigeschossigen Gebäude, die jeweils einen Garten bis zum Fluss erhielten, das war eine Überraschung und städtebaulich begeisternd. An so etwas hatte vorher noch niemand gedacht. Natürlich kam der Hochwasserschutz mit Bedenken wegen Überschwemmungen und forderte eine kleine Erhöhung vor den geplanten Häusern. Es überwogen aber die Vorteile dieses Vorschlages für eine Fläche mitten im Dorf von St. Georgen. Zudem waren bereits vor dem Brand zahlreiche Beschwerden der Anwohner wegen der vielen Montagewagen an jedem Arbeitstag beim Landratsamt eingegangen und hatten somit Vorarbeit für uns geleistet. Im Gegenzug kam von mir die Zusicherung, den ganzen Betrieb nach Traunreut zu verlegen.

Der Landrat war bekannt für seine weitsichtigen und logisch durchdachten Entscheidungen. Wir einigten uns mit einigen wesentlichen Auflagen. Ein besseres Ergebnis konnte es nicht geben. Keiner der Anwesenden hatte diese Version einer Bauplanänderung geahnt. Ein ungenutztes Abfall-Grundstück wurde zu einer attraktiven Wohnanlage. In der Nachbarschaft war ich wieder gern gesehen.

Eine Vision, die sich verwirklichen lässt, ist eine außergewöhnliche Aufgabe und eine wunderbare Herausforderung. Es war eine Freude, ein Spaß, den ersten Entwürfen Besonderheiten hinzuzufügen, den Häusern eine begeisternde und ortsgebundene Architektur zu verpassen. So bot sich die Möglichkeit, eine wunderbare kleine Siedlung zu gestalten. In unserer geschäftlichen Flaute konnten wir uns nun selbst diesen Auftrag zum Bau von fünf Satteldach-Häusern erteilen. Sie wurden ein Schmuckstück, und bevor sie zur Hälfte fertiggestellt waren, waren sie bereits verkauft. Das war ein Schachzug und half uns ein wenig über die auftragsschwachen Zeiten hinweg.

Auch hier wieder: Es gibt immer einen Weg. Die Intuition gibt uns immer einen Hinweis – wir sollten ihn hören.

Schmerzhafte Kündigung

Das Leben hat für uns stets ganz Unterschiedliches parat. Mal zeigt es uns positive Seiten, mal negative oder irgendetwas dazwischen. Mit dem Beginn meiner Selbstständigkeit habe ich mir eine Art Verhaltenskodex angewöhnt. Dazu habe ich mir unterschiedliche Punkte in einem Buch notiert. Diese Werte, so nannte ich sie, haben mich mein Leben lang begleitet. Ich lebte für meine Vorstellungen von Freiheit, Erfüllung und Harmonie. Den Weg glaubte ich zu kennen. Ich nahm mir vor, anständig und korrekt zu sein und dankbar für alles, was das Leben mir bot.

Warum ich so dachte, lag auch daran, dass Dinge oftmals anders, besser, verliefen, als ich es erwartet hatte. Das erfüllte mich mit Demut und Dankbarkeit. Denn oftmals ist uns im Moment selbst ja gar nicht klar, welches Geschenk in Ereignissen und Vorkommnissen liegt. Oft wird das erst erkennbar, wenn wir die Ereignisse Revue passieren lassen. Sonderbarerweise bestrafen sich meist jene selbst, die den geraden Weg verlassen. Ich kann nicht sagen, warum das so ist, aber es ist so – das ist meine Erfahrung. Verständnis für die Menschen war einer der größten Erfolgsfaktoren in meinem Leben. Ich versuchte, nicht nachtragend zu sein. Auf der anderen Seite musste ich erleben, wie viele Menschen später für ihre Rücksichtslosigkeit und für ihre Betrügereien selbst bezahlen mussten.

Einer meiner Vorarbeiter im Trockenausbau wurde in seiner Position außergewöhnlich gut, er wurde besser und besser. Wir setzten uns zusammen, und er war total überrascht, als ich ihm die Leitung des Bereiches Trockenausbau übertrug. »Helmut«, meinte ich zu ihm, »du hast unsere Leute gut im Griff, leitest unsere Baustellen seit Jahren vorbildlich. Wenn du willst, übertrage ich dir 30 Prozent der Firma, die wir jetzt neu gründen.« Natürlich stimmte er zu, und wir feierten die Neugründung der »Babinsky Trockenausbau KG«.

Helmut war groß gewachsen, hatte einen kleinen Oberlippenbart, einen ganz schönen Bauchansatz und auch eine respektable Figur. Seinen kleinen Sprachfehler konnte er gut überspielen, seine Witze machten ihn sympathisch. Wenn ich ganz ehrlich bin, war er ein kleiner Diktator. Doch die neue Situation bewährte sich, unsere Baustellen liefen weiterhin sehr gut, und ich musste immer seltener eingreifen. Hin und wieder gab es kleinere Differenzen durch die etwas zu »robuste« Behandlung seiner bzw. unserer Mitarbeiter, doch die konnten immer ausgeräumt werden. Meine beiden Betriebe zeichneten sich durch ein besonders harmonisches Betriebsklima aus, und die Mitarbeiter der beiden Firmen verstanden sich sehr gut. Vielleicht wurde ich schon zu diesem Zeitpunkt ein wenig unaufmerksam, denn ich vertraute Helmut mehr und mehr. Mit den Umsätzen und auch mit dem sich abzeichnenden Gewinn war ich sehr zufrieden. Die Firma Babinsky Trockenausbau KG lief recht gut, und auch meine Firma Babinsky Systembau steigerte durch neue Entwicklungen und Veränderungen die Umsätze, und dies Monat für Monat. Bald erreichte ASB Systembau den zehnfachen Umsatz gegenüber dem kleineren Trockenausbau – ASB Systembau war erfolgreich in den internationalen Markt aufgestiegen.

Es kam, wie es kommen musste, doch mich traf es unvorbereitet. Helmut und ich hatten einen gemeinsamen Termin in Traunstein. Um nach dem Termin unabhängig zu sein, fuhr jeder in seinem eigenen Auto. Unsinnigerweise hatte ich damals großen Spaß an schnellem Fahren, und Helmut hatte das auch. Als ich merkte, dass Helmut knapp hinter mir war, gab ich Gas. So hielt ich ihn ständig auf Abstand, und in den Kurven war ich ohnehin sicherer und beweglicher, da ich das bessere Auto hatte. Ich war einfach schneller. Am Abend saßen wir noch zusammen, und dann sagte er mit leichter Bewunderung: »Mit dir kann ich nicht mithalten, dein Auto ist zu schnell. Wenn du so ein Auto fährst, dann will ich auch so eines.«

Meine Argumente, dass er ja auch nur ein Zehntel des Umsatzes von mir mache und dass es einen großen Unterschied zwischen beiden Firmen gebe, zogen nicht. Am nächsten Tag hatte ich seine Kündigung auf dem Tisch. Wir waren Freunde, doch das zählte nun nicht mehr. Helmut wollte jetzt mehr. Neid trieb ihn an, er hatte sich plötzlich verändert. Er wollte sich als Konkurrent selbstständig machen, um dann eben das Auto fahren zu können, das er fahren wollte. Mit seinem Wissen und seinem Können hatte er unsere Mitarbeiter gut angeleitet. Die Babinsky Trockenausbau KG bestimmte den hiesigen Markt, und so war er sich seines Handelns sehr sicher. Die bisherigen Kunden, ein paar Mitarbeiter und Lieferanten würden mit ihm gehen, und er würde genügend Aufträge bekommen, um seinen neuen Betrieb sehr gut und erfolgreich zu leiten. So dachte er.

Im ersten Moment dachte ich ähnlich und wollte tatsächlich die Trockenausbau KG aufgeben. Doch dann erkannte ich, was wir bisher erreicht hatten, was diese Marke und unser Name eigentlich wert waren. Mein Entschluss stand fest, ich würde nicht aufgeben. Und das war die richtige Entscheidung! Wir hatten weiterhin unsere Kunden, wir waren weiterhin die Firma, die den Markt bestimmte. Meine Schwester Heidi war in unserem Betrieb beschäftigt. Übergangsweise bat ich sie, den Betrieb kaufmännisch zu führen. Seit unserer Kindheit hatte ich meiner Schwester immer Mut gemacht, etwas selbstständig zu tun. Ich war mir sicher, sie würde das können, es lag viel mehr Potenzial in ihr, als sie selbst glauben wollte. Sie tat es nicht. Sie wagte es nicht. Sie hatte Angst zu versagen. Mich nannte sie ihren großen Bruder und ihr großes Vorbild. Sie sagte immer: »Du kannst das, aber ich niemals.« So geht das wirklich nicht. Ich zeigte ihr verschiedene Beispiele, rezitierte das positive Denken rauf und runter, »Mut«, sagte ich, »ist der Anfang des Sieges. Wenn du erst einmal den ersten Schritt getan hast, werden sich dir alle Türen öffnen.« Es half alles nichts. Ihre Zeit war noch nicht gekommen.

In der Zwischenzeit holte Helmut mit Dumpingpreisen zum vermeintlich vernichtenden Schlag aus. Die Preise purzelten in den Keller, und so gewann er viele Ausschreibungen. Er hatte jede Menge Werkzeug und vor allem Kundenadressen bei seinem Abschied mitgenommen. Er war sich sicher, den Markt in Kürze zu dominieren. Aber der Neid war in seiner Familie vielleicht doch erblich, denn sein erwachsener Sohn machte ihm kurz danach mit einer eigenen Firma Konkurrenz. Jetzt war der Wettbewerb in seiner Familie angekommen.

Es wurde anders, als ich es für möglich gehalten hätte. Heute bin ich dankbar über das Ausscheiden des Abtrünnigen. Jede noch so schlimme, harte Situation, jeder Schlag hat immer wieder auch eine positive Seite. Meine Schwester hatte nun zusammen mit meinen Mitarbeitern Kämpfe um Aufträge gegen Helmut, und dann auch gegen seinen Sohn zu führen. Die Qualität unserer Arbeiten vergaß sie trotz Preisdruck nie. Es war eine sehr harte Schule.

Eines Morgens nahm sie mich zur Seite und wollte mit mir reden. Was war los? Wollte sie aufhören?

Es kam ganz anders: »Weißt du, ich habe viel von dir gelernt, und jetzt weiß ich, wie du denkst. Übergib mir den Trockenausbau, und ich mache mich damit selbstständig. Ich zahle Material und Werkzeug nach und nach.« Das war einer der größten Erfolge für mich. Ich war dankbar. Es kam, wie es zu erwarten war, meine Schwester wurde erfolgreich, sie wurde viel besser, als ich jemals in diesem Bereich hätte werden können. Es wurde eine Erfolgsstory ohnegleichen. Erst jetzt, mit 80 Jahren, hat sie einen Teil ihrer Anteile an ihre Tochter und an einen Enkel abgegeben. Türen öffnen sich immer, wenn du dich entschieden hast zu gehen. Alles ist möglich, wenn du nur daran glaubst und alles dafür tust.

Ja, und Helmut? Es dauerte nicht allzu lange, dann führten ihn und auch seinen Sohn vermutlich Fehlwirtschaft und zu kurzsichtiges Denken in die Insolvenz. Schon lange hatte ich meinen damaligen Ärger über sein Tun vergessen. Wenn ich ehrlich bin, hatte ich ihm auch verziehen. Dieser schwerwiegende Vertrauensbruch hatte auch wunderbare positive Seiten gehabt. Geduld ist nicht immer unsere Stärke, doch irgendwie werden die Dinge »von oben« geregelt.

25 Jahre nach unserer Trennung rief völlig überraschend die Frau von Helmut bei mir an. »Horst, ich soll dich anrufen, ich wage es fast nicht. Doch Helmut will es unbedingt, er besteht darauf. Er ist krank, sehr krank, er liegt nebenan in seinem Bett. Würdest du noch einmal mit ihm sprechen, würdest du das tun? Er will unbedingt noch einmal mit dir reden.«

»Natürlich«, sagte ich spontan, »warum nicht?« Kurze Zeit war Stille, und dann hörte ich: »Das würdest du wirklich tun, nach alledem, was geschehen ist?« »Ja, selbstverständlich, es ist schon lange vorbei, alles vergeben und vergessen, Helmut soll sich nur melden, ich werde Zeit haben.« Helmut konnte sich nicht mehr melden. Wenige Tage nach unserem Telefonat konnte Helmut in Ruhe von uns gehen – er hatte seinen Frieden gefunden.

Meine Art war es immer, mich normal zu geben, und sehr oft habe ich es auch darauf angelegt, mich unterschätzen zu lassen. Warum ich das tat, weiß ich bis heute nicht. Vielleicht, weil ich mir selbst sehr sicher bin und ich mich auf mich selbst verlassen kann. Immer wieder einmal haben Partner und andere Menschen geglaubt, Produkte besser, wirtschaftlicher und preiswerter vertreiben zu können als ich, es besser zu können. Oft war die Trennung unschön, doch ich übte keine Nachrede. Ich vermute, meine Nachahmer sind daran zerbrochen, weil von mir keine Vorwürfe kamen. Sie konnten mein Verhalten nicht einordnen, und vermutlich hat diese Situation ihr Unterbewusstsein stark beschäftigt. Keiner dieser Plagiatoren hat diese Auseinandersetzung geschäftlich überlebt. Sonderbar.

Wenn du die Zufriedenheit nicht in dir selbst findest, ist es zwecklos, sie bei anderen zu suchen.

Es war schon mal schlimmer

Wenn ich an meine Kindheit denke, frage ich mich oft, wie das alles überhaupt zu überstehen war. Es gibt so viele Menschen, die wegen weit weniger schlimmer Ereignisse nicht mehr auf die Beine kommen, die verzweifeln und die ihre Traumata aus frühen Tagen das ganze Leben lang mit sich herumschleppen. Vielleicht kann ich mir heute gar nicht mehr vorstellen, das alles noch einmal zu verkraften, noch einmal zu erleben. Aber jedes Unglück, jede Krise trägt einen Schritt zur Lösung, zur Heilung in sich. Egal, was mir auch passierte, es ergaben sich immer neue, unbekannte, aber am Ende erfolgreiche Wege.

Wahrscheinlich habe ich schon als Kind eine gehörige Portion dieser Zuversicht in mir getragen, denn sonst hätte ich die Tage meiner Kindheit nicht in so unbeschwerter Erinnerung.

Später dachte ich oft an Peter Pan und fühlte mich verbunden mit seinen Visionen, seinen Abenteuern und Kämpfen – im Inneren wie im Äußeren. Er lebt ja auf der Insel Nimmerland. Dort passieren die Dinge allein schon deswegen, weil man an sie glaubt. Ein Ort der ewigen Kindheit, natürlich, ein Ort, an dem aber auch die Kraft der Gedanken die Realität beherrscht. Eine Idee, die mir bis heute sehr gefällt. Und auch, wenn ich nicht wie Peter Pan fliegen konnte, in meinen Träumen tat ich das schon. Ich schwebte in Gedanken durch eine ganz andere Welt als die, die vor mir lag. Und ein Stück weit formte mich genau diese Welt zu dem, der ich einmal werden sollte.

Ich wurde 1938 in Schreckenstein geboren, einem Ort, das im heutigen Tschechien liegt und damals zum deutschgeprägten Sudetenland gehörte. Mit mir kam beinahe parallel die von vielen Deutschböhmen erwünschte »Befreiung« durch Hitler-Deutschland und die

Eingliederung in das deutsche Territorium. Die Tschechoslowakei trat im Frühherbst 1938 die Gebiete an Deutschland ab, um dann ein halbes Jahr später von der Armee Hitlers besetzt zu werden. Das alles war zunächst noch sehr weit weg von meinem Leben. Ein Leben, das in den Anfangsjahren von Unbeschwertheit, Liebe und Wohlstand geprägt war.

Meine Großeltern besaßen das »Waldschlösschen«, ein Ausflugslokal, etwa sechs oder sieben Kilometer von Schreckenstein entfernt. Es hatte eine große Küche, Gaststuben, eine Kegelbahn und einen wunderbaren Kaffeegarten, heute würden wir ihn Biergarten nennen. Die Ausflügler aus Schreckenstein, Aussig und Leitmeritz wanderten am Samstag- oder Sonntagnachmittag ins Waldschlösschen zu Kaffee und Kuchen, oft auch während der Woche. Es war ein beliebtes Ausflugsziel mit weiß gedeckten Tischen und Stühlen im Garten unter Obstbäumen. Daher war immer sehr viel los im Waldschlösschen. Hirschragout, Reh- und Fasanenbraten standen auf der Speisekarte. Die Jäger aus der näheren und weiteren Umgebung trafen sich zum Erfahrungsaustausch an diesem idyllischen Ort. Noch sehr gut erinnere ich mich an die Zeiten, als hinter der Kegelbahn Tontaubenschießen organisiert wurden. Meine Mutter war eine ausgezeichnete Schützin und räumte an Preisen ab, was es zu gewinnen gab.

Bereits in ihrer Jugend hatte meine Mutter dort die Besucher bedient und bewirtet. Sie war beliebt, lachte viel, war freundlich und sehr hilfsbereit. Etwas, was meinen Vater dazu brachte, zehn Jahre lang auf ein Ja-Wort hinzuarbeiten. Wie auch sonst alles hat er das schließlich geschafft, und später feierten meine Eltern eine riesige Hochzeit in Schreckenstein, in unseren großartigen Räumlichkeiten, den »Studeny's Ball- und Festsälen«. Meine Großmutter Amalia Studeny hatte den Besitz in die Ehe mit meinem Großvater väterlicherseits eingebracht. Die große Gastwirtschaft, die Veranstaltungssäle und auch die Bäckerei waren im Ort beliebt und stark frequentiert, sowohl von den Tschechen als auch von den Deutschen. Alles, was damals Rang und Namen in der Umgebung hatte, hielt Hochzeit, Taufe, Jubiläen und andere Feierlichkeiten bei uns ab. Theaterstücke wurden geprobt und aufgeführt, und die Schauspiele waren ein Zuschauermagnet. Unser Gebäudeblock mit den Ball- und Festsälen bestand aus drei großen aneinandergebauten Häusern und den dahinterliegenden Veranstaltungssälen, und er lag direkt an der Elbe, nur durch die Uferstraße getrennt.

Ich habe noch das Bild vor mir, wie bei Hochwasser den Schreckensteinern mit eilig gebauten Holzstegen der Zugang zu den Gaststätten und zur Bäckerei ermöglicht wurde. Direkt gegenüber von unserem Haus führte auch der Weg hinauf auf die »Alte Eisenbahnbrücke«, die später sehr oft Ziel von Bombenangriffen werden sollte. Diese alte Brücke war für Fußgänger der Weg von und nach Aussig zur anderen Seite der Elbe.

Im Mittelteil dieses Dreiergebäudes, im ersten Stock, wuchs ich auf. Mein Kindermädchen hieß Minka. Sie war die Tochter des Försters, des Nachbarn meiner Großeltern im Waldschlösschen. Sie war etwas kräftiger, hatte ein rundes Gesicht und fast immer ein Lächeln auf den Lippen. Meine Eltern in unserem doch recht großen Betrieb an der Elbe hatten wenig Zeit für Privates, deshalb kümmerte sich Minka um mich. In der Gastronomie sorgten meine Mutter und mein Vater für gutes Essen, harmonische Gesellschaft, gut organisierte Veranstaltungen. Sie kümmerten und sorgten sich um unsere Gäste, was sich später einmal sehr lohnen sollte. Vor allem deswegen, weil sie keinen Unterschied zwischen Tschechen und Deutschen machten, weil sie die manchmal fast unüberbrückbaren Differenzen ausgleichen konnten und weil sie alle mochten und daher auch gemocht wurden. Ich habe schon als Kind viel von meinen Eltern gelernt, gerade was die Achtung vor den Menschen betrifft – das hat mich geformt.

Ich war ein Wunschkind, und mein »verrückter« Vater war so glücklich, dass er meiner Mutter zu meiner Geburt einen weißen Mercedes schenkte. Das war in Schreckenstein natürlich Gesprächsthema, aber mein Vater scherte sich nicht darum. Er selbst konnte den Wagen auch gar nicht fahren, er hatte keinen Führerschein. Das tat meine Mutter, was zeigt, wie es in meiner Familie um die Rolle und Bedeutung der Frauen stand. Meine Eltern taten alles für mich, und ich genoss diese Liebe und Aufmerksamkeit sehr. Als ich vier Jahre alt war, ließ mein Vater eine Achterbahn aus Holz im großen Veranstaltungssaal der Ballsäle aufbauen. Mit einem Holzwägelchen bretterte ich täglich mit ganz schönem Zahn nach unten in den Saal. Ich hatte alles, was man sich an Spielsachen vorstellen konnte. Ich wurde verwöhnt, und dennoch konnte dieser Umstand keinen größeren Einfluss auf mein Wesen haben. Ich schätzte mein Umfeld, nie war ich undankbar oder stellte mich über andere. Das lernte ich schnell von meinen Eltern. Es zeichnete mich mein ganzes Leben aus.

Immer Mitte Mai besuchten wir unsere Großeltern, und dort nahm mich mein Großvater im sehr idyllisch gelegenen Waldschlösschen auf den Arm. Er war groß und stark, trug stets einen Hut, hatte einen gekrümmten Stock und trug einen weißen Zwirbelbart im Gesicht, dessen Enden sich in die Höhe reckten und an dem ich liebend gerne herumzupfte. Wir gingen dann ein klein wenig den Hang hinunter, folgten einer kleinen Mulde im Hang zu einem alten wuchtigen und knorrigen Kirschbaum. Mein Großvater zog einen Ast herunter, und ich staunte über die vielen wundervollen, dicken, saftigen Kirschen. »Herzkirschen«, sagte er, und ich sollte, wie jedes Jahr, die erste saftige Kirsche pflücken und mir in den Mund schieben. Ein Ritual, das ich liebte. Die Erinnerung an den Geschmack im Mund, an das Ausspucken des Kerns ist immer noch präsent. Ich liebe heute noch Kirschen, besonders die hellen und großen. Herzkirschen eben.

Bombenangriffe der Alliierten kamen in den Jahren meiner frühen Kindheit sehr oft vor, zum Ende des Krieges hin – ich war gerade mal sechs Jahre alt – waren sie an der Tagesordnung. Die vielen Angriffe auf Dresden, 80 Kilometer nördlich von uns gelegen, von Februar bis April 1945, und damit verbunden auch auf die Schichtwerke in Schreckenstein und auf die Alte Eisenbahnbrücke, direkt neben uns, ließen immer wieder die Sirenen aufheulen. So oft, dass wir Kinder das gar nicht mehr so ernst nahmen. Die anfängliche Heulerei wurde zum Spaß für uns Kinder.

Bei wunderbarem Wetter, blauem Himmel und trotz März schon angenehmen Temperaturen waren wir 1945 irgendwo an der Elbe auf der anderen Seite der Straße. Die Sirenen heulten wieder einmal, meine Cousine Ulrike und ich hatten keine Eile. Am Himmel glitzerten silbern die Jagdbomber. Ich war von den wendigen, schnellen Flugzeugen stets aufs Neue schwer beeindruckt. An die schrillen Sirenen hatten wir uns schon gewöhnt, auch dieses Mal – sie wurden lauter und lauter. Plötzlich purzelten Bomben aus den großen Kampfbombern hoch über der »Alten Eisenbahnbrücke«. Jetzt erst rannten wir. Fetzen und Trümmer flogen, es krachte. Wir rannten zum Bunker, der in der Erde eingelassen war, an der Straße hinter dem Elbufer direkt neben unserem Häuserkomplex. Irgendjemand zerrte uns hinein, und die riesige Stahltür knallte zu. Es gab zwei Bänke auf jeder Seite, die prall gefüllt waren. Frauen und Männer drängten sich wimmernd aneinander. Es war mucksmäuschenstill. Keiner redete ein Wort. Meine Eltern und

Minka waren bereits dort. Neben Mutter gab es noch Platz. Eng klammerten wir uns aneinander, wir hörten und fühlten die Einschläge.

Die Erde bebte.

Zwei Stunden später konnte ich nichts mehr begreifen. Die Bombe, die in die Mitte unserer Häuserreihe fiel, hat alles zerfetzt. Ein riesiger Trümmerhaufen – keine Gaststätte, keine Säle, keine Wohnungen, nichts mehr. Die unheimliche Bombe hatte ganze Arbeit geleistet. Mauerreste stachen in den Himmel, schwarze Balken rauchten, und der Wind blies Schutt und Asche über die Elbe. Der Mitteltrakt war verschüttet, und so konnte ich nicht zu meinem Zimmer, nie mehr. Es war alles vorbei. Vorbei die Kindheit, vorbei die schöne Spielterrasse, weg meine tollen Spielsachen, weg mein Teddy, einfach weg. Ich hatte nichts mehr, überhaupt nichts mehr.

Später wühlten wir in den Trümmerbergen, suchten in Schutt und Asche, Minka, meine Eltern, Freunde, alle waren völlig durcheinander und zu planlos, um das zu finden, was vielleicht noch brauchbar gewesen wäre. Ich sah die Tränen meiner Eltern, hörte das abgehackte Schluchzen, die Nachbarn liefen zusammen und schüttelten ungläubig ihre Köpfe. Viel war nicht mehr zu machen – Einsturzgefahr. Nur noch Trümmer. Mit dem Leiterwagen und später mit Helfern und Lastwagen machten wir uns auf den Weg zu Großvater ins Waldschlösschen. Alles, aber auch alles, war weg, kaputt und zerstört. Auch unsere riesigen Ballsäle und auch die Bühnen, alles weg – Aus! Weg war auch meine Achterbahn aus Holz, mein wunderbarer Zeitvertreib.

Schmerzen lehren uns: Es ist alles vergänglich!

Erinnerung an die Bombe, die mir Freiheit gab

Vor nicht allzu langer Zeit besuchte ich wieder meine Tante Idl in ihrem Altersheim in Traunstein. Acht Tage vor meinem Besuch hatte sie Geburtstag gefeiert. Mit ihren 100 Jahren war sie überraschend fit und immer noch bestens drauf.

»Schau hinaus«, sagte sie und blickte aus dem Fenster, »dort der Hochfelln und der Hochgern, jetzt siehst du beide Berge, sie sind voll mit Schnee, ist es nicht herrlich? Jeden Nachmittag sitze ich, wenn es warm genug ist, auf dem Balkon und trinke meinen Tee. Ich freue mich über jeden Tag, bewundere die knorrigen Äste der alten Bäume vor dem Fenster, höre die wild streitenden Spatzen und erwarte den Frühling. Die Knospen siehst du schon ein wenig, und jeder Tag bringt etwas Neues, Wunderbares und viel Schönheit. Ich freue mich immer wieder über dieses wunderbare Leben.« Worte, die mein Herz berührten. Für mich war sie eine Lebenskünstlerin. Seit ihrem 65. Lebensjahr konnte sie wegen Schwindelanfällen nicht mehr allein sein. Und doch fand sie jeden Tag neue wunderbare Dinge, die sie bewundern konnte. Nicht müde wurde sie, über die schönen Dinge des Lebens zu reden. Jetzt, zu ihrem 100. Geburtstag, hatte Uli, ihre Tochter, einen Lebensbaum mit ihren Erlebnissen entworfen. Grafisch gestaltet hatte ich diesen dann in DIN A1 ausgedruckt, und ihre Tochter hatte ihn aufgestellt.

Bei ihrer Geburtstagsfeier hatte sie mir versprochen, mir wieder ein wenig von meiner Kindheit, an die sie sich lebhaft erinnern konnte, zu erzählen. Nun war ich gekommen, und gespannt wartete ich darauf, denn eine Sache interessierte mich besonders: Es ging um einen weiteren Bombenangriff, den ich überlebte, aber nicht, wie ich lange gedacht hatte, an der Hand meiner Mutter, sondern es war meine Tante Idl, die mich rettete. Davon wollte sie erzählen. In ihrem Bett setzte sie sich aufrecht hin. Das Kissen schob ich ihr hinter den Rücken, und dann begann sie mit einer langen Geschichte. Ich erlebte diese Geschichte wieder neu, denn ich hatte sie so genau nicht mehr in Erinnerung. Die Erlebnisse hatten trotzdem auf mein späteres Leben einen starken Einfluss und prägen mich auch heute noch bei vielen Entscheidungen. Tante Idl erzählte mit ruhiger Stimme, und ich notierte alles. Langsam erinnerte ich mich an den damaligen fürchterlichen Schock. Ich hatte vieles verdrängt.

Wir beide wanderten mit unserem Leiterwagen an einem Nachmittag auf der linken Seite der Elbe, elbaufwärts. Vor uns lag der riesige Felsen mit der dunklen Burg Schreckenstein. Rechts davon erhob sich die große Elbstaustufe mit den Schiffshebewerken. Die schroffen Felswände zur Burg, schwarz und bedrohlich, senkrecht in den Himmel stechend, schüchterten mich immer wieder ein. Auf dem Weg zum Waldschlösschen, zu den Großeltern, mussten wir immer dort vorbei. Wenn ich den Kopf hob, konnte ich das Ende des Felsens nicht sehen, so hoch und so stark hing die Felswand über uns. Und oben, ganz oben auf dem Felsen, von da, wo wir standen, unerreichbar, strotzte die Burg. Und wieder wurde mir sonderbar, schummrig und flau im Magen. Ein besonderer Ort. »Da, schau mal!« Tante Idl war stehengeblieben, ließ den Leiterwagen los, nahm mich an der Hand, und wir stiegen ein paar Schritte den Elbedamm hoch.

»Hier, siehst du diese vier sonderbaren Löcher im glatten Felsen?«, fragte sie mich.

In den Vertiefungen, ein wenig größer als die Bierfilze in unserem Gasthaus, schimmerte noch ein Rest Regenwasser. »Schau sie dir genau an. Die vier Löcher sind die Abdrücke vom Pferd des Raubritters auf der Flucht. Sonderbar, nicht? Und jetzt erzähle ich dir eine wundersame und aufregende Geschichte.« Wir setzten uns, schauten über die rauschende Elbe: »Lang, lang ist es her – da lebte in diesem Gebiet ein Raubritter mit seinem Gefolge. Sonderbarerweise war er bei dem niederen Volk sehr beliebt, und die Edelleute, Ritter und vor allem die Reichen fürchteten ihn. Mit gutem Grund. Der Raubritter überfiel aus dem Hinterhalt oft die Kutschen der Reichen, raubte ihnen ihr Hab und Gut und ließ sie laufen. Seine Horde und er verschwanden. Später tauchten sie in den Dörfern der Armen auf und verteilten ihre Beute an die Bedürftigen. Das war natürlich nicht richtig, aber die, denen er von seinen Beutezügen abgab, verehrten ihn, gewährten ihm Unterschlupf oder zeigten den Verfolgern den falschen Weg.«

Dieser Raubritter war der Räuberhauptmann Wenzel Babinsky. Großvater sagte immer hinter vorgehaltener Hand, wir stammten von ihm ab. Wow, das war etwas – mein Herz schlug höher – und ich merkte mir das gut. Mir gefiel, wie sich der Räuberhauptmann Babinsky um die Notleidenden kümmerte. Und derer gab es sicher sehr viele. Babinsky war, wie ich später herausfand, tatsächlich eine historische Figur. Er lebte im 19. Jahrhundert, und seine Taten wurden in vielen populären tschechischen und deutschböhmischen Romanen und Liedern beschrieben.

Wir gingen an jenem Tag weiter die Bergstraße hinauf zur Burg Schreckenstein, dann bogen wir am Scheitelpunkt rechts ab in Richtung Waldschlösschen. Ein wenig müde von dem Fußmarsch bergauf waren wir nun froh, auf der ebenen Straße auf dem weiten Feld vor unserem Ziel zu sein. Noch 500 bis 800 Meter waren zu gehen. Wieder war blauer Himmel, wieder sah ich dort oben das Glitzern eines silbernen Bombers und wieder sah ich Bomben wie Ungetüme aus dem Flieger fallen. Stocksteif blieb ich stehen, fasziniert und vor Entsetzen gelähmt. Wir waren allein auf weiter Fläche. Tante Idl schrie vor Panik, packte mich am Kragen und riss mich in den tiefen Straßengraben.

Gott sei Dank! Die Hölle brach los, ein grausiges, ohrenbetäubendes Tosen rundherum, es spritzte und donnerte, Erdklumpen, Steine und Grasbrocken flogen überall. Der Bombeneinschlag war ein Inferno, die Erde bebte. Alles finster, ich war tot, so war es mir. Unter Schutt, Kies, Grasbüscheln und Sand, Dreck schluckend, nichts sehend – ich drückte mit Händen und Füßen, Rücken und Beinen. Dann bröselte es, lockerte sich, und nach langen Minuten in dieser absoluten Stille schrie meine Tante, schlug um sich, suchte und griff mit ihren Händen nach mir, wir gruben uns aus, husteten und prusteten. Tante Idl schüttelte die Grasballen und die schwere Erde von mir und sich selbst ab. Ich heulte und schrie, kroch auf die Straße, klammerte mich an meine Tante. Um uns nur Erdbrocken, Steine, Gras und Schutt. Wir hatten es geschafft, da war die Freiheit, da war etwas, was ich nie beachtet hatte. Du bist halb oben, schreist vor Glück. Du hast nicht aufgegeben. Du hast die Angst besiegt – die Welt ist wieder da mit blauem Himmel und mit sauberer, klarer Luft. Der Staub legte sich, und ich konnte wieder etwas um mich herum sehen. Langsam begriff ich dieses Riesenchaos. Die Bombe war keine 30, 40 Meter entfernt in das Feld gedonnert und detoniert. Leiterwagen samt Inhalt waren irgendwo – egal. Bis auf einige Schrammen und einen riesigen Schock waren wir in Ordnung, es ging uns hoffentlich gut. Wie durch ein Wunder schienen wir unverletzt. »Du warst sehr tapfer«, sagte damals meine Tante Idl. Sie nahm mich an der Hand und zog mich weiter. Leiterwagen und anderes mussten später gesucht werden. Wir wollten nur noch zu meinen Eltern und Großeltern in das Waldschlösschen.

Hundert Meter weiter stand auf der linken Seite etwas zurückgesetzt ein wunderbares Haus mit gepflegtem Vorgarten und Büschen. Ich hatte es in guter Erinnerung. Das Haus mit zwei Rundbögen davor war etwas anders, vornehmer und gepflegter als andere. Es sah einfach gut aus, immer schon war es mir aufgefallen. Ein großes, breites schmiedeeisernes Tor in einer halbhohen Mauer bildete den Eingang. Oft hatte ich dort zwei Mädchen mit blonden Zöpfen lustig herumspringen sehen. Sie waren etwas älter als ich. Rechts vom Haus zweigte eine schmale Straße ab. Leute, wahrscheinlich Nachbarn, liefen nach dem Bombenabwurf vor ihre Häuser und kamen die Straße herauf. Eine weitere Bombe war, nur einige Meter von den Häusern entfernt, in der Wiese explodiert. Entsetzt gestikulierten sie mit ihren Händen.

Dann eine weitere Schreckensnachricht: In diesem idyllisch schönen Haus hatten die Eltern den Gashahn aufgedreht. Die ganze Familie mit ihren vier Kindern kam ums Leben. Selbstmord. Ich weiß noch, die Kinder lagen in ihren Stockbetten – vorbei. Jede Hilfe kam zu spät. Den Eltern war klargeworden, der Krieg ist verloren. Wahrscheinlich waren sie Angehörige der SS oder NSDAP – wir wussten es nicht so genau. In meinem Kopf drehte sich alles – eine Katastrophe nach der anderen. Ich konnte sehen, wie die Leute herumwankten. Die Menschen waren wirr, zitterten und hielten sich in den Armen. Meine Tante schob und zog mich weiter. Zehn Minuten später waren wir im Waldschlösschen – nun waren wir sicher. Es war für uns alles noch einmal gut gegangen. Was für ein Alptraum.

Als wir in die Gaststube kamen, nahm mich mein Großvater in den Arm. Er wusste, wie ich litt, wie durcheinander ich war. »Komm«, sagte er. Er zog seinen Jägerrock über, setzte seinen Hut auf, nahm den Stock und holte seine Flinte aus dem Schrank. Er pfiff nach seinem, nein, meinem Hund Harras, und schon waren wir auf dem Weg durch eine weite Mulde in den Hochwald aus Laubbäumen und Tannen. Mit Harras war ich aufgewachsen, von Anfang an war er immer bei mir, wenn wir im Waldschlösschen zu Besuch waren. Im Wald angekommen, war Harras »bei Fuß«, und so nach und nach beruhigte ich mich.

Großvater zeigte mir den Platz der Eule links am Hang und die Stelle, an der am Abend die Rehe an der Lichtung zu äsen begannen. Wir erkletterten den Hochsitz und unterhielten uns. »Es wird immer wieder einmal etwas passieren, manchen trifft es hart oder sehr hart und andere kommen mit viel Glück oder Intuition davon«, sagte er.

»Du wirst irgendwann einmal lernen, dass du dein Leben selbst bestimmst. Du bestimmst, was dir passieren wird und wie es dir geht. Du weißt es nicht direkt, aber innen drin weißt du alles. Du bestimmst selbst, wie du einmal dein Leben führen wirst. Entweder wirst du den Weg nach ganz oben suchen oder du wirst es zu kaum etwas bringen – alles liegt in dir. Wähle die bessere Mitte, nicht zu hoch und nicht zu niedrig. Suche den Weg, der für dich am besten ist und der dir die Freiheiten der Welt geben wird. Denk darüber nach, vielleicht nicht jetzt, sondern später. Doch jetzt erst einmal: Kopf hoch und durch!« Damit

zeigte er mir den sicheren Weg in der Mitte – in der Mitte von Geld, Ruhm und Anerkennung – nicht zu viel und nicht zu wenig.

Ich wusste und verstand es damals noch nicht, doch ich ahnte es: Je mehr Positives du in dir hast, umso weniger werden dich Angst, Unsicherheit, Unwissenheit und Zweifel vor einer Entscheidung hindern.

An diesem Tag lernte ich, keine Angst zu haben. Irgendwie geht es immer.

»Ich bin nur im Wettbewerb mit mir selbst«. Vergleiche mit Anderen schaden mir nur selbst – also vergleiche ich mich nie. Du wirst und kannst nie so sein wie ein Anderer, egal ob du zu ihm aufschaust oder auf ihn hinunter, denn jeder, absolut jeder ist auf seine Art einzigartig. Du würdest nur eine Kopie sein und nicht das Original. Du kannst von den Genies lernen, aber kopieren kannst du sie nicht. Du bist ganz sicher anders, du bist wahrscheinlich sogar besser, aber eben nur auf deine Art und Weise. Du kannst kein Gary Cooper, keine Madonna und kein Steve Jobs werden – du wirst das, was du bist, was du denkst und an was du wirklich glaubst. Besiege deinen Geist und mache ihn zu deinem Förderer – er kann das.

Alles Wissen ist in dir, also lerne. Alles, was du willst, sein wirst und anstrebst, ist bereits in dir. Also beginne bei dir, lerne dich selbst kennen und vor allem lieben. Nur dann wirst du in der Lage sein zu sagen: »Was interessieren mich die Anderen, ich bin zuerst einmal im Wettbewerb mit mir selbst.« Wenn du das geschafft hast, werden dich Angst, Unentschlossenheit und niedrige Selbsteinschätzung nicht mehr auf deinem Weg behindern. Befreit wirst du nach vorne und nicht immer seitwärts oder zurück schauen. Etwas habe ich auch durch Eingebung gelernt und lange Zeit benötigt, um es zu verstehen:

Alles Wissen ist in uns – doch dieses Wissen hat mit dem Wissen um uns herum nichts, aber auch gar nichts, zu tun! Erkenne: »Ich kann alles, wenn ich wirklich will!«

Der Weg in die Zukunft

Die große Halle, in der wir die Bauteile des Squashcourts für das ZDF gefertigt hatten, war für die ersten Projekte gerade noch ausreichend. Aber nun brauchten wir dringend eine eigene Halle. Wir fanden ein Grundstück in Stein an der Traun. Es fehlte lediglich ein kleines Stück von etwa 150 Quadratmetern, eine Schräge, die das Ende des Grundstückes abtrennte. Diesen Teil erwarb ich provisorisch mit handschriftlichem Vertrag von einem vermeintlichen Freund. Das war damals meine Entscheidung. Aus Zeitgründen war die notarielle Verbriefung zu einem späteren Zeitpunkt geplant. Ein handschriftlicher Vertrag und ein Handschlag waren für mich bindend, vor allem unter Freunden – so hatte ich gedacht. Aber diese Unachtsamkeit sollte sich später als großer Fehler herausstellen.

Wir planten intensiv, wie die Halle gestaltet werden müsste. Jeder Mitarbeiter konnte Vorschläge einbringen, und gemeinsam prüften wir die Erfordernisse. Die Techniker hatten ihre eigenen Vorstellungen, und so auch die Mitarbeiter unserer Firmenverwaltung. Endlich stand unsere Idee. Wir brachten sie zu Papier, besprachen noch einmal alle einzelnen Punkte, und dann konnte es losgehen. Der Bauplan wurde eingereicht, die Baugenehmigung erhielten wir termingerecht, und der Bau unserer ersten eigenen Fertigungshalle konnte beginnen. 300 Quadratmeter Büro und 600 Quadratmeter Lager- und Fertigungsfläche, teilweise zweigeschossig, sollten für uns vorerst reichen. Büro- und Lagerhalle bauten wir noch im ASB-Bausystem aus Aluminium. Den Eingangsbereich gestalteten wir zusätzlich mit zweigeschossigen Glaselementen und einem schönen Besprechungsraum im Obergeschoss.

Unsere Elementproduktion konnte beginnen. Die Montagestraße für unsere riesigen Elemente mit 9,75 Metern Länge und 2,20 Metern Breite bewährte sich schon bei der ersten Fertigung, und die vier Courts wurden sozusagen als Jungfernfahrt nach Lohmar verladen. Für diese Verladung bestellten wir noch einen mobilen Kran. Die nächste Verladung erfolgte dann schon mit unserem firmeneigenen Kran, den wir gebraucht gekauft hatten. Wir lernten, die richtigen Materialien systematisch und praktisch einzusetzen, rationalisierten unsere Fertigung mit jeder Produktion und konnten schon auf Halde, also auf Vorrat fertigen. Jetzt war es notwendig, für die künftigen Aufträge zu sorgen.

Der Bau der Halle, der Einbau einer Montagestraße und die Anschaffung der notwendigen Lagerbestände für die Fertigung waren ein immenses finanzielles Risiko. Nach dem Auslaufen der Aufträge für die Kindergärten durch die Erzdiözese München-Freising war der Umsatz von 28 auf 6 Millionen DM gefallen. Heute noch wundere ich mich über meinen damaligen Mut, meine Zuversicht und vor allem meine Intuition. Ich glaubte fest an das, was ich vorhatte, denn wissen konnte ich auf keinen Fall, wie Squash sich entwickeln würde. Squash war in

Deutschland eine neue Sportart, ohne Hintergrund, ohne Tradition. Wir begannen nun mit vollem Elan und suchten nach Wegen, wie wir das alles bewerkstelligen könnten. Die Firma ASB Systembau, seinerzeit gegründet für die ASB-Aluminiumbauweise und jetzt für Squash zuständig, beschäftigte die Mitarbeiter für die Fertigung und für die Montage. Ein völliges Neuland für uns alle. Hatten wir manchmal wenig Arbeit, so konnte ich meine Leute in der Trockenausbau KG unterbringen und weiterbeschäftigen.

Die restlichen Aufträge mit dem ASB-Aluminiumsystem deckten die anfallenden Kosten für Löhne und Material. Es gelang uns, eine Ausschreibung für einen besonderen Kindergarten mit schrägen, versetzten Dächern in Heroldsberg bei Nürnberg zu gewinnen. In Bayreuth konnten wir für die Stadt ein riesiges Versorgungszentrum in unserer ASB-Bauweise errichten. Diese Projekte und in Haan ein zweigeschossiges Rechenzentrum mit zwei Bauabschnitten halfen uns. Es wurde ein großartiger Erfolg, und der Bauherr war äußerst zufrieden. Für dieses Rechenzentrum entwickelten wir unsere ASB-Stütze von 20 auf 30 Zentimeter im Quadrat, die mit Baustahl und Beton gefüllt wurde – es funktionierte. Diese und einige andere Aufträge hielten uns über Wasser, konnten aber nicht von der Tatsache der neuen Brandschutzordnung ablenken, die Aluminium in Zukunft nur noch für ebenerdige Bauten zuließ.

All dies beschleunigte die Entwicklung des erfolgreichsten Squashcourts der Welt. Ohne den Mut, Neues anzugehen und ohne das unbedingte Vertrauen auf Intuition und Eingebung »von oben« wäre diese Glanzleistung nie möglich gewesen.

Bis dahin hatten wir aber immer noch einen weiten Weg vor uns. In Deutschland begann durch unsere Präsentation im Aktuellen Sportstudio und später durch die Presse befeuert ein Squashboom ohnegleichen, an dem wir maßgeblich beteiligt waren. Meine Ausbildung zum Werbe- und Marketingfachmann machte sich jetzt bezahlt. Ich wusste, welche Initiativen wir zu ergreifen hatten. Die Prospekte und die komplette Werbekampagne für den ASB-SquashCourt entwarf ich selbst, das hatte ich schließlich gelernt. Dann machte ich mir Gedanken über den Sport in Deutschland und überlegte, mit welchen Aktionen wir Squash bekannt machen könnten.

Ich schrieb mein erstes Buch, oder sagen wir Büchlein: »Der Bau von Freizeitanlagen«. Es wurde ein Leitfaden für Architekten und Planer. Darin stellte ich die Kundenleitwege in einem Freizeitcenter vor, beschrieb die richtige Anordnung von Squashcourts mit Zuschauerplätzen und Tribünen, die einen geselligen Ablauf gewährleisten, sowie die praktische Zuordnung von Aufenthaltsbereich zu gemütlicher Bar und Sitzgelegenheiten. Squashanlagen konnten so zu Orten werden, an denen sich Freunde treffen, unterhalten und vor allem Beziehungen aufbauen. Für die Planung von größeren Sportanlagen mit verschiedenen Sportarten musste von den notwendigen Parkplätzen bis zur Anzahl der Toiletten und Duschen, ja sogar der Sitzplätze an der Bar und der Tische mit Stühlen im Aufenthaltsbereich alles sorgfältig bedacht und in Relation gesetzt werden. Die Anordnung der Räume untereinander folgte einem ganz klar geregelten Schema. Für Planer hatten wir ein Excel-Programm, in dem nur die Anzahl der Squashplätze, Tennisplätze, Fitnessflächen und Badmintonplätze eingegeben werden musste, und schon hatte man die zugehörige Anzahl der notwendigen Parkplätze, Garderobenschränke, aller anderen Einrichtungsgegenstände und auch Toiletten und Duschen. Sogar die Größe des Saunabereichs wurde ermittelt. Das war für die damalige Zeit eine Sensation und vereinfachte die Planungen.

Die ersten gemischten Saunen wurden gebaut und vom Publikum sofort angenommen. Diese Saunen spiegelten die neuen Trends wider, die sich in der Jugend und auch bei den Erwachsenen verbreiteten. Das Leben wurde freier und offener – eine neue Zeit hatte begonnen.

Konsequent achtete ich auf unsere Werbeaussagen. Unseren ASB SquashCourt nannte ich »Das Original« und ließ auf unsere Courts »ASB – das Original« stempeln. Ein starkes Qualitätsmanagement in unserem Hause sorgte immer für die beste Qualität der ASB-Produkte, und unsere gut ausgebildeten Mitarbeiter garantierten die einwandfreie Montage. Es war auch entscheidend, nur qualitativ hochwertige Materialien bei der Herstellung unserer ASB SquashCourts zu verwenden. Qualität hatte den Vorrang vor dem Preis. Schon die ersten Produkte unserer Nachahmer und Plagiatoren litten unter Mangel an Qualität. Sie sparten beim Einkauf und verwendeten somit nicht die richtigen, weil als zu teuer erachteten, Grundmaterialien.

Gleichbleibende Werbeaussagen und Markendisziplin sorgten für wachsendes Vertrauen unserer Kunden und vor allem für Weiterempfehlungen. Entscheidend waren unsere Präsentationen, unser Verhalten und die hohe Qualität unseres Produktes. Hier gab es keine Kompromisse. Wir sorgten dafür, unseren Namen als Marke ASB fest in der Branche und bei den Kunden zu verankern. Unsere Prospekte zeigten das hochwertige Markenprodukt.

Die Idee, ein Imageprodukt zu erwerben wie einen ersehnten BMW oder Mercedes, vielleicht auch Rolls-Royce, sollte ein Anreiz sein. Es entstand bei Kunden und vor allem bei Spielern der Wunsch, unbedingt auf einem ASB Court zu spielen. Anlagenbesitzer interessierten sich aus Prestige für den ASB SquashCourt, weil dieser für das richtige Image einer Freizeitanlage sorgte. Das war es, was ein Besitzer einer neuen Anlage brauchte. Die besten Spieler der Welt bevorzugten den ASB SquashCourt, und wir sorgten dafür, dass die Spieler dies auch zum Ausdruck brachten. Wir blieben nicht stehen, sondern entwickelten weiter, verbesserten winzige Details, optimierten das Aussehen und schafften Vorteile, die bis heute nur ein ASB SquashCourt aufweist.

Die Kunden wollten und suchten uns, weil wir das Beste hatten.

Schladming

Auch wenn wir bei der Einführung der neuen Produktion anfangs viele Rückschläge hinnehmen mussten, so kamen wir doch mit Enthusiasmus und viel Optimismus langsam, aber sicher auf den Erfolgsweg. Unser neues Büro- und Fertigungsgebäude war in Betrieb. Die ASB SquashCourts wurden in unserer Halle zusammengesetzt, lackiert und auf große Lastwagen oder in Container verladen. Mein Büro befand sich im ersten Stock, bei gutem Wetter konnte ich die Bergkette der oberbayerischen Alpen sehen.

Eines Tages tauchte ohne Anmeldung ein Herr auf, der mit mir über positives Denken sprechen wollte. Ich war sehr verwundert und natürlich aufgeschlossen. Positives Denken, Intuition und gute, vertrauensvolle Mitarbeiterführung waren von Beginn meiner Laufbahn als Unternehmer immer meine Grundeinstellung gewesen. Mit den Erfahrungen aus Rigips, Trelement und vor allem durch den Bau von über 70 Kindergärten konnte ich hoffnungsvoll und effizient in die Zukunft sehen. Jedes Jahr besuchte ich Seminare zum Themenbereich Kreativität. Eigentlich wollte der Herr gar nicht zu mir, sondern zu unserem Nachbarn, der seinen Termin vergessen, also ihn versetzt hatte. Ich war neugierig und interessiert. Unsere Unterhaltung machte mich sehr empfänglich für seine Ausführungen. Seine Einstellung war: »Alle haben die gleichen, also genauso viele Probleme wie Sie und ich. Die sogenannten Anderen leben in ihren täglichen Dramen aus dem Leben und dem Fernsehen, aus den guten Dingen der Vergangenheit, und verstärken damit ihre Sicht in Schwarz-Weiß. So werden Probleme eben zu großen Problemen hochstilisiert, damit sie in ihrer Einöde wenigstens etwas abwechslungsreich leben können. Der Unterschied liegt darin: Erfolgreiche Menschen arbeiten an ihrem Problem, an ihrer Herausforderung mit 10 Prozent und an der Lösung dieser Situation mit 90 Prozent. Während die Masse daraus 90 Prozent Problem macht und nur 10 Prozent ihrer Initiative für dessen Beseitigung aufwendet.«

Wie um mich zu testen, drückte er mir zwei handliche Stahlröhrchen in die Hand und wollte meine Reaktionen erfühlen. Diese ermittelten die momentane Erregung oder das Schwitzen der Hände. Derlei »Zauberkunststücke« waren eigentlich nicht so mein Ding, doch meine Skepsis wandelte sich schnell, als wir noch tiefer ins Gespräch einstiegen. Er konnte das wirklich gut.

Später wurden wir Freunde, und dieser Mann wurde einer der besten Erfolgstrainer, die ich kenne. Sein Name: Alfred R. Stielau-Pallas. Er lebt heute in Neuseeland. Nach weiteren Terminen und auch Seminaren mit ihm entwickelten wir die Idee, ein besonderes Seminar zu gestalten. Nicht nur unsere Mitarbeiter im Büro, sondern auch unsere Lagerarbeiter und Monteure sollten dabei sein. Auch hatten wir die Idee, Menschen einzuladen, die eine Rolle im Squash-Sport spielten oder noch spielen würden. Eine Liste wurde zusammengestellt, auf der sowohl der Präsident des Deutschen Squash-Verbandes als auch Squashanlagenbesitzer und Spitzenspieler aufgeführt waren. Wir luden die zu dieser Zeit wichtigen Leute aus der Squashszene ein. Darunter war auch mein späterer bester Freund Winfried, der heute die größte Freizeitanlage in Deutschland betreibt. Die erst kurz zuvor angeworbenen Verkäufer für unsere ASB SquashCourts wurden ebenfalls eingeladen, um sie zu schulen. Außerdem bekamen noch ausgewählte Pressevertreter eine Einladung, denn Artikel in Zeitungen und Zeitschriften sollten unbedingt erscheinen.

Um wirklich Großes zu erreichen, wollten wir aus dem Alltag heraus, weg aus dem üblichen Tagesablauf, wir wollten Neues, und wir wollten Veränderung. Als Tagungsort wählten wir Schladming in den österreichischen Bergen, wo wir Seminarräume und Zimmer für 30 bis 40 Personen fanden. Drei volle Tage waren für das Seminar geplant, die Übernachtung und Verpflegung übernahm meine Firma, dafür fand das Seminar am verlängerten Wochenende von Freitag bis Sonntag statt. Das Programm gestaltete Alfred R. Stielau-Pallas. Wir stimmten unsere Vorstellungen untereinander ab, und dann sandten wir das Einladungsschreiben an die ausgewählten Teilnehmer. Das Schreiben sollte die Empfänger ansprechen, und das gelang. Alle kamen, und die Veranstaltung wurde ein echter Erfolg, ein Erfolg, der bis heute anhält. Das von Alfred R. Stielau-Pallas durchgeführte Training erzielte eine eindrucksvolle und aktive Dynamik für alle Teilnehmer. Dieses Seminar war der Auftakt für viele Aktivitäten, die dem Squash-Sport zum großen Durchbruch in Deutschland verhelfen sollten.

Das geplante taktische Handeln brachte tatsächlich folgende Ergebnisse:

1. Gründung der ersten deutschen Squashzeitung »Squash Player« mit einer aktiven Beteiligung von ASB. Die beiden eingeladenen Journalisten und der Meisterfotograf wurden Geschäftsführer und waren von dieser Idee begeistert. An der Gründung dieser Firma beteiligte sich natürlich auch ASB.

2. Gründung einer zweiten deutschen Firma für den Bau von konventionellen Squashcourts mit englischem Putzmaterial. Mein Ziel war es damals, den Marktanteil aller gebauten Squashcourts in Deutschland mit der neuen Firma auf zusammen 50 Prozent zu erhöhen.

3. Bei diesem Seminar engagierten wir einen Squash-Journalisten für den Deutschen Squash-Verband. Alfred Richter wurde sehr erfolgreich mit seinen Artikeln und hatte einen großen Anteil an der positiven Berichterstattung über Squash in der deutschen Presse. Er war einer der Mitgestalter des Squash-Sports in Deutschland.

4. Während unseres Seminars begeisterten sich die eingeladenen Fachleute so für das Produkt ASB, dass wir mit Beendigung des Seminars vier ASB-Verkäufer im Markt unter Vertrag nehmen konnten. Später leisteten sieben Vertreter erfolgreich Verkaufsarbeit.

5. Marketing- und Verkaufsstrategie wurden festgelegt. Die Markentreue zu ASB erhielt obersten Rang, zugeordnet wurden höchste Qualität, stabile Preise (höher als der Wettbewerb), einwandfreie Lieferkette, Einzigartigkeit des Produktes und Unverwechselbarkeit in Form, Präzision, Darstellung und Präsentation.

6. Zusammen mit unserem Außendienst und unseren Mitarbeitern verabredeten wir jedes Jahr zwei Treffen zur Schulung und Weiterentwicklung. Diese Entscheidung legten wir auf fünf Jahre fest.

Alle Teilnehmer beendeten diese drei Tage mit beeindruckender Motivation, die noch viele Jahre anhalten sollte. Wir hatten den Spagat zwischen den sachlichen Notwendigkeiten in einem Unternehmen und den menschlichen Aspekten im Arbeitsumfeld geschafft. Unsere Mitarbeiter haben grundsätzlich ihre eigenen Aufgaben, ihren eigenen Bereich, lösen Situationen mit Freude und Hingabe und führen wiederum ihre ihnen zugeteilten Mitarbeiter auf die gleiche Art und Weise mit großer Eigenverantwortung.

Durch dieses Basis-Seminar wurden unser Unternehmen und der Markt präzise vorbereitet, und damit wurden wir erfolgreich. Die Verkäufe, Umsätze und auch Gewinne stiegen.

Ein erfolgreiches Produkt erschaffen heißt:

- **Der erste mit diesem Produkt auf dem Markt zu sein, und das auch zu sagen**
- **Das beste Produkt zu erschaffen, und das auch zu kommunizieren**
- **Den Unterschied zu anderen Produkten klar sichtbar zu machen**
- **Immer der Beste und Schnellste hinsichtlich Qualität, Verbesserungen und Vorteilen zu sein.**

So kannst du nicht überholt werden

Auf einem Flug nach New York unterhielt ich mich mit einem Architekten aus Manhattan. Unsere Gesprächsthemen waren vielfältig und tiefgründig, wir redeten über starke Ideen und deren Verwirklichung. Abschließend meinte er recht ernst einen Satz von Henry Ford zitierend: »Nicht mit Erfindungen, sondern mit Verbesserungen macht man ein Vermögen.«

Das nahm ich mir zu Herzen. Ab sofort versuchte ich, alle wesentlichen Punkte während meiner Baustellenbesuche per Band aufzuzeichnen. Gezielt fragte ich unsere Monteure nach ihren Erfahrungen und hörte ihnen sehr genau zu. Angedeutete Mängel oder Verbesserungsvorschläge wurden sofort notiert. Diese Besuche auf den Baustellen waren Gold wert: Ich dachte nach, machte Ideen daraus, besprach alles mit meinen Mitarbeitern und entwarf Veränderungsvorschläge. In vielen Fällen waren es kleine Details, die geändert werden sollten, manchmal aber auch Entscheidendes. Wenn wir eine Veränderung an unserem System für gut befanden, gab es eine Regel. Jede Veränderung musste mindestens drei Vorteile oder zwei zusätzliche Verbesserungen mit sich bringen. Das waren die notwendigen Hürden, um nicht vorschnell Veränderungen durchzuführen. Es funktionierte hervorragend, meine Mitarbeiter suchten mit Freude nach zusätzlichen Punkten und halfen somit, das ASB-System zu dem besten der Welt zu machen.

Parallel zum Squashboom drängte eine neue Fitness-Sportart aus den USA nach Deutschland – Aerobic. Der Mann, der den Begriff und die Sportart prägte, hieß Dr. Kenneth H. Cooper und kam aus Dallas. Das weckte mein Interesse, und so besuchte ich ihn in den Staaten. Es war offensichtlich und klar, welche Welle da auf uns zukommen würde. Das sollte für uns nicht unerheblich werden. Mein erster Gedanke war, einen größeren Court zu bauen, in dem Aerobic und andere Gymnastik-Sportarten durchgeführt werden konnten. Zu viel Aufwand – wir fanden eine andere, eine bessere und einfachere Lösung. Ich schlug diese vor und wurde erst einmal für verrückt gehalten: Eine Seitenwand zwischen zwei oder drei Squashcourts abhängen und einfach elektrisch in den anderen Court fahren. Beim ersten Versuch schoben zwei Mann diese Wand. Wir entwickelten weiter, fanden innovative Elektriker, und die Wände verschoben sich auf Knopfdruck vollautomatisch und verriegelten sich gegen Verrücken selbst. Die Idee war fertig. Jetzt konnten wir aus zwei Courts eine Aerobicfläche von 125 Quadratmetern und aus drei Courts 200 Quadratmeter in zwei Minuten schaffen – sensationell.

Diese ASB-Entwicklung brachte für den Squash-Sport die nächste wesentliche Verbesserung. Bisher wurde Doppelsquash in einem gesonderten, viel größeren Squashcourt gespielt. Dieser Court war länger und breiter, das war sehr aufwendig und außerordentlich kompliziert. Dazu war ein extra gebauter Court notwendig, eigentlich unbezahlbar. Für die Verbreitung des Spieles Doppelsquash war das hinderlich.

Wieder waren es die Spitzenspieler, die dem Weltverband die ganz einfache Möglichkeit des Verschiebens einer Squash-Seitenwand meldeten. Bis zu diesem Zeitpunkt hatten die Verantwortlichen aus der Squashszene über meine Idee des Erweiterns eines ASB-Squashcourts nur milde gelächelt. Jetzt bot sich eine sehr interessante Möglichkeit. Die World Squash Federation, also der Weltverband, erkannte die ASB-Idee der verschiebbaren Seitenwand an, um Doppelsquash spielbar zu machen. Der Weltverband änderte die Maße des Doppelcourts auf die Länge des Normalcourts, und lediglich die Breite wurde um ca. zwei Meter erweitert. Eine einfache Entscheidung mit sehr großen Auswirkungen. Ein zusätzlicher Court für dieses Spiel war ab jetzt nicht mehr notwendig. Das neue Doppelsquash wurde durch ASB geboren und trat den Siegeszug um die Welt an. Ab sofort war Doppelsquash ein Teil der Weltmeisterschaften und der Commonwealth Games.

Eine Weiterentwicklung kam zur anderen. Wir blieben dran. ASB brachte zusammen mit Chris Hadden Farbe in den Court, entwickelte das elektronische Tin (Playboard, unteres Spielbrett) mit verstellbaren Höhen. Nach den British Open in einem Theater in London entwickelten wir einen Court mit Seitenwänden aus Glas, damit Hunderte von Zuschauern das Squashspiel verfolgen konnten. Squash wurde TV-fähig, und ASB wurde international. Heute ist es selbstverständlich, bei den Commonwealth Games und den Weltmeisterschaften auf einem ASB GlassCourt zu spielen. Für die ASB GlassCourts fanden wir Wege, wie die Spieler nicht nach außen, die Zuschauer aber nach innen sehen konnten. Es war letztlich die geniale Konstruktion der modernen OneWay GlassCourts, die zum Erfolg führte. Anfangs klebten wir noch Folien mit Punkten innen auf das Sicherheitsglas. Roland Hill war der Erfinder von ContraVision. Er übergab die Lizenz, und später druckte unser Partner in einem aufwendigen Druckverfahren die Punkte auf das Glas. Jede Farbe wurde möglich – Sensation!

Ideen kommen und gehen. Jeder kennt Menschen mit sprühenden Ideen, jeden Tag haben sie ein paar neue. Es ist nicht unbedingt wichtig, wer die Ideen hat, sondern wer seine oder auch andere Ideen umsetzen kann. Ein Innovator erkennt Ideen oder Visionen, er befasst sich mit ihnen, setzt sie dort ein, wo sie umgesetzt werden können, und wird erfolgreich sein. Zu einem perfekten Könner wird nur der, der mit Begeisterung, mit Liebe, mit großer Liebe zu dem, was er tut, seine Produkte oder Gedanken kreiert, erschafft und gestaltet. Er wird den Stempel seines Könnens und seinen Geist dieser Entwicklung aufsetzen.

Als Squash für die Commonwealth Games zugelassen wurde, entwickelte ASB einen GlassCourt, in dem sich bei Bedarf Wände mit der gesamten Beleuchtung für Doppelsquash verschieben ließen. Von nun an war der ASB ShowGlassCourt das Maß der Dinge. Die ASB GlassCourts standen vor einer wahnsinnigen Kulisse, vor den Pyramiden, dann auf dem Trafalgar Square in London, in den uralten ehrwürdigen Tempeln von Hyderabad (damals schon mit dem revolutionären GlassFloor) oder vor dem Burj Khalifa in Dubai, mit 828 Metern das höchste Gebäude der Welt. Fast alle Weltmeisterschaften wurden auf dem ASB GlassCourt gespielt, seit es Courts aus Glas gibt, und sie werden immer noch auf diesen Champion-Courts abgehalten.

Alle Entwicklungen prüften wir zuerst in unserem Hause auf Herz und Nieren. Dazu bauten wir Testcourts, Testflächen, führten Balldauertests durch und testeten Möglichkeiten mit Elektronik. Wir arbeiteten mit Liebe an dem, was wir taten. Doch bis zu unserem durchschlagenden Erfolg waren Hindernisse, Höhen und Tiefen zu überwinden, viele Lernprozesse zu durchlaufen und Erfahrungen zu sammeln. Wir lernten, miteinander zu sprechen, zu planen, und das auch zu verwirklichen.

Wir gingen unseren eigenen Weg. Einen langen und oft schmerzhaften Weg. Hunderte von Squashhallenherstellern boten überall auf der Welt Squashcourts gemauert, verputzt und mit Holzkonstruktionen an. Es war üblich, Wände zu mauern oder zu betonieren, diese dann zu verputzen und teilweise mit guter Farbe zu streichen. Seit über hundert Jahren bauten alle Firmen nach altem Muster und trugen auf die Wände einen Spezialgips auf. Auf einmal waren wir da und wurden wie selbstverständlich von den Baufirmen belächelt. Vor allem die Engländer als Erfinder der Sportart Squash lächelten etwas überheblich über den Deutschen, der meinte, mit dem ASB SquashCourt einen Fuß in diese besondere Tür zu bekommen. Alle der meist kleinen Firmen sahen keine andere Möglichkeit als ihre konventionelle Bauweise der Courts. Wir dachten von Anfang an anders.

Doch dann wurden deutsche Zimmererfirmen aufmerksam, inspizierten den ASB GlassCourt und bauten ihn nach. Sie übersahen allerdings die Qualität der Grundmaterialien, hatten kein System und bauten einfach alles, was von den Kunden gewünscht wurde, und vor allem: Sie arbeiteten nur mit dem Preis. Das Ergebnis war ein unter Preisdruck hergestellter Court mit Zugeständnissen, unsauberer Arbeit und kaum haltbarer Qualität.

Wir hatten eine andere Philosophie, waren und sind mit Abstand das teuerste Produkt auf dem Markt, doch mit bester Qualität, innovativ und damit für den Kunden eine sichere Investition. Wir waren immer mindestens zwei Jahre in der Entwicklung voraus. Der ASB Squash-Court war zum Patent angemeldet, und jede Verbesserung brachte eine Erweiterung der Patente. Es wurden über dreißig Patente allein für Squash. Wir waren immer nur im Wettbewerb mit uns selbst, um besser zu werden. Wir blieben nicht stehen. Mehr und mehr Patentverletzungen wurden gemeldet. Um diese Eingriffe zu verteidigen, mussten wir uns wehren. Meist, wenn Prozesse gewonnen wurden, waren die Unterlegenen insolvent. Der Markt entwickelte sich mehr und mehr zu unseren Gunsten, und das internationale Interesse wuchs. Highlight dabei war sicherlich unser Einsatz bei den Commonwealth Games 1998 in Malaysia, die in jenem Jahr zum ersten Mal mit Squash stattfanden.

Gegenüber allen nachahmenden Wettbewerbern waren wir voraus. Aus allen Teilen der Welt meldeten sich bei uns Spitzenspieler und Vertriebsleute, die in ihrem Land unseren ASB SquashCourt verkaufen und vertreiben wollten. Die Interessenten wurden eingeladen, und bevor wir einen Vertrag aufsetzten, besuchte ich unsere künftigen Freiberufler in ihrer Heimat. Im Laufe der Jahre wuchs die Zahl der Landes- und Gebietsvertreter auf über 40.

Das ist das Erfolgssystem, das sich selbst bewiesen hat.

Showbühne auf der FIBO – die Zukunft ruft

Visionen, Ideen und Aktionen wurden notwendig, wollten wir für die Zukunft gerüstet sein. Aerobic und Fitness setzten sich weltweit mehr und mehr durch und gewannen an Bedeutung.

Die Innovation der ersten verschiebbaren Wände auf dem Markt wurde von den Wettbewerbern anfangs überhaupt nicht ernst genommen und teilweise sogar verlacht. Es dauerte jedoch nicht sehr lange, bis andere Unternehmen den Wert erkannten. Damit begannen sie mit Nachbauten und Kopien. Es blieb meist bei einem Versuch! Doch entscheidend ist nicht die Version, die momentan im Markt ist, sondern es ist erforderlich, sich weiterzuentwickeln, bessere Ideen zu finden und aus den Erfahrungen mit dem bisher bewährten Produkt zu lernen.

Eine weitere Herausforderung hatten sich unsere Spezialisten vorgenommen. Und diese neue Idee wollten wir als besonderes Highlight darstellen. Die weltgrößte Messe für Fitness und Bodybuilding, die FIBO in Essen, fanden wir für unser Vorhaben bestens geeignet. Eine Weltneuheit für die nur vier Tage dauernde Show war unser Plan.

Sie bestand aus drei Squashcourts nebeneinander mit zwei Zwischenwänden. Diese Wände wurden auf Knopfdruck automatisch verschoben. Dadurch öffneten sich die drei Courts zu einer Showfläche von 200 Quadratmetern. Eine perfekte Bühne für die wechselnden Shows auf der FIBO. Das Management der FIBO plante sofort Zeiten ein für großartige Demonstrationen von Weltmeistern, Dancing Crews, Fitness Actions und anderen Veranstaltungen.

Nicht nur Squash und Fitness waren auf dem neu entwickelten GAME-COURT möglich, sondern auch Badminton, Hand- und Fußball. Über 20 verschiedene Sportarten wurden aufgelistet. Rock'n'Roll- und Tanz-Shows wurden auf dieser und der nächsten FIBO in Essen aufgeführt. Namhafte Fernsehmoderatoren und bekannte Sportler wie Heide Rosendahl, Georg Hackl und viele andere waren Dauergäste auf und vor dieser riesengroßen Showbühne. Wieder einmal war das Fernsehen zu Gast bei ASB.

Eine weitere zukunftsweisende Veränderung waren die neuen Videowände, also Frontwände für Squash. Übergroße bewegte Videos, von der Rückseite angestrahlt, zeigten auf diesen Wänden die Akteure, die in den Courts aktiv waren. So überraschten wir die Zuschauer. Weltmeister und Actionteams sahen sich nun selbst auf den drei 6,40 mal 4,50 Meter großen Frontwänden aus mattiertem, geätztem Glas. Diese moderne Technik sollte erst Jahre später im Fernsehen zu sehen sein. So etwas hatte es bisher noch nicht gegeben.

Der ASB GameCourt war das Highlight der beiden aufeinanderfolgenden Messen. Schon damals hatten wir die Vision der leuchtenden Wände und Böden. Seit dieser Zeit saß in meinem Inneren bereits die Vorstellung von leuchtenden Flächen, von beweglichen Bildern sowie von festen und veränderbaren Linien für verschiedene Sportarten. Die Idee für den ASB GlassFloor, auf dem später Joko und Klaas jeden Dienstag über den Bildschirm flitzten, war hier bereits geboren. LEDs für leuchtende bewegliche Flächen gab es noch nicht – wir arbeiteten immer mit dem, was wir bekommen konnten. Die ständig vorhandene Herausforderung bringt unweigerlich Resultate, die sich in einer nicht allzu fernen Zukunft manifestieren würden. Mein Sohn Christof hat diese Ideen später aufgenommen und weiter ausgebaut und in hervorragender Perfektion auf ganz andere und weit größere Art verwirklicht.

Bei größeren Turnieren wurden oft Räume für das komplette Organisationskomitee benötigt. Mit einer drehbaren, auf Rollen laufenden Glasrückwand wurde nicht nur ein ganzer Court geöffnet, bei der FIBO konnten alle Rückwände »weggedreht« werden. Eine enorme Bereicherung in der Praxis für jede größere Squashanlage. Spiegelwände wurden auf Knopfdruck herabgelassen und ergaben so das perfekte Studio. 200 Quadratmeter Aktionsfläche aus drei Squashcourts.

Denke weiter um drei Ecken, dort gibt es immer wieder Neues zu entdecken.

Erfolg

Wir Menschen sind mit dem Willen zum Erfolg geboren, wir sind erfolgreich. Wir wissen oft gar nicht, was wir als Erfolg bezeichnen. So wird ein Mensch mit ständigen trüben, negativen Gedanken von seinem Inneren geleitet und auf seinen eigenen von ihm gewollten Erfolg zustreben, nicht wissend, wie dieser aussehen wird. Für ihn kann der unerkannte Erfolg sogar bis hin zur Selbstvernichtung führen. Er wird immer erfolgreich in seinem negativen Denken sein. Seine innere Kraft, sein Geist, treibt ihn immer wieder an, er wird seinem eigenen Geist unterliegen, er wird sein zerstörerisches Ziel erreichen.

Die andere, die bessere Seite ist der Wille zum positiven Erfolg. Mit intensiver Arbeit schult ein Mensch seinen Geist immer wieder mit positiv wirkenden Entscheidungen. Wenn eine erste Entscheidung in eine positive Richtung mit Erfolg gefallen ist, folgen darauf weitere. Diese Entscheidungen in die erfolgversprechende Denkweise werden nach und nach immer leichter fallen. Ein positiv denkender Mensch wird sich an dieses Denken gewöhnen, richtig abwägen und dadurch richtig entscheiden. Sein Unterbewusstsein wird ohne sein Zutun handeln, entsprechend den bisher getroffenen Entscheidungen. Waren diese positiv, wird automatisch weiter in dieser Richtung entschieden werden. Im ersten Moment klingt das einfach, vielleicht auch verwirrend. Es ist aber so. Dennoch ist alles davon abhängig, wie fest und stark der eigene Wille gegenüber dem in uns herrschenden Geist geschult ist. Ich wiederhole: Jeder Mensch ist erfolgreich, die Richtung in die positive oder negative Richtung kann er und wird er immer selbst bestimmen – wenn er den festen Willen dazu hat und weiß, wie das erreicht werden kann.

Vereinfacht heißt das: Die Beschäftigung mit negativen Informationen und Gedanken um uns oder in uns führt unser Denken, unser Tun in eine Richtung, die zur Selbstzerstörung führen könnte – wir werden dann nicht mehr so sein, wie wir wirklich sein könnten.

Wir können ein selbstbewusstes, fröhliches, ausgeglichenes Leben in Harmonie führen, wenn wir achtsam durch unser Leben gehen. Unser Weg in die innere Freiheit hat mit optimistischen, freien, aufstrebenden und angenehmen Gedanken zu tun. Mit innerem Willen, mit einer festen Einstellung können wir verantwortungsvoll mit uns selbst umgehen und uns den Weg in eine harmonische und glückliche Zukunft ebnen. Es ist eine wundervolle innere Aufgabe. Es gibt immer einen Weg.

Wenn wir uns entscheiden können, dann werden wir auch erfolgreich sein.

Große Projekte, große Verluste

Die 80er-Jahre waren die Aufbauzeit von und für den ASB Squash-Court. Klar und übersichtlich gestaltete Prospekte erklärten das ASB-Produkt. Durch seine Perfektion, seine exakten Maße, seine herausragende Qualität und sein Design wurde der ASB-SquashCourt zu einem Synonym für das Beste im Squash-Sport. Der Unterschied zu den bislang üblichen gemauerten Plätzen war erheblich wegen seiner ebenen und vollflächigen Wände. Diese Aussagen waren die Grundelemente für den Erfolg von ASB.

1980 war auch das Jahr, in dem wir gleich zwei schlüsselfertig erstellte Freizeitanlagen und schon über 150 ASB SquashCourts in einem Kalenderjahr übergeben konnten. Das sollte sich in den nächsten Jahren auf über dreihundert Courts im Jahr steigern. Die Erfolge schoben mich an, der Übermut knabberte an meinen Entscheidungen. Insgesamt 17 Firmen gründete ich selbst oder zusammen mit Partnern. Große Pläne schwirrten durch meinen Kopf, alles gelang mir mit erstaunlicher Leichtigkeit, mehr, viel mehr glaubte ich, bewältigen zu können. Warnungen hörte ich nicht oder wollte ich nicht hören. Ich war arbeitskrank, ein Arbeitstier, ein Workaholic, ein echter Alpha. Und ich fand das auch noch gut.

Den Bau großer Freizeitanlagen, schlüsselfertig, übernahmen wir in Bonn-Kessenich, Bad Godesberg, Düsseldorf, Mannheim, Bensberg, Kaiserslautern, Limburg, Rednitzhembach, Deizisau und Gröbenzell. Hinzu kamen Beteiligungen an Squashanlagen in Sindelfingen und Krefeld. Jedes Bauvorhaben im Wert von mindestens ein bis fünf Millionen DM. Squash boomte richtig, ich fühlte mich als unschlagbarer Manager und war es wohl auch. 1982 schloss ich einen Vertrag mit der TUI AG über eine Zusammenarbeit mit Squashcourts in südlichen Ländern. Die ersten fünf ASB OpenAirCourts fanden ihren Platz in Cala Millor auf Mallorca. Es folgten viele Reisen auf die Balearen als Freiflieger mit F2-Ticket auf den TUI-Fliegern und tolle Erlebnisse mit den vielen Reiseleitern und Animateuren der Robinson Clubs und anderer großer Hotels. Meine nächste Superidee war die Gründung eines Reisebüros, die Firma SquashReisen GmbH. Als Partner holte ich den damaligen Deutschen Meister im Squash, Conny Hasselbach, mit ins Boot. Er war ein Publikumsliebling, ein hervorragender Kommunikator und wie geschaffen für dieses neue Projekt.

Die neue halbjährliche Zeitung »Die Welt von ASB« berichtete mit aktuellen Informationen über Weiterentwicklungen unserer Produkte. Besondere Anlagen wurden vorgestellt, Neuerungen erklärt und Ideen diskutiert. »Die Welt von ASB« wurde das Informationsblatt für Freizeitanlagen und war unser bester Verkäufer.

Nebenbei war Sport auch noch meine liebste Freizeitbeschäftigung: Squash, Tennis, Joggen, Bergsteigen und Skifahren, dazu noch Reisen und Büro – irgendwie wurde das alles viel zu viel. 1986 heiratete ich zum zweiten Mal, trotzdem kam ich nicht zur Ruhe. An einem Abend, es war Anfang 1988, traf mich der Schock, mein Körper meldete sich unerwartet und fordernd. Mein Hausarzt hob den Finger, und schon landete ich für vorgesehene drei Wochen in der Klinik Höhenried am Starnberger See. Wegen zu hohem Blutdruck. Es folgten Untersuchungen, EKGs und Pseudogymnastik. Ich joggte lieber um den halben Starnberger See, ich hielt dieses Klinikleben nicht aus. Nach fünf Tagen verschwand ich und verkündete, ich komme nicht wieder.

Trotzdem kam ich in dieser Zeit zur Besinnung: Wenn ich jeden Monat nur einen einzigen Tag für eine meiner Firmen aufwand, dann ergaben das 17 Tage. Mindestens jede Woche ein Flug irgendwohin, mit diesen 4 Tagen waren es schon 21 Tage. Vier geplante Wochenenden mit der Familie sind insgesamt 8 Tage, und schon waren wir bei 29 Tagen. Und eigentlich hatte ich noch meine Mitarbeiter, mein Büro, meine eigene Firma, und in zwei oder drei Monaten würde Philipp, Christofs Bruder, auf diese Welt kommen. Zusätzlich machte ich noch die Ausbildung zum Heilpraktiker, zweieinhalb Jahre lang an den Wochenenden – dieses Learning bildete ich mir damals auch noch ein. Es war viel zu viel. Spätestens jetzt war klar – Veränderung oder Ruin. Zu viel ist zu viel.

Wenn du eine Entscheidung triffst, dann musst du auch die Folgen tragen. Für mich stand fest, es durften nur positive Folgen sein. Also begann ich meine Aufräumaktion, die Reduzierung meiner Aktivitäten. Ab sofort versuchte ich, meine Projekte zu rationalisieren und Aufgaben zu delegieren, soweit das überhaupt möglich war. Ich trennte mich von den mit einem Partner gekauften Grundstücken in Füssen und Garmisch. Nach eingehender Überprüfung stellte ich fest, dass verschiedene Firmen und Anlagen nicht unbedingt optimal liefen, auch da musste eine Änderung her.

Alles, was ich in der unüberlegten Kürze und momentanen Begeisterung aufgebaut hatte, musste auf den Prüfstand. Mein Inneres sagte mir, wenn ich meine Ziele erreichen will, wenn ich erfolgreich sein will, dann sollte ich all das loslassen, was ich nicht wirklich will oder brauche. Das fiel schwer – doch es war notwendig.

Den Weg in der Mitte oder zur Mitte hätte ich fast verlassen. Zu viel oder zu wenig, das ist der Punkt, an dem es sehr wohl beginnt, schwierig zu werden. Ich habe es Gott sei Dank noch rechtzeitig erkannt, oder eher: Es wurde mir aufgedrängt.

Die Firma SquashReisen wurde nicht der erhoffte Renner. Trotz Werbung war der Erfolg der erträumten Massenreisen erbärmlich, und mit schwerem Herzen beendeten Conny Hasselbach und ich die Firma, lösten die Konten auf und stellten alles auf Null.

Und dann war da noch die Freizeitanlage Krefeld mit einer Investition von über einer Million DM und vier Investoren. Dieses Thema wurde wieder einmal ein Beweis dafür, dass es immer einen Weg gibt. Der Squashboom ging auch an mir persönlich nicht spurlos vorbei. Das große Geschäft reizte, der Boom musste und sollte genutzt werden. Meine Begeisterung übertrug sich auf weitere drei Investoren (in Wirklichkeit hatte ich sie mit meinem Enthusiasmus für das Projekt gewonnen). Eine leerstehende Halle in Krefeld wurde gemietet, meine Planung gefiel den Beteiligten, und schon wurden die 12 ASB Courts (ein Teil meines finanziellen Anteils) in dieser Halle installiert. Einrichtung, Theke, Nass- und Zuschauerbereiche mit Tribünen wurden entsprechend meinem Buch »Der Bau von Freizeitanlagen« geplant und nach dem aktuellsten Stand eingerichtet. Ein Vorzeigeobjekt für die Squashszene. Neue Investoren pilgerten zu dieser Anlage und planten für sich nach diesen Erkenntnissen. Es war eine tolle Sache für mich und vor allem für den Squash-Sport. Sehr erfolgreich, sehr gute Umsätze, trendiges Publikum und mit der Squash-Hausmannschaft wurden wir zweimal Deutscher Mannschaftsmeister. Der erfolgreiche Trainer wurde als Geschäftsführer eingesetzt. Die Anlage war eine gute Investition. Krefeld war die führende Anlage in der deutschen Squashszene.

Unser großer Fehler: Wir waren blind. Sowohl die Trainer wie auch die Spitzenspieler zeigten bestes Squash auf hohem Niveau, und sie belegten immer die besten einsehbaren Plätze, dort, wo die Zuschauer saßen. Die Spieler schlugen den Ball mit Präzision und Ausdauer. Doch nun passierte etwas, womit wir nie gerechnet hatten. Die Champions der Anlage wurden im Laufe der Zeit gefallsüchtig und arrogant. Buchungen für den »normalen« Squashspieler wurden nur noch auf den hinteren Plätzen angenommen. Der Manager der Anlage »verbannte« die Anfänger und Normalspieler auf die hinteren Plätze. Ergebnis: Diese verloren ihren Mut und ihre Begeisterung, fühlten sich nicht wohl, hatten in einem solchen Umfeld keine Lust mehr und wanderten in andere Anlagen ab. Das alles hatten wir als Anlagenbetreiber komplett übersehen. Die Weltklassespieler nutzten die ShowCourts umsonst. In der Folge wurden die Umsätze weniger und weniger, und aus schwarzen Zahlen wurden rote. Zu spät erkannten wir den Lauf der Dinge. Die beginnenden Verluste weckten uns auf. Wir reagierten zu langsam, ein Controlling war praktisch nicht vorhanden. Nun sollten zum dritten Mal 25.000 DM pro Investor eingelegt werden. Die finale Gesellschafterversammlung kam zu dem Ergebnis: Das geht so nicht weiter.

Vor einer Insolvenz musste eine Lösung her. Als Squash-Insider präsentierte ich vier Vorschläge:

1. Der Geschäftsführer wird ausgewechselt und das Führungsprinzip geändert. Eine weitere Kapitaleinlage ist notwendig. Die Anlage wird weiterbetrieben.

2. Insolvenz wird angemeldet und alle Einlagen der Investoren sind verloren. Die Insolvenz schadet allen Investoren.

3. Die Investoren verkaufen ihre Anteile an einen der vier zu je einer DM. Dieser übernimmt die Freizeitanlage mit allen Risiken und entlastet damit die Partner.

4. Die vier Investoren unternehmen nichts und führen die Anlage so weiter wie bisher, sollte sich kein anderer Investor für die Übernahme der Halle finden.

Kontroverse Diskussionen – die Anleger wussten, die dritte Lösung wäre im Moment für sie die mit Abstand einfachste. Die große Verantwortung wäre vorbei, kein neues Geld mehr, keine unangenehmen Fahrten nach Krefeld, und endlich könnte diese verlustbringende Investition beendet werden. Die Investition war auf jeden Fall verloren. Doch wer sollte und konnte diese maroden Anteile übernehmen? Undenkbar. Außerdem rechneten die Partner nicht damit, dass ich diesen Canossagang wagen würde. Sie wussten allerdings und rechneten auch damit, dass ich einer Insolvenz aus Gründen der Bedeutung für ASB niemals zustimmen würde. Der Nachhall auf dem Markt wäre kontraproduktiv für die Marke ASB. In Wirklichkeit glaubten sie, ich würde mich mit der Anlage in Krefeld verzetteln und am Ende dann doch auf eine sehr unangenehme Insolvenz zusteuern.

Ich saß in der Falle. Ich war am Boden. Fallen ist keine Kunst, aber Aufstehen manchmal schon! Und ich sollte wieder aufstehen und diese Situation lösen! Viele Gedanken schwirrten mir durch den Kopf. In langen, schlaflosen Nächten fand ich die Idee für die Abwicklung des Projektes Krefeld ohne Verlust. Natürlich hatte ich mich gedanklich schon lange vorher mit einer vagen, sehr vagen Idee für eine Lösung beschäftigt.

Wie konnte diese Situation also gelöst werden? Mein Freund Winfried empfahl mir einen in der Krefelder Squashszene bekannten Marketingberater. Ich investierte noch einmal das Nötigste und kontaktierte den Berater. Ein Honorar wurde vereinbart und auch die finanzielle Vergütung für seine Leistungen. Er erhielt uneingeschränkte Vollmacht für sein Vorhaben. So konnte er die notwendigen Schritte unternehmen, brachte die Anlage wieder zum Laufen, und nach neun Monaten fand er für mich einen Käufer für die nun wieder erfolgreiche Squashanlage. Mein Erlös war höher als meine Einlagen und der zusätzliche Aufwand zusammen. Aus einem sicheren Verlust wurde durch diese Vorgehensweise ein Gewinn.

Nicht weit entfernt wartete die nächste Herausforderung auf mich. Die Anwälte aus München, die unsere Firma vertraten, liebten Squash und begeisterten einen weiteren Anwalt in Düsseldorf für diesen Sport. Dieser war sehr gut integriert in der dortigen Haute Volée, so nannte man damals die »bessere Gesellschaft«, und auch weithin bekannt. Ich wusste, er war glashart und felsenfest von sich und seinen Verträgen überzeugt. Ich ließ mich auf einen Vertrag mit schlüsselfertiger Lieferung und Übergabe innerhalb von vier Monaten ein. Um dieses Vorhaben mit fünf Squashcourts und dazugehörigen Restaurations- und

Sanitärräumen zu realisieren, verwendete ich neue Ideen mit unserer eigenen Bauweise. Im September begannen wir mit dem Aufstellen der Konstruktion des Systems ASB Squash, also Spanplattenwände mit Alu- und Stahlkonstruktion innen. Die Außenwände wurden später mit Sickenblechen isoliert und verkleidet. Eine lang anhaltende Regenzeit behinderte unsere Baufortschritte, und es zeichnete sich ein echter Verzug ab. Das Wasser lief in die Hohlräume der Wände und unten wieder heraus. Spöttische Bemerkungen des Bauherrn versetzten mir fast täglich tiefe Stiche. Am 5. Dezember, am Vorabend zum Nikolaustag, wollte mein Bauleiter zu seinem kleinen Sohn nach Hause, wenigstens für zwei Tage. Okay und akzeptiert.

Dann die Horrornachricht: Er meldete sich krank. Bis zur Übergabe waren es noch drei Wochen. Nun hieß es handeln. Sofort war ich auf der Baustelle, über das Wesentliche war ich informiert. Jetzt sollte ich beweisen, was ich konnte. Mein Spruch zu meinen Mitarbeitern: »Jeder kann alles, wenn er nur will.«

Das, was mich erwartete, übertraf meine schlimmsten Befürchtungen. Die Hülle unseres Gebäudes stand, der Asphalt wurde im Erdgeschoss eingebracht mit Aussparungen für spätere Leitungen. Aber von uns waren noch keine Aufträge für die Ausbauarbeiten vergeben. Nichts, aber auch gar nichts von den Sanitär-, Elektro- und Lüftungsleistungen war ausgeschrieben, und daher waren auch keine Vergabegespräche geführt worden. Keine Trennwände, keine Inneneinrichtung – das war unmöglich. Entscheidende Fehler in unserem Hause und damit auch von mir: Ich hatte mir keine Bauberichte vorlegen lassen. Ich war einfach zu blauäugig gewesen. So etwas ist unwürdig. Niemals konnte in der kurzen Zeit, noch dazu vor Weihnachten, an eine Fertigstellung gedacht werden.

Ich musste aber. Es war ein harter, steiniger Weg – Besprechung über Besprechung, Motivation über Motivation, Anwesenheit Tag und Nacht in Düsseldorf. Wie ich das geschafft habe, weiß ich heute nicht mehr. Die spöttischen Bemerkungen des Bauherrn, ich konnte kaum an mich halten, änderten sich in den Tagen zwischen Weihnachten und Silvester. Sie wandelten sich zunehmend zur Bewunderung. In den letzten beiden Tagen vor der Eröffnung nahm er selbst den Besen in die Hand und kehrte mit mir zusammen die Baustelle, lachend und voller Begeisterung. Während der Einweihung legte er den Arm um mich und überreichte mir vor all seinen Gästen mit starken Worten, die ich nie von ihm erwartet hätte, einen Leder-Handkoffer von Saks Fifth Avenue. Der Koffer hat heute noch einen Ehrenplatz in meinem Hause. Diese Baustelle werde ich nie vergessen. Ich habe damals viel gelernt.

Größe besteht darin, etwas zu tun, etwas zu beginnen, was einem andere nicht zutrauen.

Gaunertrick mit Lastwagen

Wir waren nun schon länger in unserem neuen Büro- und Lagergebäude in Stein eingezogen. Termine riefen mich in die USA. Tom war ein guter Geschäftsfreund, ich besuchte ihn. Plötzlich, mitten in der Nacht, schrillte das Telefon in Atlanta und holte mich aus dem Tiefschlaf. Zu Hause war es Viertel nach sieben. Meine Sekretärin war am Telefon. Sie war erst seit ein paar Monaten meine Sekretärin, und so war sie an diesem Morgen entsprechend durch den Wind. Ihre Stimme überschlug sich.

»Herr Babinsky … um Gottes Willen … nein, oh nein … wie sage ich es«, stotterte sie. »Wir können alle nicht in unser Büro, wir können nicht rein – lauter Lastwagen. Es ist alles verstellt – lauter Lastwagen!« Es dauerte ein Weilchen, bis ich verstand. Frau Fischer redete weiter: »Ich bin durch unser Lager in das Büro eingestiegen, alle Türen sind zugestellt.« Da das Lager mit unserem Bürogebäude verbunden war, konnte sie in das Büro und an das Telefon gelangen. Mobiltelefone gab es zu dieser Zeit ja noch nicht für jeden.

Doch was war eigentlich passiert? Mein bis zu diesem Zeitpunkt vermeintlicher Freund Herbert hatte drei große Lastwagen vor die Eingänge und Fenster unseres neuen Bürogebäudes bugsieren lassen, präzise und genau. Keiner unserer Mitarbeiter konnte durch irgendeine Öffnung in das Büro. Riesige Reifen versperrten Türen und Fenster. Die Motoren dröhnten, und die Fahrer der LKWs höhnten und lachten aus ihren Kabinen. Die LKWs standen seit sechs Uhr früh vor unseren Büroräumen und verursachten einen tollen Auflauf. Herbert wusste von meiner Amerikareise, demonstrierte seine Macht und sein angebliches Recht, er war sich seiner Sache sicher. Er nutzte meine Abwesenheit aus, um mit unredlichem Druck ein besonderes Ziel zu erreichen. Und das war ein Gaunerstück.

Aber wie war eigentlich meine Verbindung zu Herbert. Er und ich waren uns während unserer Jugend öfter begegnet, meist auf dem Weg nach Traunstein. Er war ein aufgeweckter Junge. Wenn wir uns unterhielten, hatte er immer viele Fragen. Später hatte ich meinen Betrieb in Traunreut. Immer wieder liefen wir uns zufällig über den Weg. Meine Erfolge hatten es ihm angetan. Er wollte es mir unbedingt gleichtun. Ich beantwortete ihm bereitwillig alle seine Fragen und erzählte auch so nebenbei von meiner Philosophie. Immer wieder wollte er wissen, wie ich so erfolgreich werden konnte, welche Tricks und Winkelzüge ich auf Lager hätte und was mein Geheimnis wäre. Meine Antwort: keine Tricks, keine Wunder, keine Geheimnisse – nur Begeisterung für das, was ich tue und will, nur absolute Fairness und den festen Glauben an den Erfolg. Das konnte er nicht glauben, es müsse doch ganz anders sein. Zu diesem Zeitpunkt hatte ich immerhin schon dreimal ein Haus für mich und meine Familie gebaut, ein jedes schöner als das vorherige, beschäftigte über 100 Mitarbeiter, hatte eine tolle Familie. Hatte das seinen Neid hervorgerufen?

Er wählte einen anderen, er wählte seinen eigenen Weg. Seine Zielrichtung war eine andere, und er wurde auf seine Art in seinem Business ebenfalls sehr erfolgreich.

Und wie kam es nun zu dieser sonderbaren Begebenheit? Wie schon in einem vorhergehenden Abschnitt erwähnt, hatte uns seinerzeit für den geplanten Neubau eines Bürogebäudes mit Lager- und Fertigungshalle in Stein ein kleines Stück Grund von ca. 150 Quadratmetern gefehlt. Dieses Stück Gewerbegrund gehörte diesem Bekannten. Wir unterhielten uns darüber, besprachen Möglichkeiten und einigten uns letztendlich auf den Kauf des Teilstückes durch mich. Bei einem Bierchen meinte er noch, er benötige dringend kurzfristig Bares. Und so einigten wir uns sogar auf einen günstigeren Preis, wenn ich ihn vorab auszahlen würde. Wir vereinbarten, später zum Notar zu gehen, und besiegelten unser Geschäft per Handschlag. Damals, vor fünfzig Jahren, geschah dergleichen noch hin und wieder. Ein Handschlag galt damals, und für mich tut er das heute noch. Mich drängte es dennoch, einen kurzen handschriftlichen Vertrag aufzusetzen. Er fand das lächerlich, doch, etwas widerstrebend zwar, unterschrieben er und ein Zeuge schließlich. Ich andererseits unterzeichnete sehr gerne.

Irgendwie wurde der Termin bei dem Notar »mangels Zeit« sonderbarerweise immer wieder verschoben. Der Bau unseres Bürogebäudes wurde zügig begonnen. Die Konstruktion stand. Das Projekt wurde fertig. Immer noch kein Termin beim Notar. Wir zogen mit allen Möbeln, Materialien und der kompletten Mannschaft ein. Unser Unternehmen florierte, wir wuchsen und dachten schon an eine Erweiterung für die Produktion. Ein weiteres Grundstück wurde gesucht.

Und dann kam die unerwartete Gegenreaktion. Für den großen Moment, seinen perfekten Auftritt, hatte Herbert bewusst den Zeitpunkt meiner Abwesenheit anlässlich der Geschäftsreise in die USA gewählt. Inzwischen war Herbert Inhaber einer großen Firma. Er nutzte auch hier die Abwesenheit eines seiner Partner und überredete den anderen zu dieser Aktion. Offensichtlich lange von ihm geplant, abgesprochen mit seinem Anwalt und Freund, hatte er nur auf diesen Zeitpunkt gewartet. Er war sich sicher, ich könnte aus den USA erst reagieren, wenn er »Nägel mit Köpfen« gemacht hätte.

An diesem Tag war es also so weit.

Um sechs Uhr früh standen die Lastwagen vor den Eingängen und Fenstern unseres Geschäftsgebäudes. Alles lief nach seinem Plan. Meine Mitarbeiter reagierten vollkommen konfus – und der Chef war nicht da, unerreichbar, ausgeschaltet! In Amerika war es um diese Zeit mitten in der Nacht. Sollte sein Plan aufgehen? Offiziell war er ja noch Besitzer des Grundstückes, auf dem der bewusste Teil meiner Bürofläche stand, und damit, so rechnete er, würde ihm das Gebäude auf »seinem Grundstück« gehören. Es müsste nur noch dokumentiert werden. Denn er war im Grundbuch noch als offizieller Besitzer eingetragen – das musste funktionieren. Und damit sollte meinem Erfolg ein Dämpfer aufgesetzt werden.

Aber: Es zahlt sich immer aus, gute Freunde zu haben, eine faire Partnerschaft zu pflegen und auch geschäftliche Verbindungen ordnungsgemäß, sauber, finanziell korrekt und freundschaftlich abzuwickeln. Dann werden diese Partner auch da sein, wenn man sie braucht, selbst unter größtem persönlichem Einsatz.

Mitten in der Nacht überraschte mich die eingangs geschilderte Situation. Ich kannte mich. In schlimmsten Situationen reagiere ich ruhig. Ich habe keine Angst. Also handelte ich – und zwar sofort. Meine Sekretärin und meinen Technischen Leiter beauftragte ich mit dem Auffinden aller notwendigen Pläne und vor allem meines handschriftlichen Vertrages. Sofort telefonierte ich mit meinen Anwälten. Der Notdienst vermittelte unmittelbar den Kontakt zu dem für mich zuständigen Anwalt. Mit dem gesamten Team der Anwälte war ich in freundschaftlichem Kontakt, und das bin ich heute noch. Sofort war man für mich da. Dr. Felten rief zurück, ich erklärte ihm die gesamte Situation. Dieser Mann war perfekt. Er saß schneller im Auto als gedacht, über 100 Kilometer von unserem Bürohaus entfernt. Er terminierte Anwälte, Staatsanwalt und Richter. Argumentierte, diskutierte und überzeugte. Um elf Uhr stand er mit einer richterlichen Verfügung vor unserem Bürohaus und hatte für die Zukunft bereits alles geregelt. Die Lastwagen von Herbert mussten weg. Und meine Mitarbeiter waren motivierter denn je.

Das alles passierte ohne Mobiltelefon und ohne gut funktionierende Telefonverbindungen von und nach Übersee. Doch Zusammenarbeit, gegenseitige Zuverlässigkeit und Fairness funktionierten. So ist alles möglich. Niemand hätte das am frühen Morgen erwartet. Mein Fazit: Je größer die Schwierigkeiten, desto erfüllter ist das Ergebnis, zeigt den Erfolg, und wir fühlen Dankbarkeit für das Gelingen. Drei Buchstaben sind verantwortlich: »Tun«. Ich hatte keine Zweifel, keine Angst, denn ich wusste: Erfolg ist eine Folge sofortigen entschlossenen Handelns!

Die Teilhaberschaft von Herbert war nur noch von kurzer Dauer, der zweite Teilhaber musste über Nacht nach Kanada verschwinden. Danach war der Frieden wiederhergestellt. Herbert ist später verstorben.

Es steht uns immer offen, welchen Weg wir für uns, für unser Leben und für unsere Zukunft wählen.

Glück ist eine Lotterie, ein Spiel, es kommt bekanntlich aus dem Nichts, ist nicht berechenbar. Das materielle Glück ist tatsächlich eine Illusion, ein Trugschluss. Die Suche nach diesem Glück kann sogar zur Vernichtung führen.

Denken wir nur an Spielsucht und Abhängigkeit. Diese Art von vermeintlichem Glück ist nicht erstrebenswert. In Wirklichkeit ist »der hat Glück gehabt« eine Beleidigung für den Erfolgreichen, den Mutigen, den Tapferen und den Unentwegten, der nur wegen seiner Leistung, seiner Begeisterung, seiner Weitsicht und seiner positiven Einstellung Großes erreicht. Ein uraltes Sprichwort sagt: »Glück hat auf Dauer nur der Tüchtige.« Dauerhaft Glück zu haben, erfordert viel Planung, Begeisterung und vor allem den Willen zum Erfolg.

Wenn du dir ein echtes Ziel steckst und wenn du weißt, was du wirklich willst, wenn dann der Moment eintritt, an dem du dich endgültig für eine, deine wichtige Aufgabe entscheidest, dann wird sich die Welt für dich rundherum verändern und dir helfen, dein Ziel Schritt für Schritt besser zu erkennen. Wenn du dann immer noch an dein Ziel, deine Aufgabe glaubst, dann werden Dinge passieren, die du dir niemals hättest erträumen lassen. Auf einmal geschieht so manches, fügt sich einiges zusammen. Es werden Menschen auftauchen, die dir hilfsbereit zur Seite stehen, es werden Entscheidungen von anderer Seite getroffen, die gerade für dieses Vorhaben bedeutend sind. Kein Mensch weiß vorher, was alles geschehen wird. Es entstehen Dinge, die sich vielleicht von deinem Ziel unterscheiden und sich dann sogar als noch besser herausstellen als erwartet. Es ist nur notwendig zu beginnen, zu glauben, zu tun und immer wieder daran zu denken, wie es geht, wie es doch noch besser werden kann. Es gibt im Endeffekt harmonisches Glück nur gemeinsam mit Wollen, Tun und Streben nach Erfolg.

Wer mit einem festen inneren Ziel vor Augen mit dem ersten Schritt beginnt, hat schon fast gewonnen. Zumindest ist er auf dem Weg, der Anfang ist gemacht, die erste Hürde ist genommen. Jetzt beginnst du, dein Ziel wirklich zu wollen. Du weißt nun, was du wirklich willst. Das ist der Moment, an dem die Entscheidung für deine Aufgabe endgültig ist. Du bist entschlossen, dein Ziel zu erreichen. Nichts wird dich ab diesem Zeitpunkt mehr daran hindern.

Die Welt beginnt sich ganz überraschend rundherum zu verändern. Plötzlich tun sich Türen auf, die es vorher nicht gab. Hilfe kommt aus dem Nichts, der Blick weitet sich. Das Ziel wird Schritt für Schritt klarer. Aus Utopie wird Realität. Die ersten Hindernisse könnten den Weg versperren – schwungvoll werden sie überrannt. Wenn du jetzt noch mehr an dein Ziel, deine Aufgabe glaubst, erlebst du das Glücksgefühl. Vielleicht das erste Mal.

Natürlich musst du arbeiten, natürlich könnten dir andere die Lächerlichkeit deines Tuns vorwerfen. Wie heißt es so schön: Zuerst natürlich musst du einfach weiter und weiter gehen. Es geht irgendwann von ganz allein. Du wirst es vielleicht noch gar nicht erkennen, wenn du gewonnen hast, und es erst verstehen, wenn deine Zweifler sagen: »Das war doch gar nicht möglich, wie hat er das gemacht?« Und dann werden sie sagen: Glück gehabt. Aber – welch ein Hohn – du hast jeden Tag alles gegeben.

Beginne jetzt!

Besondere Aufträge

Unser Außendienst arbeitete intensiv, wir waren präsent in allen Zeitungen, die über Squash berichteten, sponserten regionale und überregionale Squashturniere und veranstalteten eigene Meetings zum Bau von Freizeitanlagen. Um immer Mitarbeiter sowohl im Büro als auch in der Montage zu haben, mieteten wir die großen Plakatwände an öffentlichen Stellen und nutzten die großformatigen Flächen für eine Image-Kampagne mit einer dazu passenden Zeichnung und einem ansprechenden Text: »Nur wer seine Ideen realisieren kann, bewegt etwas!« oder »Das große Vergnügen im Leben besteht darin, Dinge zu tun, die einem andere nicht zutrauen.« Die Zahl der Bewerbungen stieg, und so hatten wir die Auswahl – es hatte sich gelohnt.

Aber auch die Konkurrenz schlief nicht und wurde stärker. Unser Erfolg im Image und bei den Verkaufszahlen animierte alte und neue Wettbewerber. Die Nachahmer und Kopierer unserer Ideen für Courts wurden mehr und mehr. Für alle Erfindungen hatte ich Patente angemeldet – zuletzt waren es über vierzig. Der Wettbewerbsdruck durch die Nachahmer wurde lästig, denn deren Verkäufer behaupteten immer wieder: »Wir bauen unsere Courts wie ASB und besser und viel billiger, da wir nicht so viel Geld für Werbung aufwenden müssen wie ASB.« Das konnten wir nicht dauerhaft dulden, und so gingen wir rechtlich gegen diese Firmen vor. Es waren damals mehr oder weniger bekannte Namen, mit denen wir wettbewerbsrechtliche Auseinandersetzungen hatten. Alle diese Auseinandersetzungen haben wir gewonnen, und zwar mit dem Ergebnis, dass alle Nachahmer zum Zeitpunkt des Prozessendes oder gleich danach insolvent waren. Durch das Versagen der Konkurrenz stieg der Anteil von ASB auf über 70 Prozent in der BRD. Mit der Vorstellung von 50 Prozent Marktanteil hatte ich begonnen.

Nicht jeder Auftrag war einfach zu bekommen. Ich erinnere mich an Aufträge, die praktisch schon anderweitig vergeben waren und doch noch zu uns geholt werden konnten.

In Minden ging es um eine große Anlage mit zehn Squashcourts. Es sah sehr gut für uns aus, zu gut. Dann kam aus heiterem Himmel der Anruf des Besitzers: »Herr Babinsky, ich danke Ihnen für Ihre Angebote und Gespräche. Ich bedauere, ich musste mich für einen anderen, viel günstigeren Anbieter entscheiden.« Das war eine klare Absage. Diese Courts in Minden, ein weißer Fleck für uns auf der Landkarte, wären wichtig gewesen. So einfach wollte ich das nicht hinnehmen.

»Herr Hamberger, wir haben so viel miteinander entworfen und geplant, ich setze mich ins Auto und komme sofort zu Ihnen. In sechs Stunden bin ich bei Ihnen. Wir reden miteinander.« Meine Entscheidung war spontan. Erst wollte der Kunde nicht, er war überrascht, und stimmte dann doch zu. Die 600 Kilometer vergingen wie im Flug. Ich freute mich, ihn in Minden wiederzusehen. Unser Gespräch war wichtig. Am Abend fuhr ich mit dem unterschriebenen Auftrag wieder nach Hause. Ich war erfolgreich gewesen. Sofortiges Handeln hatte sich gelohnt.

Auch bei einem Großprojekt in Berlin zahlte sich unsere Einstellung aus. Ein Freizeitzentrum für die Mitarbeiter und auch für die Firmenchefs eines Großunternehmens für den überregionalen Bau von Gleisanlagen sollte in einem Stadtteil von Berlin gebaut werden. Die Ideen und Wünsche waren vom Feinsten. Verschiedene Besuche führten zu einem Angebot von ASB. Wir verhandelten zweimal sehr gut und freundschaftlich miteinander. Das Projekt war wie geschaffen für uns und begeisterte mich allein schon wegen der Planung und der Herausforderungen.

Aus heiterem Himmel erfolgte die schriftliche Absage. Ein Mitbewerber erhielt den Zuschlag aufgrund besserer Preis- und Zahlungsmodalitäten. Im Brief war auch klargestellt, der Auftrag sei bereits erteilt. Das konnte ich nicht begreifen. Mit dem Architekten hatte ich Pläne gewälzt, zusätzliche Details eingeplant, sehr gute und angenehme Gespräche geführt und auch über private Dinge gesprochen. Außerdem war ich von unserem Produkt überzeugt. Wir waren besser. Ich war enttäuscht. So einfach würde ich nicht aufgeben.

Sofort tat ich etwas absolut Unübliches. Mit der Hand schrieb ich einen persönlichen Brief an meinen Geschäftspartner in Berlin. Neue Ideen waren mein Aufhänger, die ich in dem Brief kurz umriss – Möglichkeiten der besseren Ablaufwege, Veränderungen in der Abwicklung, das Aufzeigen angenehmer Varianten für seine Mitarbeiter. Mit meinen Worten, von Hand geschrieben, sprach ich direkt mit ihm, zeigte ihm meinen Willen und meine Begeisterung für sein Projekt.

Zwei Tage später kam sein Anruf. »Wenn Sie so für ›Ihr‹ Projekt kämpfen, wenn Sie so eine, ja fast Liebe zu diesem Projekt haben, dann müssen Sie gut sein, und dann können nur Sie dieses Objekt durchführen. Ich fühle es und nehme es auf mich. Der Auftrag an Ihren Wettbewerber wird storniert, und ich gehe das Risiko eines Klageweges ein. Sie erhalten diesen Auftrag.« Stumm legte ich den Telefonhörer aus der Hand und war dankbar, dankbar für meine spontane Eingebung und dankbar für diesen Auftrag. Dieser würde ein besonderer für mich bleiben. Es wurde ein gutes Projekt. Interessant war nur, dass es nicht die neuen Vorschläge, die ich unterbreitete, waren, die den Ausschlag gaben, es war allein mein persönlicher handgeschriebener Brief, der den zwischen Computern in einem Großbetrieb tätigen Manager wach werden ließ. Das war der Erfolg: Neue Wege gehen!

Hongkong: Der Jockey Club in Hongkong wurde 1884 als Amateurverein zur Förderung von Pferderennen gegründet, war zu fast 50 Prozent im Besitz der Kolonialverwaltung Hongkongs und dadurch unantastbar. Die Mitglieder des Clubs entstammten der gehobenen sozialen Klasse der Gesellschaft. Das hätte ich wissen müssen. Recherche! Ich habe es nicht gewusst. Und so rauschte ich in eine Falle, wie es sie nicht schlimmer geben kann.

Der Squash Club in der Metropole war Teil des Jockey Clubs und musste einer Erweiterung weichen. Den Neubau übernahm der Jockey Club. Ich wurde persönlich zu einem Termin gebeten, und da hätte es bereits bei mir klingeln müssen. Kurz vor dem Treffen hatte ich einen lockeren Termin mit einem Squashspieler in der Stadt gehabt, und nun drückte ich euphorisch die Glocke an dem Riesengebäude des Clubs. Ein Portier in Livree öffnete und schaute mich von oben bis unten an. Name, Begehr und der Name des Gesprächspartners zeitigten noch mehr Erstaunen. So leicht schien ich hier nicht hineinzukommen. Ich betonte noch einmal meinen Termin.

Mit etwas Abstand trug uns ein Lift drei Stockwerke nach oben. Dort wartete ich in einem nostalgisch eingerichteten Raum mit riesigen Polstersesseln und Vitrinen aus vergangener Zeit. Nachdem sich bei mir ein Herr chinesischen Aussehens in tadellosem dunkelgrauen Nadelstreifenanzug und dunkler quergestreifter Krawatte noch einmal meines Namens versichert hatte, verschwand er wieder. Er kam zurück mit zwei weiteren wie aus dem Ei gepellten Geschäftsleuten. Ich staunte sie an, kam mir wie ein Landei vor, und nun dämmerte mir sehr langsam einiges. Mir wurde heiß und kalt zugleich, den Schweiß auf der Stirn hoffte ich zu verhindern. Unsicherheit zupfte ein wenig an meinem Selbstbewusstsein, ein Stolperer verstärkte das noch. Ein Blick hinter die drei Herren in einen Büroraum zeigte mir tadellos in perfekt sitzende Kostüme gekleidete Frauen und Männer in handgeschneiderten Nadelstreifenanzügen, glänzende Seidenkrawatten, polierte schwarze Edelschuhe. Und ich: Wie immer wirres Haar, keine Krawatte, keine Edelschuhe, Anzug schon, aber eine Mischung aus Beige und Braun, leicht kariert, und das Schlimmste, die Jackenärmel mit seidig glänzendem Futter rechts und links hochgekrempelt. Ein lustiges farbiges Hemd setzte meinem Outfit die Krone auf. Ich spürte, wie verzweifelt überlegt wurde, ob sie mich überhaupt noch einen Schritt weitergehen lassen sollten. Das sah jetzt wirklich nicht gut aus für mich. Ich suchte mir einen der drei Herren aus, schaute in seine Augen, lächelte leicht, straffte meine Schultern, hob meinen Blick noch mehr und deutete eine leichte Verbeugung an: »ASB, Horst Babinsky, CEO, ich freue mich, direkt von Germany zu Ihnen gekommen zu sein. Ich danke für Ihren freundlichen Empfang.«

Auch in aussichtslosen Fällen kann das richtige Wort Wunder bewirken. Es ist nie etwas verloren, solange es eine winzige Chance gibt.

Den Schwarzen Peter hatte ich jetzt meinem Kunden, meinem Gastgeber, zugeschoben. Ich war gespannt, wie diese sehr unangenehme Situation von ihm gelöst werden konnte. Ich hatte keine Ahnung. Jedenfalls war es ein Unding, ohne perfekte, maßgeschneiderte Kleidung und Montblanc-Füller in der Zentrale zu erscheinen. Er, das heißt der Chief Officer, löste diese Situation sehr elegant: »Oh, Mr. Babinsky, willkommen bei uns, es freut uns außerordentlich, Sie persönlich hier zu begrüßen. Sie als Designer und Architekt sind der größtmögliche Gewinn für unser Projekt. Wir werden es mit Ihnen lösen.«

Was war geschehen? Ich war überrascht und konnte die Situation nicht gleich einordnen. Das war Jockey Club vom Feinsten. Zumal noch hinzukam, dass mein Englisch (Bavarian English) wirklich schlecht war und ich das auch sagte. Doch besondere Künstler haben in Hongkong Narrenfreiheit, sofern sie in einen bestimmten Status erhoben wurden. Das war jetzt mit seiner Anrede passiert. Mit dieser Anerkennung durch den dort führenden Direktor hatten sie mich zu ihrem beratenden Architekten und zugleich zum Projektausführenden gemacht. (Nebenbei bemerkt, Architekten sind Künstler, und haben sozusagen Narrenfreiheit.) Der CEO wollte mich, den Mr. ASB und damit das Produkt ASB. Es wurde nie mehr darüber geredet, das Projekt wurde von uns abgewickelt und wird heute noch von uns betreut. Es ist bis heute unser größtes Projekt in Hongkong. Bei meinem nächsten Besuch wurde ich direkt mit meiner Gattin zu einem der berühmten Pferderennen des Jockey Clubs eingeladen. Wir waren beide perfekt angezogen, wie es bei einem feudalen Pferderennen erwartet wird. Es wurde ein außergewöhnliches Erlebnis.

Wer die richtigen Worte findet, ist ein Gewinner.

Abenteuer in Nigeria

Im Jahr 1981 erschien ein Artikel über mich im Erfolgs- und Karrierehandbuch für Selbstständige und Führungskräfte. In dem Bericht über meinen Betrieb würdigte man mich als »Unternehmer des Jahres«. Dadurch wurde der Direktor der Auslandsabteilung des Flugzeugherstellers Dornier in Oberpfaffenhofen, Herr Baumgartner, auf mich aufmerksam. Er bat mich zu einem Termin. Seine Idee war eine

Zusammenarbeit bei einigen der laufenden Projekte in Nigeria. Die Militärs in Lagos brauchten in der Hauptstadt eine Art Sportlager für die körperliche Ertüchtigung ihrer Soldaten. Wir besprachen alles ausführlich und in Ruhe. Die Chefsekretärin wies jede Störung ab. Bei Kaffee und Mineralwasser suchten wir nach Möglichkeiten in verschiedenen Varianten und entfalteten ausführliche Visionen. Unsere Techniker erstellten Pläne und Zeichnungen, entwickelten Konzepte, und Herr Baumgartner konnte über seinen Leiter in Lagos dem nigerianischen Präsidenten Babangida umfangreiche Ideen unterbreiten. Schon ein paar Tage später präzisierten wir per Telefon die ersten fundamentalen Ideen und Vorschläge für Angebote über mittelgroße Trainingszentren mit dem Schwerpunkt Squash.

Wir begannen sofort. Das war eine Superidee, und nicht lange danach durften wir für das Militär in Lagos mehrere kleine Sportzentren mit unseren Squashcourts fertigen und liefern. Unsere vorgefertigten Bauelemente wurden in München in Frachtflugzeuge verladen und zum Militärflughafen nach Lagos geflogen. Die kleinen Sportzentren sollten in bereits erstellte gemauerte Hallen eingebaut werden. So weit, so gut. Doch die auftretenden Schwierigkeiten hatten unsere Leute völlig unterschätzt. Es kam alles anders als geplant. Die Halle hatte kein Dach. In Lagos tobte ein Streik. Die Monteure gelangten schließlich auf Umwegen mit dem Flugzeug nach Lagos. Und unser Monteur Max, in bayerischer Lederhose und kariertem Hemd, wurde erst einmal festgenommen. Aber das Militär, unser Kunde, holte ihn schnell wieder aus dem Gefängnis.

Auf der Baustelle gab es kein Wasser, keinen Strom und somit auch keine Kühlung. Die Hitze war unbeschreiblich. Auf dem Dach zerplatzte der Temperaturanzeiger bei 70 Grad Celsius. Es dauerte Tage, bis endlich Wasser und Strom wenigstens stundenweise funktionierten. Die ersten Projekte mit zwei ASB SquashCourts sollten auch mit Dusch- und Nebenräumen sowie einer Theke ausgestattet werden. Doch Materialien fehlten oder waren durch unsachgemäßen Transport durch die Einheimischen verbogen, defekt oder auf dem Transportweg verloren gegangen. Mit den dortigen Helfern hatte Hans, unser Obermonteur, immer wieder seine Probleme. Sie hatten, gelinde gesagt, ihre ganz eigene Arbeitsauffassung. Die angeheuerten Arbeiter erschienen oder sie erschienen eben nicht.

Jeden Tag musste Zahlung sein, und wenn sie ein paar Naira (das ist die nigerianische Währung) erhielten, machten sie Luftsprünge oder schlugen einen Purzelbaum – wirklich. Es war alles anders als bei uns in Europa. War ein Container auszuladen, so kamen gleich 25 Mann, liefen wirr durcheinander und waren kaum zu dirigieren. Dann plötzlich waren sie alle wieder weg. Termine waren mit diesen Arbeitskräften einfach nicht zu halten. Das erschwerte jede Einteilung, immer wieder.

Durch die ersten Projekte für die Armee lernten wir täglich, und nach dem dritten oder vierten Projekt wusste auch unser Lager in der Firma, was wir alles tatsächlich benötigten. Vor Ort war einfach nichts termingerecht zu bekommen. Doch langsam normalisierte sich alles so weit, wie es unter den gegebenen Umständen möglich war. Am Ende war die Armeeführung von unseren ersten Bauten sehr angetan. Der Präsident gab sein Okay für weitere Sportbauten in den Garnisonen, verteilt in ganz Nigeria. Das war der Anfang unserer Geschäftsverbindung in Nigeria und damit auch zum Präsidenten des Landes. Präsident Babangida gefielen die Ausführung und der Kontakt zu unseren Monteuren. Es machte ihm anscheinend Freude, auf seinem Weg zu seinem Wohnsitz immer wieder einmal einen Blick auf uns zu werfen. Wobei sicher das bayerische Outfit von Max einen entscheidenden Beitrag dazu lieferte. Schließlich bat der Präsident den Direktor von Dornier um ein Freizeitzentrum in Lagos für ihn persönlich.

Das war eine Sonderaktion ganz nach meinem Geschmack. Ich grübelte und zeichnete selbst, es machte mir Freude, dieses Projekt zu entwerfen. Meine Techniker in der Firma zeichneten ebenfalls mit Begeisterung. Lange überlegte ich, wie es aussehen könnte, welche Besonderheiten gut ankämen und optisch wirken würden. Neben den beiden Squashcourts und einem Fitness- und Nassbereich fügte ich noch einen Außen-Tennisplatz mit einer geschwungenen Tribünenüberdachung hinzu. Für den Wohnbereich dachte ich mir besondere Details aus, suchte Lampen von Artemide, Louis Poulsen und Ingo Maurer, überraschte mit Möbeln, die ich mir nie hätte leisten können. Die Schlafzimmer wurden von einem befreundeten Innenarchitekten entworfen, und der Nassbereich übertraf alles bisher von uns Gebaute. Fliesen, Spiegel und Beschläge waren auf Wunsch vom Feinsten. Mit dem Entwurf für das Freizeitzentrum gewann ich die Begeisterung des Präsidenten. So schnell wie möglich wollte er sein Projekt auf seinem Privatgelände verwirklicht sehen. Über den Preis wurde nie geredet, es war für den Präsidenten. Für die Außenanlagen hatte ich einen

Gartenarchitekten aus unserem Bekanntenkreis beauftragt. Es wurde ein wunderbares Projekt!

Meine Sekretärin Frau Kron sagt heute noch: »Mein Gott, was war das für eine Unternehmung. Die gesamte Firma stand Kopf. Goldene Wasserhähne und außergewöhnliche Ledermöbel und Marmortische. Überhaupt, Marmor an den Wänden und auf dem Fußboden, alles exklusiv. Das gesamte Material mit Außenanlagen und Einrichtung bis zur letzten Schraube wurde verpackt und nach Lagos geflogen, mit Transportflugzeugen von Dornier.« Unsere Technikerin ist extra nach München auf den Flughafen gefahren, um diese Aktion des Verladens in die Dornier-Frachtmaschinen zu fotografieren. Lagermeister Johann berichtete: »Unsere sechs Monteure arbeiteten mit Einheimischen auf der Baustelle. Extra Holzhütten wurden für diese Baustelle errichtet, damit unsere ›Halbgötter‹ sich in dieser Hitze dort erholen und wohlfühlen konnten. Das war etwas ganz anderes als die ersten Objekte für das Militär. Ja, und sie erhielten eine ›Rote Legitimation‹, das war höchster Status direkt durch den Präsidenten. Unsere Leute hatten immer und überall Zutritt.«

Unser Montageleiter berichtete aus Lagos: »Der Präsident ist total begeistert von unserem ›Max‹, unserem Unikum.« Max war der Mitarbeiter, der ständig gut aufgelegt war, in Lederhosen und kariertem Hemd zur Montage erschien und seine verrückten Späße mit den Helfern machte. Er war beliebt, und jeder wollte mit ihm arbeiten. Unseren Leuten ging es außerordentlich gut, zu gut, und mit der Zeit wurden sie übermütig. Frau Kron, meine Sekretärin, erinnert sich: »Die Häuschen waren sehr verlockend, und der Wille überaus schwach. Es dauerte nicht lange, und bestimmte einheimische Frauen waren ständige Gäste. Sie zogen nach und nach ein, und es wurden fast schon Familien gegründet. Die Baustelle dauerte einfach zu lange. Wir im Büro mussten alles tun, damit keiner etwas erfährt.«

Nicht einmal ich wusste von diesem Treiben. Erst bei meinem offiziellen Besuch auf unserer Großbaustelle in Nigeria wurde ich nach und nach hellhörig. Am Wochenende war ich mit meinen Monteuren zusammen am Strand. Es wimmelte nur so von hübschen jungen Frauen, und eine war mir besonders zugetan. Das war verdächtig, und so kam ich dahinter, dass sie diese für mich vorreserviert und richtig auf mich angesetzt hatten. Jetzt wusste ich Bescheid und hinterfragte dieses sonderbare Treiben. Die volle Tragweite dieser Situation war mir trotzdem noch nicht bewusst. Das klärte sich kurze Zeit darauf. Mit einem Adjutanten des Präsidenten konnte ich auf einer Rundreise die verschiedenen Baustellen in Nigeria besuchen. Auf der Schnellstraße nach Makurdi waren wir mit einem großen Geländewagen unterwegs. Plötzlich stutzte ich. Da ein Helm, zehn Meter weiter ein Motorradspiegel, dann eine Jacke und mitten auf dem Highway ein Mensch. »Stopp, stopp!«, schrie ich, aber keine Reaktion des Fahrers. »Nein, nein!«, rief er zurück. »Das ist gestellt, hinter den Büschen sitzen die Angehörigen und warten auf den, der anhält. Den nehmen sie in Sippenhaft, sperren ihn ein, erpressen Lösegeld bei den Verwandten, und er wird entweder ausgelöst oder auch nicht. Wenn das Militär kommt, sind alle verschwunden, und irgendwo findet man dann das Opfer – tot.«

Gottseidank war ich nicht allein unterwegs – ich wäre stehen geblieben. Ich war erschüttert, doch so war es. Wir fuhren weiter, und ich erzählte meinem Fahrer von meiner Sammlerleidenschaft für kleine Figuren aus dem Tschad oder anderen Ländern. Er schien nicht zu wissen, wovon ich redete, doch dann änderte er die Fahrtrichtung und führte mich zu einer Schreinerei an der Straße, die durch die Wildnis im Urwald führte. In der Werkstatt herrschte völliges Durcheinander. Unter zentimeterdickem Holzstaub fanden wir schließlich einen 60 Zentimeter hohen schwarzen Elefanten aus Ebenholz. Begeistert wollte ich ihn hochheben – doch unmöglich, er war viel zu schwer. Zwei wären super, meinte ich. Er hatte keinen mehr. Fast ein Jahr später wurde von der Spedition Schenker eine Kiste angeliefert. Zwei Ebenholz-Elefanten, so wie ich sie gerne wollte, mit Nachricht vom Regierungssitz Lagos. Präsident Babangida hatte das veranlasst. Noch heute zieren diese Elefanten eine afrikanische Ecke in meinem Haus, sehr zur Freude der Kinder.

Während der Fahrt durch das Landesinnere befreundeten wir uns miteinander, und so erzählte mir der Adjutant andeutungsweise von den Zuständen in unserem Montagedorf.

Aber da war es schon zu spät. Frau Kron erzählte mir jetzt von damals: »Aufgeflogen ist alles, als durch irgendeinen Umstand die Frau des Montageleiters von diesem Treiben erfuhr. Sie beorderte ihren Mann sofort nach Hause. Wir brauchten ihn aber auf der Baustelle, und so erreichten wir beim Chef, dass er auch für seine Frau ein Ticket für eine Reise nach Nigeria als Geschenk zur Silberhochzeit erhielt. Also fuhr die Frau des Montageleiters mit nach Lagos. Sie wollte das alles mit eigenen Augen sehen.« Frau Kron schmunzelte vor sich hin und erzählte weiter: »Damit waren alle Schwierigkeiten beseitigt, alle dort eingezogenen einheimischen Frauen mussten sofort verschwinden, das Lager räumen. Das war ein Riesenaufwand. Wir lachen heute noch darüber.« Hinter vorgehaltener Hand erzählte sie weiter: »Wir packten sogar Windeln und Babynahrung für unsere Monteure in die letzten Container – wie die Jungs die Sache mit den Alimenten gelöst haben, weiß ich nicht.« Erst jetzt, beim Schreiben dieses Buches, habe ich die »fast« ganze Wahrheit erfahren. Ich höre immer noch irgendwelche unwahrscheinlichen Geschichten, die sich in dieser Sonderwelt zugetragen haben – jetzt ist es zu spät.

Unabhängig davon wurde das Projekt einwandfrei fertigstellt. Präsident Babangida war hoch zufrieden und ehrte uns alle mit einem feurigen Fest. Wir erhielten weitere Aufträge von Dornier für die verschiedenen Militärstützpunkte mit jeweils zwei Squashcourts.

Erfolg sichert Arbeit.

Achterbahn in Aachen

Während meiner beruflichen Aktivitäten hielt ich stets Ausschau nach Immobilien und Grundstücken, die nicht nur für uns, sondern auch für Investoren in Sportstättenbetriebe geeignet wären. So erhielten wir Ende der 80er-Jahre ein Angebot in Aachen. Eine über 1.200 Jahre alte Stadt, Krönungsort römisch-deutscher Könige, mir bekannt vor allem auch durch das Oktogon im Aachener Kaiserdom.

Die Besitzerin des bekanntesten Maklerbüros in Aachen zeigte mir ein Grundstück von 18.000 Quadratmetern. Das Grundstück lag am Rande der Stadt, direkt an einer Bushaltestelle, nicht weit entfernt von der Universität. Hinter der Bushaltestelle zog sich eine Siedlung an der Straße entlang. Auf dem Grundstück waren Tore als Bolzplatz für die Kinder der Anwohner aufgestellt. Unmittelbar neben dem riesigen Grundstück begann ein Naturschutzgebiet, das weit ins Land hinausragte. Besser konnte es für mein Vorhaben gar nicht sein. Ich hatte mir schon länger genau so ein Grundstück vorgestellt, in der Nähe der Wohnbereiche von Studenten, nicht weit von der Stadtmitte und leicht erreichbar, sowohl mit dem Bus als auch mit dem Rad. Das war es also.

Genau richtig, um hier ein großes Freizeitcenter für Sport, Spiel und Unterhaltung zu errichten.

So begeistert ich auch war – mit diesem Grundstück sollte ich eine emotionale und finanzielle Berg- und Talfahrt ohnegleichen erleben. Dass dieses Drama mit einem großen Erfolg endete, war nur einer positiven Einstellung geschuldet, einer nicht nachlassenden Energie, großer Ausdauer und der Hilfe eines erfahrenen Anwalts. Während des Ablaufs der Ereignisse war an einen Erfolg für einen Außenstehenden überhaupt nicht mehr zu denken. Es war klar, das geht daneben. Entscheidend war: Ich hatte keine Angst vor jedem der nächsten Schritte, keine Zweifel irgendwelcher Art, es würde gelingen, und so verfolgte ich konsequent meinen Weg.

Nun aber der Reihe nach: Eine Straße führte im Halbkreis um das Grundstück herum, und die riesige Fläche in der Mitte des Areals war von Bäumen und Büschen umgeben – einfach ideal für ein Gebäude und noch idealer für das geplante Freizeitzentrum. Ich kaufte das großartige Grundstück auf Kredit für 700.000 DM. Mit Begeisterung entwarf ich Varianten, Gebäudekomplexe und Kundenleitwege, besprach die Ideen mit meinen Mitarbeitern und mit Fachleuten aus dem Fitnessbereich. Der fertige Bauplan wurde bei der Aachener Baubehörde eingereicht. Die Nachbarschafts-Unterschriften holte ich selbst unter Vorlage der Pläne ein. Begeisterte Zustimmung aller bei Kaffee und Kuchen – endlich würde der unwürdige Bolzplatz und Treffpunkt für alle möglichen und unmöglichen Leute verschwinden, der Müll und Abfall in den umsäumenden Büschen ebenfalls. Kurzum, es war super.

Die Finanzierung war für das Grundstück aufgrund seiner Lage und seiner Rentabilitätsberechnung gesichert, alles Weitere würde sich zeigen. Es folgten die notwendigen und ganz normalen Schritte: Baugenehmigung, Statik, Gutachten, verschiedenste Gänge zu den Behörden, Fahrten über Fahrten nach Aachen, Besuche auf dem Grundstück mit möglichen Teilhabern oder Investoren. Ich liebte dieses Projekt trotz des Stresses. Den Baubeginn für das Freizeitzentrum verschob ich aufgrund meiner vielen Aufträge im Ausland immer wieder. So gingen die Jahre ins Land. Immer wenn ich in der Nähe etwas zu tun hatte, fuhr ich auf das Grundstück, lief darauf herum. Ich zeigte es meiner Frau, meinen Freunden, und alle verstanden meinen Enthusiasmus. Sie warnten mich aber auch vor der geplanten Investition. Das wäre niemals zu stemmen. Ich ließ mich nicht beunruhigen, das Grundstück war einfach wunderbar.

Auch das politische Leben ging weiter, und es änderte sich einiges. Die Wiedervereinigung war das Ereignis des ausgehenden Jahrhunderts. Neue Ideen, visionäre Möglichkeiten taten sich auf, und damit änderte sich auch das Verhalten aller Investoren in Deutschland und auch in Europa. Die Welt wurde eine andere, die Investitionen verschoben sich in Richtung Osten.

Gebäude, Ländereien und andere mögliche Zukunftsobjekte in den neuen Bundesländern wurden interessanter, der Squash- und Tennisboom flaute insgesamt ab. Meine möglichen Investoren hatten auf einmal ganz andere, lohnendere Pläne. Ich aber hatte ein Projekt für über zehn Millionen Mark am Hals. Das machte mich jetzt doch nachdenklich.

Die Baugenehmigung war auf Wiedervorlage, und der Blick auf diese Tatsache versetzte mir einen Schock. Noch 14 Tage, dann würde die Genehmigung verfallen. Wir in der Firma, oder besser gesagt ich hatte den Baubeginn verschlafen. Vor der Wiedervereinigung wäre das Ganze nie zu einer schwierigen Situation geworden. Es gab genügend interessierte Investoren, und wir hätten einfach angefangen. Doch jetzt hatte sich alles verändert. Handeln war angesagt, sonst wäre alles zu spät, die Baugenehmigung würde verfallen. Eine Schubraupe und ein Bagger mussten her. Der Baubeginn musste sofort erfolgen, die Grundfläche für das Bauprojekt war abzuschieben und das Material auf der Seite zu lagern. Die Baubeginnsanzeige schickte ich per Einschreiben an die Baubehörde. So, jetzt fiel mir erst einmal ein Stein vom Herzen – im letzten Augenblick. Schubraupe und Bagger hatten auf meinen Auftrag hin sofort mit den Arbeiten begonnen.

Und dann brach plötzlich die Hölle los. Der Bauunternehmer hätte nie begonnen, wenn er gewusst hätte, was da auf ihn zukam. Gott sei Dank! Aber auch ich hatte nicht geahnt, was nun passieren würde.

Die Anwohner hatten anscheinend vergessen oder vergessen wollen, dass sie seinerzeit den Plan genau studiert und unterschrieben hatten. Drei Tage hatte es vor fünf Jahren gedauert, bis ich alle Unterschriften zusammen hatte. Alle Bauteile waren detailliert besprochen und auch Vorschläge waren übernommen worden. Durchwegs hatten die Anwohner sich gefreut, in ihrer unmittelbaren Nähe eine

Freizeitanlage zu erhalten. Sie sollten sogar Sonderkonditionen von uns bekommen. Als es jetzt losging, war auf einmal alles anders. Wie konnte das sein? Das Ausmaß des Projektes wurde den Anliegern nun erst wirklich bewusst.

Tagsüber liefen bei den Nachbarn die Telefone heiß. Am Abend waren alle auf der frischen Baustelle – ganz schnell – mit Fahnen und Transparenten. »Halt, Stopp, rettet die Natur!«, »Der Lärm muss weg!«, »Störung der Siedlung«, »Verschandelung der Landschaft« usw. Unsere Telefonistin konnte sich der Anrufe kaum erwehren. Die Zeitungen waren voll mit Berichten. Mit Stangen und Bohlen bauten die Anwohner eine Silhouette auf meinem Grundstück, die zeigen sollte, wie groß die Gebäude würden. Alle umliegenden Familien hatten jetzt auf einmal Angst vor dem Verlust des wunderbaren Spiel- und Bolzplatzes für die Kinder und die Erwachsenen. Noch schlimmer: Alle hatten auf einmal zusätzlich Angst vor den vielen Autos und dem erhöhten Verkehrsaufkommen als Resultat der großen Freizeitanlage. Sie hatten Angst um ihren Frieden. Angst um ihre Kinder. Es wurden Gutachten präsentiert, und immer wieder machten Artikel in den Zeitungen Stimmung gegen das Projekt. Nun war es so weit, ich wagte mich gar nicht mehr auf das Gelände, ich hatte Bedenken um Leib, Leben und Seele. Dabei hatte ich doch nichts, gar nichts Unrechtes getan. Ich verstand die Welt nicht mehr.

Die ganze Sache wurde zum Politikum. Schon am dritten Tag nach dem Beginn der Rodungs- und Schürfarbeiten auf dem Gelände erschien eine Delegation von der Baubehörde und verhängte den offiziellen Baustopp. Die Begründung: Die Baugenehmigung sei abgelaufen. So, das schien es also gewesen zu sein. Kein Mensch dachte an die Kosten, an all die Arbeit. Niemand scherte sich um mich als Besitzer. Ich war der Buhmann, von heute auf morgen. Schriftlich erreichte mich das Schicksalsschreiben drei Tage später. Eine neue Baugenehmigung würde ich nie wieder erhalten, das war sicher. An einen Verkauf des Grundstückes war auch nicht mehr zu denken – das Grundstück lag unmittelbar am Rande eines Naturschutzgebietes, und der Ruf nach Natur und freien Flächen wurde in der Bevölkerung immer lauter. Eventuell konnte ich einen Liebhaber finden, doch zu welchem Preis? Fast eine Million in den Sand gesetzt.

Einen Verlust in dieser Höhe würde ich niemals verkraften. Ich wusste aber auch, wenn ich auf dem Bau des Freizeitzentrums bestehe, werde ich scheitern. Oder gab es einen anderen Weg? Ich würde ihn finden, aber wie?

Meine Nachbarn in Aachen waren glücklich, siegessicher und übernahmen, ja besetzten mein Grundstück. Sie bauten Zelte, kleine Hütten und dergleichen mehr auf. Sie hielten Picknicks ab und feierten im großen Stil auf meinem Grundstück. Das tat mir weh, schließlich war es mein Grundstück, ich war enttäuscht. Ein paar Tage lang konnte ich mit niemandem mehr reden. Trotzdem musste ich handeln.

Mit einem befreundeten Anwalt in München diskutierte ich die Situation. »Da brauchen Sie das Beste vom Besten, Ihr Gegner ist die Stadt Aachen. Das wird nicht einfach. Dort stehen die Vorbereitungen für die Bürgerschaftswahlen total im Fokus, da geht es um jede Stimme.« Die CDU war sehr knapp im Rennen um die Mehrheit. Das hatte gerade noch gefehlt. Es wurde immer aussichtsloser. Mein Anwalt: »Ich rede mit einem Freund, der hat wiederum einen Freund in Bonn.« Dieser Freund war der Anwalt des früheren Bundeskanzlers Dr. Konrad Adenauer. »Der kennt die Verwaltungsgerichtsbarkeit in NRW in- und auswendig, den brauchen wir.« Er schaffte es, für mich einen Termin bei diesem Anwalt zu bekommen. Mit allen Unterlagen unter dem Arm machte ich mich auf nach Bonn. »Hmm, Hmm«, der Anwalt runzelte die Stirn. Dann voller Zuversicht: »Das kriegen wir hin. Die Baugenehmigung gilt, da bin ich mir sicher. Es gibt Gesetze, und da steht es.«

Also gingen wir vor Gericht. Eilurteil nach einem halben Jahr: Wir dürfen bauen. Einspruch der Gegenseite. Es wurde weitergekämpft, mein Anwalt war absolut siegessicher. Die Parteiensituation in Aachen hatte sich zugespitzt. Mir ging es nicht gut. Viele schlaflose Nächte, die Gedanken kreisten ständig in meinem Kopf. Ich fragte mich, wie es wohl funktionieren könnte. Der Glaube an eine Zukunft mit einem guten Ende überwog. Doch mit meiner Zuversicht war ich ganz allein, insgeheim glaubte in meiner Firma keiner mehr an ein gutes Ende. Mein Buchhalter sah von Tag zu Tag sorgenvoller aus.

Dann das Ergebnis: In letzter Instanz obsiegten wir vor dem Verwaltungsgericht. Urteil: Die Baugenehmigung ist rechtens. Mein Anwalt hatte großartige Arbeit geleistet, die Schriftsätze waren genial, und sein Auftreten diplomatisch und klug. Ich würde ihn weiter benötigen, denn jetzt ging es erst richtig los. Ich hatte einen Pyrrhussieg erstritten, einen Sieg, den ich niemals würde nutzen können. Wie würde ich in diesem Umfeld überhaupt reibungslos bauen können? Warum? In der Zwischenzeit war mein Bauvorhaben durch die Entwicklungen am Sport- und Freizeitmarkt in Aachen und in der näheren Umgebung sinnlos geworden. Es würde tatsächlich Überkapazität entstehen. Doch das wusste nur ich, und ich sagte es niemandem. In mir reifte ein Plan, wie ich vorzugehen hatte.

Kaum hatte die Nachbarschaft den Gerichtsentscheid vernommen, wurde wieder demonstriert, es wurden noch mehr Gutachten in Auftrag gegeben, noch mehr Messungen des Straßenverkehrs vorgenommen und immer größere Plakate aufgestellt. Es wurde hässlich. Die Bauten aus Holzlatten, die die Größe des Bauwerks umrissen, wurden mit Planen zur besseren Verdeutlichung abgehängt. Spottplakate wurden geklebt. Es wurden auf meinem Grund richtige Volksfeste von Gegnern des Projektes veranstaltet. So können sich Emotionen auswirken.

Mein Anwalt war einer der Besten, und er riet mir: »Lassen Sie Schubraupen auf das Gelände zufahren, egal, was es kostet.« Und das tat ich. Es ging los! Die Protestierenden warfen sich vor die Fahrzeuge, behinderten die Arbeiten, wo es ging. Mein Anwalt ließ die Polizei rufen, die nun Absperrungen gegen die Nachbarn aufbaute und diese bewachen ließ. Eine absolut ungute und unschöne Situation. Ich wusste, das ist ein Spiel mit dem Feuer. Es ging um Geld, um Recht, und auch um die Wahrheit.

Ich war nur noch ein Nervenbündel. Ich wollte den Menschen doch nichts Böses, ich wollte eine Lösung, die alle akzeptieren konnten. Ich musste auch an meine Firma denken, es ging mittlerweile um einen siebenstelligen Betrag. Ich sah die Lösung, doch ich wusste, der Weg dorthin würde viele verprellen. Diese Menschen würden mich hassen und verdammen. Hinterher würden sie mir dankbar sein und ganz sicher glauben, nur sie selbst hätten das erreicht. Für mich war klar: Gegen den Willen der Anwohner, gegen den Willen der lokalen Politik und Aktivisten, zu einer Zeit, in der der Bau von größeren Freizeitzentren aus der Mode gekommen war, würde ich keinen Gebrauch von meiner Baugenehmigung mehr machen können. Ich wusste, es würde einen Weg geben, doch diesen konnte ich nur mit meiner eigenen Idee und mit Druck erreichen. Ohne Rücksicht auf die momentane Situation musste ich da durch, ich musste gegen meinen Willen den Nachbarn Ärger und Verdruss bereiten. Ich wusste, die Mitarbeiter des Bauamtes würden wüten, und ich wusste, nur so konnte ich eine Entscheidung auf höchster Ebene erzwingen. Voller Einsatz war notwendig. Nur so waren das Beste für alle Beteiligten und ein Sieg mit einem guten Ergebnis zu erreichen. So gut, dass alle wie Gewinner dastehen würden. Ich glaubte ganz fest an meine Idee, ich glaubte an meinen Weg.

Und das Spiel begann. Der erste Anruf der Stadt ließ nicht lange auf sich warten. Ich erklärte, nur mein Anwalt könne antworten. Der Beamte erhielt von mir die Telefonnummer, und ich informierte sofort auf dem anderen Telefon meinen Anwalt in Bonn. Der freute sich: »Jetzt geht es endlich los, so wie es schon lange hätte sein können.« Er kannte meine Situation ganz genau. Ein erstes Treffen mit den Beteiligten wurde anberaumt. Das Gespräch zwischen Stadt und meinem Anwalt lief absolut unbefriedigend, die Schmerzgrenze für die Stadt Aachen war anscheinend noch nicht erreicht. Ein zweites Gespräch verlief ebenso. Zu einem nächsten wurde ich hinzugerufen. Die erste Annäherung war noch nicht das Erwünschte im Sinne meines Anwaltes und auch meiner finanziellen Möglichkeiten. Er hatte Erfahrung.

Mir gehörte das Grundstück. Ich konnte und durfte rechtlich sofort bauen. So weit war also alles klar. Doch es wurde heiß: Die Nachbarn demonstrierten, die Kinder liefen auf die Straße, Gruppen trugen Plakate, und die Redakteure der umliegenden Zeitungen holten sich ihre Interviews. Sogar im Fernsehen wurde berichtet. Klar, das war Wasser auf die Mühlen der Opposition. Es ging um viel. Jetzt würde und musste etwas geschehen.

Der Beigeordnete der Stadt rief meinen Anwalt an. Nun kam es also, das Gespräch. Mein Anwalt schritt mit mir durch die Tür ins Büro des Ersten Bürgermeisters. Eine Lösung musste gefunden werden, und in der Stadtverwaltung hatte man sich darauf vorbereitet. Es eilte, die Kuh musste dringend vom Eis. Zwei Grundstücke bot man mir zum Tausch an. Eines davon war am Tivoli, dort wo jedes Jahr der berühmte CHIO stattfand, das Weltfest der Pferde, das größte Reitturnier überhaupt. Mein Anwalt riet zu diesem endgültigen Tausch. Alle entstandenen Kosten würden von der Stadt übernommen – mehr ging nicht.

Jetzt war das Wunder geschehen, alle Beteiligten waren erleichtert, sehr zufrieden. Der Beigeordnete hatte einen der wichtigsten Streitpunkte der Stadt Aachen elegant bereinigt. Die Nachbarn hatten ihr ruhiges Gelände vor dem Naturschutzgebiet wieder. Mein Rechtsanwalt rechnete seine Gebühren ab, er hatte alles gewonnen und erhielt neue Aufträge von der Stadt. Ich konnte mit Erleichterung eine enorme Fehlinvestition verhindern. Die Freizeitanlage hätte durch die Entwicklungen auf dem Markt keine Gewinne eingefahren.

Wieder einmal war mir das Schicksal zugetan und treu geblieben. Mein neues, 3.800 Quadratmeter großes Baugrundstück in einer der besten Lagen in Aachen konnte ich durch meine Maklerin an die Hotelkette Holiday Inn für den Neubau eines schönen Hotels verkaufen. Zu Hause erwartete ich den Kontoauszug mit einem riesigen Plus. Vor der Bank, noch in meinem Auto sitzend, öffnete ich das Kuvert. Mein Jubelschrei blieb aus, ich war einfach nur tief gerührt. Mindestens zehn oder zwanzig Minuten war alles still um mich herum, ich saß hinter dem Lenkrad mitten in der Stadt. Ich war sehr dankbar.

Dass diese Geschichte am Ende so gut für mich – und für alle anderen – ausging, hat in meinen Augen vor allem damit zu tun, dass ich bereit war, den ursprünglich gefassten Plan aufzugeben. Ich erkannte, wann es zu spät ist. Außerdem wollte ich während der ganzen Zeit allen Menschen um mich herum nichts Böses. Niemals wollte ich jemandem wehtun, ihn schädigen oder ihn übervorteilen. Ich wollte eine saubere und friedliche Lösung. Ich bin fest davon überzeugt, dass sich diese Haltung immer auszahlt. Wenn ich mich von anderen Gedanken gegenüber den Menschen hätte leiten lassen, dann wäre ich sicher an vielen Stellen aufgelaufen oder gescheitert. Die innere Einstellung holt dich immer wieder ein.

Es lohnt sich, mit den Mitmenschen freundlich umzugehen, nicht nachtragend zu sein und nichts Übles im Schilde zu führen. Diese starke Energie ist die tragende Kraft im Leben. In meinem Leben durfte ich das immer wieder erleben. Danke.

You speak a very good Bavarian English

Schlechtes Englisch, nie richtig gelernt. Für die Eroberung des internationalen Marktes mit dem Ziel, Weltmarktführer im Squash, der eigentlichen Domäne der Engländer, zu werden, wären gute Englischkenntnisse sicherlich von Vorteil gewesen. Doch es ging auch anders – mit Begeisterung, mit einem ernsten Willen und mit einer großen Freude am Tun. Unmöglich? Nein: Geht nicht, gibt's nicht!

Der erwartete Rückgang der Umsätze in den deutschsprachigen Ländern zwang uns zum Handeln. Wir glaubten an den globalen Markt, und so versuchten wir Wege zu finden, unsere Squashcourts auch international zu vermarkten. Bedeutende World Cups auf den ASB GlassCourts, veranstaltet von der Professional Squash Association (PSA), trugen das ASB-Logo in die Welt hinaus. Doch der Verkauf war noch einmal etwas ganz anderes. Dazu benötigten wir Partner vor Ort. Sie sollten den Markt kennen, Kontakt zu den wichtigen Vertretern der Squash-Verbände haben und dadurch an Interessenten herankommen. Doch bis zu den Anfängen der 90er-Jahre war international kaum etwas bewegt worden. Meine Aufgabe war es nun, als Inhaber von ASB das Produkt ASB SquashCourt in die Welt hinauszutragen. Die Situation war gar nicht so einfach. Im Humanistischen Gymnasium waren meine Fremdsprachen Latein und Altgriechisch. Mein Commercial Englisch war also sehr dürftig, und die Komplimente, die ich dafür bekam, sehr »höflich«: »You speak a very good Bavarian English!«

Durch die Industrie- und Handelskammer Deutschland erhielt ich Kontakt zu einem emigrierten Deutschen in Atlanta, Herrn Holzapfel, der mir eventuell helfen könnte, Squash in Nordamerika einzuführen. Aber dieser Weg war nicht so erfolgreich wie gedacht, denn Herr Holzapfel kannte den Sport Squash überhaupt nicht und war auch kein Insider. Wir versuchten es gemeinsam, telefonierten und planten. Wieder einmal half uns der Zufall oder eine Art der Intuition.

Der erste Termin führte mich zum Präsidenten des US Squash-Verbandes Tom Jones. Ein Besuch in New York zeigte mir die außerordentliche Gastfreundschaft der Amerikaner. Unsere Gespräche waren erfolgversprechend, und so erfuhr ich auch gleich etwas außerordentlich Interessantes. In Atlanta lebte einer der besten US-amerikanischen Squashspieler seiner Altersklasse. Das war eine hervorragende Neuigkeit. Ich würde diesen natürlich sofort aufsuchen, Herr Holzapfel könnte mir sicher einen Termin vermitteln. Mit Tom Jones, dem Präsidenten des US Squashverbandes, besichtigte ich den ältesten Squashcourt New Yorks in der Börse an der Wall Street. Der Court und besonders dessen Eingang waren für mich ein Novum. Die Tür zum Court öffnete sich wie üblich nach innen. Nur war diese Tür maximal 1,50 Meter hoch, und eine Schwelle war auch noch zu übersteigen. Eine Tür eigentlich nur für Sportler. Das Umfeld um diesen Court in diesem Gebäude war prunkvoll, antik und unendlich feudal. Das war Squash vom Feinsten, nur der Court war eine Katastrophe. Mir war sofort klar, wir könnten hier Wind in den Markt und in die Szene bringen. Das Empfangsgeschenk durch den US Squash-Verband war ein besonderer Genuss. Auf einem hervorragenden Sitzplatz genossen wir, meine Schwester hatte ich mitgenommen, am Abend das Musical »My Fair Lady« auf dem Broadway. Ein wunderbarer, verheißungsvoller Anfang.

Der nächste von Holzapfel vereinbarte Termin war bei ihm zu Hause in Atlanta. Er hatte schon einen Termin für meine Präsentation in einer Freizeitanlage in Atlanta vorbereitet. Und diese Freizeitanlage, das war eine faustdicke Überraschung, war keinen Kilometer entfernt. Der Ansprechpartner war auch noch Tom Rumpler. Dieser war der Champion des Hardball, der amerikanischen Variante des europäischen (Softball-)Squash. Im Clubhaus dieser Freizeitanlage hielt ich meine Präsentation über ASB. Es wurde ein großer Erfolg.

Tom Rumpler war mehr als sehr gut vernetzt und brachte zu dieser Präsentation den fast 90-jährigen weltweit bekannten Chef von Coca-Cola in Atlanta mit. Tom wollte ihn als Sponsor für seinen Vertrieb gewinnen. Schon während seiner wöchentlichen Squash-Lehrstunden hatte er mit ihm über ASB gesprochen. Der frühere Coca-Cola-Chef gab Tom seine Zustimmung zu einem Vertrag mit ASB. Tom Rumpler wurde ein sehr dynamischer Partner mit besten Kontakten in Amerika. Sein erster Auftraggeber war Ted Turner, Chef der CNN, mit Hauptsitz in Atlanta. Durch Toms Kontakte wurden außerdem weit über 20 Elite-Universitäten in den USA zufriedene ASB-Kunden. In diesen Universitäten konnte ASB oft mehr als 20 Courts einbauen, in Yale sogar 23, davon zwei ASB GlassCourts. Squash wurde mehr und mehr zu einer Elitesportart in den USA und ist heute fast schon eine

Eintrittskarte für Studenten zu den berühmten Universitäten in Amerika. ASB ist in den USA etabliert.

Doch die Verbreitung der Marke ASB musste weitergehen. Zahlreiche Reisen führten mich nach England, Pakistan, Indien, Neuseeland und in viele andere Länder. Schon vor den ersten Commonwealth Games in Kuala Lumpur, Malaysia, wurde ASB zu den jährlichen AGMs (Annual General Meetings) der World Squash Federation eingeladen, die in wechselnden Gastländern stattfanden. Meinen ersten Vortrag hielt ich in Helsinki, spontan und ohne Vorbereitung. Unter großem Applaus konnte ich die Ausführungen zu den Kundenleitwegen beenden, die ein Novum für alle waren. Zur gleichen Zeit organisierten wir mit den neu gewonnenen Partnern Tagungen in den Ländern England, Italien, Schweiz und auch in Deutschland.

Die erste offizielle Partnertagung im Jahr 1997 fand in Florenz statt, organisiert von unserem Partner Luca Baldi. Unser Tagungsort befand sich auf einem der Hügel von Florenz mit einem traumhaften Blick auf diese einmalige Stadt. ASB präsentierte die neuesten Produktentwicklungen, und die 25 Partner aus allen Teilen der Welt präsentierten ihre Erfolge. Die besondere Neuigkeit waren die Entscheidung für die Commonwealth Games in Kuala Lumpur und der erste ASB Glass-Squash-Court von uns mit einer verschiebbaren Seitenwand. Die Neuheit hier war, dass Folien mit Punkten auf der Court-Innenseite angebracht wurden und die Seitenwand verschiebbar war, was den Effekt verstärkte, dass die Spieler nicht mehr von den Zuschauern abgelenkt werden. Der Court wurde dann auch tatsächlich so ausgeführt.

Trotz der offiziellen Differenzen zwischen Israel und den arabischen Staaten kommunizierten unsere Freunde aus Israel und Kuwait in Florenz harmonisch miteinander. Auch so kann Völkerverständigung gehen. Auf einem Weingut beendeten wir diese erfolgreiche Tagung mit Besichtigung der Kellereien und einer Weinverkostung. Von nun an war alle zwei Jahre ein Treffen mit unseren Partnern geplant. Es sollten immer wieder neue Partner hinzukommen.

Die zweite Partnertagung fand 1999 mit über 30 Teilnehmern im Magdalene College in der Universität Cambridge statt. Mein Sohn Holger, zu dieser Zeit bereits Doktor der Aerodynamik in Cambridge und Professor im Magdalene College, führte in die Tagung ein und hielt die Eröffnungsrede. Das Magdalene College ist eines der ältesten Colleges in Cambridge, gegründet als »Buckingham College« im frühen

13. Jahrhundert. Begrüßt wurden wir von dem Master (dem obersten »Fellow«) Sir John Gurdon, dem zehn Jahre später der Nobelpreis für seine Arbeit in der Genforschung verliehen wurde. Für unser Abschlussbankett im Speisesaal des Colleges gab ganz offiziell der Master die Erlaubnis. Dieser Speisesaal (die »Hall«) ist einer der ältesten in Cambridge und wird auch heute noch nur mit Kerzenlicht beleuchtet (es ist der einzige Speisesaal ohne elektrisches Licht in Cambridge). In diesem Raum wurde ein paar Jahre nach unserer Partnertagung Nelson Mandela die Ehrenmitgliedschaft (»Honorary Fellowship«) im College verliehen (nebenbei bemerkt: bei dieser Gelegenheit hat er mit meiner kleinen Enkelin Juliet auf dem Arm getanzt und sie geküsst). Mandela war wirklich ein außergewöhnlicher Mensch: Bei dieser Zeremonie sang der Chor des Colleges und Mandela begann zu tanzen. Alle Fellows mussten mittanzen. Das war so ungewöhnlich, dass sogar in den Nachrichten darüber berichtet wurde. Dass unsere Partnertagung in diesem historischen Ambiente stattfinden konnte, hat besonders unsere englischen Gäste sehr beeindruckt. Für sie war der Aufenthalt eine große Ehre.

Bei der Tagung stellten wir Neuentwicklungen vor, die den Squash-Sport weiter revolutionieren sollten. Vor allem wurde die Neuentwicklung des ASB ShowGlassCourts präsentiert. 42 Glasteile konnten einfacher transportiert und zusammengefügt werden. Diese 42 Teile wurden in drei verschiedenen Größen hergestellt, waren rationeller zu fertigen, zu montieren und auch im Notfall zu ersetzen. Ted Walbutton, CEO der World Squash Federation, präsentierte den Einwand eines Wettbewerbers, wonach dieser ASB ShowGlassCourt sofort bei seiner Premiere in sich zusammenfallen würde. Dadurch zeigte sich der Qualitätsabstand von ASB und den Wettbewerbern. Die WISPA (Damen Professionals) unter CEO Andrew Shelley hatte Vertrauen zu ASB und stellte den später erfolgreichsten GlassCourt der Welt dem Publikum vor. Spieler, Presse und TV berichteten begeistert.

Die dritte internationale Partnertagung wurde 1999 von Chris Hadden in Rapperswil in der Schweiz am Zürichsee organisiert. Chris war ein neuer Erfolgspartner. Seine Idee war revolutionär. Er entwickelte den Rainbow Court mit farbigen Spielflächen auf dem Boden und an den Wänden. Diesen präsentierte er in Rapperswil. Damit zog Farbe in den Squashcourt ein. Bei einem Treffen in Zürich wurde dieser Deal zwischen Chris Hadden und ASB-Systembau besiegelt. Der farbige Court wurde zum ASB RainbowCourt. Es wurden verschiedene Farbkombinationen festgelegt. Der ASB RainbowCourt wurde ein Marktrenner. Über 30 internationale Partner nahmen diese Idee mit hinaus in die Welt. Die Farben auf Boden und Wänden erlaubten ein zielgerichtetes und vor allem verkürztes Training zum Erlernen des Squash-Sports. Das Treffen in Rapperswil wurde mit weiteren Neuigkeiten zu einer innovativen, zukunftsentscheidenden und zielführenden Tagung. Drei Tage fruchtbare Kontakte und Basis für weitere Aufträge – es war Motivation pur.

Das ASB-Verkaufsteam ließ es sich nicht nehmen, das nächste Partnertreffen in Stein auszurichten. Jutta Mollner organisierte perfekt und steigerte dieses Partnermeeting zu einer Showveranstaltung und einer Präsentation der gesamten ASB-Familie. Cheerleader verkürzten Ruhepausen, und innovative Partnerspiele führten zu lang anhaltenden Freundschaften zwischen den Partnern aus aller Welt. England berichtete von den Commonwealth Games in Manchester, die natürlich wie alle Commonwealth Games auf dem ASB ShowGlassCourt ausgetragen worden waren.

Der fliegende ASB GlassCourt in Manchester – das war etwas, was es noch nie gab. Der ASB ShowGlassCourt wurde mit Hovercraft vom Originalstandort in die Veranstaltungshalle für die Commonwealth Games 2002 »geflogen«. Der Innovationspreis der WSF wurde mir durch die Präsidentin der World Squash Federation, Susie Simcock, 2002 verliehen. Meine Mitgliedschaft »Friends of World Squash for Life«, zusammen mit HRH Prinz Tunku Imran, NOK-Mitglied und IOC Member, und 16 weiteren Personen, wurde ebenfalls dokumentiert.

Weitere Partnertagungen wurden später in kleinerem Kreis in den Bereichen Ozeanien, Asien, Europa, Amerika und Südafrika durchgeführt. Das Verkaufsnetz wurde größer und ASB immer bekannter. Die großen Squashereignisse konnten und können auf die Produkte von ASB nicht mehr verzichten. ASB wurde international, und ASB wurde Weltmarktführer.

Wenn wir etwas wollen, dann müssen wir es auch tun, und damit zwingen wir uns selbst zum Erfolg.

Siegeszug ohnegleichen in Pakistan

Understatement war einer meiner Lebensgrundsätze. Ich wollte mich bei Verhandlungen, bei wichtigen größeren Runden lieber unter- als überschätzen lassen. Ich gebe zu, das war vielleicht nicht unbedingt immer die beste Taktik, doch so erfuhr ich viel einfacher, wie Menschen dachten, fühlten und vor allem wie sie mich einschätzten. Wenn ich unterschätzt wurde, hatte ich mit dem dadurch gesammelten Wissen oftmals leichteres Spiel.

Für den Test unseres ersten ASB-SquashCourts hatten wir Hidayet Jahan (»Hiddy«) gewinnen können, einen der seinerzeit besten Spieler der Welt. Sein Urteil sollte weitere Weltklassespieler auf ASB aufmerksam machen. Hiddy hatte über die Squashszene hinaus einen gewissen Bekanntheitsgrad durch einen sehr sonderbaren Unfall erlangt. Während einer Zugfahrt zu einem Training in Karatschi lehnte er sich zu weit aus der Waggontür und schlug mit dem Kopf gegen einen Signalpfosten. Dass er ohne bleibende Schäden überlebte, war ein Wunder. Mit seinem Bericht über ASB an die pakistanischen Squash-Verbände sorgte er indirekt dafür, dass schon 1978, ein Jahr nachdem er unseren Testcourt bespielt hatte, die ersten ASB-Squashcourts in Pakistan installiert wurden. Diese Courts wurden für die Weltmeisterschaften in Pakistan genutzt. Ein völlig unerwarteter Erfolg für uns.

Hashim Khan, der wohl berühmteste pakistanische Spieler der ersten Generation, besuchte mich 1980 nach der Weltmeisterschaft in einer im Bau befindlichen großen ASB-Anlage in Bonn-Kessenich. Er kam unangemeldet und völlig unerwartet. Erst später habe ich erfahren, dass er mich bewusst aufgesucht hatte, um mich kennen zu lernen. Mit zwei Squashschlägern betrat er den soeben von uns fertiggestellten Court. Ich hatte geraden den »gesunden« Squashboden geprüft. Einen Schläger lehnte er mit dem Griff nach unten senkrecht an die Glasrückwand, dann ging er zur Aufschlaglinie in der Mitte und spielte sich seinen Ball in atemberaubender Geschwindigkeit warm. Er schlug den Ball rechts an die Seitenwand, dieser prallte an die Frontwand, dann an die linke Seitenwand und zurück zu seinem Schläger, von dort in einem Zug das gleiche Spiel, mindestens 50-mal ohne Unterbrechung – der Ball fiel niemals zu Boden. Dann wandte er sich mir zu und erklärte: »Das, was ich dir jetzt zeige, geht nur in deinem Court, in einem ASB-Court. Ich zeige das meinen Schülern immer in Pakistan, es ist eine unserer Trainingsübungen.« Sprach es und spielte den nun warmen Ball an die rechte Seitenwand, er prallte an die Frontwand ab, dann weiter an die linke Seitenwand und traf direkt den Griff des stehenden Schlägers an der Glasrückwand. Er lachte und wiederholte das fünfmal. Er traf immer wieder. Ein Wunder. Ich brachte den Mund nicht mehr zu. Hashim Khan war eine Legende, und in diesem Moment spürte ich auch, warum. Wir schauten uns in die Augen, er reichte mir die Hand, und wir wussten beide, wir würden uns nie mehr vergessen. Hashim war ein starker, ein beeindruckender Mann. Als er mich damals besuchte, war er 70 Jahre alt. Achtmal hatte Hashim Khan die British Open gewonnen. Ich war Hashim Khan schon 1978 in Pakistan begegnet, als wir dort die ersten ASB Courts bauten. Übrigens: Hashim Khan baute 2004 in Peschawar ein Squash-Center mit 10 ASB Courts.

Im Jahr 1978 spielte ein 15-jähriger Pakistani mit Namen Jahangir Khan aus Karatschi in Berlin ein Städteturnier. »Spielend« erreichte er die Endrunde. Mit einem übergezogenen ASB-T-Shirt stand er kurz vor dem Gewinn der Meisterschaft. Das Spiel wurde unterbrochen, Werbung war nicht erlaubt, und die Turnierleitung ordnete an, er müsse das Shirt mit dem ASB-Logo sofort ausziehen. Er verweigerte das, spielte das Endspiel, gewann. Der Titel wurde ihm aberkannt, kein Problem für ihn. Jahangir war zu stolz und nahm diese Entscheidung gelassen hin, denn seine Entscheidung war ASB. Das Shirt mit dem ASB-Aufdruck hatte er angezogen, ohne einen Cent dafür zu bekommen – er wollte es. Jahangir wurde der beste Squashspieler aller Zeiten. Seine Erfolge manifestierten sich in markanten Zahlen, er gewann 10-mal die British Open, 5-mal war er Mannschafts-Weltmeister, 555 Spiele war er ungeschlagen, und 100 Monate lang dominierte er als Weltranglistenerster. 2002 wurde er als Nachfolger von Susie Simcock Präsident des Squash-Weltverbandes. Das ASB-T-Shirt hatte er damals von den Weltmeisterschaften in Pakistan mitgebracht, es hatte Bedeutung für ihn. Wir, das heißt ich oder meine Mitarbeiter, hatten diese Geschichte weder geplant noch wussten wir davon. Sie wurde uns später aus der Szene berichtet.

Nach meinem ersten Besuch in Pakistan verbreitete sich mein Name in Squashkreisen durch Mundpropaganda mehr und mehr. Für mich war es eine besondere Ehre, in Pakistan, dem Land mit den seinerzeit besten Squashspielern der Welt, Courts zu verkaufen. Es wurden in diesem Land tatsächlich über 40 Squash-Center mit ASB Courts geplant und gebaut. Nachdem der große nationale Mushaf Squash Complex, natürlich mit einem ASB ShowGlassCourt und weiteren Courts, in Islamabad gebaut war, wurde ich wieder nach Pakistan eingeladen.

Thugral Shah Khan, unser Mann in Pakistan, empfing mich am Flughafen. Er war ein sehr guter Freund von mir und ein hervorragender Reisebegleiter. Wir bereisten die wichtigsten Squashplätze in Pakistan. Mir war überhaupt nicht klar, warum ich an allen Orten mit großem Aufwand und mit Ehren empfangen, von den über das gesamte Land verteilten Familien der Khans begrüßt wurde und so viele Anlagen besuchen durfte. Jedenfalls lernte ich viel mehr von diesem wunderbaren Land kennen, als ich erwartet hatte. Trotz der vielen Kontrollen auf Bomben, Sprengstoff und Waffen in jedem Hotel waren die Menschen sehr friedlich und vor allem sehr freundlich. Am Ende unserer Reise durften wir die Einladung des Air Chief Marshal, eines der Ranghöchsten des pakistanischen Militärs, annehmen. Auch jetzt wusste ich noch nicht, warum mir diese großartige Ehre zuteilwurde.

Wir waren über drei Stunden in seinen geheiligten Räumen. Er interessierte sich für die Geschichte des Squash aus meiner Warte. Er war begeistert von unserem neu entwickelten ASB GlassFloor. Prompt orderte er bei mir für den ASB GlassCourt im Mushraf Center diesen Boden. Doch das war nicht das Wesentliche. Es war Freundschaft auf den ersten Blick. Wir sprachen auch viel über Privates und Gemeinsamkeiten. Die Zeit verging wie im Flug. In seiner Begeisterung lud er mich zusammen mit meiner Frau zu einem großen Helikopterflug in den Hindukusch ein. Wir würden den Nanga Parbat sehen. Das plante er für meinen nächsten Besuch, der so bald wie möglich erfolgen sollte. Vor unserer Verabschiedung zeigte er auf seine wunderbaren Flugzeugmodelle auf dem umlaufenden Hängebord. Das war seine private Sammlung. »Welches Modell gefällt dir am besten?« Ich sollte mir eines dieser Prunkstücke aussuchen. Schwierig, trotzdem traf ich meine Wahl, und er reichte mir das Modell als Geschenk und Erinnerung, ich war völlig überrascht. Das war ein Besuch, den ich nie vergessen würde. Wir verabschiedeten uns mit der Zusage auf ein baldiges Wiedersehen. Die Zwischenfälle mit den Taliban an der Grenze zu Afghanistan verhinderten unser nächstes Treffen. Thugral versprach, dieses Modell für meinen Heimflug verpacken zu lassen.

Am nächsten Tag brachte mich Thugral zum Flughafen. Plötzlich stellten wir fest, dass Talal, Thugrals Sohn, mit dem verpackten Modell noch nicht da war. Ich musste einchecken, und dann kam er endlich. Aber: Katastrophe! Es war eine Kiste von 50 Zentimetern im Quadrat. Mein Reisegepäck war schon lange aufgegeben. Wie sollte ich denn mit diesem Monstrum durch die äußerst genauen und intensiven Kontrollen kommen? Oje, Thugral zuckte schuldbewusst mit den Schultern, und er verschwand zusammen mit Talal. Da stand ich nun. »Good bye«, und ab zum Scanner. Es kam, wie es zu erwarten war. »No! Open please, open this!« Jetzt gab es den erwarteten Auflauf, und der Vorgesetzte wurde geholt. Das ist in einem Militärstaat an Dramatik nicht zu überbieten. Mir wurde sehr, sehr sonderbar zumute. Maschinengewehre, Militärpräsenz, Hände an den Waffen. Wortwechsel hin und her. Ich hatte dieses Paket doch von dem obersten Dienstherrn des Militärs von Pakistan, eigentlich dem Kriegsminister. Ich machte laut und deutlich klar, dass ich das Paket nicht öffnen könne, denn: »This is a present of my friend«, und zog die Karte mit der Widmung und Anweisung des Air Chief Marshalls aus meiner Westentasche. Erst jetzt hatte ich daran gedacht, dass er mir das Papier ja für einen dieser Fälle gegeben hatte. Was jetzt kam, überraschte mich total, es war ein Wunder, es änderte sich schlagartig alles: Der Leiter der Security nahm Haltung an, »That's your friend? Oh, oh, excuse me, excuse me.« Blass und konsterniert salutierte er, verbeugte sich ein paarmal, »mistake, mistake« mumelnd rannte er davon, und eine Eskorte mit zwei Mann kam angerannt, salutierte und begleitete mich zu einem kleineren Raum und dann zum Flugzeug nach Dubai. Eine gesonderte Treppe führte hinauf in die erste Klasse, und bis zu meinem Sitzabteil wichen die beiden nicht von mir. Erst später erfuhr ich die tatsächlichen Umstände, es war alles detailliert geplant. Der Air Chief Marshall hatte angeordnet, mich reibungslos an allen Kontrollen vorbei an Bord zu bringen. Für das Missverständnis sorgte der Name Thugral Shah Khan, den hatten die Militärs erwartet, weil dieser mein Begleiter war. Jener hatte sich aber wegen der geplanten Überraschung absichtlich schon verabschiedet.

Jahre später, im Jahr 2019, war ASB-Partnertagung in Prag. Die pakistanische Delegation nahm selbstverständlich ebenfalls teil. Der Außendienstleiter Till Jonuleit stellte mich vor, und ich wunderte mich über die fast schon höfische Begrüßung. »Herr Babinsky«, sagte er, »wissen Sie das denn nicht? Sie sind eine Legende in Pakistan, Sie sind eine Berühmtheit.« Ich wusste das wirklich nicht und weiß bis heute nicht, womit ich mir das verdient habe.

Doch es wirkt immer noch. Anfang dieses Jahres bat mich Till Jonuleit um einen Bericht über meine Erfahrungen in Pakistan. Jetzt kam wieder ein Riesenauftrag durch ihn über zehn Courts und zwei ShowGlassCourts. Die Erfolgsgeschichte geht weiter.

Oft gehen wir durch das Leben, ohne zu wissen, warum wir Erfolg haben.

ASB ShowGlassCourt

Ständige Weiterentwicklung und fast alle zwei Jahre ein neues Modell brachten uns mit dem ASB SquashCourt einen Vorsprung, der nicht mehr einzuholen war. Wenn auch die Fotografen anderer Hersteller jedes Detail unserer Produkte festhielten und ihre Auftraggeber diese nachbauten, so hatten sie keine Chance, es uns gleichzutun. Keiner unserer Mitbewerber investierte in die Veränderung.

Oft wurde ich gefragt: »Warum lassen Sie die anderen Courtbauer alles bei sich abschauen?« Meine Antwort war: »Imitation unseres Produktes ist die beste Werbung für uns. Der Kunde weiß dadurch, der ASB-Court kann nur mit Abstand der Beste sein.« Wir waren eben die Vorreiter.

Wie war das möglich geworden? Schon Ende 1970 wurden die ersten Seitenwände und Frontwände von uns aus Glas gefertigt. Das war in Freizeitcentern. Die Wände waren noch klar und damit durchsichtig. Erst durch einen Folienhersteller fanden wir eine erste, temporäre Lösung durch das Aufkleben der weiß gepunkteten Folie. Schläger und harte Ballkontakte beschädigten diese Folie jedoch sehr schnell, und sie musste immer wieder ersetzt werden. Dann hatte unser Glashersteller die Idee, keramische Punkte aufzubringen und damit die Oberfläche griffig zu machen, ideal für den harten Kontakt mit dem Squashball.

Also stellten wir Courts mit weißen keramischen Punkten bis zu einer Höhe von zwei Metern her, später ganze Flächen. Neue Ideen veränderten immer wieder den GlassCourt – ein sehr hoher finanzieller Aufwand für die Attraktivität des Squash-Sports. Ständiger Kontakt mit den Fachleuten unserer Glashersteller brachte dann die geniale Konstruktion der modernen OneWay-Courts. Mit diesen Entwicklungen und mit immer wieder neuen Farben konnte erreicht werden, dass die Spieler nicht mehr von außen irritiert wurden. Die Spieler hatten einen optisch geschlossenen Spielraum, während die Zuschauer das interessante Squashmatch in allen Phasen und mit allen Techniken sehr genau verfolgen konnten. Das OneWay-Verfahren verbesserten wir immer weiter, etwa mit dunkelblauen Farben der Glaswände, auf denen sich der weiße Ball sehr stark abzeichnete. Die Fotografen Fritz Borchert, Steve Line und Steve Cubbins waren von den neuen Möglichkeiten sehr angetan, und vor allem hatten wegen der verbesserten Sichtbarkeit des Balles nun endlich die TV-Anstalten die Möglichkeit, Squashturniere im Fernsehen zu übertragen.

Das Geheimnis eines erfolgreichen Produktes ist die ständige Verbesserung und damit die Investition in neue Möglichkeiten. Immense Summen wurden in das Projekt ASB ShowGlassCourt investiert. Bis zum Jahre 2012 stellten wir jedes zweite Jahr einen neuen, in vielem verbesserten GlassCourt her. Das hat ASB zu der internationalen Bedeutung verholfen, die das Unternehmen heute hat. Seit der Entwicklung des ersten GlassCourts (Messe Aktiv 1987 Düsseldorf) wurden von ASB 16 verschiedene Modelle auf den Markt gebracht. Um Doppel-Squash zu ermöglichen, entwickelten wir eine Schiebewand ebenfalls aus Glas. ASB war mit jedem neuen Modell Vorreiter. Die Beschichtung der Wände mit keramischen Punkten war später auch der Weg, mit dem wir den ASB GlassFloor seinen »Grip« geben konnten. Mit dunklen, elastischen und damit gelenkschonenden Böden wurde wieder Neuland beschritten. Auch hier war die Sichtbarkeit des Balles wieder ein sehr wichtiger Punkt. Gänzlich neue, noch nie für den Squash-Sport verwendete Beleuchtungsmöglichkeiten wurden gefunden. Durch all diese Verbesserungen wurde Squash fernsehtauglich. Auch jenseits von Squash zeigten verschiedene deutsche Fernsehanstalten den ASB ShowGlassCourt in ihren Sendungen, wie mehrmals in »Schlag den Raab« und in »Wetten, dass …?«.

Dadurch ist der ASB ShowGlassCourt heute weltweit die Nummer 1 im Squash-Sport. Er ist eines der drei Produkte, die ASB zum Weltmarktführer gemacht haben.

Eine Werbeagentur unterbreitete unserem Expertenteam einen Werbevorschlag, der zeigen sollte, weshalb ASB die Nummer 1 im Markt sei. Dazu zeigte uns der Manager ein Bild mit 100-Meter-Läufern während des Zieleinlaufs. Der erste, der die Lichtschranke riss, sollte ein ASB-Läufer sein. »Das demonstriert, wie gut ASB im Sport etabliert ist«, meinte er. »Nein«, sagte ich, »ASB ist schon nicht mehr im Bild – wir sind schon viel weiter.« Diese Kampagne konnten wir nicht übernehmen. Sie missachtete unsere Unternehmensphilosophie, unsere Markeneinstellung und auch unsere Weltanschauung. ASB konnte auf diesem Bild nicht mehr zu sehen sein, denn ASB war durch die ständigen Innovationen schon weit vor den anderen Mitläufern. Der wahre Erste war schon aus dem Blickfeld des Betrachters, außerhalb des Bildes und hatte das Rennen längst gewonnen. ASB war den anderen schon lange weit voraus.

Erfolg ist nur durch permanente Verbesserung möglich!

Tue Gutes und rede darüber

Walter Lederer war ein bedeutender zeitgenössischer Maler und weit über den Chiemgau hinaus bekannt. Er stellte als heimischer Künstler im Haus der Kunst in München aus und wurde viele Jahre dort als Juror zur Großen Kunstausstellung berufen. Aufgrund seiner symbol- und rätselhaften Werke, die in die Gedankenwelt des Metaphysischen verweisen, wurde er oft der »Magier von Neuwies am Chiemsee« genannt. Walter war einer meiner besten Freunde – wir verstanden uns, ohne viel zu reden, und er hat es mir immer wieder bewiesen.

Walter war ein Freund, ein sehr guter Freund. Ich benötigte lange, um diese Integrität, diese Treue zu verinnerlichen. Er zeigte Stärke, wenn andere schon lange aufgegeben hatten; er widersprach dem Mainstream und vertrat immer das, was er vor sich vertreten konnte. Oft saßen wir beide mit seiner liebenswerten und interessanten Frau Sophie zusammen und entwarfen Prospekte und Plakate. Mit weiteren Künstlern unternahmen wir jedes Jahr Reisen in Länder mit atemberaubenden Naturlandschaften. Es war eine wunderbare und lehrreiche Zeit.

»Du solltest etwas für die jungen oder noch nicht erfolgreichen Maler tun«, war einmal seine Aufforderung, und ich nahm seine Idee an. Gemeinsam entwickelten wir ein Konzept für den legendären Babinsky Förderpreis, der ab 1995 im Abstand von jeweils zwei Jahren in Traunreut im Rahmen einer großen Veranstaltung im Heimathaus vergeben wurde. Das Heimathaus war von uns als ASB-Gebäude für die Stadt Traunreut gebaut worden. So war es natürlich für uns ein besonderes Ereignis. Walter Lederer stellte sich mir als Juror zur Seite und half mit seinen persönlichen Kontakten, weitere hervorragende Künstler als Juroren für diesen Kunstpreis zu gewinnen. Diese Juroren waren die Elite der gestaltenden Kunst im süddeutschen Raum: Wilhelm Neufeld, Rupprecht Geiger, Walter Angerer d.J., Sigi Braun, Hermann Ober und viele andere. Es war jedes Mal ein besonderes Erlebnis, zusammen mit diesen berühmten Künstlern in einem Raum die Entscheidung für die Preisträger zu treffen und mitzuerleben.

Nach den ersten beiden Veranstaltungen wurde diese durch die Stadt mit einem »Traunreuter Kunstpreis« erweitert. Fünfmal veranstalteten wir diesen Förderpreis, die Organisation wurde zusammen mit dem Verein Heimathaus e.V. durchgeführt. Ich entwarf gerne die Kataloge mit den Werken der Preisträger, ließ sie auf unsere Kosten drucken und sorgte zusammen mit der Presse für ausdrucksstarke Artikel.

Der Kunstpreis wurde ein großes Ereignis über die Grenzen der Stadt Traunreut hinaus und erfuhr großen Zuspruch bei den Künstlern. Für einige der jungen Künstler war er das Sprungbrett in eine hoffnungsvolle Zukunft. Die Ausstellungen waren stets gut besucht, die Mund-zu-Mund-Propaganda war erstklassig, und das Echo in der Umwelt sprach für sich. Durch diese Veranstaltungen stieg auch der Bekanntheitsgrad unserer Firma. Interessanter Nebeneffekt war, dass es einfacher wurde, Mitarbeiter zu finden.

Diese Öffentlichkeitsarbeit diente nicht nur einem guten Zweck, sie diente neben der Förderung junger Künstler auch der Kunst und Kultur im Allgemeinen. Den Bewohnern in und um Traunreut wurden grafische Kunstwerke, zeitgenössische Skulpturen und Gemälde junger aufstrebender Maler gezeigt. Das war auch für die Stadt Traunreut ein Imagegewinn.

Applaus ist das Brot des Künstlers – dafür hatten wir gesorgt.

Trampelpfad zum Erfolg

Die »Wende« in Deutschland war ein weltpolitisches Ereignis. Die Wende hat Deutschland verändert und nicht nur flächenmäßig erweitert. Viele Unternehmen mussten ihre Strukturen und Maßnahmen überdenken. Wir mussten lernen, wieder neue Wege zu suchen.

Egal, wie viele Fehlschläge uns niederdrückten und alles infrage stellten, was bisher galt, der entscheidende Punkt war der Wille zum Erfolg. Nicht jede Branche musste sich diesen Herausforderungen stellen. Für meine Firma wurde es ein Muss, global zu denken und auch zu werden. Neben der Wiedervereinigung hatte sich auch in anderen Bereichen viel für mich verändert. Privat baute ich ein neues und zukunftsträchtiges Haus, ich hatte neue Geschäftsfelder entdeckt und brachte neue Ideen auf den Weg. Dieses hinter uns stehende »Muss« weckte uns aus unserer Komfortzone, rüttelte uns auf und trieb uns im Endeffekt auch an.

Die Wende veränderte auch das Verhalten der Menschen und Firmen. Vor allem die Investoren hatten neue Ideen und richteten sich nach den Chancen und Gegebenheiten, die sich ihnen nun auftaten. Wir als Firma hatten nun mehr Bundesländer in Deutschland, also eine größere Fläche zu betreuen – darauf wollten und mussten wir reagieren. Doch die Erweiterung brachte uns nicht nur die erwünschten zusätzlichen Umsätze, sondern sorgte auch dafür, dass wir in Grundsätzen zum Umdenken gezwungen waren.

Für die neuen Bundesländer wurde eine zusätzliche Vertriebsorganisation erforderlich. Nur so konnte die erhoffte und auch zu erwartende Umsatzsteigerung erreicht werden. Insgesamt bereisten nun sieben Außendienstmitarbeiter die umfangreichere Bundesrepublik Deutschland. Trotz der folgenden recht hohen Umsätze in den fünf neuen Ländern reduzierte sich unser Verkaufsvolumen in Gesamtdeutschland. Erstaunt mussten wir feststellen, dass sich Investoren für ihre Geldanlagen nun nicht mehr Sportanlagen suchten, sondern Gebäude, Firmen, Beteiligungen und Grundstücke in den neuen Bundesländern erwarben. Außerdem ließ sonderbarerweise die Wartung in den Freizeitanlagen im Westen stark nach. Die Squashkunden spürten dies und wichen oft auf den im Moment wirksamer beworbenen Fitnessbereich aus. Die Fitness- und Wellnesswelle, die aus den Vereinigten Staaten zu uns herüberschwappte, veränderte das bisherige Freizeitverhalten. Für den Erfolg von Squash in Deutschland waren seinerzeit das gemütliche Zusammensitzen nach dem Sport, das Gesellschaftliche und auch ein wenig die neue Errungenschaft der gemischten Sauna wesentliche Anreizpunkte gewesen. Mit dem Fitness-Trend wurde nun das eigene Training oder das Gruppen-Workout in den Fokus gerückt. Nach dem Training wurde meist die Anlage verlassen, und die gemütliche Runde danach entfiel. Sehr zum Leidwesen der einstigen Squashgeneration, die auch heute noch diese Gemeinschaft sucht. Squashanlagen wurden in der Folge im Westen der Bundesrepublik deutlich weniger besucht. Das war eine einschneidende Entwicklung. Wir mussten reagieren. Denn wir hatten plötzlich viel weniger Umsatz. Anstatt mit den uns bekannten Maßnahmen die Aktivierung des Squash-Sports zu pushen, gingen wir den einfacheren Weg. Wir richteten unseren Fokus auf das internationale Geschäft, denn der ASB SquashCourt war in der Zwischenzeit überall auf der Welt bekannt geworden.

Veränderungen sind das ganze Leben – Veränderungen helfen uns, neu zu denken.

Goldgräberstimmung im deutschen Osten – die Wende

Goldgräberstimmung zeichnete sich am östlichen Horizont ab. Die Chance war zu nutzen. Da wollten wir unbedingt mit dabei sein. Für viele war das ein persönlicher, ein total neuer Wendepunkt. Das kannten wir noch nicht. Der Horizont wurde klarer, heller. Die »Wende« würde auch unsere Umsätze beeinflussen und damit mein erwünschtes Denken über die notwendige Auslastung des eigenen Betriebes erfüllen.

Also befasste ich mich auch mit dem Kauf eines größeren Grundstückes mit knapp 40.000 Quadratmetern in Sachsen-Anhalt, nicht weit weg von den Großstädten Halle und Leipzig mit ihrem Flughafen. Das Grundstück lag in Trebnitz bei Könnern, rund 25 Kilometer von Halle an der Saale entfernt. Halle war die viertgrößte Stadt der fünf neuen Bundesländer, das versprach eine gute Entscheidung zu sein. Vorher hatte ich mich gründlich umgesehen und einige andere Grundstücksideen verworfen.

Die geschäftliche Situation wurde immer drängender, wir brauchten Umsatz und Arbeit für unsere Firma. Die plötzlichen Umsatzrückgänge bei den Neubauten von Squashanlagen machten sich zunehmend bemerkbar. Also gingen wir in die Vollen. Zusammen mit meinen Mitarbeitern planten wir eine komplette Siedlung auf dieser Riesenfläche. Straßen mit Kreisverkehr, Einzel- und Doppelhäuser, Einkaufsmöglichkeiten und sogar ein Kindergarten vervollständigten eine für mich einzigartige Planung. Ich war im Flow. So eine Planung hatte ich mir schon immer gewünscht. Ich empfand es als tolle Aufgabe für mich. Die Idee, wie die Häuser aussehen sollten, hatte ich schon durch den Bau meines eigenen Hauses in Marwang getestet. Doch davon später.

Umfassende Pläne wurden gezeichnet. Der Bebauungsplan wurde an ein erfahrenes Planungsbüro vor Ort weitergegeben. Der fertige Plan wurde eingereicht, das Raumordnungsverfahren durchgeführt, und vor allem wurden die Grundstücke systematisch bei elf Landwirten und auch Privatbesitzern nach und nach gekauft. Einen Teil der Grundstücke erwarb ich vom amtierenden Bürgermeister von Trebnitz. Wir verstanden uns sehr gut, und er war uns bei der Grundstückssuche und den Verhandlungen mit den Grundstückseignern behilflich. Die Preisverhandlungen liefen erfolgreich und brachten den wirklich armen Landwirten aus den damaligen LPGs (Landwirtschaftlichen Produktionsgenossenschaften) Geld und neue Möglichkeiten nach den langen kargen Zeiten in der DDR.

Die Schwierigkeiten mit Bebauungsplan, Eingabeplan, Naturschutzbehörde, Genehmigung und Bearbeitung durch die noch nicht reibungslos funktionierenden Bauämter und Banken waren zu erwarten gewesen. Es haperte an allen Ecken und Kanten. Nicht immer die besten Leute waren von den Institutionen aus dem Westen in den Osten geschickt worden – ein gravierender Fehler. Zeitverzögerungen und Lustlosigkeit waren die Folge. Gut funktionierende Behörden und Banken wären gerade in den ersten Wochen und Monaten nach der Wende von unerlässlicher Notwendigkeit gewesen. Das wurde bald allen bewusst.

Ein für die damalige Zeit typisches Erlebnis: Über eine Stunde wartete ich schon vor dem Zimmer eines Bankdirektors in Bernburg, stehend. Seine Sekretärin zuckte nur mit den Schultern und meinte hilflos, der Herr Direktor hätte eine Besprechung. Ich sah gleich, wie unwohl ihr bei dieser Aussage war. Sie kannte ihn anscheinend nur zu gut. Nach weiterer ergebnisloser Wartezeit war meine Geduld zu Ende, ich klopfte einmal, zweimal und nach dem dritten Mal ohne Antwort riss ich verärgert die Tür auf. Das hatte der »heilige« Bankdirektor nicht erwartet – er saß mit übergeschlagenen Beinen hinter der »Mitteldeutschen Zeitung« und rauchte, die Tasse Kaffee war längst kalt. Er hatte einfach keine Lust. Solche Erlebnisse häuften sich und trugen sicher nicht zum gegenseitigen Verständnis bei. Meinen Kredit für die Häuser erhielt ich trotzdem umgehend, es war eben forscheres Auftreten notwendig.

Langsamer als gedacht begannen wir unser Vorhaben. Um die Gesamtbebauung nicht zu behindern und zumindest einen Teil zu beschleunigen, nahmen wir den Bau von zehn Doppelhäusern und einem Einfamilienhaus aus der geplanten Ortsbebauung heraus und zogen diese in einem Extraverfahren schneller durch. Die Häuser in Trebnitz waren in einer Version geplant, die dem früheren ASB-System glich. Ich liebte dieses System nach wie vor, plante es aber nun aus Holz, bestehend aus gleichen Rastern und Elementen. Eine fantastische Idee. Die Pläne für die Häuser in Trebnitz sahen wundervoll aus und wurden so auch mit allem Drum und Dran, also einschließlich Erschließung, Be- und Entwässerung genehmigt.

Die nächste Hürde: keine Handwerker, kein Interesse, kein Baubeginn. Wie wollten wir diese wunderbaren Häuser hinzaubern? Handwerker waren kurz nach der Wende Mangelware. Also was tun? Aktion war angesagt, es musste eine Lösung gefunden werden. Durch meine Reisen in osteuropäische Länder hatte ich einen Plan, wie wir das Dilemma überwinden konnten. Tschechische Firmen waren wegen der Devisen an westlichen Aufträgen sehr interessiert. Wir suchten und fanden in Pilsen eine Baufirma, die alle Häuser schlüsselfertig anbot. Einige Gespräche und Besichtigungen waren notwendig, doch sie liefen sehr gut, und wir konnten es wagen, einen Auftrag für zehn Doppelhäuser zu erteilen. Das Einfamilienhaus mit besserer Ausstattung hielten wir noch zurück. Somit konnte mit dem ersten Bauabschnitt begonnen werden.

In der Zwischenzeit fanden wir dann doch Tief- und Hochbaufirmen für die Ausschreibung und anschließende Vergabe. Durch die Anzahl der geplanten Bauten waren ein paar Firmen aufmerksam auf uns geworden. Nach der ersten Teilbaugenehmigung wurde mit den Aushub- und Betonarbeiten für die Bodenplatten begonnen. Kanalisation, Wasser- und Elektrozuleitungen liefen zeitgleich. Es war alles nicht so einfach, wie es nachträglich scheint. Nach sehr zähen Verhandlungen konnten wir uns mit der Stadt Könnern auf eine mobile Kläranlage als Provisorium einigen. Also war auch dieses Problem beseitigt. Die Verhandlungen mit der Gemeinde Trebnitz liefen durch die Zusammenarbeit mit dem Bürgermeister sehr gut. Wir einigten uns, vorerst alle Erschließungsmaßnahmen selbst zu tragen und durchzuführen. Später würden wir der Gemeinde die gesamten Straßen mit den Leitungen kostenlos übergeben. Ein im Westen ganz normaler Vorgang und für uns kein Problem. Es sollte ja im Sinne der Gemeinde weitergehen. Dass dies ein übler Fehler sein würde, zeigte sich später.

Alle Leitungen wurden verlegt, die notwendigen Straßen gebaut und die ersten Bodenplatten gegossen und in die Waage, das heißt präzise flach gelegt. Die Fertighäuser konnten kommen. Mit der Zuckerfabrik Südzucker, die sich in der Nähe befand, trafen wir eine lose Vereinbarung. Sie würden die Häuser kaufen oder mieten. Das Durchschauen verschiedener Verquickungen, die Lobbyarbeit und die Zusammenarbeit anderer unter der Hand waren für mich komplettes Neuland, und so versagte ich auf diesem Gebiet. Die Genehmigung zog sich immer wieder hin, und schließlich fühlte sich die Zuckerfabrik nicht mehr an ihr Angebot gebunden. Jetzt wurde mir doch etwas sonderbar zumute.

Der Bürgermeister hatte einen Vorschlag und zugleich eine Bitte an mich. Ein großer Investor sei an dem neuen Baugebiet interessiert. Er wollte aber nur dann einsteigen, wenn die Gesamtfläche zusammenhängend einem Besitzer gehören würde. Also wollte die Gemeinde von mir 20.000 Quadratmeter zurückkaufen. Der Gemeinde stünde dann die Gesamtfläche von 50.000 Quadratmetern zur Verfügung, die mit dem neuen Investor entsprechend unserem Bebauungsplan angrenzend an unser Gelände bebaut werden könnte. Ich willigte gerne ein, war es doch ein Lichtblick, wie ich dem drohenden Dilemma mit schleppenden Baugenehmigungsverfahren entfliehen konnte. Der Bürgermeister und ich verbrieften das Geschäft bei der Notarin in Bernburg, die mich schon von den vielen vorherigen Grundstückskäufen kannte.

500.000 DM war die Verkaufssumme, und wir unterschrieben beide, die Notarin bestätigte.

Jetzt war ich wieder einmal gerettet, so dachte ich zumindest. Die Vertragssumme wurde durch die Notarin nach der Eintragung im Grundbuch fällig gestellt. Doch die Gemeinde konnte oder wollte nicht zahlen. Der großartige Investor war in der Zwischenzeit abgesprungen, das Projekt konnte momentan nicht mehr verwirklicht werden. Das Drama war perfekt. Die Gemeinde wurde durch diesen Kauf insolvent, sie hatte sich übernommen. Mir fehlte diese große Summe. Das Gesetz nahm seinen Lauf. Etwas ganz Unerwartetes musste geschehen. Die Gemeinde Trebnitz wurde in die Stadt Könnern eingemeindet. Damit wurde nun die Stadt zahlungspflichtig. Die Stadt Könnern wollte aber nicht zahlen und behauptete, der Vertrag sei ungültig. Jetzt war ich nicht mehr der Helfer, jetzt war ich der Buhmann. Das war nicht rechtens. Ich brauchte Rat.

Wieder fragte ich meinen Nachbarn in Marwang, den Anwalt. Er meinte, das kriegen wir hin. Die gesamte Vorgehensweise war sehr verzwickt. Dr. Peter Gruber zog alle Register und betrieb die Zwangsvollstreckung. Als die Stadt Könnern immer noch nicht zahlen wollte, ging er von Instanz zu Instanz bis zum Regierungspräsidenten von Sachsen-Anhalt. Nach zwei Jahren zeigte sich endlich Licht am Ende des Tunnels. Das Regierungspräsidium wies die Stadt Könnern an, die Zahlung sofort zu tätigen. Dr. Peter Gruber war sehr erfolgreich, seine Hartnäckigkeit hatte sich ausgezahlt.

Das Unterfangen in Trebnitz zeigt sich bis zum heutigen Zeitpunkt immer noch nicht von seiner besten Seite. Die anfängliche Euphorie wich einer Stagnation, das große Geschäft blieb aus. Die Hälfte der Häuser konnte an Privatinvestoren verkauft werden, die andere Hälfte behielt ich. Ein sehr guter Freund kaufte mir zwei Haushälften ab. Dafür bin ich ihm heute noch sehr dankbar. Die Häuser in Trebnitz wurden für alle Beteiligten kein sehr gutes Geschäft. Die Stadt Könnern schaffte es nicht, für einen Zuwachs von Industrie und Bewohnern zu sorgen. Damit verfielen die Preise, und alle Häuser verloren 40 bis 50 Prozent an Wert. Das war in etwa das, was wir an Steuervorteilen in den neuen Bundesländern vom Staat erhielten. Eine Goldgräberstimmung führt tatsächlich nicht immer zu einer erfolgreichen Unternehmung. Euphorie hält nicht immer das, was sie zu versprechen scheint.

Es fehlte noch der Bau eines Einfamilienhauses mit der Nummer 6a in der Dompfaffstraße. Eine andere tschechische Firma aus Novy Jicin leistete hier Präzisionsarbeit. Dieses Haus ist das Schmuckstück der kleinen Siedlung.

Lernprozess: Wegen der seinerzeitigen Fehlspekulation der Gemeinde weigert sich die Stadt Könnern noch heute, ihrer Pflicht zur Übernahme der Erschließungsstraßen nachzukommen. Es war mein Fehler, nicht gleich die gesamte Abwicklung zu planen und abzusichern.

Fehler sind dazu da, um zu lernen – ohne Fehler kommen wir nicht weiter. Entscheidend ist, niemals den Mut zu verlieren.

Aufbau einer Fertigung in Osteuropa

Nach der Wende gingen wir davon aus, dass sich unsere Umsätze mit den neuen Absatzmärkten erhöhen würden. Wir kauften ein großes Grundstück in der Nähe unserer vorhandenen Halle. Langfristig war eine neue Fabrik zur Herstellung der Elemente für die ASB-Courts geplant. Vorschnell hatte ich zu rational gedacht und gehandelt. Traumgedanken! Die Eingabepläne für die neue Halle waren eingereicht und auch genehmigt. Die Verhandlungen über die modernsten halbautomatischen Fertigungsanlagen waren fast abgeschlossen. Kurz vor der Vergabe war die Finanzierung der letzte Knackpunkt.

Ich danke der Vorsehung noch heute für die Verzögerung bei der Sicherstellung der relativ einfachen Finanzierung. Mitten in der Nacht traf mich die Erkenntnis wie ein Blitz aus heiterem Himmel: Die neue Halle war eine Fehlspekulation, ein großer Fehler, der uns in den Ruin treiben würde. Ich musste handeln. Die Intuition ließ mich wieder nicht im Stich. Zufällig wurde ich auf einen Spaziergänger direkt vor dem neuen Grundstück aufmerksam. Er interessierte sich für mein Bauvorhaben, da er etwas Ähnliches planen wollte. Wir redeten und redeten, und am Ende wollte er mein Grundstück mit genehmigtem Plan – ich verkaufte ohne finanziellen Verlust. Das war Hilfe im letzten Moment. Ich hatte mich in der Nacht entschieden.

Die Wende brachte uns auch die bisher unter kommunistischer Verwaltung stehenden Länder näher, und sofort plante ich Reisen in verschiedene osteuropäische Länder. Mit einer Redakteurin und gebürtigen Magyarin besuchte ich Ungarn. Ihre hervorragenden Verbindungen brachten mir Besichtigungen von Grundstücken in bester Lage ein. Hätte ich doch bloß bei diesem oder jenem Angebot zugeschlagen, zum Beispiel bei einem Stück Land in bester Lage auf einem Hügel in Pest gegenüber Buda. Wir besichtigten auch Hallen in der fast schon öden Puszta in Richtung Plattensee und auch am Rande der Stadt Budapest. Während einer weiteren Reise suchte ich nach passenden Grundstücken in der Slowakei und in Tschechien, sowohl in Böhmen als auch in Mähren. Letztendlich hatte ich wegen der hohen Kosten doch nicht den Mut, Ländereien zu kaufen. Stattdessen hatte ich nur noch eine Lohnfertigung im Sinn. Die Reisen in diese Länder verschafften mir Übersicht und halfen mir dabei, die dort lebenden Menschen als Unternehmer zu verstehen.

Nach dem Scheitern des Baus einer neuen Fertigung in Deutschland mussten wir handeln, um unsere sinkenden Umsätze wieder anzukurbeln. Wir benötigten einen Partner, am besten in den nun offenen Ländern im Osten Europas. Ein Partner sollte unsere Elemente rationeller und vor allem günstiger herstellen können. Im Zuge der Besichtigungen in Tschechien zogen wir zwei Firmen in die engere Wahl. Wir vergaben die Fertigung der Elemente in Lohnarbeit und schlossen entsprechende Verträge ab. Eine Firma hatte ihren Sitz in Liberec (Böhmen), die andere in Novy Jicin (Mähren).

Mit dem Besitzer der Firma in Liberec, Herrn Horak, wurden wir relativ schnell handelseinig. Die Möglichkeiten für eine gute Fertigung waren perfekt vorhanden. Nur noch Kleinigkeiten waren zu klären, einweisende Monteure stellten wir zur Verfügung, und dann konnte es losgehen. Der Besitzer lud uns zu einem kleinen Urlaubstreffen auf ein ihm gehörendes Grundstück am Fuße der Hohen Tatra in der Slowakei ein. Dort würden wir eine weitergehende mögliche Zusammenarbeit ausloten. Wir sollten uns in einem kleinen Feriendorf mit über zwanzig Nurdachhäusern treffen. Bei der Anfahrt zu diesem Dorf passierten wir eine kleine Ortschaft, die zu dieser Zeit von vielen Sinti und Roma bevölkert war. Man hatte uns schon darauf vorbereitet, und es wurde uns empfohlen, nicht anzuhalten. Das taten wir aber doch. Wir fragten nach dem Weg und trafen viele sehr freundliche und fröhliche Menschen. Das bunte Treiben blieb uns in guter Erinnerung. Eine halbe Stunde danach trafen wir unbeschadet an Leib und Seele an unserem Zielort ein.

Geschichte am Rande: An diesem Ort bediente uns eine blonde slowakische 18-jährige Frau, die uns durch ihr angenehmes und freundliches Wesen auffiel. Ein Kindermädchen für unsere beiden noch kleinen Jungs zu Hause wäre eine tolle Idee, dachten wir. Nachdem wir mit ihrer Mutter am nächsten Tag alles geklärt und uns ausgesprochen hatten, stimmte sie diesem Plan nach kurzem Zögern zu. Also fuhr Dara am Ende unserer dreitägigen Besprechungen mit ihrem Vater mit nach Deutschland. Dara wurde ein ideales Aupair. Und für sie wurde es eine wunderbare Entscheidung für ihr zukünftiges Leben. Heute ist Dara mit einem erfolgreichen Unternehmer in unserer Gegend glücklich verheiratet, hat zwei Kinder und ist eine ausgezeichnete Geschäftsfrau geworden. Mit Geschick, Begeisterung und großem Willen hat sie ihr Leben auf die Erfolgsspur gebracht. Sie ist unendlich dankbar für ihren Weg und hat gezeigt, was möglich ist, wenn Wille, Mut und Zieldenken erarbeitet werden. Ihr Mann sagte mir vor kurzem, dass ich ihm damals 20 DM gegeben habe, als er sie einmal zu einem Abend abholte, damit er ihr einen Drink zu ihrem Geburtstag um Mitternacht spendieren könnte. Es wurde eine wunderbare Ehe.

Und noch eine Geschichte am Rande in diesem Örtchen Nikolai: Herr Horak hatte seinen führenden Mitarbeiter für die Finanzgeschäfte mitgebracht. Dessen Frau, Dr. Maria Regner, war Notarin und sprach perfekt Deutsch. Herr Horak bot mir Beteiligungen und Grundstücke an, was ich mir erst noch überlegen wollte. Erholsame Tage mit intensiven Gesprächen führten fast schon zu einer gemeinsamen Freundschaft. Nach kurzer Zeit duzten wir uns alle. Ein paar Tage in Nikolai an der Hohen Tatra waren Urlaub pur. Die Luft war wunderbar. Am ersten Morgen brauchte ich etwas Bewegung, und so machte ich mich vor dem Frühstück alleine auf die Beine in Richtung eines der Gipfel der Hohen Tatra. Die Kurven der Straße mied ich wie zu Hause auch und stieg geradewegs als Abkürzung diretissima in Richtung Gipfel. Mitten durch Bäume und niedrige Büsche kämpfte ich mich nach oben. Das war zwar schweißtreibend, doch so richtig auspowernd. Ich war im Hype. Fast ganz oben angekommen, hörte ich laute Rufe: »Horst! … Horst! … Wo bist du? Schnell, schnell!« Maria hatte mich schon lange gesucht und meldete sich mit fürchterlichem Krawall. Endlich antwortete ich. »Um Gottes Willen, wo bist du? Du bist verrückt, das kannst du doch nicht machen! Hier gibt es jede Menge Bären, schnell, schnell, ab ins Auto.« Jetzt wusste ich, warum sie so einen fürchterlichen Lärm gemacht hatte. Ich hatte gar keinen Bären gesehen und auch nichts gehört, aber man weiß ja nie. Später musste ich mir noch eine weitere Standpauke anhören. Ein Zeitungsartikel berichtete von einem Waldarbeiter und einem weiteren Spaziergänger, die erst Tage zuvor von einem Bären verletzt worden waren. Tatsächlich sind in der Slowakei 1.200 freilebende Bären gezählt worden. Erst dieser Tage waren die Zeitungen voll von einem Bären, der mit triefendem Maul mitten durch Nikolai strich. Vielen Dank, Maria. Der gute Kontakt zu Notarin Maria sollte sich später noch als besondere Fügung erweisen.

Die Produktion in Liberec hatten wir detailliert besprochen. Alles lief präzise und pünktlich ab. Die Liefertermine wurden eingehalten, und unsere Zahlungen erfolgten fristgerecht. Für einen reibungslosen Ablauf und um das Zeichen »Made in Germany« zu erhalten, wurden alle Bauteile aus Deutschland nach Liberec geliefert und als fertige Ware wieder reimportiert. Wir richteten ein komplettes und umfangreiches Lager in Liberec ein. Es wurden Wege gefunden, wie der gesamte Papieraustausch vereinfacht werden konnte und die Lastwagen relativ einfach die Grenze passieren durften. Alles lief wunderbar, und wir waren mit unserer Standortwahl sehr zufrieden.

Wieder ein Routinebesuch mit meinem Mercedes Cabrio 350 in Liberec. Ich fuhr auf den bewachten Parkplatz des besten Hotels am Platz, direkt auf der anderen Straßenseite. Der Parkwächter erhielt ein wenig mehr als den gewünschten Betrag, und ich sprang mit dem Nötigsten schnell in das Hotel, meldete mich an und rannte auf mein Zimmer. Die Toilette war dringend. Anschließend ordnete ich meine Papiere, und da mein Partner, Herr Horak, mit seiner Delegation immer noch nicht erschienen war, fuhr ich mit dem Aufzug zur Rezeption hinunter. Erstaunt sah ich die Geschäftsfreunde vor der Rezeption warten. Horak sprang auf: »Was, du bist schon da?« »Natürlich, mein Auto steht doch vor der Tür.« Die Besucher hatten es nicht gesehen, hatten wohl nicht richtig geschaut, dachte ich. »Hier, schaut mal aus dem Fenster, dort steht es.« Nichts stand da. Ich suchte alles mit den Augen ab – nein, kein Auto. Um Gottes Willen, das Auto war weg, es musste gestohlen worden sein, zusammen mit den meisten Anziehsachen, teilweise ganz neue, und meiner sündhaft teuren Fotoausrüstung, einer Asahi Pentax 6 × 7.

Das Coupé war tatsächlich gestohlen und anscheinend sofort über die nahe Grenze nach Polen gebracht worden. Stundenlange Protokolle bei der Polizei, dankenswerterweise stand mir Maria als Übersetzungshilfe bei. Ich konnte kein Tschechisch. Von Liberec holte mich ein Mitarbeiter meiner Firma ab. Meine wertvolle Kameraausrüstung mit allem Zubehör war für immer verschwunden, meine warme gefütterte Kleidung auch. Meine Papiere und Geschäftsunterlagen hatte ich ohne besonderen Grund gleich beim Aussteigen mitgenommen. Da mein Auto erst zwei Monate alt war, erhielt ich von der Versicherung ein nigelnagelneues Auto. Fünfzehn Jahre später wurde ich von der Versicherung angerufen. Das Auto stand in Moskau und gehörte einer »besonderen« Dame.

Ein paar Monate nach diesem Ereignis bewährte sich wieder einmal mein grundsätzliches Verhalten gegenüber Menschen, mit denen ich zu tun habe. Mein Verhalten sollte mir wieder einmal Glück bringen und uns damit vor großem Verlust bewahren. Das Telefon meldete sich an einem frühen Morgen. Maria, die Notarin, war überraschenderweise in der Leitung. Sie war ganz aufgeregt. »Horst«, sagte sie, »du musst sofort handeln. Horak wurde heute Nacht abgeführt und sitzt im Gefängnis.« Das war ein Schock.

Maria war ein Engel, sie war unsere Rettung. Horak hatte anscheinend bei der Übernahme des großen Fabrikgeländes, das vor der Wende in den Händen des Staates war, nicht korrekt gehandelt. Es schien Betrug im Spiel zu sein. Bei Nacht und Nebel wurde er aus dem Bett geholt und inhaftiert. Das war der Supergau. Schlimmer konnte es gar nicht kommen. Wir hatten Aufträge und würden nicht mehr liefern können. Unser lagerndes Material im Wert von einer halben Million DM war auf dem Grundstück von Horak. Unerreichbar für uns in Tschechien und unter Staatsaufsicht. Das war ein echtes Problem, das war unmöglich zu lösen.

Ich löste es doch. Eine Entscheidung musste gefällt werden, sofortiges Handeln war notwendig. Der Fertigungsleiter und vier Monteure waren sofort entschlossen mit dabei und fuhren mit mir und zwei Lastwagen noch an diesem späten Abend über Pilsen nach Liberec. Meine Leute waren noch mutiger als ich. Scheinwerfer, Befestigungsmaterial und Stapler, alles hatten sie mitgenommen. In finsterer Nacht auf dem dunklen Lagergelände hofften wir auf keine Behinderung von außen.

Der größte Lastwagen wurde in die Einfahrt gestellt, das Licht gelöscht, und dann begannen wir mit der Suche nach dem gesamten Material. Am frühen Morgen hatten wir alles aufgeladen, die LKWs verschnürt, und schon waren wir wieder auf dem Weg nach Hause. Die Papiere waren schon vorher fertiggemacht und bereit. Notarin Maria hatte uns die Leute vom Hals gehalten. Das war mehr als gefährlich, ein Räuberstück, ein wahnsinniges Unternehmen. Wir hatten die ganze Nacht geschuftet, und bis es hell wurde, waren wir durchgeschwitzt von oben bis unten. Es war kalter Schweiß. Das Zittern und Beben ließ erst nach, als wir reibungslos die Grenze passiert hatten. Bei der ersten Gelegenheit holten wir uns einen Kaffee und eine Semmel mit warmem Leberkäse – es war ein Festessen. Glücklich und todmüde kamen wir in Stein an. Später feierten wir unseren Raubzug um unser eigenes Material. Maria hatte uns großartige Hilfe geleistet. Ohne ihren Anruf wäre das gesamte Material beschlagnahmt und verloren gewesen. Nur unter äußersten Schwierigkeiten hätten wir im besten Fall einen Teil zurückerhalten. Sofort zu handeln war unsere Rettung gewesen. Schade, ich habe Maria nie wieder gesehen.

Die Suche nach werthaltigen Firmen im Osten von Europa war nicht immer ganz einfach. Ein guter Freund hatte einen Tipp für uns. Die Firma NOSTA war eine bekannte Baufirma im tschechischen Ort Novy Jicin. An diese Firma hatten wir uns mit den Plänen für ein weiteres Haus in Trebnitz gewandt und auch ein gutes Angebot erhalten. Da das Haus perfekt und vertragsgemäß zum vereinbarten Termin errichtet wurde, zeigten sich hier Möglichkeiten einer weiteren Zusammenarbeit. Also begannen wir unsere Verhandlungen zum Aufbau einer Fertigung von Squashcourts in Novy Jicin.

Der CEO von NOSTA war auch Vertreter der Bauwirtschaft im Auftrag der tschechischen Regierung bei den ersten Anfängen der EU-Mitgliedschaftsverhandlungen. Sein Partner war ein hervorragender Architekt in einem internationalen Industrieunternehmen in Deutschland. Nach den bisherigen Erfahrungen schien diese Firma die beste Wahl für eine Zusammenarbeit mit uns.

Eine wertvolle Zusammenarbeit wollte sehr gut vorbereitet sein, und so hatte ich mir viele Gedanken gemacht. Ich hatte mir das neueste Modell eines Minicomputers besorgt und als Gastgeschenk für den CEO mitgenommen. Damit überraschte ich ihn sehr, da dergleichen Gastgeschenke von den etwas hochnäsigen »Westlern« normalerweise nicht üblich waren. Ich habe ihn nie gefragt, ob er diesen Minicomputer überhaupt nutzte oder ob er selbst schon etwas Besseres auf seinem Schreibtisch hatte. Egal, er war überrascht, und das genügte.

Nach dem Fiasko in Liberec wollte ich nun eine sichere Vereinbarung für die Zukunft der Lieferungen und der Fertigung erreichen, außerdem wollte ich 49 oder 50 Prozent einer neu zu gründenden Firma für uns. Damit würde ich stets sicher über die Situation dieser Firma informiert sein und die Richtung mitbestimmen können. Wir einigten uns nach langen Verhandlungen mit Handschlag, und die Anwälte entwarfen einen Vertrag, den wir beide unterzeichneten. Dieses Bündnis war ein gutes Bündnis, es hält bis heute.

Jährlich wurde Rückblick gehalten, die Zahlen wurden vorgelegt und beurteilt und neue Pläne erarbeitet. Der CEO war und ist ein Musterbeispiel für eine effektive und vertrauensvolle Zusammenarbeit. Die Herstellung der Elemente verlief präzise, termingerecht und in hoher Qualität. Die Fertigung lief auf Hochtouren und einwandfrei. Zusätzliche Leistungen wurden in Auftrag gegeben. Auch diese wurden zuverlässig erbracht. Nach zwanzig Jahren der Zusammenarbeit fanden wir einen Weg zur Aufnahme von Lizenzverhandlungen. Auch diese waren hart, aber letztendlich von Erfolg gekrönt. Diese Produktionsfirma ist heute eine absolut erfolgreiche selbstständige Firma mit dem Namen ASB SQUASH s.r.o., und sie ist weiterhin die Nummer 1 im Squashanlagenbau weltweit.

Es gibt kein Problem, das nicht auch ein Geschenk für dich in den Händen trüge.

Große Pläne – nichts dahinter

Die neuen Bundesländer überraschten uns mit abenteuerlichen Besonderheiten. Ein Anrufer meldete sich aus einem Vorort von Berlin. Ganz in der Nähe waren unsere Monteure gerade bei einem größeren Auftrag eingesetzt. Der Anrufer war Landwirt und besaß riesige Grundstücksflächen, die im Zuge der Wiedervereinigung zu einem großen zusammenhängenden Baugebiet erklärt wurden. Dort wollte er eine Freizeitanlage und zwei Blöcke mit Studentenwohneinheiten planen und bauen lassen. Der Anrufer sprach in einem für mich fast unverständlichen, bäuerlichen, brandenburgischen Dialekt. Während des Telefonats vermittelte ich ihn an unseren dortigen Außendienstmitarbeiter Peter Döring. Er war Schauspieler, seine Wortwahl war einzigartig, und in einem seiner letzten Fernsehfilme spielte er einen Geschäftsmann im »Tatort«, der keinem Menschen traute. Lustig war, dass seine geschiedene Frau in der Arbeitsvermittlung für Künstler tätig war und seine ständigen Rosenlieferungen an sie ihm immer wieder zu interessanten Rollen in Film- und Fernsehproduktionen verhalfen.

Peter Döring war ein väterlicher, sehr angenehmer Typ, und so nahm er unseren potenziellen Kunden unter seine Fittiche. Der Bauer aus Brandenburg war begeistert von dem, was Döring sich so ausdachte und ihm vorlegte. Und ich war sehr angetan von diesem Bauvorhaben, konnte ich doch wieder einmal meine Freude an Architektur, großzügigen Planungen und modernen Ideen ausleben. Döring schickte mir Grundstückspläne mit Grundbuchauszügen. Als Vorarbeit hatte er die Vorhaben für unseren neuen Kunden grob in die Pläne eingezeichnet. Voller Begeisterung und Enthusiasmus stimmte dieser allem zu. Meine Gedanken konnten dieser Schnelligkeit kaum folgen, denn es würde ein über zehn bis zwanzig Millionen DM teures Objekt werden. Das wollte und musste ich mir selbst ansehen. Vor Ort wollte ich mich von den Tatsachen überzeugen. Die Planung zeigte eine große Freizeitanlage mit zwölf Squashcourts, zwölf Badmintonplätzen, acht Tennisplätzen und großen Fitnessbereichen. Außerdem sollten zwei großzügige Studentenwohnheime mit über 50 Wohneinheiten entstehen. Dazu kämen die erforderlichen Garagen und Nebengebäude.

Mein Besuch brachte Klarheit. Unser Partner war ein groß gewachsener Mann mit Schnurrbart. Ständig trug er einen Hut und wirkte tatsächlich wie ein schwer arbeitender Landwirt. Er machte einen etwas unbeholfenen Eindruck und war relativ einfach gestrickt. Gemeinsam schritten wir die riesigen Flächen ab, besprachen Voraussetzungen und Erschließungsmöglichkeiten. Es war ein perfekt geeignetes Gelände in der Nähe der zukünftigen Hauptstadt Deutschlands. Wir stellten fest, welche Bäume zu roden wären und wie die Zufahrtsstraßen verlaufen würden. Unsere Besuche beim Notar, bei den Liegenschaftsverwaltungen, beim Vermessungsamt und bei den Baubehörden bestätigten das, was wir sahen.

Überall waren die Behörden an einer schnellen Abwicklung interessiert und sagten uns jede Hilfe zu. Die zuständigen Gemeinden wollten mit ihren Projekten bei den Ersten sein. Nach meiner Rückkehr startete ich die Gesamtplanung, beauftragte Sanitär- und Heizungsprojektanten, stimmte mich mit dem Statiker ab, und schon waren wir mitten in der Planung für dieses wahrhaft großartige Vorhaben. Eine erste Zahlung von 100.000 DM kam sofort, und ich gab den Startschuss für das Projekt.

Schon bald waren die Planungs- und Projektierungskosten auf 1.750.000 DM aufgelaufen. Unsere Techniker hatten intensiv an der Verwirklichung gearbeitet. Aber trotz Anrufen und Mahnungen kam keine weitere Zahlung. Wir erreichten unseren Kunden äußerst selten, und wenn, dann hatte er immer wenig Zeit und kündigte seinen Rückruf an.

Es wurde Zeit zu handeln. Peter Döring sollte mit ihm zu uns kommen. Der Auftrag war in vollem Gange, die Subunternehmer hatten bereits ihre Aufträge. Wir benötigten nun wirklich weiteres Geld – doch es kam nicht. Unser Kunde war sofort bereit, Eintragungen im Grundbuch zu unterschreiben, damit die Angelegenheit abgesichert wäre. Trotzdem war es jetzt an der Zeit zu reden. Ich bestand auf einem Besuch. Anfänglich wollte unser Kunde jedoch nicht auf die Reise gehen, er hatte wieder und wieder eine Ausrede. Doch Peter Döring wäre nicht Peter Döring, wenn er ihn schließlich nicht doch angeschleppt hätte.

An einem Dienstagmorgen war er da. Im Betrieb besprachen wir die Pläne. Er war total begeistert, und alles war perfekt. Es konnte ihm nicht schnell genug gehen, und schon wollte er mit Peter Döring wieder in den Wagen und nach Hause. Auf keinen Fall wollte ich ihn ohne vernünftige Bewirtung fahren lassen, und so fuhren wir noch zu meinem Privathaus. Ein Riesenauftrag, eine tolle Planung und alles reibungslos, schnell und ohne einen winzigen Einspruch, eine klitzekleine Änderung. Es klang alles zu perfekt. Das konnte irgendwie nicht stimmen. Aber es stimmte alles. Ich war offensichtlich nur misstrauisch gewesen.

Im Haus angekommen, war ein kleiner Imbiss vorbereitet. Unser Kunde schien mir nicht mehr richtig bei der Sache, er wollte heim. Plötzlich – ein Anruf von meiner Sekretärin: »Herr Babinsky, ich halte es nicht mehr aus, ich muss es Ihnen sagen. Schauen Sie sich mal unseren Besucher genau an, ich habe ihn beobachtet. Er verschwand immer wieder auf der Toilette, und er riecht nach Alkohol. Seine Hände zittern wie Espenlaub – schauen Sie mal hin, schauen Sie genau hin!« Jetzt fiel es mir wie Schuppen von den Augen: Total nervös, alles sollte bei ihm immer ganz schnell gehen, vollkommen oberflächlich, und wie seine Hände zitterten ... Meine Frau Angelika hatte mich schon ständig angestoßen, ich wollte nicht hören – doch sie wusste es. Es war nun klar, warum er nicht fliegen wollte, es war klar, warum er jedem längeren Gespräch aus dem Wege ging, und es war klar, warum er oft einiges vergaß. Ich besprach mich mit Peter Döring, während meine Frau unseren Besucher ablenkte, und danach verließ er mit diesem fragwürdigen Kunden unser Haus.

Mir wurde heiß. Dann platzte die Bombe. Meine Träume von jahrelangen gewinnträchtigen Bauvorhaben in Berlin in der Nähe des gedachten Großflughafens, meine wunderschönen Ideen und Visionen platzten ebenfalls. Unser großer, bedeutender Kunde hatte fast alle Grundstücke, für die wir großartige Planungen mit Gebäuden und Parks entworfen hatten, schon lange vorher bei anderen Notaren an andere Investoren verkauft, wahrscheinlich in trunkenem Zustand. Undenkbar. Doch leider war es wahr. Es war purer Horror. Die Grundbuchämter kamen nach der Wende mit all ihrer Arbeit nicht nach, sie waren einfach zu langsam, so langsam, dass bei Einsicht in das Grundbuch anfangs noch keine Einträge zu finden waren – jetzt war das Kind im Brunnen. Wie konnte so etwas passieren? Es schien unmöglich! Doch die Tatsachen sprachen leider für sich.

Wieder schilderte ich meinem Nachbarn in Marwang, dem Anwalt, dieses echte Dilemma. Das haben wir gleich, meinte er. Schnell, mit höchstem Engagement und nach einigen Tagen Aufenthalt in Berlin pfändete er mit einstweiligen Verfügungen alles, was er finden und ermitteln konnte. Unser Hochstapler war an die Leine gelegt. Er konnte überhaupt nichts mehr unternehmen, nichts mehr vertuschen, er musste allem zustimmen, und er hatte seine offenen Rechnungen zu bezahlen. Mein Anwalt hatte unbelastete Grundstücke gefunden und auch das Wohnhaus belastet. Wir einigten uns auf eine bestimmte Zahlung. Die mit all meinem Herzblut erarbeiteten Pläne sind heute Geschichte.

Mit diesem Projekt waren wir, war ich, gescheitert.

Zeige dich positiv

Immer wieder stürzten uns ähnliche Ereignisse, Situationen und Fehlentscheidungen in ein finanzielles Tief. Ein fast sicherer Großauftrag wurde anderweitig vergeben, wir hatten das Nachsehen. Für mich völlig unverständlich. Vielleicht war ich zu optimistisch gewesen, vielleicht hatte ich die Anzeichen für notwendige Maßnahmen übersehen. Für mich war klar, dass ich einfach nicht aufmerksam genug gewesen war. Auf jeden Fall hatte ich versagt, ich hatte Fehler gemacht. Unser Betrieb lief gut, doch jetzt würde sich eine große Lücke auftun. Ich wusste nicht, wie ich dieses finanzielle Loch bewältigen konnte.

Eine Idee spukte mir im Kopf herum – so konnte ich das Wichtigste eventuell lösen. Meine Partnerin hatte ein kleines Haus geerbt, und ich dachte daran, eventuell einen Grundbucheintrag auf dieses Haus in Höhe von 300.000 DM für einen Kredit in dieser Höhe zu nutzen. Nur für eine bestimmte Zeit. Sobald die momentane Flaute überwunden war, wollte ich diesen Betrag wieder an die Bank zurückgeben. Meine Partnerin stimmte sofort zu. Das war Rettung in letzter Not und zugleich die einfachste und schnellste Lösung. So dachte ich. Doch ich hatte die Rechnung nicht mit dem Bruder der Partnerin gemacht. Ich erhielt einen bösen Anruf. Ich wurde beschimpft, mit den schlimmsten Namen bedacht, kurz, es war ein Drama. Ich war erschüttert, wie konnte jemand nur so denken. Ich hatte bei dieser Lösung nur an das Beste gedacht. Kein Hintergedanke, keine böse Absicht, es war ein Weg der schnellen Lösung für die wirtschaftliche Lage in der Firma. Außerdem war die Partnerin meine Frau. Das war jetzt doppelt schwierig.

Meine Mitarbeiter waren sich über die aktuelle Situation des Betriebes im Klaren und sahen verständlicherweise unsere Zukunft nicht im besten Licht. Ob sie schon um ihre Jobs bangten, wusste ich nicht. Den Kopf in die Hände gestützt, saß ich an meinem Schreibtisch, überlegte hin und her. Nichts. Es war bereits 18 Uhr, und nervös stand ich auf, wanderte von einem Raum zum anderen, lief im Büro herum und landete schließlich in unserem Besprechungsraum. Stumm stand ich in einem leeren Zimmer. Ich war fertig, ließ Arme und Kopf hängen. Mein Gesicht sprach Bände.

Rechts aus dem Nebenzimmer kam eine langjährige Mitarbeiterin, schaute mich an und meinte: »Endlich sehe ich, auch Sie sind ein Mensch. Sie lassen sich einmal fallen, und wir alle können sehen, wie schlecht es Ihnen geht. Das ist wirklich menschlich, das ist wunderbar an Ihnen.« Verwirrt hob ich den Kopf, antwortete mit einem »Ja« und wusste, jetzt musste ich mir etwas einfallen lassen. Hatte sie Recht, war ich schon ein Computer, der ohne Gefühl und Menschlichkeit reagierte? War ich so richtig abgebrüht? Hinterließ ich diesen Eindruck bei allen meinen Mitarbeitern? War das überhaupt richtig?

An diesem Abend sollte es sich entscheiden. Meine Mitarbeiterin hatte vollkommen Recht. Den Kopf hängen zu lassen, war zwar richtig für die Mitarbeiter, vielleicht, aber nicht für mich als innovativer Chef der Firma. Denn meine Stimmung würde und hatte sich schon auf meine Mitarbeiter übertragen. Jetzt wusste ich: So darf es nicht sein! Ich war verantwortlich für über 50 Mitarbeiter. Es lag auch an mir, ob es ihnen gut ging, wie sie ihre Zukunft sahen und ob sie Freude an ihrer Arbeit hatten. Nur wenn sie mit Freude und einem guten Ausblick an ihrem Arbeitsplatz oder auf ihrer Baustelle waren, würden sie sich und die anderen immer wieder vorwärtsbringen. Jetzt wurde es Zeit zu handeln. Höchste Zeit. Und ich wusste auch schon, wie.

Am nächsten Morgen zog ich schwarze Hosen, ein weißes Hemd und eine dunkle Jacke an. Vorher hatte ich lange meditiert und mir meinen Plan gemacht. Ich war mir jetzt sicher, was zu tun war, ich wusste es einfach. Während des Meditierens hatte ich mir meine ganze Situation vor Augen ablaufen lassen. So schlimm war es dann doch wieder nicht. Mit völlig veränderter guter Laune schritt ich in das Büro, begrüßte alle wie jeden Tag, nur war ich wirklich guter Laune, positiv, und vermittelte allen bei einer kurzfristig anberaumten Mitarbeiterbesprechung optimistische Gedanken und einen wirklich positiven Blick in die Zukunft. Ich war mir sicher, total sicher. Mein Plan war präzise erarbeitet, und ich konnte überzeugend darstellen, jetzt geht es los, wir werden Neues wagen, und wir werden gewinnen. Ich durfte sehen, wie dankbar diese Pläne aufgenommen wurden und wie sich die Gesichter klärten und die Augen wieder leuchteten. Die positive Stimmung von früher war wieder da. Wie schnell das doch gehen kann.

An diesem Tag passierte aber noch etwas ganz Außergewöhnliches – etwas, was urplötzlich die gesamte Situation noch viel einfacher machte. Mein Freund Winfried rief mich an, und wir sprachen über viele Dinge, meist über geschäftliche Vorhaben, deren Lösungen wir gemeinsam erarbeiteten, und vor allem auch über positive Vorgehensweisen. Winfried war vor Jahren einmal mein Partner bei einer Firmengründung gewesen, und mit der Zeit wurden wir die besten Freunde. Und das sind wir heute noch. Er bemerkte sofort meine innere Sorge. Das kannte er nicht an mir. »Was ist los mit dir? Da stimmt doch etwas nicht!« Nach einigem Zögern berichtete ich ihm von meiner unangenehmen Situation. »Was?«, sagte er, »das kann doch gar nicht wahr sein!« Darauf ich: »Ich kann das nicht verstehen, und im Moment weiß ich zwar nicht, wie ich das Problem lösen werde, aber ich werde einen Weg finden.« »Den brauchst du nicht mehr zu suchen, ich habe ihn schon!« Winfried hatte meine Situation sofort verstanden. Für ihn war das eine klare Sache. Er wollte einfach nicht, dass sein Freund in dieser unmöglichen, abhängigen Situation wäre. »Ich weiß, wie ich dir helfen werde. Morgen überweise ich dir diese 300.000 DM – ich habe ein Projekt in Leasing finanziert und gerade diesen Betrag erhalten. Den bezahle ich nun in monatlichen Raten, und das kannst du dann für mich tun. Alles klar?« Ich war mehr als sprachlos. Da saß ich nun, Hände vor den Augen, glücklich und traurig zugleich. Wieder einmal hat mich gerettet, was echte Freundschaft und große Achtung füreinander bedeuten. Immer mehr lernte ich, dass wir nur auf Dauer erfolgreich sein können, wenn wir uns an die harmonischen Gesetze des Universums, an die Grundbegriffe eines guten Miteinanders halten. Alles, aber auch alles kommt zurück zu uns, ob gut oder nicht gut – es wird immer so sein.

Geh mit gutem Beispiel voran, dann werden sie dir folgen.

Schmerzen

Schmerzen kommen oft überraschend und haben immer eine Ursache. Schmerzen sind nicht immer zu vermeiden, doch klares und geplantes Vorgehen kann böse Überraschungen, wenn nicht verhindern, so doch sehr mildern.

Schmerzen begleiten uns oft lang, manchmal ein Leben lang. Schmerzen sind die Sprache des Körpers. Er zeigt uns dadurch die Fehler, die wir vorher nicht sehen wollten. Er fordert uns zum Handeln auf. Der große Erfolgstrainer Alfred Stielau-Pallas hat einmal zu mir gesagt: »Es wird von Mal zu Mal teurer, wenn du nicht auf die ersten Anzeichen hören willst.« Wie so oft, hatte er auch hier Recht.

- **Schmerzen sorgen dafür, dass du besser aufpasst.**
- **Schmerzen zeigen dir, was du ändern solltest, und das möglichst bald.**
- **Schmerzen sind dazu da, um dir zu helfen. Also – achte auf die Ursache deiner Schmerzen!**

Wenn du leidest, solltest du Wege suchen, um das zu ändern – es ist deine Entscheidung. Du übersiehst die Chancen der Welt. Warte nicht darauf, dass dein Leid immer stärker, es für dich immer teurer wird, und das nicht nur finanziell. Schließlich ist der Körper dein teuerstes, wertvollstes Gut. Bade nicht in deinem Leid – es zieht dich unweigerlich in die Tiefe. Du kannst dich entscheiden, leiden oder handeln.

Vergangen ist vergangen. Du hast zu handeln, wenn zu handeln ist. In den meisten Fällen wirst du dich innerlich schon entschieden haben, du weißt es nur noch nicht. Also höre in dich hinein, höre, was in dir vorgeht, und höre auf dein Bauchgefühl. Versuche es zu analysieren. Es könnte sehr große Bedeutung haben.

Ohne Schmerzen kann es keine Heilung geben.

Der Tag, an dem die Erde stillstand

Bei meinen Recherchen zum Buch »Der Bau von Freizeitanlagen« zeigte sich, wie hoch der Beratungsbedarf für Be- und Entlüftung war, sowohl für die Courts als auch für die gesamte Anlage. Wir fanden einen Betrieb im Allgäu. Der Inhaber war Peter Berger. Seine Firma hatte die notwendige Erfahrung und Kompetenz, kleine und große Räume zu beheizen und zu klimatisieren. Die Zusammenarbeit mit Peter Berger wurde hervorragend. Er entwickelte u.a. Kompaktgeräte für die Courts und Klimaanlagen für die Center. Seine Firma erledigte die Arbeiten stets korrekt und zur Zufriedenheit unserer Kunden.

Peter Berger – wenn er etwas anpackte, was ihn begeisterte, war er perfekt. Er war klein, etwa 1,65 Meter groß, dunkelhaarig, italienischer Typ. Sein hervorstechender Charakterzug: Keine Frau, besonders wenn blond, war vor ihm sicher. Unsere Rezeptionistin verfiel ihm als Erste. Doch seine Affären währten niemals lange. Allerdings, so erzählte mir meine damalige Sekretärin später mit schelmischer Miene: »Da ist so einiges passiert. Die Kollegin hat sich gerächt. Ihren roten Slip hat sie in seine Klimaanlage im Auto gesteckt. Gefunden hat dieses Prunkstück seine Frau Linde.« Jetzt war klar, warum in unserem Büro so viel hinter vorgehaltener Hand geredet wurde. Das waren schon bedenkenswerte Anzeichen.

So war ich dann tatsächlich etwas skeptisch in Bezug auf Peter Berger. Doch irgendwie gefiel mir auch sein Lebensstil. Das gute Essen in angesagten Gourmet-Restaurants, Champagner und hervorragender Wein, immer ein tolles Auto und gute Laune. Auch beeindruckte es mich, wie charmant er Frauen umgarnen konnte. Es amüsierte mich, wie sie ihm sehr oft verfielen, auch wenn er die Folgen seines Tuns wieder und wieder auslöffeln musste.

In Unterhaltungen schwärmte er selbstlos von anderen Unternehmern und fand innovative Abläufe sehr interessant und anregend. Wir unterhielten uns immer recht gut, und so entwickelten wir, mehr durch seine Initiative, neue Projekte, planten gemeinsame Unternehmungen und auch Freizeitanlagen. Manche entwickelten sich positiv und manche eben nicht.

Anfangs erwarben wir Grundstücke, die er ausfindig gemacht hatte. Er war voller Begeisterung für das, was wir alles gemeinsam bewegen konnten. Ich vermute, er brauchte einen Partner, der offen für seine Ideen war und der auch bereit war, Risiken einzugehen. Vor allem suchte er einen, der »machte«. Wir fuhren quer durch Oberbayern oder trafen uns auf Geschäftsreisen. Meine Kosten hielten sich in Grenzen. Wenn ich mal eines der üblichen opulenten Abendessen zahlen wollte, dann schaffte ich das nur mit entsprechendem Durchsetzungsvermögen. Am Ende hatte ich fast nie eine Rechnung auf dem Tisch.

Wir kauften gemeinsam ein Grundstück in Farchant, ein weiteres in Füssen, dann ein Objekt in Sindelfingen und später noch ein anderes Gelände mit einem bestehenden Fabrikgebäude in Deizisau. Ich fand es einfach toll, wie er die Aufgaben in seiner Firma managte und seine Produkte mit unseren Bauherren besprach und abwickelte. Wir hatten beide eine großartige Zusammenarbeit und waren so richtig im Flow. Weitere Husarenstückchen sind mir in guter Erinnerung.

Beim örtlichen Mercedeshändler war ich mit meiner Firma ein sehr guter Kunde. Nachdem ich mich entschieden hatte, Mercedes Cabrio zu fahren, erhielt ich jedes dritte Jahr nach 120.000 gefahrenen Kilometern vertraglich ein neues Cabrio. Ein völlig neues, innovatives Modell, das Sportcoupé 500, kam auf den Markt, und ich bekam dieses Auto in Silbergrau metallic als Erster im gesamten Landkreis. Es war eine Ehre für mich. Der Wagen wurde geliefert, und wunderschön stand er vor dem Eingang unserer Firma. Mit einem Freund bewunderte ich die Neuerscheinung. Doch dann passierte es: Meine Sekretärin stieg die Treppe herunter und rief laut: »Jetzt werden's aber alt, Herr Babinsky!« Alle lachten, doch mich traf es ins Herz. Sofort war dieses Auto nicht mehr so schön – wie empfindlich und eitel ich doch damals war und vielleicht auch heute noch bin.

Am Nachmittag riefen mich Termine nach München. Ich war mit meinem bisherigen Auto unterwegs. Es war Mitte November, und mein Weg führte mich anschließend wieder heimwärts über die Landstraße B304. Die Gespräche waren gut gelaufen, meine Stimmung bestens, und die vor mir liegende Bergkurve war schneller da als gedacht. Vereist! Der Wagen schleuderte nach links bis zur Sandbank, ich konnte ihn abfangen, dann wieder nach rechts, das gleiche Spiel, wieder links und wieder rechts. Zum Glück kein Gegenverkehr. Der Wagen pendelte sich aus, das Eis war weg und ich, Gott sei Dank, ziemlich blass wieder auf dem Weg nach Hause. Dort angekommen, fühlte ich so etwas wie Dankbarkeit gegenüber meinem »alten« Auto. Meine Entscheidung: Ich würde dieses Cabrio nicht hergeben, zumindest nicht jetzt.

Am nächsten Tag erschien mein Businessfreund Berger, er stoppte sofort vor unserer Tür. Dort blieb er stehen. Er konnte sich nicht sattsehen an dem neuen silberfarbenen Coupé. Oh, das wäre genau das richtige Auto für ihn! Er meinte, in Baden-Württemberg käme der erst in 14 Tagen auf den Markt. »Verkaufen Sie mir doch das Gold-, nein Silberstück!« Das war Wasser auf meine Mühlen. Peter Berger sah mein Zögern, witterte Morgenluft und bot sofort 120.000, dann 125.000 DM – 104.000 hatte ich bezahlt. Ich schlug ein. Sein Entschluss stand fest. Er schrieb sofort einen Scheck aus. Voller Begeisterung fuhr Peter Berger nach unseren Terminen mit seinem neuen Besitz beschwingt und stolz nach Hause. Sein eigenes Auto ließ er später von einem seiner Mitarbeiter abholen. Gedanken verwirklichen sich oft schneller, als wir ahnen. Das ungeliebte Auto hatte den richtigen Besitzer und ich über 20.000 DM in bar. Meinen Händler konnte ich mit einem sofortigen Kaufvertrag für ein neues Cabrio wenigstens ein bisschen beruhigen.

Berger suchte ständig Kontakt zu erfolgreichen Unternehmern. So berichtete er enthusiastisch von einem Brauereidirektor, Besitzer mehrerer großer Brauereien im Stuttgarter Raum. Ich konnte gar nicht glauben, was er mir alles über ihn erzählte. Bis ich Herrn Habisreitinger aus Sindelfingen selbst kennenlernte. Er war ein außergewöhnlicher, angenehmer und freundlicher Unternehmer, schon in der Nähe des Rentenalters und sehr, sehr sympathisch. Wir kamen beide so gut zurecht, dass wir zu dritt eine große moderne und umfangreiche Freizeitanlage mit 11 Squashcourts und Fitnessbereich planten und schließlich auch bauten. Mitten in Sindelfingen, im exklusiven Industriegebiet, gegenüber dem Breuningerland und nahe der Autobahn, entstand dieses dreistöckige Riesenprojekt. Die Anteile für den Ausbau des gesamten Sportbereiches trugen wir je zu einem Drittel. Zum ersten Mal war ich Miteigentümer einer Freizeitanlage. Das Grundstück gehörte Herrn Habisreitinger. Eine gewaltige Einweihungsfeier mit den wichtigsten Honoratioren aus dem Stuttgarter Raum krönte die Eröffnung. Mit Faszination und Enthusiasmus gab ein Wort das andere, und am Ende hatten wir drei beschlossen, auf dem Dach ein ASB-Systemhaus als Penthouse zu planen und zu bauen. Ich plante, meine Firma baute, und Peter Berger zog mit seiner Gattin in das wunderbare, 300 Quadratmeter große ASB-Penthouse. Bauherr war Herr Habsireitinger. So überzeugend konnte Peter Berger sein.

Es folgte das nächste Großprojekt: In Deizisau übernahmen wir eine stillgelegte Fabrikhalle und bauten darin eine Squashanlage mit acht Courts und einem Fitnessbereich. Meine Begeisterung äußerte sich in meiner eigenen Planung und Architektur, den damit verbundenen Entwürfen und deren Verwirklichung. Den gesamten Innenausbau finanzierten wir mit Leasing. Auch hier organisierte Peter Berger wieder eine prunkvolle Einweihungsfeier mit allem Drum und Dran. Honoratioren aus dem Stuttgarter Raum waren wieder Ehrengäste, die Squashelite aus dem Weltverband samt Weltmeister eingeladen, und Peter Berger war der Star. Umrundet von hübschen Frauen erzählte er mir begeistert, wie einfach und erfrischend es war, die schönsten und besten Frauen zu gewinnen. »Wissen Sie«, sagte er, »das ist das Einfachste der Welt. Den Schönsten der Schönen sagst du immer die Wahrheit, wenn du ihnen Komplimente machst. Die Worte sind wahr, und diese Worte wirken.« Und er zeigte es mir – überzeugend.

Jetzt fing die Sache an, mir doch ein wenig mehr Gedanken zu bereiten. Business ist Business und Cognac ist Cognac! Aus einer inneren Eingebung heraus forcierte ich den Verkauf der Grundstücke in Füssen und Farchant, kündigte Verträge mit den Architekten, die mit diesen Grundstücken verbunden waren. Damit waren diese Projekte erst einmal abgeschlossen. Sindelfingen und Deizisau liefen als Squashanlagen relativ gut, und wir waren zufrieden. Das Engagement wurde reduziert. Weitere Anlagen wollte ich nicht mehr zusammen mit Berger in Angriff nehmen. Zu dieser Zeit beschäftigten mich außerdem noch ein paar andere Beteiligungen, die ebenfalls betreut werden mussten. Ich war Tag und Nacht unterwegs. Wo und wann immer Not am Mann war, war ich so schnell wie möglich vor Ort, um nach dem Rechten zu sehen und Entscheidungen zu treffen. Über zehn Projekte forderten ihren Tribut. Für jedes davon nur einen Tag im Monat einzuplanen hieß, jeden Monat zwei Wochen nicht im Betrieb zu sein. Das konnte auf Dauer nicht gut gehen.

Aber fürs Erste lief alles verdächtig normal. Das Auslandsgeschäft entwickelte sich prächtig, und so war ich wieder einmal 14 Tage in Hongkong, Neuseeland und Indien unterwegs, um Partner und Kunden zu besuchen, alles in Sachen Squash. Auf meiner Rückreise hatten wir eine Zwischenlandung auf dem Flughafen Hongkong. Der Flug von Seoul war ein Desaster gewesen. Neben mir ein Fleischkloß, triefend und schnaufend, und das Schlimmste: Wir würden in der gleichen Sitzordnung weiterfliegen – das sagte mir mein Ticket. Die Umbuchung auf einen anderen Platz funktionierte trotz Aufbietung all meines Charmes nicht. Das Flugzeug war bis zum letzten Platz ausgebucht. Zwei Stunden Aufenthalt, die Lufthansa-Besatzung wechselte, und meine Bemühungen um eine bessere Laune gewannen langsam die Oberhand. Der Wartebereich war voll, und so blieb ich außerhalb des Check-in vor dem Schalter. Aus einer Laune heraus setzte ich mich auf meinen schmalen gelben Lederkoffer von Saks Fifth Avenue und erwartete die neue Crew, die scherzend und lachend zum Schalter kam.

Der Erste war der Kapitän. Ich weiß nicht, warum, aber ich rief: »Wird aber Zeit, sonst fliegen wir ohne euch!« In bester Laune der Kapitän: »Ha, da will wohl einer hierbleiben!« Und ein anderer: »Oh ja, den lassen wir glatt hier auf seinem Koffer sitzen.« Ich: »Immer noch besser, ich habe einen Eineinhalbsitzer neben mir – das steh ich sowieso nicht durch.« Den Umfang deutete ich auch noch mit meinen Händen an. Ein Steward: »Dafür hast du aber sehr gute Laune«, duzte er mich. »Na, dann werde ich mich eben auf meinen Koffer in den Gang setzen.« Alle lachten und winkten mir zu. »Alles gut. Ich wünsche euch trotzdem einen tollen und schönen Flug«, rief ich, »dann hab' ich auch was davon.« Sie lachten immer noch und verschwanden nach der Kontrolle in Richtung Flugzeug. Na ja, nachdem alle eingecheckt hatten, musste ich wohl oder übel auch. Die Stewardess vom Bodenpersonal erhielt mein Ticket, alles okay, und ab zum Flugzeug. Die Letzten standen noch vor der Flugzeugtür, und schließlich war auch ich an der Reihe. Auf einmal, oh Schreck, ein Ruck an meinem Ärmel: »Sei still, komm, keinen Ton und ab mit dir!« Der Steward von vorhin zog mich hinter sich her, und schon versank ich ganz allein in einem tiefen und weichen Sessel der Ersten Klasse. Unglaublich, da war ich nun, bekam ein traumhaftes Abendessen und konnte die ganze Nacht schlafen. Ein Wunder. Ich durfte mich nicht einmal bedanken. Bei Ankunft wurde ich schnell aus dem Flugzeug bugsiert. Ich war in München. Dankbar, sehr dankbar war ich für meine erste »Erste Klasse«.

Das Flugzeug war pünktlich gelandet, ich war happy, schob die Kreditkarte in den Parkautomaten, und mein Mercedes startete reibungslos. Das Cabriodach schnurrte nach oben, der Wind wehte erfrischend durch die Haare, und nach entspannter Fahrt hatte ich auf der Autobahn auch schon den wunderbaren Blick am Bernauer Berg auf Hunderte von Segelbooten auf dem blauen Chiemsee vor mir. Jetzt war ich wieder daheim – ich war im Chiemgau.

Zwei Stufen nahm ich auf einmal zu meinem Büro hoch, so wie ich es immer tat. Meine Sekretärin, Frau Beier, wartete schon vor dem Büro. Blass und wirklich aufgeregt stand sie vor der Tür, mit tatsächlich ringenden Händen: »Wie sag ich's bloß, wie sag ich's bloß, Herr Babinsky. Oh, ich kann es nicht, nein, nein, wie schlimm.« Sie zitterte am ganzen Körper. Dann platzte es aus ihr heraus: »Der Berger ist pleite, der ist richtig in Konkurs!«

Das war es also. Rundherum standen meine Mitarbeiter, entsetzt, völlig verstört und ratlos. Alle wussten, wie viel Arbeit und Geld in die Berger-Projekte geflossen waren. Sorge stand in allen Gesichtern. Es war eine Katastrophe. Blitzschnell rechnete ich im Kopf zusammen. Eine Million war weit überschritten, wenn es nicht zwei waren. Ich sah, was das für die Firma und die Mitarbeiter bedeuten würde. Jetzt waren Selbstsicherheit und Können erforderlich. Darauf kam es nun an.

»Okay«, sagte ich viel ruhiger, als ich war, »nicht gut, doch wir kriegen das wieder hin, wir haben gute Karten auf unserer Seite, und wir finden Lösungen. Zunächst einmal kümmern wir uns um das Jetzt, um unsere Projekte.« Erstaunte und erleichterte Gesichter, die Spannung war gewichen. Nachdem wir uns alle begrüßt hatten, löste sich unsere kleine Versammlung schnell auf. Und dann saß ich am Schreibtisch, erhielt meinen Kaffee und sogar ein Stück Kuchen. Ich hätte ohnedies nicht sofort alles regeln können, das würde ich nach einigen Überlegungen tun und tat es dann auch. Entscheidend war: Die Luft war raus, meine Mitarbeiter waren aufgrund meiner Reaktion beruhigt. Die Firma würde also nicht zusammenbrechen. Meine Mitarbeiter waren erst einmal zufrieden und führten ihre Aufgaben weiter ruhig und besonnen aus, als wäre alles normal. Ich hatte intuitiv richtig gehandelt, das zeigte mir Frau Beier bei einer Begegnung Jahre nach diesem Vorfall: »So, wie Sie reagiert haben, habe ich das dann gar nicht so schlimm gesehen – wir wussten, Sie würden das schon machen.« Dennoch, das Thema war geblieben – nur die Sichtweise hatte sich zum Positiven verändert.

Tatsächlich stand für mich in meinem Inneren die Erde still. Die umfassende Bedeutung dieses Konkurses war mir sonnenklar, und ich wusste, was auf mich zukommen würde. Nach einer schlaflosen Nacht mit vielen Überlegungen wollte ich mit Banken und Versicherungen sprechen, meine Loyalität erklären usw. Allerdings war mir klar, wenn die Banken nur eine kleine Unsicherheit bemerkten, würden die Kreditlinien sofort heruntergefahren oder ganz gekündigt. Schon die kleinste Unregelmäßigkeit lässt die Banken aufhorchen und überreagieren. Das konnte ich nicht riskieren. Im Moment hatte ich noch keine Klarheit, ich musste mir diese unbedingt verschaffen.

Wie würde ich so riesige finanzielle Probleme aufschnüren können? Was war zu tun? Würden meine positiven Gedanken, meine Meditationen, meine intensive Suche, würde all das zu einem Weg aus diesem Dilemma führen können? Auf jeden Fall war mir völlig klar, es musste eine oder mehrere Möglichkeiten geben. Nur, wo waren sie? Ich glaubte Tag und Nacht daran. Gelöst wurden meine Probleme von ganz anderer Seite. Es war für mich ein Wunder.

Am Wochenende besuchte mich einer meiner besten Freunde mit seiner Familie. Wir hatten viele gemeinsame Themen, sprachen über die Macht der Gedanken, die positive Einstellung und den Umgang mit Mitarbeitern. Er war zu diesem Zeitpunkt Banker, arbeitete jedoch nicht bei einer meiner Banken. Ich erzählte von meinem soeben beendeten Roundtrip inklusive Flug Erster Klasse, und dann von dem Empfang durch meine Sekretärin. Irgendwie fanden wir das doch nicht so lustig, die finanzielle Situation war eben sehr schwerwiegend.

Plötzlich schauten sich mein Freund Dieter und seine Frau Anneliese an: »Du kannst gleich morgen 500.000 DM von uns haben, das tun wir gerne. Wir haben gerade ein großes Grundstück verkauft.« Sie lehnten vorerst jede Sicherheit ab, Freundschaft wäre ihnen gut genug, und zwei Tage später hatte ich diesen für mich horrenden Betrag auf meinem Konto. Das war Rettung in größter Not. Wieder empfand ich es als glückliche Fügung, dass mir Hilfe in dieser schier ausweglosen Situation angeboten wurde, noch dazu so selbstlos und aus wahrer Freundschaft. Wo doch, so sagt der Volksmund, bei Geldsachen die Freundschaft meist aufhört. Mit diesen 500.000 DM war ich auf jeden Fall vorerst vor dem drohenden Gesamtverlust gerettet. Keiner würde mir ein Bein stellen können.

Aber es ging noch weiter. Berger war seinen Verpflichtungen an die Leasinggesellschaft nicht nachgekommen. 480.000 DM waren noch offen. Da wir eine Gesellschaft bürgerlichen Rechts (GbR) gegründet hatten, haftete ich voll für meinen Compagnon. Es war klar, wie die Leasinggesellschaft handeln würde. Lange Telefonate und auch Gespräche mit dem mir bekannten Vertreter der Gesellschaft führten zu nichts. Nach längerem Hin und Her erreichte mein Anwalt einen gemeinsamen Termin in Mannheim, dem Sitz der Gesellschaft. Stundenlange Verhandlungen. »Wie stellen Sie sich das vor, was wollen Sie überhaupt?« Mein Anwalt lief zur Höchstform auf, er konterte, verhandelte, verfasste Vorwürfe an die Leasinggesellschaft, kämpfte mit allen Mitteln. Am Ende stand ein Ergebnis, mit dem ich auf keinen Fall leben konnte. Ich hatte auf eine Verlängerung des Vertrages mit entsprechenden Raten gehofft. Das Angebot der Leasinggesellschaft: Sofort 240.000 DM, also 50 Prozent, und sie würden auf den Rest verzichten. Mein Anwalt sagte »Ja.« Ich erstarrte und stieß ihn mit meinem Ellbogen. Er erbat sich eine Verhandlungspause, die ich wie im Nebel versunken wahrnahm. Draußen sagte ich nur: »Das kann ich nicht.« Neben mir ein Staranwalt aus einer der größten Rechtsanwalt-Partnergesellschaften in München; Anwälte, die ohne Skrupel ihren Weg gehen. Und jetzt lässt er mich auflaufen? Um Gottes Willen – damit hatte ich nicht gerechnet.

»Warten Sie doch, Herr Babinsky. Ich gebe Ihnen diesen Betrag von mir privat, und Sie überweisen mir die banküblichen Zinsen und zahlen zurück, wann Sie können. Ich brauche von Ihnen keine Sicherheit.«

Nicht einmal ein Vertrag, nur so per Handschlag. Meine Überraschung war unermesslich. Für mich war es ein weiteres Wunder. Noch heute empfinde ich große Dankbarkeit für alle, die mir immer wieder aus heiterem Himmel geholfen haben.

Dank meiner beiden großzügigen Helfer hatte ich zwar die nötige Geldsumme erhalten und war erst einmal gerettet. Die Beträge sollten nun aber auch wieder verdient werden, und das gelang schneller als erwartet. Zusätzlich hatte ich jetzt Immobilien als Sicherheit, die mir nun ganz gehörten. Unsere Geschäfte liefen außerordentlich gut, unser Außendienst war sehr erfolgreich, und unsere Mitarbeiter leisteten effektive Arbeit. Natürlich konnte ich meine offenen Beträge vereinbarungsgemäß und dankbar zurückzahlen. Mir wurde bewiesen:

Fairness gegenüber Geschäftspartnern, Mitarbeitern und allen anderen Menschen zahlt sich aus. Es wird dir mehr gegeben, als du gibst. Meine innere Lebensweisheit war und ist immer noch: »Ich bin für jeden Menschen ein Gewinn – wenn er es denn auch will.« Und ich habe gesehen, dass sich dieses Lebensmotto auch andere Menschen zu eigen machen können.

Mein Anwalt beriet mich weiterhin in beruflichen und privaten Situationen. Er war wie ein Vater zu mir, und wenn er mich warnte, dann sehr direkt und scharf. Er redete mit mir, wie es kein anderer hätte tun dürfen. Er forderte von mir Entscheidungen, immer wieder Entscheidungen, und das war gut so. Es war ein sehr schwerer Schlag für mich, als ich hören musste, dass er beim Bergsteigen im Gebiet des Wilden Kaiser tödlich abgestürzt ist. Mit ihm habe ich nicht nur einen guten Berater, sondern auch einen sehr guten Freund verloren. Wenn es einen Himmel für Anwälte gäbe, würde er dort einen besonderen Platz verdienen.

Die Squashanlage in Sindelfingen wurde mit großem Erfolg vom Vater der Deutschen Meisterin Sabine Schöne geführt und war gut gebucht. Mit der Insolvenz von Berger musste dessen Beteiligung an der Squashanlage auch gelöst werden, zumal er in dem Penthouse über der Anlage wohnte und ihm gekündigt werden musste. Auch diese Situation änderte sich ohne mein Zutun. Der Besitzer des Gebäudes kam auf mich zu und wollte diese unangenehme Situation für sich und damit für alle Beteiligten bereinigen. Sein Sohn war in der Zwischenzeit erwachsen und würde den ganzen Komplex leiten. Er bot mir an, meine Anteile an der Anlage entsprechend dem damaligen Anfangswert zu übernehmen und die Summe zu überweisen. Das war die beste Lösung für alle, an dem Gebäude war ich nicht mehr interessiert. So wurde auch dieser Punkt aus Bergers »Nachlass« erledigt. Fairness, Korrektheit und klare Handlungen zahlen sich immer aus. Mit Herrn Habisreitinger beendeten wir die Zusammenarbeit in guter Freundschaft. Dafür bin ich sehr dankbar.

Aus dem Nachlass von Berger blieb nun nur noch die Squashanlage Deizisau. Ich war jetzt alleiniger Besitzer, und anders als zu meinen Anfangszeiten nicht mehr so glücklich mit diesem Besitz im Wert von 1,5 Mio. DM. Zu einem späteren Zeitpunkt konnte ich auch diese sehr komplizierte Situation durch einen Verkauf lösen. Das wurde jedoch ebenfalls ein sehr lehrreiches Ereignis.

Der Käufer von Deizisau leistete eine Anzahlung von 1,0 Mio. DM. Nach drei Jahren war der Rest immer noch nicht bezahlt. Mir fehlte diese Summe, doch alles Mahnen half nichts. Der Käufer konnte angeblich den Restbetrag nicht mehr aufbringen. Sollte ich das Objekt zurücknehmen? Wieder geschah etwas, was für mich wie ein Wunder war. Ein Generalunternehmer, für den unsere Firma viele große Projekte reibungslos durchgeführt hatte, rief mich eines Abends an: »Herr Babinsky, Sie waren für mich einer der fairsten Partner, die ich kenne, wir haben klar und termingerecht zusammengearbeitet. Es war für mich in diesen harten Geschäftszeiten eine gute Erfahrung, die ich mit Ihrem Partner in Deizisau nicht hatte. Ich gebe Ihnen heute einen wertvollen Tipp. Ihr Partner hat zurzeit eine sehr große Summe auf seinem Konto – pfänden Sie rechtmäßig durch Ihren Kaufvertrag!« Ich tat es mit Zögern, doch mein Freund Dieter, der Banker, mahnte: »Du musst!« Die Zwangsvollstreckung aus dem Kaufvertrag wirkte sofort.

Der Tag, an dem für mich die Erde stillstand, hat mir gezeigt, wie wir wirklich erfolgreich werden können. Alles, was wir tun, egal ob positiv oder negativ, kommt so, genauso und meist ein wenig stärker, zu uns zurück. Nichts ist auf Glück zurückzuführen – alles ist eine Folge unserer Gedanken, unseres Verhaltens, unserer Entscheidungen, unserer täglichen Gewohnheiten, denn all diese formen unseren Charakter und sind im Endeffekt unser Schicksal. Wenn wir richtig leben, wenn wir richtig denken, fühlen und für unsere Mitmenschen da sind, werden wir automatisch erfolgreich sein. Das Leben hat mir das immer und immer wieder gezeigt. Peter Berger ist in der Versenkung verschwunden, ich habe nichts mehr von ihm gehört. Irgendwann erhielt ich die Nachricht, dass er einer Krankheit erlegen sein soll. Seine Geschichte ist ein Beispiel dafür, wie sich Partner und Wettbewerber immer wieder selbst schadeten, wenn sie den geraden Weg verlassen haben.

Durch den schwerwiegenden Fall Berger durfte ich erkennen, was wahre Freundschaft ist. Anneliese und Dieter bin ich heute noch sehr dankbar, haben sie mir doch in einer ausweglos scheinenden Situation selbstlos unter die Arme gegriffen. Beide gehören heute noch zu den besten Freunden in meinem Leben. Unkompliziert und freundschaftlich handelte mein Staranwalt. Hinter harter Schale war er hilfsbereit und treusorgend für mich da. Heute noch bin ich ihm für diese menschliche Qualität dankbar. Fürsorgend und überlegend half mir ein Generalunternehmer und krönte unsere bereits abgeschlossene wertvolle Zusammenarbeit mit einem Tipp für das geschäftliche Überleben. Das sind Erfahrungen für immer – Danke.

Der Lohn für Fairness und korrektes Verhalten kommt immer. Alles, was wir anderen zufügen, kommt wieder zu uns zurück – das Gute doppelt.

Phönix aus der Asche

Die Kiel Open gehörten zu den ersten größeren Turnieren in Deutschland auf einem ASB GlassCourt. Der Organisator der beiden aufeinanderfolgenden Events fiel mir positiv auf, und ich erinnerte mich, ihn auch schon in Traunstein, meiner Heimatstadt, beim Squashspielen gesehen zu haben. Einmal hatte ich mit ihm sogar Squash gespielt. Er spielte gut, war jünger als ich, und er erkannte bald, dass ich für ihn kein Gegner war. Das war es dann auch für ihn. Das war die erste Warnung. Während der Events in Kiel kamen wir des Öfteren ins Gespräch. Später suchte er dann immer wieder Kontakt und wollte schließlich in meiner Firma als Berater selbstständig arbeiten.

In der zweiten Hälfte der 90er-Jahre schloss ich einen Vertrag mit ihm als neuen selbstständigen Mitarbeiter. Nach einer vorerst losen Zusammenarbeit wollten wir später einen Vertrag über die Verkaufsleitung Squash International schließen. Er hatte sich als sehr guter Verkäufer gezeigt, sprach fließend Englisch, war aber oft ein wenig zu spontan. Als Schwierigkeit kristallisierte sich nach und nach heraus, dass er große sechsstellige Verbindlichkeiten durch Verluste bei seinen großen Events angehäuft hatte. Dieser Betrag wurde nun vehement durch seine Gläubiger eingefordert. Mein neuer Verkäufer war mittellos und dachte an Insolvenz. Unter diesen Umständen lehnte ich zunächst eine Zusammenarbeit ab. Um seine Zukunft zu retten und um mir einen guten Verkäufer zu erhalten, hatte ich dann aber einen Vorschlag für ihn. Mein Buchhalter war von Anfang an dagegen. Trotzdem übernahm ich bei unserer gemeinsamen Vertragsunterzeichnung die bei seinen Gläubigern aufgelaufene Summe. Mit unserem zukünftigen Verkaufsleiter vereinbarte ich schriftlich die abgesicherte monatliche Rückzahlung. Jeweils die Hälfte der ihm zustehenden Provisionen würden wir zur Tilgung einbehalten. Damit, so glaubte ich, war die Firma entsprechend abgesichert, und wir hätten einen guten Verkäufer mit entsprechenden Squashkenntnissen und Kontakten an unserer Seite.

Die Partner im Ausland waren zum großen Teil schon etabliert, und er brachte auch weitere begeisterte Partner in unser Verkaufsteam. Die Umsätze liefen langsam und zögernd an. Mehr und mehr arbeitete er sich in die Kontakte mit den Partnern und den Verbänden ein. Eine zu starke Einflussnahme in der Firma durch ihn wusste ich zu verhindern. Mehrmals musste ich gegen zu viel Einwirkung von außen eingreifen. Durch manche seiner Interventionen wurden die Abläufe gestört. Schon damals warnte mich mein Bauchgefühl, allerdings hörte ich nicht sorgsam genug hin.

Eine gemeinsame Reise führte uns zu einer großen Veranstaltung der nichtolympischen Sportarten in Kuwait. Nach drei Tagen Aufenthalt und vielen Gesprächen nahm mich der Inhaber einer bekannten internationalen Firma für Bodenbeläge am Flughafen in Kuwait zur Seite und warnte mich mit eindringlichen Worten vor meinem Verkäufer. Er würde mir noch sehr schaden und mir sicher noch viel Unbehagen bereiten. Sein Benehmen wäre nicht ASB-like. Ich habe auch hier noch nicht auf seine mahnenden Worte gehört. Hätte ich es getan, hätte ich vieles vermeiden können.

Immer mehr Vorfälle deuteten auf Illoyalität, auf mögliche Unehrlichkeit und eventuelle Charakterlosigkeit hin. Von seriösen Partnern wurde ich angesprochen und auch von eigenen Mitarbeitern gewarnt. Ich schlug die Warnungen in den Wind. Die Umsätze liefen gut, das Produkt ASB war im starken Aufwärtstrend, und unsere Kontakte mit Presse und Verbänden waren optimal. Die Verkäufe des ASB Glass-Courts fielen in mein Ressort, wie auch die Vermarktung der Commonwealth Games und die Kontakte mit der Professional Squash Association (PSA). So glaubte ich alles im Griff zu haben.

Meine Sekretärin stand absolut loyal hinter unserer Firma und hinter mir, ihrem Chef. Wiederholt warnte sie mich vor dem Charakter unseres Verkäufers, bis es einmal fast zu einem Eklat gekommen wäre, weil er sich vehement gegen meine Geschäftspolitik auflehnte. Er wollte die Preise für unsere Waren verbilligen, um größere Mengen auf dem Markt verkaufen zu können. Das lehnte ich klar mit

Hinweis auf den immateriellen Wert der Marke, auf die Anerkennung des Produktes durch die Käufer ab und wies darauf hin, dass unser ASB-Produkt der Leader und kein Massenprodukt wäre. Von seiner Seite keine Zustimmung. Meine Auslandskorrespondentin und Kontaktperson für unsere internationalen Partner warnte mich wiederholt vor den Animositäten des Verkaufsleiters, der in der Öffentlichkeit wie der Chef von ASB auftrat. Langsam überzog mein Verkaufsleiter seine Kompetenzen.

Wieder gab es während meiner Abwesenheit Auseinandersetzungen mit meiner Sekretärin und anscheinend auch mit anderen Mitarbeitern. Auf dem Weg zu der Beerdigung eines mir sehr nahestehenden Menschen erhielt ich einen Anruf meiner Buchhalterin, die in Tränen aufgelöst war. Sie berichtete von den Ausfällen meines Verkäufers und seinen Äußerungen über mich, über die Firma und über die Abläufe. Das wiederhole sich ständig, und sie wolle nichts mehr mit ihm zu tun haben. Ich tat, was ich schon längst hätte tun müssen – sofort. Mein nächstes Telefongespräch beendete die Zusammenarbeit mit meinem ehemaligen Verkäufer. Jetzt verstand ich mehr und mehr, dass er diese Auseinandersetzung so gewollt und alles schon länger geplant hatte. Alle Unterlagen über ASB hatte er naturgemäß zumindest ideell in seinen Händen, er kannte unsere Geschäftspolitik, er kannte die Geheimnisse der Fertigung, und er kannte natürlich alle unsere Partner. Was lag da näher als das, was kommen sollte und musste.

Mit einem der größten Fertighaushersteller in naher Umgebung gründete er eine Konkurrenzfirma zu ASB. Mit dem Wissen über alle Firmen- und Fertigungsunterlagen fühlte er sich seiner Sache sehr sicher. Natürlich versuchte er, auch alle ASB-Partner auf seine Seite zu ziehen. Er brachte sein eigenes Squashprodukt als Konkurrenz auf den Markt. Seine Werbeaussage war: Besser und billiger als ASB. Zu mir sagte er tatsächlich: »Ich werde jetzt auch ASB fertigmachen, ich werde die Nummer eins auf dem Markt werden.« »Nein«, lächelte ich, »das wird niemals geschehen.« Das war im Jahr 2009.

Seine Kooperation mit dem Fertighaushersteller war, aus welchen Gründen auch immer, sehr bald beendet, eine weitere folgte, die auch nicht lange währte. Schlussendlich beendete auch der nächste, der dritte, Partner, diesmal in den USA, die Zusammenarbeit mit ihm nach kurzer Zeit. Seine Firma meldete am 31. Mai 2019 Insolvenz an. Seine Partner waren misstrauischer, als ich seinerzeit war, sie handelten schneller als ich und erlitten dadurch sicher nicht so große Verluste.

Der Ablauf dieser Ereignisse war gekennzeichnet durch gravierende Fehler und ist nur durch die Bequemlichkeit in meiner eigenen Komfortzone zu erklären. Dieser Fall war nicht der einzige in meinem Leben. Meine Gutmütigkeit war die Ursache.

Für ein erfolgreiches Miteinander ist es wesentlich, auf alle Anzeichen zu achten, die eine Partnerschaft, eine Freundschaft oder auch eine Zusammenarbeit beschädigen könnten. Für die Nichtbeachtung dieser wichtigen Punkte habe ich bitter bezahlt, aber jeder mir bewusst und ungerechtfertigt zugefügte Schaden hat auf seine Weise Gerechtigkeit erfahren. Meine Erfahrung lehrte mich, dass fast alle Menschen, die anderen bewusst schaden, letztendlich von ihrem Fehlverhalten und damit von ihrem eigenen Gewissen eingeholt werden.

Aufgewacht aus der Komfortzone veranlasste ich viele Änderungen. Die erste Aktion war, durch gravierende und von gutem Design beeinflusste Verbesserungen des ASB ShowGlassCourts dessen Attraktivität für die PSA noch weiter zu erhöhen. Dadurch wurden mehr und mehr World Cups und die Weltmeisterschaften auf dem ASB-Court ausgetragen. Der Name ASB ging durch Presse und Fernsehen um die Welt. Wir erreichten einen noch höheren Bekanntheitsgrad, und mein ehemaliger Verkäufer wurde durch unsere offensive Taktik völlig überrollt. Die Auswirkungen dieser Änderungen führten für unsere Firma in eine noch erfolgreichere Zukunft.

Heute bin ich sogar für die damals wirklich sehr schwierige Situation dankbar, denn ohne diesen harten Leidensweg hätte ich nie längst fällige Entscheidungen getroffen. Ich hatte wieder einmal viel gelernt und weiß heute mehr als je zuvor. Meine Entscheidungen änderten alles, schufen weitere Arbeitsplätze, schafften neue Zuständigkeiten, erhöhten die Umsätze, pushten neue Produkte, vergrößerten die Firma und sicherten meine persönliche Zukunft. All das wäre nicht oder erst viel später passiert.

Es geschieht nichts, aber auch gar nichts, ohne einen tieferen Grund. Entscheidend dabei ist aber immer wieder, die erforderlichen Handlungen zu veranlassen, und zwar so schnell wie möglich. Wie schon einmal gesagt, der Erfolgreiche befasst sich zu 90 Prozent mit der Lösung einer Situation und nur zu 10 Prozent mit dem Problem selbst. Anfangs habe ich versucht, mein Recht per Gesetz durchzusetzen. Erst als ich dieses Problem losgelassen habe, löste es sich von selbst. Der Verursacher richtet sich immer selbst.

Der Weg, den ich gewählt hatte, ist gescheitert. Jetzt gehe ich einen neuen, einen besseren Weg. Ich habe viel gelernt.

Eine perfekte Komfortzone schläfert ein

Im Jahr 2002 begann für mich ein neues Leben. Petra und ich hatten geheiratet, siebter Himmel war Dauerzustand. Der Glückszustand steigerte sich noch mehr, als die Ärzte eine Tochter ankündigten, damals mein größter Wunsch. Drei Söhne und eine Tochter hatte ich schon, besser ging es nicht. Das Leben war wundervoll, und irgendwie vertraute ich dem Lauf der Normalität.

Was ich übersah: Der Spezialist für den Verkauf der ASB-Squashcourts generierte unmerklich weniger und weniger Aufträge. Große Zahlungen wurden fällig, und das Firmenkonto rutschte in die roten Zahlen. Weitere Zahlungen wurden fällig. Ein Ausgleich des Kontos durch im Bau befindliche große Projekte war erst in ein oder zwei Monaten zu erwarten. Ich musste also handeln. Unser Unternehmen glänzte mit bestem Leumund. Telefonate mit den drei größten Lieferanten brachten Zusagen für Zahlungszielverlängerungen um zwei Monate. Die Situation war vorerst gerettet. Ursache unserer Zahlungsbremse war eine Auftragslücke, nicht ungewöhnlich für das Frühjahr. Vorausschauende Vorkehrungen zur Erweiterung des bestehenden Kreditrahmens hatte ich auf die lange Bank geschoben. Vermutlich ein Versäumnis meines Buchhalters, doch selbstverständlich mein kaufmännischer Fehler. Also beantragte ich jetzt eine Ausweitung des Kreditrahmens bei unserer Bank. Notgedrungene Reaktionen sind immer schwieriger als gezielte, vorausschauende Aktionen. Die Verhandlungen liefen trotzdem positiv. Doch dann, aus heiterem Himmel, passierte der Supergau.

Eine der Lieferfirmen meldete, vermutlich irrtümlich veranlasst durch einen neuen Mitarbeiter, meine Zahlungszielverlängerung an die wichtige Creditreform. Was nun passierte, war vorauszusehen, aber nicht erwartet. Zusammengefasst: Die Kunden der Creditreform mit Kontakten zu uns wurden automatisch durch deren Computer benachrichtigt, Kreditversicherungen und Banken kündigten sofort sicherheitshalber alle Verträge, die Konten wurden gesperrt. Von einem Moment zum anderen waren wir zahlungsunfähig. Es schien alles vorbei.

Sofort berief ich eine Runde ein, um meine Mitarbeiter zu informieren, dann telefonierte ich mit allen Lieferanten, organisierte Sofortbilanzen, Aufstellungen der Lagerbestände und Forderungen und nannte alle unsere zukünftigen Aufträge und zu erwartenden Objekte. Das dauerte und erforderte kompletten persönlichen Einsatz. Die notwendige Arbeit überstieg alles bisher Dagewesene – welch ein vermeidbarer Fehler.

Das Wunder geschah: In diesem Moment zeigte sich eine Reaktion meiner Mitarbeiter, mit der ich niemals gerechnet hatte und auch nicht rechnen konnte. Es wurde mehr als emotional: Fast jeder meiner Mitarbeiter bot mir seine Ersparnisse, bot mir Grundbucheintragungen in die eigene Immobilie oder wollte Bürgschaft leisten. Unbegreiflich. Unsere Monteure öffneten ihre Geldbörsen und versprachen mehr. Das übertraf alles, was ich jemals erdacht, erwartet und niemals verlangt hätte. Mir standen Tränen in den Augen. Nachts wälzte ich mich im Bett, nassgeschwitzt sprang ich aus den Federn. Das war unglaublich, das war mehr als Vertrauen. Ich schämte mich wegen meines Versagens. So etwas hätte mir niemals passieren dürfen. Die Situation war so unnötig wie ein Kropf. In mir änderte sich vieles, vor allem aber meine Meinung über die Menschen. Sie wurde zu einem Hohelied der Achtung und Wertschätzung.

Ich war dankbar, meinen Mitarbeitern stets nicht nur ein Chef, sondern auch Freund und Helfer gewesen zu sein, dies sein zu dürfen und auch sein zu können. Ich war dankbar dafür, diese Wesenszüge einmal von meinen Eltern und auch von meinem ehemaligen Chef, Herrn Ramsauer in der Talmühle, gelernt zu haben. Und ich war dankbar dafür, dieses Verhalten im tiefsten Inneren meines Herzens verankert zu haben. Es wurde mir bewusst, wie wichtig es ist, einem Ofen erst das Brennholz zu geben, damit er mir wieder Wärme gibt. Viel hat sich in mir in diesen Tagen verändert.

Die schwierige Situation konnte ich dann aber doch noch lösen, ohne Geld von meinen Mitarbeitern anzunehmen. Lediglich meine Sekretärin hatte insgeheim von ihrem eigenen Konto schon längst einem sehr lästigen Gläubiger einen fälligen Betrag überwiesen. Sie sagte später nur: »Sie hätten es mir schon wieder überwiesen.« Meine Kraft und

Stärke waren nun meine Mitarbeiter, ihr Vertrauen in mich. Sie gaben mir eine Sicherheit, die ich bisher nicht kannte. Ich konnte mit meiner Überzeugungskraft in wertvollen Gesprächen die bitteren Folgen für unser Unternehmen abwenden. Im Endeffekt haben wir es dann ganz einfach geschafft.

Unsere Tochter Mona war etwas zu früh, aber gesund geboren und nun aus dem Krankenhaus mit Mami wieder zu Hause. Das nutzte ich als Anlass für eine außerordentliche Versammlung mit unseren Mitarbeitern. Ich fühlte, wie dringend notwendig eine umfassende Aufarbeitung der überstandenen unangenehmen Situation war. Es gab viel zu sagen. Mein demütiger Dank schloss alle ein, das lag mir sehr am Herzen. In den feuchten Augen in unserer Runde sah ich volles Verständnis und vor allem Vertrauen. Später hörte ich, meine klaren Aussagen und Zusicherungen seien allen tief zu Herzen gegangen, und auch der Aufruf, diese Situation gemeinsam zu bewältigen und miteinander einer wertvollen und innovativen Zukunft entgegenzusehen, blieb fest verankert. Intensiv würden wir uns um Innovationen und Reorganisation kümmern. Mit folgenden Worten verstärkte ich unsere Aufbruchstimmung: »Meine Tochter wird in einer harmonischen, erfüllten und erfolgreichen Zeit mit Ihnen in dieser Firma aufwachsen, dafür verbürge ich mich.« Diese Zusage sollte sich bewahrheiten. Meine Mitarbeiter, teilweise jetzt Freunde, haben diese Zusage nie vergessen. Eine neue Zeit begann. Bahnbrechende Ideen für völlig andere Entwicklungen hatte ich schon.

Alle Ereignisse sind da, um dich weiterzubringen. Du wirst dich nur ein wenig anstrengen müssen und darfst nicht darauf warten, bis dir das Glas Wein näher als alles andere ist.

Not macht erfinderisch

Seit diesem finanziellen Fiasko wurde mir klar, dass ich mich schon viel zu lange mit Squash und seinen Weiterentwicklungen beschäftigt hatte. Alles war so einfach geworden. Die weltweite Squashszene hatte sich daran gewöhnt, dass ASB der Entwicklungsmotor im Bau von Squashcourts war und von anderer Seite keine neuen Ideen mehr auf den Markt gebracht wurden. In mir rumorte es, irgendetwas musste verändert werden. Oft fuhr ich mit meinem Auto in die Berge, stieg aus und ließ mich immer wieder von der fantastischen Welt der Alpen beeindrucken. Ich setzte mich hin, ließ den Blick über Gipfel und Täler schweifen und wartete auf irgendeine Eingebung. Sie kam nicht. Doch ich wusste, irgendetwas würde mir schon zufallen. Plötzlich, noch im Jahr 2003, überkam mich die Erinnerung an eine Vision aus früherer Zeit, die erste vage und sehr verrückte Idee für einen Sportboden aus Glas. Es war eine verrückte, eine unmögliche Idee zu diesem Zeitpunkt. Reden durfte ich mit niemandem darüber, denn es war völlig klar, wie die Reaktion ausfallen würde: »Unsinn, das geht nie!« Einen Glasboden für eine Sportfläche zu kreieren und später mit diesen vielen unglaublichen Möglichkeiten riesige Erfolge zu haben, war damals faktisch unmöglich und wurde von niemandem auch nur in Erwägung gezogen.

Viele Menschen haben Ideen, viele Ideen und Visionen. Doch nur der, dieser einzige, der sich auf eine Idee intensiv konzentriert und diese auch nach und nach verwirklicht, der niemals aufgibt, wird eine Chance auf Erfolg haben. Ich fuhr in das Schulzentrum für Glas in Vilshofen, um mit Fachleuten zu diskutieren. Dort habe ich mir Glasböden und Glastreppen angesehen. Zu meiner Enttäuschung waren alle gesprungen, beschädigt und unansehnlich. Das sah weder gut noch zuverlässig, noch zukunftsträchtig aus. Die Fachleute machten mir keine Hoffnungen. Alles keine guten Voraussetzungen.

Im eigenen Haus fand ich niemanden, der sich auch nur ein wenig dafür begeistern konnte. Meine Freunde rieten mir schon davon ab, überhaupt mit dieser Idee zu spielen. Bei unseren Lieferanten fand ich keine Zustimmung, und auch kein einziger Fachmann bestärkte mich. Ich hörte nur: »Herr Babinsky, vergessen Sie es, das funktioniert nie, wirklich, das kann überhaupt nicht funktionieren.« Sogar mein Glaslieferant und Freund Wolfgang warnte mich: »Horst, lass es, das kann nicht gehen, Glas ist für dein Vorhaben nicht geeignet.« Alles keine guten Vorbedingungen und trotzdem hielt ich an meiner Vision fest!

Ich war von meiner Idee fest überzeugt. Für mich war klar, das würde funktionieren. Es würde gelingen, denn ich wusste, ich konnte mich immer auf meine Intuition und mein Bauchgefühl verlassen. Vor allem kannte ich den Werkstoff Glas durch die völlig andersartigen Beanspruchungen in Squashcourts mit den Wänden aus Glas besser als jeder andere in der Branche. Durch die doch sehr aggressive Spielweise während des Squashspiels kannte ich die Belastbarkeit, die Biegungsmöglichkeit und vor allem die Festigkeit schon seit über 25 Jahren. Ich kannte die Vorteile, die wir schon vor Jahren bei unserem Game-Court mit matten Wänden, mit Videosequenzen aus dem Court von rückwärts angestrahlt, erzielen konnten, und darauf konzentrierte ich mich nun. Ich konzentrierte mich nicht auf die Nachteile. Es müsste nur einiges geändert werden. Ich wusste es einfach – alles Wissen ist in mir – und ich glaubte daran. Ideen wurden skizziert, Pläne gezeichnet, verworfen und wieder neue erstellt. Ich glaubte an meine Vision, ich glaubte an meine Idee. Und doch war ich weit davon entfernt, davon zu träumen, dass dieser Boden einmal die gesamte Sportbodenbranche weltweit verändern würde. Doch es ist tatsächlich so, dass uns das Wissen in uns immer leitet.

Schon damals nahm ich meinen Sohn Christof jeden Tag mit in die Schule nach Stein, und am Abend nahm ich ihn wieder mit nach Hause. Oft war er auch in der Firma, nur 500 m entfernt von der Schule, und so erlebte er die allerersten Entwicklungen hautnah mit. Es interessierte ihn, und ich wusste, all diese Vorgänge, das Vor und Zurück in der Entwicklung, könnten eine gute Vorbereitung sein für später, für die Zeit, wenn ich einmal meine Arbeitszeiten reduzieren würde. Ich wusste damals noch nicht, ob er ernsthaft an der Weiterführung meines Betriebes interessiert sein würde. Jedenfalls saß er oft bei meinen Leuten und schraubte und bohrte. Jedoch schon zu diesem Zeitpunkt wuchs in mir der Plan und keimte die Hoffnung für ein starkes Familienunternehmen mit erfolgreicher Zukunft.

Erste Versuche wurden im Lager durchgeführt. Die notwendigen Scheiben für einen Glasboden in einem Testcourt in unserem Hause wurden bestellt. Als Unterkonstruktion dienten anfangs noch Schaummatten und farbige Folien. Es war klar, dass das geändert werden musste. Doch ein Anfang war notwendig. Die Vision war, die erforderlichen Squashlinien in fünf Zentimeter Breite unter dem Boden mit LEDs zu beleuchten. Zu diesem Zeitpunkt waren es nur aufgeklebte Tapes. Die LEDs waren noch in der Anfangsentwicklung und noch nicht geeignet. Meine Visionen sprühten förmlich, ich sah große Hallen mit vielen Linien für verschiedene Sportarten in unterschiedlichen Farben und einzeln schaltbar. Ich sah bewegliche Werbung blitzen und vollflächige Böden in allen Farben wie einen riesigen Fernsehschirm leuchten. Ich sah so viel, und mir wurde fast schwindelig. Dass all dies einmal Wirklichkeit werden würde, glaubte ich zwar, doch bis dahin war es noch ein weiter Weg. Sagen konnte ich das keinem, denn glauben wollte mir damals wirklich niemand – man hielt mich sowieso schon für ein wenig »spinnert«.

Es war schon gar nicht einfach, meinen eigenen Leuten diese Ideen schmackhaft zu machen, geschweige denn den Funktionären und Geschäftspartnern. Es konnte kein Einziger so recht an die komischen Ideen des Chefs glauben. Ausgesprochen hat es zwar niemand, doch ich sah es in den ungläubigen Gesichtern. Nachdem der erste Boden, das war 2005, in unserem Hause in einem Test-Squashcourt, nicht unbedingt mit Begeisterung, installiert war, hatten wir schon den ersten Beweis für das Nichtfunktionieren. Beim Anbringen eines Teils an der Frontwand war dem Monteur ein Schraubenzieher auf das Glas gefallen. Er hatte es mir nicht gesagt, doch am Abend sah ich den Schaden: ein Sprung, ja, sich ausbreitende Sprünge im Glas. Klar, ich wusste sofort, wo der Fehler lag. Wie konnte mir das nur passieren? Als oberste Platte, als die wichtigste Oberschicht, hatte ich kein hochqualifiziertes Sicherheitsglas geplant. Es war nur besseres Glas. Alles andere stimmte.

Jede Entwicklung verläuft auf den Stufen des Versagens und auf den Wellen der Begeisterung. Jede große Neuentwicklung braucht die Geduld des Erfinders, der vielen Helfer und vor allem der Nutzer. Ich wusste sofort, was zu ändern war. Ich hatte nicht alles ganz korrekt und präzise vorgegeben, ich hatte nicht detailliert und präzise zu Ende gedacht. Ich wusste jedoch, wir waren auf dem richtigen Weg.

Der nächste Boden mit den geänderten Glasplatten funktionierte. Mein Sohn Christof, der damals bereits in England studierte, bestärkte mich immer wieder, wenn er bei uns zu Besuch war. In unserer Montagehalle versuchte er mit LEDs die ersten Linien unter dem Glasboden zu installieren. Wir hatten einen langen Weg vor uns. Die Skepsis meiner Techniker, Zeichner, Monteure und einer Elektrofirma hatte sich langsam in Motivation und Begeisterung für das, was sie taten, gewandelt. Jetzt hatte ich Kämpfer für meine Ideen, und sogar die wichtigen Leute der Glashersteller wurden aufmerksam und redeten tatsächlich mit mir über weitere Möglichkeiten. Der Präsident der World Squash Federation, Narayana Ramachandran, war mutig und lud uns ein, den Glasboden bei einem World Cup Match zu präsentieren. In der indischen Stadt Hyderabad installierten wir 2006 den ersten offiziellen Glasboden in einem ShowGlassCourt. Es folgten weitere in fünf anderen Ländern. Ich war mir sicher, mit diesem Boden konnte Werbung unter dem Glas sichtbar gemacht werden, größere Einnahmen für den Sport waren möglich, und damit könnte Squash endlich eine olympische Disziplin werden. Welch sensationelle Aussichten! Alles war auf dem Pfad nach oben.

Die Wettbewerber hatte ich total unterschätzt, nicht mehr beachtet. Doch im Hintergrund wurde mit allen Mitteln agitiert. Unser Vorsprung gegenüber dem Wettbewerb war einfach zu groß – himmelweit. Wir waren zu erfolgreich und glaubten uns unverwundbar. Im Geheimen, unter vorgehaltener Hand, säte man Gerüchte über Verletzungen, über Rutschgefahr und andere Unwahrheiten über unseren Glasboden. Zu dieser Zeit fand in Barbados ein Treffen der Offiziellen des Weltverbandes statt, zu dem auch ich eingeladen war. Ich hatte vorher noch Termine an der Yale Universität bei New York, besichtigte dort unsere 23 eingebauten Courts, traf den Weltmeister im Hardball und flog dann weiter nach Barbados.

Spät am Abend kam ich am Turnierort auf der karibischen Insel an. An diesem Tag waren es vierzig Grad Celsius heiß gewesen. Als ich eintraf, regnete es in Strömen, und die Temperatur war auf 18 bis 20 Grad gefallen. In der Halle mit über 500 Zuschauern war die Luft heiß und zum Schneiden, die Fenster waren alle wegen eines starken, wolkenbruchartigen Regens verschlossen, und das Schwitzwasser lief an den Fensterscheiben und natürlich auch an den Scheiben in unserem GlassCourt in Bächen herunter. Auch unser Boden war nicht mehr trocken. Das war die Stunde unserer Wettbewerber. Bei meinem Eintreffen war alles schon gelaufen. Der Court war unter diesen Bedingungen rutschig, so wie jeder andere Boden es auch gewesen wäre. Das interessierte aber nicht, die Gegner unseres Bodens hatten nun Oberwasser. Am nächsten Tag verkündete mir der Technische Direktor, dass der ASB GlassFloor »banned«, also verboten sei für Turniere. Das war bitter! Ich sah mitleidige Augen über einem hämischen Lächeln. Der Weltverband hatte sich durch Nichtwissen und Misstrauen sein eigenes Grab geschaufelt. Ich wusste, die Olympiabewerbung für den Squash-Sport würde nun keine Chance mehr haben. Heute ist der ASB GlassFloor von allen wichtigen Welt-Sportverbänden anerkannt.

Die Presse berichtet von dem Wunderboden, von Traumflächen und von einer neuen Welt des Sports und der Werbung für diesen.

Aber zu dem Zeitpunkt sah es so aus, als sei der beschwerliche Weg bis hierher gescheitert. Niemand konnte mir eine Anregung geben, ich konnte auf keine Tests und Versuche zurückgreifen, und sachliche Empfehlungen gab es erst recht nicht. Nur Kritik und müdes und zynisches Lächeln. Das Scheitern war für diese Leute von vornherein klar gewesen.

Gut, jetzt kannten wir den Weg bis zu diesem Punkt. Es wurde schwieriger, aber wir hatten die Basis, ab der es nur noch vorwärts gehen konnte. Also! Ich stand zu meiner momentanen Schwäche, meinem Fehler, auf den Weltverband zu setzen, und kehrte zu meiner Klarheit zurück. Meine immerwährende positive und zuversichtliche Einstellung kehrte zurück. Von einer Idee, sei sie noch so futuristisch und mit einer Realisierung in unsichtbarer Ferne, von dieser Idee durfte ich mich einfach nicht von den Skeptikern um uns herum abbringen lassen. Was also hatte ich mir vorgestellt?

Große Hallen, schöne, ebene, farbige Flächen, darunter Linien in Farben, beliebig einschaltbar, oder Werbung mit Logos und tollen farbigen Schriftzügen. Alles nachhaltig, recycelbar, zukunftsorientiert. Erst jetzt, nach dieser Rückbesinnung, war mir klar, ich war mit Squash auf dem völlig falschen Weg – Think Big. Und das tat ich dann auch.

Die Sportboden-DIN war mein erster Punkt zur Änderung. Ich selbst war Mitglied des DIN-Ausschusses und hatte mit vielen Bodenherstellern zu tun, die alle nicht unbedingt unser Bestes wollten. Ich kannte sehr gut das Vorgehen der bestimmenden Firmen im Sportbodenbereich. Der Glasboden, das ahnten einige schon, könnte eine zukünftige Konkurrenz sein. Also war es dringend notwendig, eine gute Unterkonstruktion zu realisieren, und wieder fiel mir aus heiterem Himmel die Lösung zu. Eine Metallunterkonstruktion aus Stahl oder Aluminium, an der richtigen Stelle kreuzweise verlegt, war der Trick, höhenverstellbar unterstützt, zwei Zentimeter dicke Gummiauflagen und zwei Zentimeter starke Kanäle für die leuchtenden LED-Strips. Die ersten waren zu diesem Zeitpunkt schon aus China lieferbar. Mein Sohn Christof war damals schon öfters bei den ersten Versuchen dabei.

Unsere zweite Änderung betraf die Zusammensetzung und die Oberfläche des sichtbaren Glasbodens. Mithilfe meines Glaslieferanten erhielt ich Testergebnisse von kleinen Mustern. Damit wusste ich, wie die Oberfläche auszusehen hatte. Als Nächstes prüften wir die Mattigkeit der Fläche, denn sie durfte nicht spiegeln. Auch das löste der Glashersteller nach vielen Versuchen. Dann legten wir fest, wie groß die Scheiben sein sollten und wie sie aufgebaut sein würden. Festes Sicherheitsglas mit einer zwei Millimeter dicken Folie zwischen den Schichten verhinderte Bruch und Verletzungsgefahr. Viel Rechenarbeit führte dann zum endgültigen Bodenaufbau, der voraussichtlich sowohl dem idealen Gleitreibbeiwert, Kraftabbau und allen anderen Bedingungen entsprechen würde. Jetzt würde es sich zeigen, ob diese Visionen tatsächlich Wirklichkeit werden könnten. Ich war mir sicher, denn nur wenn wir von einer Idee wirklich überzeugt sind, können wir die Entwicklung vorantreiben und auch an die Realisierung glauben.

Ein internationales Testinstitut wurde beauftragt und ein Termin vereinbart. An dem einzigen Termin, der damals zeitnah möglich war, stand für mich eine dringende Operation an – Meniskusriss am Knie. Beide Termine mussten also parallel durchgeführt werden. Die Prüfer reisten 540 Kilometer mit einem großen Testfahrzeug an. Meine Mitarbeiter hatten den Musterboden in der geforderten Größe aufgebaut und alles vorbereitet. Der Test sollte um elf Uhr beginnen.

Meine Knie-Operation lief besser als gedacht, und meine Frau durfte mich um zehn Uhr bereits aus dem Krankenhaus abholen. Natürlich war Bettruhe angesagt, und so machte sich meine Frau mit mir auf den Heimweg. »Nein«, rief ich, »wir fahren in die Firma!« Unter dem lautstarken Protest meiner Frau erreichten wir unsere Lagerhalle in Stein. Vor dem offenen Tor stieg ich aus. Ich sah schon alles vorbereitet. Mit Unterstützung meines Sohnes Christof, der auf mein Bitten hin extra aus England angereist war, humpelte ich zur Testfläche und fiel fast auf den bereitgestellten Stuhl. Da saß ich nun, begrüßte alle, auch die beiden Prüfer. Wir fanden einen guten Draht zueinander, wechselten einige Worte, und dann platzte der Prüfer heraus: »Mein Testgerät stelle ich nicht auf diesen Boden. Wenn ich da anfange, fliegen uns die Glassplitter und alles andere um die Ohren!« Damit hatte ich nicht gerechnet. Es dauerte eine halbe Stunde, bis ich ihn unter Hinweis auf meine volle Verantwortung dazu bewegen konnte, doch mit dem gesamten Testprogramm zu beginnen. Inzwischen schmerzte mein Knie mehr und mehr. Das Schmerzmittel ließ nach. Doch als der Test dann begann, spürte ich nichts mehr.

Der erste Test war ein Falltest mit einer schweren, aus einem Stempel bestehenden Maschinerie. Alles war bereit, es konnte losgehen. Ein Knopfdruck, das Fallbeil, nein der Bolzen sauste nach unten, prallte mit einem dumpfen Geräusch auf den Glasboden – wumms. Der Boden hielt – wieder und wieder. Der Prüfer schaute mich ungläubig an, – »das konnte doch gar nicht sein«! Alle anderen Tests, auch die mit dem künstlichen Fuß, verliefen einwandfrei. Ich sah die Verwunderung der Prüfer und spürte die Erleichterung all meiner Leute.

Christof entwickelte totale Begeisterung und hatte eine verrückte Idee. Er lief zum Schuldirektor der Eliteschule Schloss Stein, 500 Meter entfernt, und holte ihn aus seinem Büro. Herr Ziegler kam tatsächlich und sah sich den weiteren Verlauf des Testvorgangs an. Christof wusste, die Schule plante eine neue Turnhalle. Er hatte vor einigen Jahren dort sein Abitur gemacht und immer noch einen sehr guten und persönlichen Kontakt zum Direktor.

Doch der Test war noch nicht vorbei. Die Achillesferse des Bodens waren die Kanten. Und genau längs der Kanten und über die Kreuzungspunkte würde nun ein Testwägelchen mit 15 Zentimeter hohen und 2 Zentimeter breiten Stahlrädern und beladen mit Sandsäcken, die insgesamt 500 Kilogramm auf die Waage brachten, zwanzigmal hin- und herfahren. Diesen Teil des Tests hatte ich in Bezug auf unseren Boden nicht auf dem Radar gehabt. Wir hatten das noch nie im Voraus getestet. Mit meiner Filmkamera nahm ich diese Tortur des Bodens auf. Bis zur letzten Etappe zitterte ich doch. Es lief alles ohne irgendeinen Einwand, einen Fehler oder eine Beschädigung ab. Wir hatten den perfekten Boden, wir erhielten jetzt das ersehnte Prüfzeugnis. Das war der Durchbruch! Der Direktor der Schule Schloss Stein war genauso begeistert wie wir alle. Er wollte auf jeden Fall diesen Boden in seiner neuen Turnhalle einsetzen. Die Kosten waren ein Hinderungsgrund – aber wir würden hoffentlich einen Weg finden.

Jetzt war es so weit. Wenn wir Erfolg haben wollten, würden wir zuerst einmal erkennen müssen, was wir mit diesem neuen Produkt alles erreichen könnten. Wir würden lernen müssen, wie diese Kosten aufzubringen wären. Es würden Beträge in Millionenhöhe nötig sein. Bis zu diesem Punkt hatten wir schon über eine Million Euro aus unserem normalen Geschäftsverlauf aufgebracht, nur damit diese verrückte Idee einmal Wirklichkeit werden konnte. Wie sollten wir nun die Kraft und weiterhin die Ausdauer haben, um all das zu bewältigen, was auf uns zukommen würde? Wussten wir, welche Dimensionen diese Erfindung haben würde? Wir würden die Welt der Sportböden verändern – das würde eine echte Aufgabe werden. Sponsoren für so eine verrückte Idee zu finden, war zu diesem Zeitpunkt völlig unmöglich. Nach wie vor glaubte uns keiner.

Wir erhielten alle notwendigen Prüfzeugnisse, doch es sollte noch einige Zeit vergehen, bis wir das Licht am Ende des Tunnels sahen. Der Preis für einen Glasboden war mehr als fünfmal so hoch wie der für einen üblichen Turnhallenboden. Wir kannten die Vorteile, aber wer würde das glauben? Wer würde bereit sein, höhere Investitionen zu tätigen? Wer würde für imaginäre Kosteneinsparungen und vor allem für noch nicht erwiesene Nutzungsvorteile bereit sein, so viel mehr zu investieren? Wer würde unsere Argumente überhaupt näher betrachten? Wie konnte ich diese Schwierigkeit umschiffen und lösen? Der ASB GlassFloor war seiner Zeit mindestens zwanzig Jahre voraus. Aber jetzt musste erst einmal der Turnhallenboden im Gymnasium Schloss Stein, praktisch in unserer direkten Nachbarschaft, verwirklicht werden. Warum nur wagte ich dieses scheinbar aussichtslose Unternehmen? Alles Wissen ist in Dir – also würde es gelingen.

Die Glasmesse in München war mein nächster Besuch. Unsere Firma war wegen der guten Umsätze mit Squash-Glaswänden und den ASB GlassCourts ein gern gesehener Gast. Stundenlang drückte ich mich auf dem Messestand herum, fand jedoch auch bei Andreas Geith, dem neuen Direktor der Glasfirma Saint-Gobain, nicht gleich den richtigen Ansatz für mein Anliegen. Mutlos verabschiedete ich mich von den Standleuten und schlenderte zurück durch die Hallen. Fast schon in der letzten Halle, beim Ausgang, sah ich eine farbig leuchtende Glasscheibe bei einer mir unbekannten Firma. Diese Scheibe faszinierte mich. Das Prinzip der Beleuchtung dieser Fläche erkannte ich auf Anhieb, und wieder keimte in mir meine Vision auf, trieb mich an, jagte mir das Blut durch die Adern. Ich musste eine Lösung finden.

»Alles ist möglich« – »Geht nicht, gibt's nicht«, schoss mir durch den Kopf, und schnurstracks wanderte ich wieder den ganzen langen Weg zurück zu dem riesigen Messeaufbau von Saint-Gobain. In meiner Begeisterung griff ich mir Andreas Geith und überfiel ihn mit meinen vielen verrückten Ideen. Meine Begeisterung ging mit mir durch. Erst war es ihm zu viel, dann wieder doch nicht, und schließlich verabredeten wir uns zu einem Abendessen im Restaurant »Käfer« in München.

Das Abendessen wurde aus heutiger Sicht im Ergebnis für beide ein großer Erfolg. Ein wunderbares Menü, guter Wein und beste Gespräche brachten uns zu einem gemeinsamen Pakt. Andreas Geith war fantastisch, er würde alles versuchen, um uns das Glas für den Boden dieses Referenzobjektes zu liefern, sofern er die Genehmigung aus der Zentrale in Paris erhielt, und wir würden dann mit den anderen wichtigen Arbeiten und Kosten klarkommen müssen. Der Anfang war gemacht.

Für Andreas Geith war es überhaupt nicht einfach. Er schrieb: »Ja, auch ich erinnere mich gut an diese stets kreativen Treffen mit dir! Jedes Mal fuhren wir wieder nach Hause mit neuen Ideen, Aufgaben und Herausforderungen. Du warst immer, und das hat mich sehr motiviert, voller Zukunftsvisionen und klarer Ideen für neue Anwendungen, ich versuchte nach meinen Möglichkeiten diese aufzunehmen und mit meinen Teams in machbare Produkte zu übersetzen … Im ›Konzern‹ ist es nicht immer einfach, unternehmerisch zu agieren und auch mal Risiken auf eigene Kappe einzugehen, die Bedenkenträger stehen an jeder Ecke. Der Erfolg hat am Schluss immer viele Väter, mit Misserfolg bleibst du jedoch allein. Nach 30 Jahren bei Saint-Gobain war ich in Paris als der ›eigenwillige Deutsche‹ bekannt, der meist macht, was er für richtig hält, und die großen Direktoren sagten immer zu mir: Sieh bloß zu, dass du erfolgreich bleibst, sonst hast du ein Problem.«

Die weitere Entwicklung dieses außergewöhnlichen Bodens mithilfe von Saint-Gobain kostete Millionen Euro. Die Verwirklichung konnte nur mit der Geschwindigkeit vorangehen, wie sie eben von unserer Firma zu finanzieren war. Ich wollte zu diesem Zeitpunkt noch keinen Sponsor oder gar Beteiligten. Doch wir schafften alles mit unserer Begeisterung, mit unserem Mut und vor allem mit unserem Vertrauen in uns selbst. Die Turnhalle in Stein wurde tatsächlich gebaut. Der damalige Bundesbauminister Dr. Peter Ramsauer ließ es sich nicht nehmen und übernahm im Oktober 2010 die Einweihung. Die Besucher mussten nicht auf eingelegten Schutzplatten oder Matten wie bei normalen Turnhallenböden laufen, sie konnten alle mit Straßenschuhen den GlassFloor testen. Großer Applaus erfüllte die Halle, als der Schuldirektor Sebastian Ziegler die unterschiedlichen Linien per Knopfdruck unter den Gästen zum Leuchten brachte. Wir hatten ein Ziel erreicht – ich war einfach nur glücklich.

Während Christof in England studierte, verbrachte er die Ferien manchmal zu Hause oder mit uns in dem einen oder anderen erlebnisreichen Urlaub. Eine der letzten gemeinsamen Reisen führte uns nach Chennai in Indien. Er erlebte nun dort auch den Aufbau des Glasbodens in einem Squashcourt hautnah mit. Dort machte er nach den ersten Tests in unserer Halle mit unseren Monteuren die allerersten zaghaften Versuche mit leuchtender Schrift unter dem ASB GlassFloor. Die Heimreise begann er mit einer Zugreise durch Indien. Auf dieser Zugfahrt lernte Christof einen amerikanischen Architekten kennen, mit dem er über die Besonderheiten des ASB GlassFloors diskutierte. Dieser weckte in ihm die große Begeisterung für die vielfältigen Einsatzmöglichkeiten dieses Bodens und warnte ihn vor Plagiatoren und vor einem aufkommenden möglichen Wettbewerb. Der ASB GlassFloor würde ein internationales Produkt werden. Zu diesem Zeitpunkt hatte ich mein Patent bereits in Amerika erhalten. Die Patente in Europa waren ebenfalls zusammen mit Saint-Gobain erteilt.

Christof erhielt im Jahr 2016 von mir 51 Prozent der Systembau Horst Babinsky GmbH mit den Patenten für den ASB GlassFloor geschenkt. Um die weitere Markteinführung abzusichern, verkaufte ich die restlichen 49 Prozent an eine Beteiligungsgesellschaft mit der Auflage, eine weitere Million Euro zu investieren. So war die Weiterentwicklung der neuen Ideen von Christof vorerst gesichert.

Der ASB GlassFloor ist nun mit und durch Christof seit 2016 ein weltweiter durchschlagender Erfolg geworden. Nach der Turnhalle in Stein wurde der Glasboden in vielen Hallen in Europa, Amerika und Asien verlegt. In der Microsoft-Zentrale in Dublin befindet sich ein ASB GlassFloor in der Eingangshalle, der fließendes Wasser widerspiegelt. An den Wänden, ebenfalls von ASB, rauschen virtuelle Wasserfälle. Eine französische Firma hat die Lizenz für Swimmingpools erworben. Im Wasser auf dem Boden schwimmen Haie, Fische und Visionäres aus den Ideen der Schöpfer. Sportböden für Basketball, Volleyball usw. zeigen die Wege der Spieler, deren Namen oder den aktuellen Spielstand, und Blitze explodieren optisch bei gefallenen Toren auf dem Boden. Alles ist interaktiv, lebendig und für die Medien das, was sie wollen. Und die immer präsente Werbung wird mit dieser Interaktivität sogar für die Zuschauer überraschende und sensationelle Abwechslung bieten.

In der Zwischenzeit wurde der ASB GlassFloor für internationale Spiele weltweit von der FIBA für Basketball akkreditiert und bietet damit auch für andere Sportarten eine völlig neue Möglichkeit, in die

Zukunft zu gehen. Die deutsche und auch die weltweite Presse titelt: »Bayern bekommt den Wunderboden«, »Der bewegte Boden in Madrid (FIBA 2023)«, Kicker, FAZ, USA Today Sports, Texas Sports, USA Basketball, fast alle Tageszeitungen und viele Radio- und Fernsehbeiträge – mehr geht nicht. Eine Niederlassung von ASB wird in den USA gegründet, die NBA wird sich daran beteiligen. Das NBA Weekend 2024 in Indianapolis, während dessen unser digitaler Glasboden erstmals in den USA eingesetzt war, wurde von den Medien als sportliche Sensation gefeiert. Wieder ein Beweis für den großartigen Durchbruch. Im März 2024 wurde ASB GlassFloor mit dem Gold German Stevie® Award als »innovativstes Unternehmen des Jahres – bis zu 100 Mitarbeiter« ausgezeichnet. ASB Systembau wurde ebenfalls im März 2024 als eines der zehn innovativsten Unternehmen weltweit anerkannt. Der ASB GlassFloor verändert die gesamte Sportbodenbranche weltweit – es ist geschafft! Christof hat mit seinem Engagement mehr erreicht als je geplant. Am Anfang steht die Idee. Ein Erfolg ohnegleichen. Es hat über 20 Jahre bis zum entscheidenden Durchbruch gedauert. Und im Endeffekt ist es wieder einmal nur ein Anfang.

Eine Vision wurde eine Idee, eine Idee wurde ein Plan, und ein Plan wurde Wirklichkeit.

Innere Sicherheit

Deine Kunst ist es, aus dem Hintergrund zu wirken. Je stärker du bist, umso weniger benötigst du die Anerkennung des Anderen – du bist sowieso der Sieger, und du weißt es. Gewinnen entsteht in deinem Kopf. Aus der Position der Stärke heraus kannst du Unendliches leisten. Dich verunsichert nichts mehr, die negativen Impulse der anderen beirren dich nicht. Du hast deine eigenen Dinge im Kopf. Du wirst siegen, du wirst gewinnen, du bist weit vor den anderen und siehst nur noch deinen Traum, du siehst, wie dieser Traum immer realistischer wird, so realistisch, wie du es dir nie vorher erdacht hast. Das durfte ich viele Male erleben – in den folgenden, abschließend erzählten Episoden besonders intensiv.

Dieses Buch habe ich geschrieben, weil ich vielen Menschen helfen will. Immer wieder streue ich Sätze oder Ansichten ein, die zeigen, warum mein Umfeld und ich so werden durften, wie wir sind. Ich habe das erreicht, was ich erreichen wollte. Wie ist das möglich?

Einer der fast alles entscheidenden Punkte ist: Ich lebe so, als ob ich mein Ziel schon erreicht hätte. Ich gehe grundsätzlich davon aus, genügend Mittel zur Verfügung zu haben, um mir das leisten zu können, was ich will und brauche. Zweifel sind nicht erlaubt. Alles ist möglich für den, der glaubt. Und wenn ich etwas ausgebe oder verteile, dann weiß ich, es wird irgendwie auf eine andere Art und Weise zurückkommen. Wenn ich nichts gebe, werde ich auch nichts erhalten. Ich werde immer alles haben, was ich brauche.

Meine Frau schüttelt manchmal den Kopf über mein Verhalten, doch sie weiß, es stimmt immer wieder: Ich gebe, und ich bekomme. Es hat aber keinen Sinn, ohne gezieltes Denken alles auszugeben. Höre auf das Innere, auf dich selbst, und du wirst das Richtige tun. Dazu ist es notwendig, die innere Einstellung so zu ändern, dass wir wissen, wie die harmonischen Gesetze des Universums funktionieren.

Alles Wissen ist in uns.

Jeder sollte sich innerlich absolut sicher sein mit dem, was er tut.

Ohne innere Sicherheit wird es keinen Erfolg geben.

Der »Holzstadel« in Marwang

Fünf Häuser, fünf Satteldächer nebeneinander, nahe der Traun, die wir gebaut hatten, waren verkauft, und ich verließ mein Haus. Eine wunderschöne Eigentumswohnung in Traunstein wurde mir angeboten. Der weite und freie Blick auf die faszinierende Bergkette hatte mich sofort begeistert. Der Besitzer der Wohnung war insolvent. Mit meinem Rechtsanwalt als Beistand ersteigerte ich in einem umständlichen Verfahren dieses Objekt. Die Wohnung lag im vierten Stock und war mit einem riesigen Panoramafenster ausgestattet – herrlich. Und wieder einmal: Veränderung ist das ganze Leben.

Später war ich wieder verheiratet. Christof und dann Philipp, unsere beiden Söhne, wurden geboren. Nun wurde es eng in der 75 Quadratmeter großen Wohnung in bester Lage in Traunstein. Seit mehr als 15 Jahren hatte die Aluminiumbauweise ASB für unsere Firma ausgedient. Immer wieder dachte ich an die fantastischen Möglichkeiten dieser Bauweise. Für mich war unverständlich, weshalb niemand diese Ideen aufnahm und dadurch schnellere und umweltfreundlichere Baumöglichkeiten gefunden hätte. Bis heute, glaube ich, hat die Fertighausindustrie diesen Vorteil nicht erkannt. So dachte ich den Plan für ein neues eigenes Haus einfach um und wählte statt Aluminium gepresste Holzleimbinder.

Wichtig waren für mich ein uneingeschränkter Bergblick und die Freiheit rundherum. Nach langer Suche in vielen Teilen des Landkreises konnte ich ein passendes Grundstück finden. Das gewählte Areal lag mitten in einem Dorf mit Südhanglage. Sicht auf die Bergkette vom Wohnzimmer aus war Grundvoraussetzung für Wert und Wohnqualität. »Lage, Lage, Lage sind die drei wichtigsten Punkte«, so hatte ich es oft von erfahrenen Immobilienexperten gehört. Ich wollte es genau wissen und ließ für mich an der Stelle, an der der Balkon geplant war, ein Gerüst aufstellen. Da hinauf kletterte ich, um zu sehen, was wirklich ist.

Das Panorama war wunderbar, ja fantastisch. Ganz schnell wurde der Kauf perfekt gemacht. Dieses Grundstück hatte alles, was ich mir immer erträumt hatte: mitten im Dorf in einer Sackgasse, Hanglage, verkehrsberuhigt, alter Baumbestand, ein Bach entlang des Grundstückes und eben die wunderbare Bergsicht. Das war's. Als Grundlage nahmen wir die Vorlage eines »halbhölzernen« Gebäudes. Auf diese Art wurden früher die oberbayerischen Höfe mit einem festen gemauerten oder betonierten Unterbau gebaut. Die Eingabeplanung für das Gebäude stieß wieder einmal auf Widerstand, starken Widerstand. Der Gemeinderat fand Form und Art des Gebäudes unmöglich. Zweimal wurde die Genehmigung mit der Begründung »Holzstadel« und »nicht vertretbar« abgelehnt. Völlig überraschend half die Bauabteilung des Landratsamtes in Traunstein. Ohne mein Wissen stellte die Baubehörde fest, dieses Gebäude sei städtebaulich voll vertretbar, passe genau an diese Stelle und sei sogar zu befürworten. Jetzt musste ich meine Meinung über die Behörden wirklich überdenken.

Der Bau fiel in eine der unruhigsten Zeiten meiner Laufbahn. Diese perfekte Planung, unterstützt durch einen Innenarchitekten als Freund, konnte ich selbst kaum noch überwachen. Ich war nur noch unterwegs. Einer meiner damaligen Mitarbeiter, Gerhard, war ein besserer Bauleiter, als ich das je sein konnte. Er überwachte sehr präzise, meinen Anweisungen entsprechend, die Errichtung und Fertigstellung dieses relativ schwierigen Baukörpers. Das war nicht einfach. Die Holzkonstruktion war von mir ohne Pfetten und Querträger geplant und damit völlig konträr zu üblichen Konstruktionen. Alle Anschlüsse erfolgten unsichtbar, der Anstrich war weiß pigmentiert und damit ebenfalls ungewöhnlich. Alle Elektroleitungen und alle anderen Installationen mussten unsichtbar sein, und das Besondere war: Die Verglasungen erfolgten direkt in der Konstruktion. Die größten Verständigungsschwierigkeiten hatte Gerhard mit dem Maler, der absolut nicht begreifen wollte, dass eine Holzkonstruktion in Bayern weiß pigmentiert wurde. Nicht nur einmal musste der Bauleiter die Holzflächen abschleifen lassen, um sie dann richtig und weiß zu beschichten. Übrigens, dieser Bauleiter wurde später ein hervorragender Geschäftsmann und Unternehmer. Vor kurzem hielt er neben mir, als ich in der Stadt parkte. Er hatte meinen Wagen erkannt und folgte mir. »Du weißt gar nicht, wie dankbar ich dir immer noch bin. Du hast mein Leben verändert.« Wir hatten damals viel miteinander geredet, und er hat zugehört und Entscheidendes gelernt.

Noch bevor das Haus ganz fertig war, zogen wir ein. Architekten mit ihren Schülern und ganze Gruppen scharten sich um unser Haus. Es war herausragend, und es war das erste Haus mit heller Holzkonstruktion, ohne schräge Pfetten und mit Verglasung direkt in der Holzkonstruktion. Ein weiterer Vorteil: Das Haus wird heute nach 35 Jahren nicht älter als fünf Jahre geschätzt. Planung und Bau des Hauses waren seiner Zeit weit voraus und für die Zukunft umweltfreundlich geplant, auch unter wirtschaftlichen Gesichtspunkten. Schon damals erkannten wir die Anforderungen des Klimawandels.

Eine wichtige Anmerkung zum Schluss: Im Jahr 2020 fand meine Frau bei Aufräumarbeiten eine von mir verfasste Liste in einem meiner Ordner. Diese Liste habe ich noch, und sie enthält eine Aufstellung meiner Ziele aus dem Jahre 1970, die Wirklichkeit werden sollten. Nicht alle Vorstellungen wurden wahr, doch ich las: »Ich werde ein Haus haben, mitten in einer Ortschaft, Hanglage, mit weitem Bergblick, einem Bach und mit altem Baumbestand.« Wir wohnen jetzt in diesem Haus – es war ein tiefer, innerlicher Wunsch.

Intuitive Entscheidungen haben oft einen positiven Ausgang.

Feuerhölle in Marwang

Gerade einen Monat waren wir in Marwang in unser neues Haus eingezogen. Es war Juni 1990. In Grabenstätt feierte man das Brasilienfest. Es lief auf Hochtouren. Zweihundert ehrenamtliche Mitarbeiter organisierten mit großem Aufwand und Begeisterung dieses Spektakel, das seit nun schon neun Jahren immer am letzten Samstag im Juni von der »Brasilienhilfe Grabenstätt«, gegründet 1980, veranstaltet wurde. Mit dem Erlös und eingesammelten Spenden wurden großartige Hilfsprojekte für die arme Bevölkerung in Brasilien finanziert.

Das Brasilienfest, hervorragend mitinitiiert von Betty Wülfing, war eine der beliebtesten Veranstaltungen im Landkreis, und so strömten Tausende Besucher nach Grabenstätt.

Ich war nicht auf dem Fest. Zwei kleine Kinder mit zwei und vier Jahren erwarteten von meiner Frau und mir volle Aufmerksamkeit. Wir hatten Freunde eingeladen und verbrachten zu Hause einen geselligen Abend. Von Weitem hörten wir die Musik und die Gesänge aus dem Festzelt. Aus verschiedenen Gegenden angereiste Brasilianer und Brasilianerinnen sorgten dort gemeinsam mit den Einheimischen für ausgelassene Stimmung.

Wir saßen auf der Couch mit Blick in Richtung Berge, als es in der Ferne mächtig grollte. Ein Gewitter nahte. »Diese schwarzen Wolken werden doch nicht hierherziehen?«, fragten sich unsere Besucher mit besorgter Stimme. Die düsteren Wolken kamen näher, Blitze zuckten über den Himmel. Noch kein Regen, aber starker, böiger Wind. Die Äste unseres Nussbaumes vor den Fenstern bogen sich, einer brach ab und schwirrte durch die Luft. Der Donner wurde lauter, die Blitze erhellten unser Wohnzimmer und tauchten es in grelles Weiß. Geblendet von der Helligkeit eines Blitzes, mussten wir die Augen schließen.

Jetzt hielt es unsere Besucher nicht mehr. »Was passiert, wenn einer der Blitze im Haus einschlägt?«, »Wie sicher sind wir hier noch?«, fragten sie sich. »Ab in den Keller!«, das war ihre Idee. Mittlerweile prasselte der Regen ohne Unterlass, und aus den überstehenden Dachrinnen schoss das Wasser in Sturzbächen. Nein, nein, rief ich zur allgemeinen Beruhigung und zog die Gäste zu der großen Fensterfläche neben der Eingangstür. Ich hob den Vorhang weg und zeigte auf unser Nachbargebäude, den Bauernhof, der etwas erhöht vor uns lag – gerade einmal 10 bis 15 Meter entfernt. Wir sahen eine Tenne, aufgesetzt auf einen massiven, gemauerten Stall, der Giebel war stark erhöht. Ich sagte: »Wenn wirklich ein Blitz einschlagen würde, dann sicher nicht in unserem Haus, sondern dort oben.« »Dort oben?«, fragten die anderen, »Warum?«. »Ja, dort oben sind Stahlträger und ein Blitzableiter!«

Dann – wir standen da und schauten auf die Tenne. Urplötzlich ein ohrenbetäubender Knall, ein unheimliches Leuchten. Schreck in allen Gliedern. Der Blitz schlug grell aufflammend in den Giebel vor uns ein – in eben dieser Sekunde. Wahnsinn! Eine gigantische Stichflamme schoss sofort in den Himmel. Gleichzeitig brannte die Tenne lichterloh. Die Flammen wurden zu einem Feuermeer, und alles rundherum war taghell. Es war unheimlich!

»Ruft die Feuerwehr und die Polizei und vor allem die Nachbarn!«, rief ich aus. Ich reagierte einfach so. Sofort hatte ich Schuhe und Jacke an, rannte die dreißig Meter hinauf zum Seiteneingang des Stalles, riss die Tür auf und vernahm das infernalische, angsterfüllte Blöken der angebundenen Kühe. Es war stockfinster im Stall. Lediglich ein rot flackerndes Licht erhellte den Stall ein wenig wegen des darüber wütenden Feuers. Ich war allein.

Dieses Inferno, diese in Todesangst brüllenden Tiere ließen mich erstarren. Ich fand mich nicht gleich zurecht. Mein bester Freund ist

Gutsverwalter, schoss es mir durch den Kopf. Oft war ich mit ihm in seinen großen Stallungen gewesen. Also wusste ich ein wenig Bescheid. Es war mehr als gefährlich. Die ersten Kühe nahe der Tür konnte ich zitternd losmachen. Ich zog das T-Stück der Kette aus dem Ring und schrie – die erste Kuh fand völlig durcheinander den Weg zur Tür, dann die nächste und die übernächste. Es wurde dramatischer, ja wirklich lebensgefährlich. Durch die Öffnung zum Heuboden über mir im Stall leuchtete nun schon das Feuer, und brennende Teile fielen fauchend nach unten auf den Boden. Die Kühe wurden verrückter und verrückter. Sie stampften hysterisch und rissen an ihren Gurten, sie fanden nicht mehr hinaus aus dieser Hölle. Als ich gerade mal nur ein Drittel der Kühe draußen hatte, rannte Frau Garschhammer, die Oma des Landwirtes, herein.

Sie kannte sich natürlich aus und trieb Gott sei Dank nun die wirren freigelassenen Tiere, die nicht mehr die Tür nach draußen fanden, hinaus. Sie rief: »Des kriang ma scho!«, und bei den letzten vier oder fünf Kühen verschwand sie mit den Worten: »Du machst des scho – i muaß jetzt auffi zu de andern.« Ich konnte es eben nicht.

Mit den letzten Kühen war es gar nicht mehr so einfach. Das Feuer brodelte immer mehr durch den Deckendurchbruch zur Tenne in der Mitte des Stalles, und das Heu brannte lichterloh. Irgendwie bugsierte ich die Kühe doch noch hinaus. In der Zwischenzeit war die Feuerwehr vom Brasilienfest eingetroffen und leistete perfekte Arbeit. Sie retteten, was es noch zu retten gab. Sie hielten natürlich mit voller Wucht ihre Wassergeschosse auf den lichterloh brennenden Stadel. Die letzte Kuh war draußen. Was aber keiner wusste, ich war noch drin. Die dicken Wasserstrahlen schossen zur Tür herein, meine Rufe und Schreie konnte niemand hören. Die Tenne bestand nur noch aus Flammen, die Balken flogen durch die Gegend, es wurde heiß und heißer, und das Wasser zischte nur so. Jetzt erst brannte die Hitze auf meiner Haut, jetzt erst spürte ich es. Raus, ich musste raus – ich kam nicht einmal zur Tür und erst recht nicht nach draußen. Trotzdem hatte ich keine Angst – ich überlegte, was ich tun könnte.

Endlich einmal kein Wasserstrahl mehr auf die Tür. Der Feuerwehrmann hatte ein anderes Ziel ausgemacht, doch das Strahlengeschoss drehte immer wieder zurück. Ein ruhiger Moment, ich schrie und winkte. Niemand hörte oder sah mich. Dann wieder und wieder. Noch einmal. Jetzt endlich! Ein mehr als aufmerksamer Feuerwehrmann entdeckte mich. Danke! Der Strahl ging sofort in die Höhe. Ich rannte hinaus.

Später kam eine Beamtin von der Kriminalpolizei und befragte mich zum Ablauf. Ich erzählte stolz: »Alle Tiere gerettet.« Doch das stimmte nicht. Oben, ein Stockwerk höher, waren 30 Tiere im Stall bei lebendigem Leib verbrannt. Es war ein großes Unglück, ein riesiger Schaden für unsere Nachbarn. Ich hatte gar nichts von diesem Stall gewusst. Ich war erst vor dreißig Tagen mit meiner Familie in unser neues Haus eingezogen.

Am nächsten Tag kam ich von meiner Arbeit wieder zurück nach Hause und sah den wahnsinnigen Schaden. Oma Garschhammer, meine Helferin, kam auf mich zu und sagte: »Da kommt der Lebensretter von Marwang.«

Manche Dinge vergisst man nie.

Weltreise

Illusionen und Träume sind dazu da, sie zu verwirklichen. Wenn du es nicht tust, wirst du nur noch existieren und nicht richtig leben. Früher wurde immer gesagt, jeder Mensch sollte einmal in seinem Leben einen Baum pflanzen, einen hohen Berg besteigen, natürlich ein eigenes Haus bauen und eine Familie gründen. Von einer Reise um die Welt war nicht die Rede. Doch solche Träume waren schon immer in den Köpfen der Eroberer oder Abenteurer. Die großen Männer wie Christoph Columbus, Bertrand Piccard, Charles Lindbergh haben es uns vorgelebt. Heute ist das alles viel einfacher geworden.

Es wurde also Zeit, einen Jugendtraum zu verwirklichen. Die Verwirklichung der Idee für eine Weltreise wurde durch ein Buchgeschenk meines Sohnes Christof zu meinem Geburtstag im Oktober 2011 angestoßen. Das Buch hieß: »Die Vier-Stunden-Woche« von Timothy Ferriss. Vier Stunden in der Woche arbeiten, das konnte ich mir nicht vorstellen. Doch eine Geschichte ließ mich aufhorchen. Eine Frau segelte mit ihren vier Kindern ein Jahr lang um die Welt, und zwar in dem Boot, das ihr plötzlich verstorbener Mann ihr hinterlassen hatte. Hinterher stellte sie fest, dass sie die Weltreise weniger gekostet hatte, als sie an Miete für ihr Appartement in New York eingenommen hatte. Resümee: Die Kinder gewannen Lebenserfahrung und wurden ein Herz und eine Seele. Nach der Weltreise waren sie eine eingeschworene Gemeinschaft. Diese Erfahrung wollte ich machen, doch würden wir es ein wenig anders gestalten.

2012, bei den Swedish Open in Linköping, konnte ich dem damaligen Präsidenten des Französischen Squash-Verbandes Jacques Fontaine drei ASB ShowGlassCourts verkaufen. Tatsächlich wollte Jacques Fontaine, der spätere Präsident des Weltverbandes, unbedingt ASB. Er machte es mir aber nicht leicht. Seine Verhandlungsweise war hart, aber fair. Meine Rettung war, dass ich gerade einen gebrauchten Court zur Verfügung hatte, der das Ganze günstiger machte. Doch als es dann so weit war, habe ich aus persönlicher Freundschaft zu Jacques doch einen neuen GlassCourt bestellt und liefern lassen. Mulhouse in Frankreich wurde während meiner Abwesenheit der erste Veranstaltungsort mit drei ASB ShowGlassCourts, die zur gleichen Zeit bespielt wurden. Als diese drei Courts verkauft waren, wusste ich, jetzt würde der Traum einer einjährigen Weltreise mit Frau und Tochter Realität werden. Ein Umsatz von einer halben Million Euro während meiner einjährigen Abwesenheit war im Kasten, eine weitere Million hatte ich sowieso schon, und den Rest würden wir bestimmt noch bekommen. Jetzt konnte ich meinen Sohn fragen, ob er während meiner Abwesenheit kommen wolle, um sich um die Firma zu kümmern. Ich würde selbstverständlich per Internet immer erreichbar sein. Und auf meine sehr guten Mitarbeiter war ohnehin auf alle Fälle Verlass.

Ein Unternehmer mit über 40 Beschäftigten, 20 internationalen Partnern und den normalen geschäftlichen Herausforderungen konnte nicht so ohne Weiteres ein Jahr auf eine Weltreise gehen. »Geht nicht, gibt's nicht« war aber schon seit jeher mein Motto, und so marschierte ich auf mein Ziel los.

Heute noch danke ich meinen Mitarbeitern, meinem Sohn Christof und vielen anderen, die unsere Reise ermöglicht haben. Christof hat sich dann auch entschieden, in der Firma zu bleiben und diese mit den Produkten ASB ShowGlassCourt und dem neu entwickelten ASB GlassFloor zu übernehmen. Für Christof war es die Feuertaufe, er musste in kurzer Zeit die Firma führen, die ich noch aus der Ferne mit Laptop und WLAN leitete. Für mich war das Absicht und auch klar, wenn Christof diese Herausforderung meistert, dann ist er der Richtige für meine Nachfolge. Natürlich war das ganze Vorhaben ein

Risiko, ein großes Risiko – doch nur so konnte die Zukunft der Firma abgesichert werden. Das war eine harte Schule für alle Beteiligten, doch sie erwies sich als goldrichtig.

Entscheidungen für Unbekanntes zu treffen, ist eine Sache unserer Intuition. Und so fragte ich bei der Entscheidung zu unserer Weltreise mein Unterbewusstsein, meine Eingebung, meine Intuition. Und von diesem Moment der Entscheidung an wusste ich auch, was ich alles noch zu regeln hatte, und ich tat es. Viel hat sich in dieser Zeit geändert, und heute bin ich sehr dankbar, diese Reise mit meiner Familie unternommen zu haben. Weil ich meiner Intuition folgte, hatten wir drei, meine Frau Petra, unsere neunjährige Tochter Mona und ich, eine sehr erholsame und vor allem eine besondere Zeit. Pünktlich am 12. September 2012 verließen wir mit dem Lufthansa-Flug Nr. 6790 München in Richtung Toronto, Kanada. Es wurde eine Reise fast ein ganzes Jahr um die Welt. Von Kanada über Nordamerika, Mexiko, Costa Rica, Argentinien, Patagonien und Chile ging es weiter nach Ozeanien und in viele andere Länder. Es war eine sehr harmonische Reise, alles passte, wir erreichten jeden Flug, jedes Hotel, trafen jeden Reiseleiter, kein Koffer ging verloren, und wir wurden nie ernstlich krank – keine wirklichen Pannen in einem ganzen Jahr. Das war etwas, worauf wir nicht zählen konnten, doch es war so. Diese Reise wurde ein familiärer Erfolg, und ich bin heute dankbar, alles präzise, vorausschauend und vor allem abwechslungsreich geplant zu haben. Es war überhaupt nicht klar, welche Überraschungen auf uns zukommen würden. Die Wirklichkeit ist immer anders als vorher gedacht. Wir waren gelassen, vielleicht ein wenig blauäugig, wir waren uns einfach sicher, es würde alles funktionieren. Vor allem hatten meine Frau Petra und unsere Tochter Mona eine Einstellung, die diesen wunderbaren, reibungslosen Ablauf ermöglichte. Es war wunderschön. Und unsere Ankunft zu Hause war ein großes Fest.

Entscheidend für den harmonischen und sicheren Ablauf dieser Reise um die Welt war unsere Einstellung, unser klarer Wille zu liebevoller Gemeinschaft und unser Wissen: Zweifel an unseren Entscheidungen und Plänen sind nicht erlaubt. So wussten wir einfach, wie alles laufen würde, weil wir es so geplant hatten.

Auch während dieser Reise konnten wir Geschäftsfreunde und Partner besuchen. Oft ein großer Bahnhof für uns, Begrüßung im privaten Bereich und Veranstaltungen, extra für uns organisiert. Diese

Besuche waren eine willkommene Abwechslung – sie waren auch ein wenig Business, sie waren privat und harmonisch. Hier zeigte sich die große Verbundenheit mit unserem Hause ASB.

Wir hatten die gewohnte Komfortzone verlassen und fanden eine noch viel bessere und abwechslungsreichere Komfortzone. Unsere Entscheidung erfolgte durch Intuition. Doch der Intuition folgte die akribische Vorbereitung für eine Zeit, die viel schöner sein würde, als jemals geplant werden konnte.

Ich muss nicht erwähnen, dass unsere Tochter Mona nicht nur Englisch gelernt hat, sondern echtes Vertrauen in sich selbst aufbauen konnte. Sie hat mit ihren damals neun Jahren eine felsenfeste Basis für ihr Leben gefunden. Meine Frau Petra ist ein noch mutigerer und selbstbewussterer Mensch geworden. Heute ist sie nicht mehr Grundschullehrerin, sondern erfolgreiche Autorin und Geschäftsfrau. Über diese Reise hat sie sogar ein erfolgreiches Buch geschrieben – *3 Tickets um die Welt.*

Die Weltreise hat uns positiv verändert.

Wie fühlst du dich kurz vor deinem sicheren Tod?

Schon im zweiten Jahr nach Gründung meines Trockenbauunternehmens wollten meine erste Frau Peggy und ich in den ersten gemeinsamen Urlaub fliegen. Wie immer dachte ich an weite, zu weite Reisen.

Dieses Gefühl sollte später noch intensiver werden. Bei diesem ersten Mal dachte ich – noch heute habe ich einen Hang zu Afrika – an die Elfenbeinküste, Côte d'Ivoire. Also buchten wir einen Urlaub in Abidjan im »Club Mediterranée«! Wir freuten uns sehr darauf. Es war der erste Urlaub weitab von zu Hause und weitab vom Geschäft und vom Alltag. Unser Sohn Holger war gut bei den Großeltern aufgehoben. Den Club Med gab es in den Anfangsjahren nur in Frankreich und in den ehemaligen französischen Kolonien. Er war 1950 gegründet worden und hatte in der Nähe von Abidjan erst ein paar Jahre vor unserer Reise eine Anlage eröffnet. Einen Club dieser Art kannten wir in Deutschland noch nicht – wir waren sehr gespannt auf das, was uns erwarten würde.

Der Betrieb zu Hause lief. Die beiden Vorarbeiter waren Fachleute, konnten gut mit den Monteuren umgehen, und die Einteilung war professionell. Sie hatten die Baustellen im Griff, und alles lief so, wie wir uns das wünschten. Holger, unser Sohn, lernte im Wohnzimmer laufen. Begeistert beobachtete ich seinen ersten Schritt. Ein besonderes Ereignis und äußerst spannend. Mit dem Rücken vor dem großen Fenster unserer Wohnung wartete ich auf diesen besonderen Schritt zu mir. »Juhu!«, ich ging in die Knie, um ihn aufzufangen. Rumms, der Fensterstore hatte sich am Knopf meiner Gesäßtasche eingehakt, und ich riss alles zu Boden. Das ist Begeisterung! Dieser erste Schritt war es wert. Jetzt war Holger so weit, um ein paar Tage bei den Schwiegereltern zu bleiben.

Der Club lag am Meer – ein schöner Sandstrand. Die ersten zehn Tage vergingen wie im Flug. Diese Art von Urlaub war völlig ungewohnt für uns und für die damalige Zeit. An großen runden Tischen nahmen acht Personen Platz. Das Konzept bestand darin, die Urlauber zusammenzubringen und die Kommunikation zu fördern. Folglich wurden wir nach Betreten des Speisesaals an einen Tisch eskortiert und zu unbekannten anderen Urlaubern gesetzt. Eine tolle Sache, nur waren fast nur Franzosen und Italiener im Club, und wir sprachen keine der beiden Sprachen. Damit hatten wir zwar gerechnet, aber nicht ganz so hautnah. So waren wir recht glücklich, ein junges Geschwisterpaar in unserem Alter zu treffen. Sie kamen aus Abidjan, hatten deutsche Eltern und sprachen auch Deutsch. Das war eine tolle Überraschung. Mit ihnen waren wir meist zusammen. Erst am siebten oder achten Tag hatten wir sie kennengelernt. Nun blieben wir zusammen bis zu den letzten Tagen, erfuhren viel über das Land und die Hauptstadt und hatten damit auch noch alle sprachlichen Probleme im Club gelöst. Es war schön.

Gemeinsam hatten wir vereinbart, einen Rundflug über das wunderbare Land zu unternehmen. Das hatte uns unser Reiseleiter im Club vorgeschlagen, und unsere Freunde stimmten sofort zu. Der Reiseleiter meinte noch, er hätte auch schon sechs, sieben Leute als Mitreisende gefunden: »Das wird eine traumhafte und erlebnisreiche Flugreise für zwei Tage werden!« Er sollte recht behalten, und zwar mehr, als uns lieb war.

Aber zurück zu unserem Tisch. Jetzt konnten wir mit Helen und René reden und uns über den »Kampf um das Buffet« lustig machen. Es waren Massen, die sich drängten, laut miteinander diskutierten und durcheinanderwirbelten. Italienische und französische Sprachfetzen, für uns klang das fast hysterisch und völlig planlos. Wir waren einfach zu sehr gemäßigte Deutsche.

Das Buffet war ein Traum, doch sofort, nachdem es eröffnet war, ging das Hauen und Stechen los. Gestreckte, hoch erhobene Gabeln schwankten und zitterten in der Luft herum. Das Gerempel und Geschubse sorgte für fliegende Oliven, Nudelfetzen und Puddingreste. Ölige Haare, überfüllte Teller mit Spanferkel, Salat, Ananas und brauner Soße waren die Folge. Besonders gut im Kampf um das Buffet waren die Italiener. Es war ein Erlebnis, wenn man vom Tisch aus zusah. Wenn wir allerdings mittendrin waren, stachen aus der zweiten Reihe rechts und links und über unsere Köpfe hinweg die Gabeln hinein in die verschiedenen Etagen des liebe- und reizvoll angerichteten Buffets. Hinein in Spanferkel, Hühnchen, wunderbare Scheiben besten Fleisches. Zusammen mit saftigen, öligen Nudeln hingen den Gästen Fetzen davon in Haaren und auf den Badetüchern. Es war grausam. Da präsentierte sich ein Chaos, ein Schlachtfeld aus diesen wunderbaren Speisen. Ich liebte Desserts, doch, obwohl hervorragend auf Etagen dekoriert, waren die Süßigkeiten zerstückelt, zerbröselt und vermischt mit Senf und Öl, wenn man es endlich geschafft hatte, an sie heranzukommen. Wir waren schon zufrieden, wenn wir, unter den anderen hindurchkriechend, eine Schale mit Früchten oder Pudding ergattern konnten. Doch das war gefährlich, es konnte durchaus eine Gabel in einem Handgelenk stecken bleiben.

Nach dem Essen suchten wir das Meer, die Dusche, das Schwimmbad oder unsere Erholung. So verliefen Mittagessen und auch Abendessen. Es gab dankenswerterweise sehr guten Wein aus der Karaffe, alles hervorragend und wirklich gut. Nur das Umfeld war und blieb eine Katastrophe. Undiszipliniert, durcheinander und einfach chaotisch. So war das eben.

Der Staat Elfenbeinküste ist aus der ehemaligen französischen Kolonie entstanden. Er ist das Ergebnis kolonialer Grenzziehungen, bei denen man auf vorhandene geografische, natürliche oder religiöse Grenzen keinerlei Rücksicht genommen hat. Die Reichen sind seinerzeit dort geblieben, haben Abidjan gegründet, und sie wohnen heute noch dort. Zum Zeitpunkt unseres Urlaubs wurde dieser Staat von einem Mann regiert, der es verstanden hatte, das Land halbwegs zu befrieden. Es war sicherer geworden, und die verschiedenen Volksgruppen waren weitgehend zufrieden.

Unser Reiseleiter hatte uns und die beiden deutschsprechenden jungen Leute also zu einem Flug in das Innere des Landes als besonderes Abenteuer animiert. Von oben aus der Luft würden wir die südwestlichen Wälder rund um Daloa, Divo und San-Pédro sehen. Danach würden wir über die nordöstliche Savanne rund um Bouaké, Korhogo und den Nationalpark Comoé fliegen. Es waren drei Landungen, eine Übernachtung und zwei, drei Ausflüge geplant. Genaueres wussten wir noch nicht. Diese Rundtour war keine richtig organisierte Reise, sondern eher »aus dem Ärmel geschüttelt«. Sie war spontan geplant von unserem Reiseführer, der sich über ein zusätzliches kleines Geschäft freute. Außerdem hatten wir das Gefühl, er würde gerne seinem Boss zeigen, dass er diese Reise erfolgreich organisieren könnte. Er selbst konnte nicht mitfliegen, er musste unsere Rückreise nach Hause am Tag nach unserer Rückkehr für uns und die restlichen Mitreisenden organisieren. Ein Auto mit einem örtlichen Leiter würden wir vor Ort bekommen, er würde uns die Umgebung zeigen, mehr nicht. Es ging darum, die Landschaft sowohl von oben als auch am Boden zu sehen. Ein besonderer Blick auf ein Land in Afrika, das wir nicht kannten und das unseren beiden Freunden aus dieser Perspektive ebenfalls unbekannt war.

Am ersten Tag unserer Rundreise waren wir frühzeitig um acht Uhr am Flughafen in Abidjan. Unser Reiseleiter hatte uns hingebracht und würde uns auch wieder abholen. Sieben Personen waren wir, die nun zum Flugzeug, das vor dem Hangar stand, geführt wurden. Eine Propellermaschine erwartete uns, sie sah aus wie eine alte Militär-Transportmaschine, nicht gerade vertrauenerweckend. Weitere Passagiere waren bereits da. Wir kletterten die herausgeklappte Treppe hoch und erhielten unsere abgewetzten Sitze zugewiesen. Die Instruktionen kamen auf Englisch. Der Kapitän war ein Franzose mit weißem Hemd, einer Schirmmütze, einer Krawatte um den Hals und einer Schulterklappe mit zwei Sternen auf seiner dunkelblauen Jacke. Sein Co-Pilot folgte ihm als Letzter nach, wir sahen ihn den ganzen Flug bis zum Schluss nicht mehr. Und dann erschien noch ein einheimischer Flugbegleiter in feuchtem Khakizeug, der anscheinend notgedrungen nur das tat, was ihm der Kapitän zurief.

Es war kein Linienflug, es war ein Sonderflug für uns. Dieser Flug unterschied sich gravierend von allen anderen Flügen, die wir bisher erlebt hatten. Vielleicht, weil die Maschine einen sonderbaren, unaufgeräumten und verlotterten Eindruck auf uns machte, besonders auf mich. Ich schüttelte mehrmals meinen Kopf und stoppte immer wieder, als wir auf das Flugzeug zugingen. Bemerkenswert war, dass der Flugbegleiter auf einem Hocker direkt hinter dem Kapitän kauerte. Er war ziemlich groß gewachsen und musste sich immer bücken, wenn er im Flugzeug hin- und herstolperte.

Die Maschine hatte um die zwanzig eingebaute Sitze. Ich hatte den Eindruck, die Sitze wären provisorisch eingesetzt und mit dem Boden verschraubt worden. Ich glaube, dreizehn Plätze waren belegt, sieben waren wir, dann noch ein paar Einheimische, ein Engländer und ein älteres Ehepaar. Auf der linken Seite waren Doppelsitze, rechts Einzelsitze und vor uns saßen die Geschwister. Hinter uns hatte das ältere Ehepaar seinen Platz, daneben ein Einzelner und die weiteren hinteren Plätze waren leer, bis auf den allerletzten Platz hinten rechts in der Ecke. Dort machte es sich eine einheimische junge Frau bequem. Sie sah sehr müde aus, und so dauerte es wohl nicht lange, bis sie eingeschlafen war. Rechts vor uns saß allein auf einem Doppelsitz ein englischer Geschäftsmann, der die »Times« las. Das Blatt verdeckte ihn ununterbrochen, er war praktisch nicht zu sehen. Interessant war, dass die vorderen Reihen gegenüberliegende Sitze hatten. Die Leute, die in der zweiten Reihe saßen, schauten nicht in Flugrichtung, sondern flogen mit dem Rücken voran. Der Mann mit der »Times« saß also mit dem Gesicht in Richtung Flugzeugheck, und zwar in der zweiten Reihe.

Der Kapitän begrüßte uns im Flugzeug, vermischte ein paar Töne Englisch mit Französisch und verschwand dann im Pilotensessel. Die Motoren liefen warm, und langsam bewegten wir uns in Richtung Startbahn. Dort angekommen, zog der starke Propeller uns mit lautem Brummen steil nach oben. Der Motor donnerte unheimlich. Die ganze Maschine vibrierte. Schon hatten wir Gelegenheit, unter uns die farbenprächtige Landschaft zu sehen. Die Maschine drehte und flog am Ufer des Meeres entlang in Richtung San-Pédro. Urwald und Palmen, Flüsse und kleine Binnenseen wechselten sich ab. Der Pilot nahm immer wieder etwas Höhe weg, und so war dieser Flug für uns wirklich sehr abwechslungsreich.

Währenddessen unterhielten wir uns im Flugzeug miteinander. Mit dem Engländer war nicht zu reden. Er hing immer nur hinter seiner »Times«. Mit den beiden Geschwistern hatten wir viel zu reden und auch zu lachen. Sie erzählten lustige Geschichten über ihr Leben in der

Stadt Abidjan. Sie erwähnten aber auch, dass viele Menschen unter der Rassentrennung in ihrem Land litten. Junge Männer würden schwarze Menschen oft mit Tritten verjagen, wenn sie nicht sofort verschwinden würden. Für sie als Weiße wäre das sehr unangenehm und immer wieder peinlich. Beide würden sich freuen, einmal nach Deutschland zu kommen. Das war ihr eigentlicher Traum. Ihre Eltern hatten ihnen auch versprochen, eine Reise zu planen. Jetzt freuten sie sich aber erst einmal hier über ihren allerersten Flug.

Meine Frau und ich saßen ihnen gegenüber in dieser sonderbaren Maschine. Hinter uns fühlte sich das ältere Ehepaar scheinbar richtig wohl, selten ließen sie ein paar Worte von sich hören. Es waren Französisch sprechende Leute aus unserem Club. Die anderen Club-Urlauber hatten sich kreuz und quer auf verschiedene Sessel verteilt. Das Wetter war gut und die Stimmung harmonisch, oder sagen wir besser normal.

Nach ungefähr eineinhalb Stunden rief der Kapitän einige schwer verständliche Worte nach hinten. Die Motoren waren etwas leiser geworden. Ein Drücken in den Ohren sagte mir, wir verloren an Höhe, und aus dem, was der Kapitän nach hinten rief, konnten wir erschließen, dass wir wohl landen würden. Sonderbar, es war zu früh für eine erste Landung. Das war unplanmäßig, und der Flughafen war klein, ja fast winzig. Er lag im Westen der Elfenbeinküste, Richtung Landesmitte. Unsere Route führte aber eigentlich nach Norden. Es schien, als hätte der Kapitän das so geplant. Der Reiseleiter hatte den Stopp nicht angekündigt, und wir konnten ihn auch nicht fragen, er war ja nicht anwesend. Vielleicht war hier der Sprit billiger als in Abidjan, dachte ich.

Und das war es wohl. Die Maschine, so der Kapitän kurz, sollte nur aufgetankt werden. Der Tankstopp wurde zu einem unvergesslichen Erlebnis. Wir durften aussteigen oder auch sitzenbleiben, je nach Wunsch. Ich war sofort draußen und schaute mir das Schauspiel an. Für mich war das ein Abenteuer mitten in der Wildnis, und das wollte ich natürlich sehen. Es war glühend heiß, die Luft flirrte. Einige Einheimische lehnten schläfrig an wackeligen, windschiefen Zäunen wie unbewegliche Statuen. Sie wirkten so richtig träge. Das angekommene Flugzeug war für sie eine willkommene Abwechslung, ihre Augen waren vorerst das Einzige, was sich bewegte.

Der Kapitän stieg aus. Er ging auf wackeligen Beinen. Also, wenn wir nicht in einem Flugzeug gewesen wären, hätte ich vermutet, er wäre angetrunken. Seine Mütze hing schief auf dem Kopf. Dann rief er den Einheimischen barsch verschiedene Befehle zu. Ein Becher Kaffee wurde ihm aus der kleinen Hütte am Rande des Rollfeldes im Laufschritt gebracht. Er forderte eine Leiter und lehnte diese an die linke Tragfläche. Auf der Tragfläche schraubte er umständlich einen dort oben befindlichen Drehverschluss auf und steckte dann den Tankstutzen in die Öffnung. Den Tankstutzen hatte ein Einheimischer mit einem dicken Schlauch hinter sich durch den rötlichen Sand hergezogen und ihm hochgereicht. Unter ihm lehnte der Einheimische an der Leiter und wartete auf das erste Fass mit Sprit. Wütend schimpfte der Kapitän, herrschte alle an, sie sollten sich doch ein bisschen beeilen. Schon sah ich, wie mit wachsender Begeisterung ganz langsam ein Einheimischer vor sich ein Fass Sprit herbeirollte, eine brennende Zigarette hing ihm schief im Mund. Er schob und schob, rollte und rollte. Dahinter ein nächster mit einem weiteren Fass, wieder mit brennender Zigarette im Mund. Der Kapitän brüllte: »Macht eure Glimmstängel aus!« Widerwillig kamen sie der Aufforderung nach, mit nackten Füßen traten sie die Glut der Kippen aus. Der Boden war voller Benzin. Meine Augen standen weit offen.

Das erste Fass kam an, wurde gedreht, mit der Schrauböffnung nach oben, und geöffnet. Der Sprittransporteur schob die Benzinpumpe in die Öffnung, justierte sie, und nun bewegte ein anderer mit der Hand den Pumpschwengel auf und ab und beförderte so das Kerosin hinauf zum Kapitän. Der drückte zittrig den Zapfhahn mit Gewalt oben in die Öffnung auf der Tragfläche unseres Flugzeugs. Oje! Immer wieder, wenn der Aktive zu intensiv und unregelmäßig pumpte, schwappte es über den Rand der Öffnung – der Sprit rann über die Tragfläche nach unten auf den Sandboden! Der dritte Einheimische nahte mit dem übernächsten Fass, wieder mit brennender Zigarette. Mir wurde heiß. Es war fürchterlich. Heidenangst überkam mich. Hier würde alles in die Luft fliegen, sofort. Aber nichts geschah. Das schien für alle völlig normal. Mit meiner Asahi Pentax 6×7 hielt ich das Desaster fest.

Schließlich konnte ich den Anblick nicht mehr ertragen und wandte mich ab. Aus einem nicht erkennbaren Grund fotografierte ich nun mit meiner Kamera das in der Sonne glänzende Bugrad von allen Seiten. Sonderbar, das Rad faszinierte mich. Mit den 6×7 Zentimeter großen Negativen der Pentax erwartete ich viele traumhafte Bilder, und das wurden sie auch, wie ich später sah. Warum ich mich mit dem Bugrad so intensiv beschäftigte, weiß ich nicht. Es zog mich magisch an, fast so, als hätte ich eine Ahnung gehabt. Seltsam.

Weiter als zehn Meter aus dem Dunstkreis des Flugzeuges durften wir uns nicht entfernen. Wir befanden uns anscheinend auf militärischem Gebiet, und der Pilot hielt sich noch lange im dortigen Coffeeshop in der Flughafenbaracke auf. Wir hingen also auf dem Flugfeld fest und wurden langsam nervös. Warum kam er nicht? Nach über einer Stunde war die Tankprozedur und alles andere beendet. Mit einem Lappen wischte ein Helfer das überschüssige Benzin von der Tragfläche, und der Storemaster kippte Sand auf die feuchten Flecken. Mit einem großen Besen schob er das verseuchte Zeug auf die Seite. Anscheinend sollte es verdunsten. Wir durften wieder einsteigen und waren sehr froh, endlich diesen seltsamen Ort zu verlassen.

Der Flug führte uns Richtung Norden nach Korhogo, wo wir landen sollten. Bis dahin war es nicht mehr weit. Nach fast einer Stunde wurde ich nervös, das dauerte zu lange, wir hätten schon vor einer Viertelstunde landen sollen. Ich sagte zu meiner Frau: »Du, das kommt mir komisch vor. Diesen Swimmingpool da unten habe ich jetzt schon dreimal gesehen, ich bin mir sicher, ganz sicher. Das sieht wie unser Hotel aus, in dem wir übernachten sollen. Wir fliegen immer über dieselbe Fläche. Das ist doch sonderbar, da stimmt was nicht.« Bis jetzt hatte niemand etwas bemerkt. Dann hörte ich, wie sich das ältere Ehepaar auf Französisch unterhielt: »Ja, ja, das stimmt, das kommt uns auch so vor. Ich habe da einen Turm schon zweimal gesehen.« Unsere Freunde hatten übersetzt. Also, da stimmte wirklich etwas nicht. Mir schwante Fürchterliches.

Der lange, schlaksige Flugbegleiter erhob sich von seinem Hocker und kam zu uns. Er bückte sich tief und öffnete unmittelbar neben uns eine im Boden versenkte Klappe zwischen den Sitzreihen, Größe ca. 60 × 120 Zentimeter. Ich hatte diese noch gar nicht bemerkt. Er hob die Klappe nach oben und ließ sie nach hinten fallen. Wumms! Dann stieg er langsam hinunter in den Bauch des Flugzeuges. Es dauerte nicht lange, und wir hörten lautes Rumsen und Scheppern, ein paar Mal. Keiner wusste, was da passierte, was der Flugbegleiter da unten tat. Er kletterte wieder hoch, stieg aus dem Loch. Noch nie in meinem Leben hatte ich einen blassen, richtig blassen Schwarzen gesehen. Er war fast weiß im Gesicht! Schweiß tropfte ihm von Stirn und Nase. Er stotterte nur noch, sagte dann doch nichts. Dreimal fiel die Klappe zu Boden, bis sie einrastete, dann stolperte er zum Kapitän. Lange fünf bis zehn Minuten hörten wir nichts, dann tauchte der Kapitän auf und sprach langsam auf Englisch. Ich fasse es zusammen: »Wir haben ein Problem. Das Bugrad lässt sich nicht mehr herausfahren. Es klemmt und sitzt fest. Ohne Bugrad können wir in dieser Gegend im Urwald nicht landen. Wir haben Glück, wir haben genügend getankt und Treibstoff bis zum Flughafen Abidjan. Wir kehren um und werden dorthin fliegen. Das ist unsere einzige Chance. Den Flughafen Abidjan habe ich bereits verständigt, und dort wird man handeln. Da sind Fachleute. Die Feuerwehr wird einen Schaumteppich auf einer abgelegenen Landebahn auftragen. Dann werden wir die Landung versuchen. Das geht nur in Abidjan, denn im Landesinneren haben wir definitiv keine Möglichkeiten. Es wird alles für uns getan.«

Dann fügte er hinzu: »Zu Ihrer eigenen Sicherheit setzen Sie sich bitte nach hinten auf die verbleibenden Sitze. Wegen des fehlenden Bugrades brauchen wir das Schwergewicht im hinteren Bereich des Flugzeuges. Alle bitte ganz nach hinten. Nehmen Sie die Broschüre mit den Sicherheitsmaßnahmen aus Ihren Fächern heraus. Dort sehen Sie, wie Sie sich bei der Landung zu verhalten haben. Unser Adjutant wird Ihnen Sitzkissen bringen, die Sie bitte zwischen ihre Arme, Knie und das Gesicht pressen, und bitte beugen Sie sich nach vorn, wenn die Order kommt – mehr ist nicht zu tun!«

Alle blieben sitzen. Der Kapitän setzte sich wieder an sein Steuer. Nachdem sich keiner erhob, stand ich, wahrscheinlich der Jüngste mit meinen 29 Jahren, auf und bat alle ganz bestimmt nach hinten. Die Leute wollten nicht hören, und ich wiederholte meine Bitte deutlich lauter. Sonderbarerweise schauten alle jetzt respektvoll zu mir, ich konnte aber auch nicht mehr tun.

Unsere Freunde gingen mit gutem Beispiel voran, und endlich folgten auch die anderen, sehr zögernd, aber sie taten es. Nur das ältere Ehepaar! Laut, sehr laut redete ich mit ihnen auf Englisch. Doch nein, sie stritten sich untereinander vehement im Angesicht des zu erwartenden Todes. Sie wollte nicht weg von ihrem Platz und er auch nicht. Ich weiß nicht, worum es ging, aber sie begannen zu streiten und brüllten sich jetzt in voller Lautstärke an. Dann setzten sie sich ganz weit, so weit es ging, auseinander auf andere Plätze. Keiner wollte mehr mit dem anderen etwas zu tun haben. Es war makaber, eine unbegreifliche, unfassbare Situation. Der Stress war in unserem Flugzeug angekommen.

Der Engländer mit der »Times« blieb ebenfalls sitzen und las weiter seine Zeitung. Er war nicht zu bewegen und hörte nicht auf mich. Alle anderen waren nun hinten in den letzten Reihen untergebracht, und meine Frau und ich saßen vor den nun beruhigten Passagieren. Mit besonnenen Worten und besänftigenden Gesten erreichten wir eine friedliche Stimmung in der Maschine. Ich sprach mit den Leuten auf Englisch, redete immer wieder auf sie ein, um Panik zu vermeiden. Mit einem Lächeln im Gesicht und unbeschwert sprach ich über die möglichen Chancen, über die Leichtigkeit, auf einem Schaumteppich zu landen, und von der guten Versorgung, wenn doch eine Kleinigkeit schiefgehen sollte.

Doch diese Hoffnung zerplatzte im Nichts. Der Kapitän öffnete seine Kabine und verkündete in nervösem Ton: »Der Schaumteppich kann mangels Material nicht ausgebracht werden. Wir werden auf der Nebenlandebahn einen Landeversuch durchführen. Alle Vorsichtsmaßnahmen sind getroffen. Alles verfügbare Rettungspersonal ist vor Ort. Die genannten Sicherungsmaßnahmen im Flugzeug müssen genauestens eingehalten werden.« Mir gab er noch zu verstehen, dass ich mich darum zu kümmern habe. Auch das noch!

Im Inneren wusste ich genau, was auf uns zukam, und hielt meiner Frau immer wieder die Hand. Nach außen gab ich mich leichtherzig, lachte und spielte alles herunter. Den Passagieren zeigte ich, obwohl genauso unwissend wie alle anderen, wie sie sich zu verhalten hätten. Auf das ältere Ehepaar redete ich immer wieder ein, mal auf sie, mal auf ihn. Hier war nichts zu machen.

Jetzt plötzlich fühlte ich Stärke in mir, ich übernahm die Leitung. Einer musste anders denken, einer musste die Richtung bestimmen und das sagen, was im Moment wichtig ist. Wer Erfolge haben will, muss handeln. Eine Entscheidung wird auch von Gedanken beeinflusst, doch jetzt gab es kein Wissen, es gab keine Wahl. Schon damals ahnte ich, eine Entscheidung ist immer emotional, sie erfolgt aus dem Bauchgefühl, aus dem Inneren heraus. Also würde ich das tun, was ich glaubte, was ich wollte und was ich erwartete. Ich war mir sicher. Ohne Entscheidung kein Erfolg, kein Ergebnis.

Wir erreichten Abidjan. Der Kapitän hatte in der Zwischenzeit bemerkt, wie ruhig die Passagiere waren. Ich fühlte seine Dankbarkeit. Er rief mir zu, wie er vorgehen würde. Zuerst würde er den Flughafen anfliegen, dann tief über das vorgesehene Rollfeld gleiten und weiter über den Flughafen hinaus über das Meer und den überschüssigen Sprit verbrauchen. Dann würde er wenden und nach einer Kehre auf dem Rollfeld versuchen zu landen. Ich wiederholte die Worte des Kapitäns, ein- oder zweimal, und schon donnerten wir in geringer Höhe über die Landebahn. Jetzt hörte mich keiner mehr. Unheimlich! Rechts und links unter uns viele, viele blinkende Lichter. Blau, gelb, rot. Unendlich viele Scheinwerfer, die uns mit ihrem grellen Leuchten blendeten. Massenweise Lastwagen, Busse und Autos. Es war ein sonderbares, schauriges Gefühl, unsere eigenen Kranken- und Unfallwagen, die Feuerwehrautos unter uns zu sehen. Dort würden wir später sein?

Wir glitten über die schaurige Szenerie hinweg. Nun war der Zeitpunkt gekommen. Ich handelte wieder und weiß nicht, warum. Es schien so, als würden mir diese Worte eingegeben: »Leute, wir werden eine Zukunft haben, wir werden leben. Wir fliegen jetzt auf das Meer hinaus. Da wird es feucht sein, sehr feucht! Dann wird sich in dieser Luft unser Bugrad lösen, unser Bugrad wird ausfahren. Es wird so sein! Lasst uns alle daran glauben, bitte glaubt daran!«.

Wir drehten in den Landeanflug. Drückten den Kopf auf die Knie, das Kissen zwischen Kopf und Vordersitz. Wir warteten auf den fürchterlichen unvermeidbaren Aufprall, den lauten Knall. Auf das große Inferno. Der Anflug dehnte sich, der Motor rauschte. Bange Sekunden. Absolute Ruhe. Wir hielten unsere Hände. Manche beteten. Wir warteten auf den Tod.

… und wir landeten. Wir landeten völlig normal. Das Bugrad war doch ausgefahren – keiner konnte es begreifen! Ein Wunder. Kein lauter Jubel, alle waren ruhig. Unheimlich ruhig. Wir lagen uns in den Armen und heulten. Das ältere Ehepaar schien sich wieder anzusehen. Der Engländer hatte seine »Times« immer noch vor den Augen, ich glaube, er hat den ganzen Flug keine einzige Zeile in dem Blatt gelesen.

Es hat sich wirklich alles genau so zugetragen. Die Maschine stoppte mitten auf dem äußeren Rollfeld, die Treppe wurde ausgefahren. Die Fluggäste kletterten hinaus, wie in Trance. Rundherum die blinkenden Blaulichter, Gelblichter und Rotlichter, Sirenen und blendende Blitzlichtgewitter. Überall Reporter, Sanitäter, Feuerwehrleute und Personal. Ich blieb im Flugzeug, bis alle ausgestiegen waren, ganz in mich gekehrt. Seltsam ruhig. Mein Blick fiel auf die wackeligen provisorischen Sitze, auf die Klappe im Boden, ich sah den Flugbegleiter immer noch bei seinem Stuhl. Das war das Ende dieses Abenteuers, dankbar wollte ich mich zur Treppe wenden. Da sah ich sie. Das gibt es nicht, dachte ich. Die junge Frau im allerletzten Sitz in der Ecke schlief immer noch. Sachte weckte ich sie auf. Die Glückliche hatte alles verschlafen. Es war wie ein Wunder.

Reporter, Journalisten und die Offiziellen wollten Interviews, Erlebnisberichte und Wundergeschichten. Die Polizei drängte sie ab, und wir wurden zur Bar in der Offiziersmesse geführt. Als Erstes servierten sie uns Schnaps, Bier, Wein – alles, was wir wollten. Wir waren die Helden des Tages. Alle redeten und diskutierten durcheinander, herzten sich und lachten. Der Bann fiel ab. Im Flugzeug waren klare Worte gesprochen worden: »Fliegen werden wir nie wieder!« Doch sonderbarerweise buchte fast jeder für den nächsten Tag den gleichen Flug, sogar unser junges Pärchen. Nur wir beide konnten nicht. Am übernächsten Tag war unser Rückflug nach Deutschland. Die Artikel über dieses Abenteuer in den Zeitungen mit großen Bildern und die Berichte im Rundfunk würden wir nicht mehr sehen und hören.

Es ist immer so: Wenn eine gefährliche Situation überwunden ist, verbleibt der Gedanke an ein erlebtes Abenteuer, für immer. Diese Ereignisse prägen uns, positiv, intensiv, oder auch negativ. Wir selbst entscheiden, wie wir damit umgehen. Für mich war es ein Schritt in die richtige Richtung, ein positives Ende. Der innere Wunsch nach Abenteuer und vor allem die Begeisterung für Neues, Unerfahrenes und Großartiges war wieder da. Er blieb mir bis heute. Das ist der Weg zum Erfolg und der Weg zu einem erfüllten Leben. All die Erlebnisse und Abenteuer, die uns geschenkt werden, sind immer auch die Basis für das, was kommen wird.

Dieses Abenteuer ist ein Beweis dafür, dass es immer Hoffnung gibt, bis zur letzten Sekunde. Mit diesem einschneidenden Erlebnis habe ich für mein Leben gelernt, keine Angst mehr zu haben. Angst lähmt, Angst hindert, die Hoffnung aber zeigt das Gegenteil, sie zeigt die Erwartung, und sie zeigt:

Alles ist möglich!

Ich danke aus innerem Herzen

Allen meinen Mitarbeitern, ohne die einfach alles nicht funktioniert hätte

Regina Beier, die meine ersten Artikel geschrieben und in Form gebracht hat

Luise Weinberger, die nach dem ersten Artikel jeden folgenden lesen wollte und alle weiteren auch auf Vordermann gebracht hat

Der gesamten Squashszene, die mir meine größten Erfolge gebracht hat

Meiner Frau Petra, die mich immer wieder ermuntert und »angetrieben« hat

Unserer Tochter Mona, die den entscheidenden Anfang zu diesem Buch besonders beeinflusst hat

Thomas Tamberg, der anfangs intensiv und kritisch nachgefragt und entscheidende Tipps gegeben hat

Meinem Sohn Christof, der meine Firma, mein Herzblut, erfolgreich weiterführt

Hermann Scherer, mit dem ich einen entscheidenden Podcast haben konnte

Bernd Buchert, Initiator der 13er und Verfasser des Berichts Flutkatastrophe Hamburg

Meiner ganzen Familie, die meine Geschichten immer wieder neu erleben musste

Meinem geduldigen Lektor Christian Schneider, der meine Texte mit Leben füllte

Ulrike Luckmann für ihre Hilfe beim Buchmarketing

Petra Zimmermann, die als Lektorin von meinem Manuskript begeistert war

Christl Kiener, meiner Verlegerin, der ich sehr verbunden war und die das fertige Buch nicht erleben durfte

Grußworte

Horst Babinsky is a pioneer of the modern squash era, a visionary and life-long innovator whose constant stream of court developments underpin the current success and future potential of the sport of squash.

At the recent 2022 Commonwealth Games in Birmingham (England) the ASB glass doubles court was a fascination to curious media and other multi-sport games hosts who visited the venue. As the centre piece of an amazing 2,000 seat competition arena, the glass court creates an exciting alchemy between dramatic gladiatorial stage, supreme athletes and captivated fans. The added dimension of course is the opportunity which this arena and the ASB glass court technology contributes to squash's broadcast capability, once the sport's achilles heel. Horst's vision is the catalyst for these opportunities.

Horst's journey of squash court innovation started 45 years ago with the creation of the original ASB court. Many of us became part of Horst's journey at various stages, either as venue operators installing some of ASB's 8,000 courts worldwide, or as event hosts using some of ASB's 100 or so all-glass show courts. Horst's continuous stream of developments over five decades has included adjustable and infrared tins, Top Squash, Rainbow courts, GAME court, moveable side walls, rotary wall, glass floor and much more.

For Horst, squash innovation has been a life-long crusade, for which the squash world owes him acknowledgement and huge appreciation. If, or when squash is added to the Olympic programme, we mustn't forget the pioneering role that Horst and his ASB innovations have played and will play in getting us there.

This book promises to be a fascinating record of and insight into the visionary world of Horst Babinsky and ASB. I've no doubt it will also be inspiration to us all to be bold and innovative with our future strategies for squash to excite, grow and thrive.

Horst, thank you for your vision, dedication and inspiration.

Best wishes
Zena
Zena Wooldridge OBE
President, World Squash Federation

Dear Horst,

The glass court, used extensively across the PSA World Tour, has become an iconic symbol of our sport. No major tournament is complete without one of these courts serving as the centerpiece. Under Horst Babinsky's leadership, ASB has introduced numerous innovative changes to the court and the sport's presentation over the years. Horst is undoubtedly driven by a passion for innovation.

Horst Babinsky with ASB has been a fantastic partner in developing the current version of the court that dominates PSA World Tour events. Together with ASB, we experimented with new colour schemes in 2008, leading to the iconic dark blue and pink courts seen on the tour today. The fact that ASB can build an all-glass court without any view-obstructing metal poles is an engineering marvel driven by a visionary.

In every aspect of court design, from LED lighting and optimised OneWay Vision through the front and side walls to the integration of LED marking lines and other technologies, Horst Babinsky has consistently delivered innovative solutions to enhance the sport's live and televised experience. We extend our gratitude to Horst Babinsky and the entire ASB team for this long-standing and innovation-driven partnership. Horst's new book will undoubtedly provide fascinating insights into the innovations at ASB in these years.

Tommy Berden, Chief Commercial Officer
Professional Squash Association (PSA)

Die Weltreise (S. 285 ff.), geschildert von Petra Babinsky:

3 Tickets um die Welt
Eine Familie, ein Schuljahr, eine mutige Entscheidung
320 Seiten, gebunden
ASB Verlag GbR (Nova MD), 2023
ISBN 978-3-98595-054-6

Im Grunde genommen war es ganz und gar nicht möglich. Ein Jahr lang reisen? Ein Jahr nicht am Arbeitsplatz sein. Wer kümmert sich um unsere Firma? Angenehm und sicher reisen kostet. Wie bringen wir das Budget dafür auf? Eine angeschlagene Gesundheit und ein schulpflichtiges Kind. Wie können wir eine Weltreise vernünftig und logisch planen? Solche Überlegungen entmutigen. Und doch hat uns die Idee einfach nicht losgelassen. Eine Weltreise. Ein Jahr lang. Wir drei gemeinsam.

Eine Reise in die Ferne – das ist der Traum vieler. Vom Träumen ins Tun kommen – trotz vieler Hürden und Hindernisse – das ist eine Herausforderung.
Eine Familie bereist in 10 Monaten 20 Länder. Offen, ehrlich und mit einer Portion Selbstironie nimmt die Autorin ihre Leser mit um die Welt.